PETER DINZELBACHER

LEBENSWELTEN DES MITTELALTERS

1000-1500

Bachmanns Basiswissen

Herausgegeben
von

Michael P. Bachmann

Band 1

Peter Dinzelbacher

Lebenswelten des Mittelalters

1000-1500

Mit 177 Abbildungen illustriert

Wissenschaftlicher Verlag Bachmann
Badenweiler
2010

Bibliografische Information der Deutschen Nationalbibliothek
Die Deutsche Nationalbibliothek verzeichnet diese Publikation in der Deutschen Nationalbibliografie; detaillierte bibliografische Daten sind im Internet über ‹http://dnb.d-nb.de› abrufbar.

Umschlag:

Jean Mansel, *La Fleur des Histoires*. Valenciennes, 1459-1463.
Bruxelles, Bibliothèque Royale de Belgique, MS. 9231, f. 281^{v}

1. Auflage 2010

Gedruckt auf säurefreiem und alterungsbeständigem Papier
Druck und Einband: fgb Freiburg i. Br.

ISBN 978-3-940523-07-5

Besuchen Sie auch unseren Internetauftritt unter
http://www.bachmann-verlag.de

INHALT

VORWORT

„*Ye knowe eek, that in forme of speche is chaunge*
With-inne a thousand yeer, and wordes tho
That hadden prys, now wonder nyce and straunge
Us thinketh hem; and yet they spake hem so,
And spedde as wel in love as men now do..."

(Geoffrey Chaucer († 1400), *Troilus and Criseyde* 2, 22 ff.)

(*Ihr wißt doch alle, daß die Art zu Reden sich in tausend Jahren ändert und Worte, die einst trefflich galten, uns heute lächerlich und fremd erscheinen. Und doch sprachen sie sie so, und ging es ihnen in der Liebe damit so gut, wie Leuten heutzutage...*).

Was früher nur dem kleinen Kreis der Intellektuellen, zu denen Chaucer, Englands berühmtester mittelalterlicher Dichter, zählte, bewußt war, überrascht heute auf Grund des aktuellen Interesses für Geschichte niemanden: Die Dinge haben sich geändert, und doch blieb Grundlegendes gleich.

Nun sind die Unterschiede in den Mentalitäten, Institutionen und kulturellen Äußerungen jener Epoche, verglichen mit denen der Gegenwart, ziemlich auffallend. Daher stehen auch diese im Mittelpunkt unserer Darstellung, die in diesen Bereichen Basiswissen vermitteln will. Denn das vage Mittelalterbild, das meiner Erfahrung nach die allermeisten Studierenden beim Beginn einer akademischen Beschäftigung mit der Vergangenheit mitbringen, ist mehr von Mittelalter-Krimis und -filmen geformt, als von der wissenschaftlichen Forschung. Nicht daß es hier nicht die eine oder andere ausgezeichnete Produktion gäbe – das *Siebte Siegel* von Ingmar Bergman dürfte in allen Mittelalter-Kursen gezeigt und diskutiert werden –, aber damit auskommen wird niemand.

Grundelemente der mittelalterlichen Lebensformen für die Zeit von etwa 1000 bis 1500, um die es hier vor allem geht, in hoffentlich spannender Weise zu vermitteln, ist das Ziel dieses Buches. Dabei ist es wichtig, sich bewußt zu machen, daß die aus jener Zeit überkommenen Bildquellen genauso informativ sind wie die Texte. Aus diesem Grund ist dieser Band im Unterschied zu den meisten analogen mit 177 Illustrationen ausführlich bebildert, von denen etwa die Hälfte hier zum ersten Mal veröffentlicht werden. Sie dienen keineswegs als optischer ‚Aufputz', sondern sind der schriftlichen Überlieferung gleichgestellte ‚Quellenzitate'.

Zur Benützung des Bandes nur so viel: Alle Übersetzungen aus den altsprachlichen Texten stammen vom Verfasser, wenn nicht ausdrücklich anders vermerkt. – In den Anmerkungen werden nur jene Titel abgekürzt, die am Ende des jeweiligen Abschnitts in der Literaturliste stehen. Die bibliographischen Hinweise verkörpern natürlich nur eine minimale Auswahl aus jenen Publikationen, die der Verfasser besonders benützt hat oder für empfehlenswert hält. In den Anmerkungen nachgewiesen wurden nur Informationen, die selbst zu eruieren für den Leser vielleicht etwas aufwendig wäre.

P. D.

Grabplatte eines adeligen Paars mit typisch betonter Hinwendung
der Frau zum Mann, A. 16. Jh.
Oberthalheim (Oberösterreich)

1. ANTHROPOLOGIE

Mann und Frau

Das mittelalterliche Patriarchat

Mit Adam und Eva zu beginnen, wie es im Mittelalter viele Geschichtsschreiber getan haben, mag leicht traditionell, aber sinnvoll sein, steht doch das Paar am Anfang jeder historischen Form der menschlichen Gesellschaft. Ein Überblick sowohl über die verschiedenen Hochkulturen der Erde als auch die sogenannten Naturvölker zeigt sofort, daß fast überall die Beziehung der Geschlechter nicht durch Gleichberechtigung – eine sehr junge Erscheinung – gekennzeichnet ist, sondern durch ein Herrschaftsverhältnis. Fast überall ist das Verhältnis zwischen Männern und Frauen patriarchalisch strukturiert, und dies sowohl in der konkreten Lebenspraxis als auch in dem die jeweilige Kultur geistig prägenden System von Werten, Vorstellungen, Idealen. Matriarchalische Gesellschaften existieren nur in verschwindend geringer Zahl bei einigen wenigen Naturvölkern; daß sie in der Urgeschichte häufiger gewesen wären, ist eine beliebte, aber mangels schriftlicher Quellen unbeweisbare Hypothese.

Das europäische Mittelalter stellte in dieser Hinsicht keine Ausnahme dar, es war in allen seinen Phasen eine eindeutig patriarchale, um nicht zu sagen machistische Gesellschaft. Die Freiräume, die speziell Frauen der Oberschicht am Ausgang der römischen Epoche noch gehabt hatten, wurden vor allem seit der Christianisierung zurückgeschnitten und waren zu Ende, als sich nach der Völkerwanderung die verschiedenen Germanenreiche konstituierten. Der Mann blieb, in der ganzen Epoche und in allen sozialen Schichten, Herr im Haus und Träger des öffentlichen Lebens, die Frauen waren ihm in der Familie als Töchter, Schwestern und Gattinnen durchgehend untergeordnet und von allen öffentlichen Funktionen ausgeschlossen. Daß es die eine oder andere Ausnahme im Bereich des Adels gegeben hat, daß Witwen im städtischen

Leben eine gewisse Selbständigkeit erlangen konnten, bleibt unbezweifelbar, ändert aber nur recht wenig am Gesamtbild. Die – auch durch die Gesetzgebung – festgeschriebene Situation war die, daß Frauen in ihrem Lebensweg andauernd unter der ‚patria potestas' oder Munt (väterliche Gewalt) eines Mannes standen. Der lateinische wie der deutsche Ausdruck meint Verfügungsgewalt, impliziert aber auch die Verpflichtung zum Schutz. Das war in der frühmittelalterlichen Gesellschaft, die nur über eine ziemlich schwach ausgebildete Staatsmacht verfügte, wo Körperkraft zur Verteidigung gegen die tägliche Gewalt unabdingbar war, sicher auch sinnvoll. Auch wenn dann in der Stadtkultur seit dem 11. und 12. Jahrhundert die Obrigkeit den Einzelnen besser vor Angriffen bewahren konnte und versuchte, ein Gewaltmonopol zu erlagen, also die Selbsthilfe auszuschalten, blieb ein männlicher Beschützer für Frauen wichtig. Aber selbst in den letzten Jahrhunderten des Mittelalters, als wenigstens in den Städten genug verbriefte Rechtssicherheit existierte, änderte sich die nunmehr einzementierte Herrschaftssituation nicht mehr. Dazu kam die wirtschaftliche Abhängigkeit: Grund und Boden wurde überall zuerst an die Söhne vererbt, womit i. d. R. die Männer im Adel wie in der Landwirtschaft die Produktionsmittel in der Hand hatten, und als Bauern lebten etwa neunzig Prozent aller Menschen im mittelalterlichen Europa. Nicht weniger waren die von den Zünften kontrollierten Gewerbe in der Stadt weitestgehend männlicher Leitung vorbehalten, nur in wenigen Berufssparten ließ man Meisterinnen zu. Männer- und Frauenrollen zeigten sich im städtischen wie ländlichen Arbeitsbereich in der generell eher inhäusigen Tätigkeit der Frauen und der oftmals aushäusigen der Männer.

In ganz expliziter Weise kommt diese mindere gesellschaftliche Stellung der Frauen im Recht zum Ausdruck. Das wichtigste deutsche Rechtsbuch des hohen Mittelalters, der *Sachsenspiegel* des Eike von Repgow (um 1225), das vielfach bis in die Neuzeit hinein Geltung hatte, sagt eindeutig, daß eine Frau nur halb so viel wert ist wie ein Mann; sie zu töten oder zu verletzen, kostete nur die halbe Strafe: „Jede Frau hat das halbe Wergeld und die halbe Buße wie ihr Gatte … Der Mann ist auch Vormund seiner Frau … [Erst] nach des Mannes Tode ist sie ledig von dem Recht, das der Mann über sie hat." (*Landrecht* III, 45, 2 ff.) Ähnliche juristische Benachteiligungen kann man bei allen Völkern nachweisen. Ausdrücklich wird in vielen Gesetzbüchern das Recht des Mannes festgeschrieben, gegenüber einer ungehorsamen Frau zur Körperstrafe zu greifen, womit sie dem Gesinde und den Kindern gleichgestellt war – und faktisch wurden ja auch oft und oft sehr junge Mädchen an wesentlich ältere Männer verheiratet. Bei Ehebruch wurden die Frauen in ganz Europa den härtesten Leibstrafen bis hin zur Verstümmelung und Tötung unterworfen, wogegen die Männer frei ausgingen oder mit geringen Bußen davonkamen. In den spätmittelalterlichen Städten versuchten die Gerichte freilich, eher eine Wiederversöhnung zu erreichen[1].

Frauen waren fast überall unfähig, sich selbst vor Gericht zu vertreten, sowohl im Zivil- als auch im Kriminalrecht. Nicht einmal bei Notzucht war das anders. Es genüge eine Bestimmung des normannischen Rechts aus dem beginnenden 13. Jahrhundert zu zitieren: Wurde eine Frau vergewaltigt, und ihr Mann konnte sich im Zweikampf nicht gegen den Schänder behaupten, hatte er eine Buße zu bezahlen – sie aber wurde öffentlich gestäupt. Der Ruf der Frau, eine eventuelle Wiedergutmachung des ihr widerfahrenen Unrechts, ihre Auspeitschung – alles hing also ausschließlich von der körperlichen Kraft ihres Beschützers, des ‚Muntwalts', ab. Noch schlimmer ging es einer Angeklagte oder Anklägerin in den christlichen Kreuzfahrerreichen: Falls ihr Kämpe besiegt wurde, hatte sie den Tod durch Verbrennung zu erwarten, egal was der Grund für den gerichtlichen Zweikampf gewesen war[2].

Sitte und Gesetzgebung verlangten auch kategorisch, die Ungleichheit von Männern und Frauen durch differente Kleidung auszudrücken. Vergleicht man diese damals unumstößliche Norm mit der heutigen, für beide Geschlechter gleicherweise akzeptierten Uni-Mode, wird die Spannung zwischen Gegenwart und Mittelalter auch in diesem Punkt besonders deutlich. Die Einhaltung dieser Kodierung wurde durch heftige Sanktionen erzwungen, im späten Mittelalter mußten mehrfach Transvestiten den Scheiterhaufen besteigen[3].

Im Allgemeinen konnte eine Frau zu einer gewissen Selbstbestimmung nur in der Erfüllung der dem Patriarchat noch übergeordneten religiösen Ideale gelangen, etwa wenn sie sich als Begine der üblichen Frauenrolle als Gattin und Mutter verweigerte, um ein armes, ganz von Gebet und Arbeit erfülltes Frömmigkeitsleben mit Gleichgesinnten zu führen, oder wenn sie von Wallfahrtsort zu Wallfahrtsort pilgerte, wie im 12. Jahrhundert die unverheiratete Bona von Pisa und im 15. die verwitwete Margery Kempe – beide erregten entsprechendes Aufsehen.

Beginen bei der Meditation
Stich, A. 16. Jh.

Setzte eine hochgestellte Frau exzeptioneller Weise einmal selbst eine politische Aktion, wurde dies in den Chroniken als sensationell vermerkt und ihr Handeln als ‚männlich' qualifiziert. Daß eine ganz wesentliche Form religiöser Selbstverwirklichung im mittelalterlichen Katholizismus dem männlichen Geschlecht genauso exklusiv vorbehalten blieb wie noch heute, nämlich das Priestertum, bedarf wohl keiner Betonung.

Soweit die Realität. Immerhin empfanden die Intellektuellen das Bedürfnis, die bestehenden Verhältnisse zu erklären und zu legitimieren, wodurch sie die Herrschaftsverhältnisse verfestigten. Verschiedene gelehrte Traditionen trafen zusammen, die alle darauf hinausliefen, die Frau als biologisch, moralisch und geistig minderwertig darzustellen: Was die Intellektuellen, und das waren bis ins 12. Jahrhundert, und auch danach noch sehr häufig, so gut wie ausschließlich dem Zölibat verpflichtete Priester und Mönche, über das Wesen der Frau niederschrieben, ist mit wenigen Ausnahmen von einer krassen Misogynie geprägt. Dabei waren die unendlichen Abqualifizierungen des ‚schwachen' Geschlechts primär Konsequenzen der nicht nur die kirchliche, sondern auch die profane Welt zutiefst beherrschenden christlichen Religion. Ihr Gott war und ist ein männlicher Vatergott, ihr Erlöser der Mann Jesus. Erst seit der großen religionsgeschichtlichen Wende des 12. Jahrhunderts[4] begann Maria eine Stellung einzunehmen, die sie schließlich wie eine Göttin erscheinen ließ, was zwar offenbar das Bedürfnis der Gläubigen befriedigte, von einer Mutter in Schutz genommen zu werden oder sich mit der Braut Gottes zu identifizieren, jedoch keine Konsequenzen für die soziale Position des weiblichen Geschlechts in der Lebenspraxis mit sich brachte.

Die *Bibel* bot zahlreiche Passagen, aufgrund derer man die weibliche Minderwertigkeit als gottgewollt festschreiben konnte. Das beginnt im Schöpfungsbericht der *Genesis*, wo Gott als ersten Menschen den Mann aus Erde formt, die Frau aber erst als Zweite und aus dem Mann, nämlich aus Adams Rippe.

Die Erschaffung der Frau aus der Rippe Adams
Bauplastik am Freiburger Münster, um 1360

Wer war Schuld am Unglück des ganzen Menschengeschlechts, an der Erbsünde, die die vordem unsterblichen Geschöpfe aus dem Paradies vertrieb, sie sterblich machte, sie zur aufreibenden Arbeit und zur schmerzhaften Geburt verdammte? Eva, die Adam zum Genuß des Apfels verführt hatte, und mit ihr qua Erbsündelehre ihr ganzes Geschlecht. Aber die Frau, so der hl. Paulus im *I. Korintherbrief* (11, 7 ff.), ist ja ohnehin nicht Gottes Ebenbild: „Der Mann muß [beim Gottesdienst] sein Haupt freilich nicht verhüllen, da er ja das Abbild und der Abglanz Gottes ist. Die Frau aber ist der Abglanz des Mannes. Denn nicht der Mann kommt von der Frau, sondern die Frau vom Mann, und nicht wurde der Mann wegen der Frau geschaffen, sondern die Frau wegen des Mannes." Bezeichnend ist die Darstellung der Situation nach dem Sündenfall in der Kunst: Gott beschuldigt Adam, Adam schiebt die Schuld auf Eva, und Eva auf die Schlange. In der apokryphen (außerbiblischen) Überlieferung war die Urmutter noch schlimmer dran: Sie soll sich vom Teufel noch ein zweites Mal verführen haben lassen und somit endgültig die Chance auf eine Rückkehr ins Paradies zunichte gemacht haben[5].

Die Ureltern nach der Sünde, Paradiesestor des Hildesheimer Domes
Bronzeguß, um 1015

Die Kirchenväter, vor allen Hieronymus, die mittelalterlichen Theologen, die Prediger, die Schulmänner, sie alle tradierten diese frauenfeindliche Sicht der Ursünde. Zahlreiche andere Gründe wurden hinzugefügt: Die in der *Bibel* schon mehrfach formulierte Unreinheit der Frau aufgrund ihrer Menstruation (sie durfte in diesen Tagen, ebenso nach einer Geburt, keine Kirche betreten), ihr angeblich emotionelleres Wesen, das sie dem intellektuelleren Mann unterlegen machte, ihre angeblich stärkere Sexualität, die zur Sünde verleitete... Die Rezeption der antiken Naturkunde durch die Scholastik des 13. Jahrhunderts verschärfte die Argumentation noch: Auf Aristoteles gestützt, konnte der Spitzentheologe der katholischen Kirche, der hl. Thomas von Aquin, in seinem über Jahrhunderte maßgeblichen Werk, der *Summa Theologiae*, schreiben: Die Frau ist quasi ein mißlungener Mann und existiert ausschließlich deswegen, „um Gehilfin des Mannes beim Werke der Zeugung zu sein; denn dieser findet zu jedem sonstigen Werk eine bessere Hilfe an einem anderen Mann als an einem Weibe[6].

Auch die von Laien für Laien geschriebene volkssprachliche Literatur tradierte oft dasselbe Bild oder entwarf ein Idealmodell der Frau, deren höchste Tugend wiederum die unhinterfragte Unterordnung darstellte. In dem von Chrétien von Troyes und Hartmann von Aue in der 2. Hälfte des 12. Jahrhunderts gestalteten Roman von *Erec und Enite* unternimmt der Prinz mit seiner Gattin eine Abenteuerfahrt, bei der er sie andauernd demütigt und ihr sogar den Tod androht, falls sie auch nur ein Wort an ihn richte. Enite bricht wirklich erst in einer lebensgefährlichen Situation dieses Schweigegebot und beweist so ihre unerschütterliche Liebe. Die ideale Frau, so wird deutlich, liebt ihren Mann, ganz egal, wie er sie behandelt. Ein anderes Beispiel bietet der im 14. und 15. Jahrhundert weit verbreitete Erzählstoff von Griseldis, den u. a. die bedeutendsten Dichter der Zeit, Boccaccio, Petrarca und Chaucer, gestalteten. Der adelige Gatte der armen und völlig schuldlosen Griseldis beschließt, sie zu prüfen, nimmt ihr nacheinander beide Kinder weg und verstößt sie nach fünfzehnjähriger Ehe, ja zwingt sie sogar noch, seine neue Braut zu bedienen. Erst als sie das alles gehorsam und schweigend ertragen hat, offenbart er ihr, daß die ‚neue Gemahlin' in Wahrheit die entzogene Tochter ist, und nimmt Griseldis wieder als Gattin an. Die ideale Frau, lehrt diese Geschichte, hat keinen eigenen Willen[7].

Die ideale Frau schmiegt sich ihrem Mann völlig an, in buchstäblicher wie in übertragener Bedeutung. Besonders deutlich zeigt dies eine Skulptur des französischen Königs Ludwigs IX. und seiner Gattin Margarete von Provence: Während der Mann in sich selbst ruht, keinen Kontakt aufnimmt, wendet ihm sich die Frau liebevoll und demütig zu. Sie ist ihm aber nur attributiv beigegeben wie das Kirchenmodell, das er (als Stifter der Sainte Chapelle zu Paris) in Händen hält. Holzskulptur, spätes 13. Jh.

Erst im späten Mittelalter entstand eine Anzahl von Schriften, die die gute Hausfrau lobten und der ehelichen Liebe eine die Familie stabilisierende Rolle einräumten. Sie werden zwar, was Zahl und Qualität betrifft, weit von den oben zitierten negativen Texten in den Schatten gestellt, doch gehört zu ihnen auch die ergreifende Klage um die tote Gattin des Johannes von Tepl, *Der Ackermann aus Böhmen.*

Die im Vergleich zu männlichen Autoren ganz wenigen Schriftstellerinnen des Mittelalters haben fast alle die Unterordnung der Frau als von Gott und Kirche gewollt internalisiert und akzeptiert. Die Äbtissin Hildegard von Bingen (1098-1179) z. B., eine schon in ihrer Zeit berühmte Visionärin und Prophetin, die sonst durchaus sogar zu einer heftigen Kritik an sündhaften Geistlichen bereit war, benutzte mit Vorliebe das Wort „frauenhaft" um eine Person oder eine Zeit als schlecht zu charakterisieren und sagt über das Verhältnis der Geschlechter: „So wie jede Kreatur zu Gott hochschaut, so schaut auch die Frau zum Manne hin, um seine Befehle auszuführen, und wie sie ihm gefallen könne" (*De operatione Dei* 1, 4, 64). Wie vor Gott, „so soll sie auch vor ihrem Mann Furcht haben. Es ist daher richtig, daß die Frau stets voller Furcht sei" (*Liber vitae meritorum* 1, 83, 96). Frauen sind so wenig zuverlässig, daß sie mit Recht so wie Krüppel und Kinder vom Priesteramt ausgeschlossen werden müssen, ja, sich nicht einmal dem Altar nähern dürfen (*Scivias* 2, 6).

Jene Frau, die anscheinend überhaupt als erste die Situation weiblicher Befindlichkeit kritisch thematisierte, war eine in Frankreich lebende Italienerin, deren zahlreiche Gedichte und Allegorien einen beim dortigen Adel beliebten Lesestoff darstellten. Christine de Pizan (1365-1430) entwarf in ihrer Trostschrift für ihre Geschlechtsgenossinnen, der *Stadt der Frauen*, eine Utopie, die bereits als feministisch bezeichnet werden darf, wenn darunter auch das Streben nach den Knaben gleichwertiger Bildung für dieses Geschlechts verstanden wird und die Zurückweisung misogyner Vorwürfe durch Beispiele von vorbildlichen Frauen. Das 1405 verfaßte Werk setzt dem faktisch von Männern beherrschten Gemeinwesen des späten Mittelalters die utopische Allegorie einer rein weiblichen Gesellschaft entgegen, bevölkert vor allem mit bedeutenden Gestalten der antiken Literatur und der christlichen Heiligenlegende. Die Verheirateten, die friedfertige Gatten besitzen, sollen Gott dafür danken und ihn bitten, daß er sie ihnen erhalte; jene, deren Männer zwischen Gut und Böse schwanken, sollen ihm danken, nicht noch schlimmere bekommen zu haben; und die, die bösartige Ehegenossen haben, sollen versuchen, auf sie mildernd einzuwirken; wo das erfolglos bleibt, erwerben sie wenigstens in ihren Seelen einen großen Schatz (*Cité des Dames* 3, 19).

Wenn auch das familiäre Leben der Frauen im Mittelalter prinzipiell keineswegs ein selbstbestimmtes war, so heißt dies jedoch nicht, daß deshalb alle Verehelichten ein unterdrücktes Leben geführt hätten. Jene, die den gegebenen Rahmen akzeptierten und deren Männer ihre Herrschaftsspielräume nicht ausnützten, konnten durchaus ein harmonisches Zusammenleben erfahren. Gerade die genannte Christine lebte nach eigener Aussage in einer ausgesprochen glücklichen Ehe, und ihr deutscher Zeitgenosse, Johannes von Tepl, hat seiner verstorbenen Frau im bereits genannten *Ackermann aus Böhmen* das wohl ergreifendste Denkmal tiefer Gattenliebe gedichtet, das aus jener Zeit erhalten ist. Es gab in der Tat noch weitere Männer, die die Feder ergriffen, um das Lob der guten Hausfrau zu formulieren – aber wie wenige im Vergleich zu jenen, die „wie aus einem einzigen Munde" die Frau als Hort aller nur denkbaren Laster verfemten (*Cité* 1, 1).

Freilich bot die Kirche den Frauen einen Trost, der, da fest geglaubt, tatsächlich eine Erleichterung ihrer Mühsale war, genauso wie des Kummers der sozial Unterdrückten: Vor Gott und in der anderen Welt würden die beiden Geschlechter ganz gleich sein, denn auch die Frauen besäßen unsterbliche Seelen (als dies im Frühmittelalter von einigen Geistlichen bezweifelt wurde, nahm sogar ein Konzil dagegen Stellung). Im Unterschied zur germanischen Religion, die fast nur von Männern im Jenseits sprach, hatte das Christentum also attraktive Versprechungen für Frauen anzubieten, und es ist sicher kein Zufall, daß die Bekehrung so vieler Reiche und Stämme zum Christentum durch christliche Königinnen eingeleitet wurde, deren Glauben ihre Männer übernahmen, wenn auch vorwiegend aus politischen Gründen. Verwundert es, daß nachweislich auch im Mittelalter Frauen die engagierteren Kirchenbesucherinnen darstellten und ihre größere Folgsamkeit priesterlichen Weisungen gegenüber von manch einem Prediger den Männern zur Nachahmung empfohlen wurde?[8]

Weiterführende Literatur

Dallapiazza, Michael, Minne hûsere und das ehlich leben. Zur Konstitution bürgerlicher Lebensmuster in spätmittelalterlichen und frühhumanistischen Didaktiken, Frankfurt a. M. 1981.
Hergemöller, Bernd-U., Masculus et femina. Systematische Grundlinien einer mediävistischen Geschlechtergeschichte, Hamburg [2]2005.
Ketsch, Peter, Frauen im Mittelalter I-II, Düsseldorf 1983.
Weinhold, Karl, Die deutschen Frauen in dem Mittelalter I-II, Wien [3]1897 = Amsterdam 1968.
Willoweit, Dieter, Die Ungleichbehandlung der Frau im mittelalterlichen Recht. Sozialgeschichtliche, rechtsgeschichtliche, soziobiologische Erklärungen, in: Böhm, W., Lindauer, M. ed., Mann und Frau – Frau und Mann, Stuttgart 1992, 300-314.

1 Otis-Cour, Leah, De jure novo. Dealing with Adultery in the 15th cent. Toulousain: Speculum 84, 2009, 347-392.
2 Lea, Henry C., Superstition and Force, Philadelphia [2]1870 = New York 1971, 132.
3 Hergemöller, Masculus 53.
4 S. unten S. 37 f., 43 f., 398 f., 455.
5 Murdoch, Brian, The Apocryphal Adam and Eve in Medieval Europe, Oxford 2009.
6 I, 92, 1.
7 Petzoldt, L., Griseldis: Enzykopädie des Märchens 6, 1990, 205-212.
8 Dinzelbacher, Peter, Handbuch der Religionsgeschichte im deutschsprachigen Raum II, Paderborn 2000, 209 ff.

Sexualität

Liebespaar aus einer Wappenscheibe
um 1500, Frankfurt a. M., Historisches Museum

Kann die menschliche Sexualität Thema der Geschichte sein? Ist das Verhalten der Geschlechter in diesem Bereich nicht schlichtweg biologisch festgelegt? Für die körperlichen Grundgegebenheiten trifft dies zweifellos zu. Aber innerhalb dieses Rahmens existiert ein großer Spielraum von Verhaltensweisen, und was man üblicherweise tut oder nicht tut, das ist kultur- bzw. epochenabhängig. So hat keine der europäischen Kulturen jene Vielfalt erotischer Möglichkeiten entwickelt, die im alten Indien nach Ausweis des *Kamasutra* und anderer Quellen bekannt war. Unser Mittelalter war, mit der Antike und der Gegenwart verglichen, jene Periode, in der Sexualität im öffentlichen Diskurs, d. h. in Texten und Bildern, die geringste Rolle spielte und in der sie in der Praxis – aller Wahrscheinlichkeit nach – nur in sehr wenig Variation verwirklicht wurde.

Aussagen über das alltägliche Verhalten auf diesem Gebiet bleiben besonders unsicher, da es aus der Vormoderne keine heutigen Befragungen ähnliche Informationen gibt und die dezidierte Sexualfeindlichkeit der katholischen Kirche wie ein Filter wirkte, der dieses Thema entweder von der Verschriftlichung ganz ausschloß oder sehr zurückdrängte. Wenn doch konkrete Aussagen über Sex gemacht wurden, so nur in speziellem Sachzusammenhang, z. B. in medizinischen Traktaten oder in Texten, die die offizielle Kultur karikierten oder bekämpften, wie einige Vagantenstrophen, Burlesken und Farcen. Die bildende Kunst konnte sich erotischen Themen i. d. R. nur zuwenden, wenn diese apotropäische oder moralisch-warnende Funktion hatten, wie in der romanischen Bauplastik oder den gotischen Randminiaturen, oder wenn sie einen narrativen Text – mit Zurückhaltung – illustrierte.

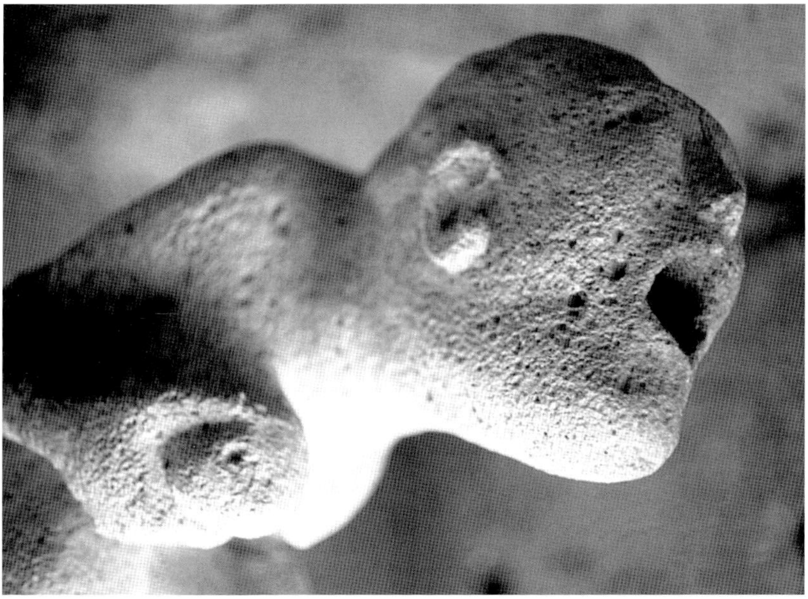

Eine ihre Brust weisenden Frau als Warnung vor Unkeuschheit
Wasserspeier, wahrscheinlich 14. Jh.,
Burg Heidenreichstein (Niederösterreich)

Erotische Kunst, die beim Betrachter entsprechende Empfindungen auslösen sollte, kam erst gegen Ende des Mittelalters auf und ist nur in extrem wenigen Beispielen bekannt. Die nackten Körper der hochmittelalterlichen Bauplastiken waren trotz betonter Geschlechtsdarstellung immer so gestaltet, daß sie abschreckend wirken: Warnungen vor Sünden gegen das sechste Gebot oder dämonen- und unheilabwehrende Figuren.

Lange könnte man von den erotischen Phantasien berichten, die in die eschatologische Welt projiziert wurden: Eine Illumination im berühmten Stundenbuch des Duc de Berry etwa, von Jean Colombe gestaltet, zeigt den Strom toter Seelen, die an diesem Ort von Feuer, Eiswasser, Wind, Regen und dämonischen Untieren gemartert werden. Alle Stände sind vertreten, man erkennt etwa einen Bischof und einen Mönch. Aber wer seine Strafe abgebüßt hat, wird von einem Engel aus der Unterwelt befreit. Der Maler hat dabei in ungewöhnlicher Weise frommes Erschauern und erotische Faszination kombiniert; das Bild der üppigen und völlig nackten weiblichen Seelen dürfte bei dem fürstlichen Betrachter nicht nur devote Gedanken ausgelöst haben. Aber schließlich war dieses Privatgebetbuch auch nur für den intimen Gebrauch bestimmt[1].

Es ist sehr unwahrscheinlich, daß viele mittelalterliche Männer den Geschlechtsverkehr anders als hastig, egoistisch und mit schlechtem Gewissen ausübten. Ein Geistlicher des 9. Jahrhunderts schrieb, viele Frauen stürben an der Brutalität des Geschlechtsverkehrs[2]. Was sollte einem erschöpft von der Landarbeit heimkommenden Bauern oder einem nicht weniger ermüdeten Arbeiter in der Stadt ein erotisches Vorspiel bedeuten? Wenn Ritter, die sich in diesem Punkt nicht um die Kirchenlehre kümmerten, wie etwa der erste Trobador Herzog Wilhelm IX. von Aquitanien, von ihren Eroberungen prahlten, dann ging es ihnen darum, mit wie vielen sie es getrieben hatten und wie oft in einer Nacht. Frauen waren auch hier von Gott zur Befriedigung des Mannes geschaffen, und das Thema Sexualität hatte die Kirche derartig tabuisiert, daß es darüber auch unter gutwilligen Eheleuten kaum Gespräche gegeben haben wird.

Wahrscheinlich das erste erhaltene Pinup-Girl der nachantiken Geschichte: Die ‚Luxuria' von Antonio Pisano, gen. Pisanello.
Der Künstler zeichnete sie um 1425, im Alter von etwa 25 bis 35 Jahren. Auch im Italien der anbrechenden Renaissance war es noch nicht möglich, eine erotische Darstellung um ihrer selbst willen zu schaffen, weshalb der Akt durch das Attribut des Kaninchens als Personifikation der Unkeuschheit ausgewiesen ist. Diese rangierte unter den Todsünden, so daß man die Zeichnung als moralische Warnung ausgeben konnte. Bemerkenswerterweise hat Pisanello ein afrikanisches Modell für seine ‚Unkeuschheit' gewählt (farbige Sklavinnen gab es im spätmittelalterlichen Italien nicht selten), da Menschen dunkler Hautfarbe ohne weiteres mit Dämonischem assoziiert wurden. Wien, Albertina

So ist davon auszugehen, daß der Koitus fast nur in der sog. Missionarshaltung vollzogen wurde. Nach französischen Gerichtsprotokollen des späten Mittelalters wurde sogar im Bordell in zehn von zwölf Fällen diese Stellung praktiziert, die plastisch mit „chevaucher" (reiten), „rôtir" (stampfen), „travailler", „labourer" (bearbeiten) ausgedrückt wurde. Nur in einem Fall verkehrte ein Paar im Stehen, ein anderes, bei dem die Prostituierte erst zwölf Jahre alt war, mit dem Mann unter dem Mädchen. Die Bildquellen bestätigen dies: Wenn Paare unter der Decke im Bett abgebildet wurden, z. B. in illuminierten medizinischen oder juristischen Handschriften (beim Thema Verführung und Ehebruch), dann liegt üblicherweise stets der Mann auf der Frau. Die umgekehrte Position galt als diabolisch, so verkehrte nur der Teufel mit Frauen, nämlich den Hexen beim Sabbat. Auch sich der Frau von hinten zu nähern, war Eigenheit des Dämons, etwa bei der Zeugung des Zauberers Merlin. Im allgemeinen scheint sich das Vorspiel auf den „frechen Griff" des Mannes an die Scham und den Busen beschränkt zu haben.

Der übliche Sex in der ‚Missionarsstellung'
Holzschnitt aus der Vita des Antichrist, um 1475

Dennoch finden sich bisweilen Hinweise auf eine größere sexuelle Vielfalt. So erwähnen die frühmittelalterlichen Bußbücher, in denen zum Gebrauch des Beichte hörenden Priesters die Straftarife für die verschiedensten Sünden verzeichnet waren, u. a. Oral- und Analverkehr, anscheinend Formen der Empfängnisverhütung. Nur Gruppensex war wohl völlig unüblich; zu solcher Unkeuschheit ließen sich höchstens ‚Heiden' herab, also die Muslime, und vor allem Häretiker. Letztere anscheinend teilweise wirklich, wie wohl die böhmischen Adamiten[3]. Einige Herrscher, wie Karl d. Gr. oder Friedrich II. von Staufen hielten sich freilich geradezu Harems, ohne deswegen besonders kritisiert zu werden.

Was die visuelle Erotik betraf, so bietet die Frauenmode seit dem 12. Jahrhundert manche Beispiele für Verhüllen und Enthüllen durch enge Kleidung, Dekollete und Schleier, aber sich am Anblick des nackten Körpers der Geliebten oder Gattin zu erfreuen, war eindeutig verwerflich: In einem um 1140 verfaßten Reiseführer für Pilger bemüht sich der französische Autor, die ihm verhaßten Navarresen als sittlich völlig entartet darzustellen, wozu er anführt, wie eifrig sie mit Maultieren und Stuten verkehren, sowie als besonders skandalös, daß Mann und Frau vor dem Geschlechtsakt einander ihre Schamteile zeigen.

Dennoch entwickelte sich wenigstens in den Kreisen der ‚leisured society' des Hochmittelalters gelegentlich etwas wie Frivolität, ja sogar Erotik. Dies in einigen Liedern von Trobadors und Minnesängern, deren Liebe übrigens entgegen einer weitverbreiteten Ansicht weder zumeist keusch noch unbedingt auf verheiratete Partnerinnen beschränkt war. So wünscht sich der Trobador Arnaut Daniel (XII, 31 f.), Gott gebe, „daß ich ihren schönen Leib küssend und lächelnd entblöße und ihn gegen das Licht der Lampe betrachten kann". Ihm geht es also nicht nur um die Vereinigung, sondern genauso um die visuelle und taktile Erotik davor.

Nicht zufällig beschreiben genau in derselben Zeit nach 1100, als zwischengeschlechtliche Erotik zum ersten Mal seit der Antike wieder thematisiert wird, auch geistliche Autoren die ersten sexuell gefärbten Christusvisionen oder das Liebesverhältnis von Seelenbraut und göttlichem Bräutigam: Die Geschichte der Erlebnismystik beginnt mit phantasierten Liebesszenen. Sie sollten ab dem 13. Jahrhundert in der Frauenmystik nicht selten figurieren, die Beginen Mechthild von Magdeburg und Hadewijch sind die bekanntesten Autorinnen derartiger autobiographischer Darstellungen[4].

Dies war freilich ein Gegenstrom gegen die kirchlicherseits andauernd verkündete Abwertung aller körperlichen Intimitäten, die sicher viele nur mit schlechtem Gewissen lieben ließ. Von Paulus über Augustinus geht dieser Traditionsstrang der Unterdrückung aus, der – nur unbewußt? – zu einem Herrschaftsinstrument der Hierarchie über die ihnen untergebenen Geistlichen und Laien wurde. Mit der Ausdehnung des mönchischen Keuschheitsideals auf die Gesamtkirche im Verlauf der Kirchenreform (11./12. Jh.) wurden auch die bisher i. d. R. verheirateten Priester dem Zölibat unterworfen – nach heftigen, bis zu Mord und Todschlag gehenden Auseinandersetzungen[5].

Als typisch für die kirchliche Haltung sei nur ein Lehrsatz des Bischofs Huguccio von Pisa († 1210) zitiert: „Niemals kann [selbst] der eheliche Geschlechtsverkehr wenigstens ohne läßliche Sünde ausgeübt werden, da er doch auf jeden Fall mit einem Minimum an sexueller Erregung verbunden ist …“[6] Bei ernsthaft Frommen konnte das zu einer Traumatisierung führen: Einige heilige Frauen des Spätmittelalters wie die Nonne Christine von Retters oder die Ehefrau und Mutter Francesca von Rom verstümmelten sich ihr Geschlecht, um angenehme sexuelle Empfindungen unmöglich zu machen.

Die Fackel der Liebe entzündet die teilweise wie eine Burg gestaltete Dame an der richtigen Stelle.
Illustration zum *Roman de la Rose*, um 1410
Valencia, Universitätsbibliothek, ms. 387, f. 146v

Die kirchliche Kontrolle konnte jedoch *unterschwellige* Manifestationen des Eros nicht ausrotten. Sie finden sich erstaunlich häufig nicht nur in der Brautmystik, sondern auch in der Dichtung sowie in der profanen und religiösen Kunst. „Der Liebe Dorn“, „Korn schneiden“, „das Bürglein erobern“ u. ä. mögen als Beispiele für eine Fülle einschlägiger Metaphern stehen[7]. Während die profane Malerei erotische Szenen nur selten in Miniaturen zeigte, so z. B. bei den Allegorien des *Rosenromans*, gab es Handfestes auch für kleine Leute in Form billiger Metallabzeichen, die teilweise auf antike Vorlagen zurückgehen und möglicherweise als Apotropaia getragen wurden, wie die ‚Feige‘ noch heute in Südeuropa, oder auch zu bestimmten Brauchtumsterminen (Hochzeit?)[8].

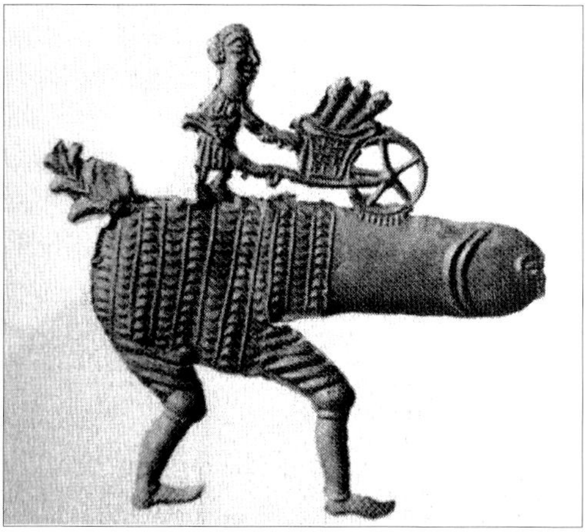

Ansteckzeichen in Gestalt eines gehenden Penis,
auf dem ein Schubkarren mit weiteren Penes geschoben wird.
14./15. Jh., Bodenfund aus den Niederlanden

Sehr deutlich werden die verdrängten sexuellen Phantasien in vielen schriftlichen und bildlichen Darstellungen der Höllenstrafen, wo den sadistischen Komponenten freier Lauf gelassen werden konnte. Wenn eine ob ihrer Unkeuschheit in die Hölle verdammte Frau von den Teufeln mit einem Horn und einer Schlange zwischen den Beinen gequält wird, wie im Weltgerichtsfresko der Kathedrale von San Gimignano (E. 14. Jh.) zu sehen, dann bedarf die Deutung keiner großen psychoanalytischen Interpretationsbemühungen:

Jedoch sind auch manche Bilder erhalten, bei denen man kaum entscheiden kann, inwieweit der Künstler sich der sexuellen Komponente bewußt war. Das Martyrium weiblicher Heiliger bot viele Möglichkeiten, im kirchlichen Rahmen und zu gottgefälligem Zweck weibliche Akte darzustellen und männlichen Künstlern wie Beobachtern das Phantasieren sexueller Sadismen in den Handlungen der Folterknechte zu ermöglichen. So konnte man etwa zeigen, wie die Brüste der hl. Barbara abgeschnitten wurden (Altartafel von Meister Franke, um 1415, Helsinki, Nationalmuseum) oder wie die Henker die der Heiligen Agatha und Afra verstümmelt u. ä.

Martyrium der hl. Agatha
(oder Afra?)
Altartafel um 1515,
Linz, Schloßmuseum

Sexuelle ‚Perversionen' waren mit einem noch stärkeren Tabu behaftet als die ‚normale' Sexualität, da sie nach biblischer Vorgabe als Frevel gegen die Natur betrachtet wurden, für die Gott sich an der gesamten Gemeinschaft rächen werde, sollten die Sünder nicht von ihr bestraft werden. Homosexualität („Sodomie") wurde aus verständlichen Gründen besonders Mönchen oft vorgeworfen (wogegen Tribadie fast keine Beachtung fand). Es haben sich aus diesen Kreisen tatsächlich einige homoerotische Dichtungen erhalten, die gern auf den Ganymed-Mythus anspielen[9].

Jupiter in Adlergestalt entführt Ganymed als Lustknaben
A. 13. Jh., Parma, Baptisterium

Im Lauf der Epoche immer öfter als Ketzerei definiert, wurde gleichgeschlechtliche Liebe immer härter bestraft, schließlich oft mit der Verbrennung geahndet. Auf der iberischen Halbinsel pflegte man beide Männer zu kastrieren, ehe man sie mit dem Kopf nach unten aufhing, bis der Tod eintrat; in Siena wurden sie am Geschlechtsteil aufgehängt, wie es Giotto als Vergeltung für sexuelle Sünden auch in der Hölle dargestellt hat (Jüngsten Gericht, Padua, Arena-Kapelle, 1306)[10].

Auf Bestialität, im Mittelalter auch Sodomie genannt (nach dem biblischen Sodom), stand für Mensch und Tier ebenfalls der Feuertod. Pädophilie scheint dagegen in den Quellen des Mittelalters kaum auf, vielleicht, da man Mädchen vielfach ohnehin legitim schon vor oder knapp nach der Geschlechtsreife heiraten konnte. Es ist ganz bezeichnend, daß ein adeliger Sexualpathologe wie Gilles de Rays (1404-1440), ein Mitkämpfers der hl. Johanna von Orléans, Hunderte von Kindern bestialisch mißbrauchen und zu Tode foltern konnte, ehe die Justiz begann, sich mit ihm zu beschäftigen. Dieser Casus zeigt in aller Deutlichkeit, daß sexuelle und sadistische Ausschweifungen eines mächtigen Feudalherrn von den unter seiner Herrschaft Stehenden einfach hingenommen werden mußten. Man kann die Dunkelziffer ähnlicher Verbrechen kaum erahnen.

Weiterführende Literatur

Bothwell, John, Christianity, Social Tolerance, and Homosexuality, Chicago (IL) 1980.

Brundage, James A., Law, Sex, and Christian Society in Medieval Europe, Chicago (IL) 1987.

Classen, Albrecht ed., Sexuality in the Middle Ages and Early Modern Times, Berlin 2008.

Dinzelbacher, Peter, Mittelalterliche Sexualität. Die Quellen, in: Privatisierung der Triebe? Sexualität in der Frühen Neuzeit, hg. v. D. Erlach u. a., Frankfurt a. M. 1994, 47-110.

Karras, Ruth, Sexualität im Mittelalter, Düsseldorf 2006.

Schnell, Rüdiger, Sexualität und Emotionalität in der vormodernen Ehe, Köln 2002.

1 F. 113v, Pognon, Edmond, Das Stundenbuch des Herzogs von Berry, [Stuttgart] 1983, 82 f.

2 Die Einzelnachweise bei Dinzelbacher, Mittelalterliche Sexualität.

3 Dinzelbacher, Peter, Gruppensex im Untergrund. Chaotische Ketzer und kirchliche Keuschheit im Mittelalter, in: Classen, Sexuality 405-428.

4 Vgl. unten S. 399 f.

5 Beispiele bei Lea, Henry, The History of Sacerdotal Celibacy in the Christian Church, New York 1957, ch. XIII-XXI.

6 Zit. Brundage, Law 281 f.

7 Zeyen, S., … daz tet der liebe dorn, Essen 1996; Herchert, G., „Acker mir mein bestes Feld“, Münster 1996.

8 Beutin, Wolfgang, Sexualsymbolik in einem Fundus spätmittelalterlicher Kleinplastiken („Insignien“) und in der Dichtung (Verserzählung, Fastnachtspiel, Märchen): Mediaevistik 18, 2005, 19-67.

9 Bothwell, Christianity 243 ff. u. ö.

10 Brundage, Law 534, 473.

Liebe

Paar, Miniatur aus einer venezianischen Handschrift
des Lehrgedichts *Acerba* des Cecco d'Ascoli.
2. H. 14. Jh., Florenz, Biblioteca Laurenziana, Ms Pluteo 40.52

Liebe im Sinne der intensiven, von Leidenschaft, Zärtlichkeit und Bindungsverlangen getragenen Zuwendung der Geschlechter zueinander ist sozusagen der emotionelle Überbau über die biologisch gegebene Sexualität. Da Fortpflanzung und familiäre Arbeitsteilung auch ohne sie funktionieren, bildet sie kein unabdingbares Element im Sozialleben des Paares. Daß erfüllte Liebe ein zentrales Element für eine geglückte Existenz darstellen müsse, wie dies unsere Weltsicht fordert, ist keineswegs eine anthropologische Konstante. Die Liebe zu einem bestimmten, ‚einzigartigen' Partner als Lebensmittelpunkt ist vielen Naturvölkern unbekannt und stellt eine späte Entwicklung in den Hochkulturen dar. So tritt sie in der nachantiken Geschichte Europas auch erst mit der Entwicklung einer ‚leisured society' im hohen Mittelalter auf; im Frühmittelalter war anscheinend selbst die Oberschicht zu sehr mit der Erwirtschaftung des Lebensnotwendigen und der kriegerischen Selbstbehauptung beschäftigt, um sich ein schwärmerisches Gefühlsleben leisten zu können. Auch fehlte den germanischen Schichten, die nach der Völkerwanderung Europa beherrschten, wohl eine entsprechende eigene Tradition. Gewiß gab es auch früher leidenschaftliches Begehren und ruhige Zuneigung, Freundschaft und Vertrautheit, aber die romantische Liebe als eine Raison d'être war die Erfindung des späten 11. und 12. Jahrhunderts.

Dies mag auf den ersten Blick als unglaubwürdig erscheinen, da wir so sehr an die unsere Mentalität beherrschende Vorstellung von der ‚Allgewalt der Liebe' gewohnt sind und diese unwillkürlich auch in anderen Epochen und Kulturen voraussetzen. Aber es gibt eine ganze Reihe von Indizien, die auf ein Fehlen dieser Konzeption im Frühmittelalter hinweisen[1]: Aus dieser Epoche ist zwar profane Dichtung erhalten, etwa Heldenepik, aber kein einziges Gedicht, keine einzige Erzählung, die sich um Liebe drehen würde. In der historischen Überlieferung fehlen, anders als ab dem 12. Jahrhundert, Hinweise auf die Geschichte beeinflussende Liebesaffairen oder unglückliche Liebe als Grund für einen Selbstmord. Die bildende Kunst kennt das Motiv des liebenden Paares nicht. Im breit erhaltenen geistlichen Schrifttum vor dem 12. Jahrhundert wird die Beziehung der Seele zu Gott nie als Liebesverhältnis geschildert, wogegen eben das ab dieser Periode ein Hauptmotiv des religiösen Schrifttums darstellt.

Das Zusammentreffen einer Reihe von Faktoren ließ nach etwa 1050 eine Liebeskultur entstehen, die zwar später manche Modifizierung erfuhr (namentlich in der Romantik), doch im wesentlichen die heutige abendländische Vorstellungswelt immer noch prägt. Zunächst ermöglichte der wirtschaftliche Aufschwung mehr Menschen der sozialen Oberschichten, ihre Zeit ‚unproduktiv' zu verbringen, d. h. sich den Luxus der Introspektion und Meditation zu leisten und der Gefühlswelt breiten Raum zu gewähren. Dem individuellen Denken und Fühlen wurde generell eine ganz neue Aufmerksamkeit zuteil. Dies vollzog sich vornehmlich in der höfischen und der mit ihr vielfach verbundenen monastischen Welt, aber auch im frühen Studentenmilieu der Stadt. Die Emanzipation der Laienkultur brachte ein verstärktes Interesse für Themen der römischen Antike mit sich, darunter auch die Liebeslyrik und die epische Dichtung mit ihren Liebespaaren (Aeneas und Dido bzw. Lavinia, Pyramus und Thispe...). Viele dieser Stoffe wurden erst jetzt durch volkssprachliche Bearbeitungen auch den lateinunkundigen Kreisen an den Höfen geläufig und später auch im Bürgertum rezipiert.

In der ‚Renaissance des 12. Jahrhunderts' dringen antike Stoffe sogar in die kirchliche Kunst ein, darunter die Liebesgeschichte von Pyramus und Thisbe, ein Beispiel für Selbstmord aus Liebe. Freilich erfolgte in diesem Raum eine Umdeutung, indem man etwa mit dem Jüngling Christus, mit dem Mädchen die Seele identifizierte.

Die Geschichte von Pyramus und Thisbe, Illustration zum *Roman de la Rose*, um 1275, Paris, Bibliothèque Nationale

Liebe wurde zu einem beherrschenden Thema der höfischen Welt und der ritterlichen Mentalität, wie nicht nur die Lyrik der provenzalischen Trobadors, nordfranzösischen Trouvères und deutschen Minnesänger zeigt, die fast alle dem Adel oder Ritterstand angehörten, sondern auch die zahllosen Liebesromane, Liebeslehren, Minneallegorien, die bildlichen Darstellungen der antiken Gottheiten Venus und Amor, die Belagerung der Minneburg usf.

Aber dies war nur eine Konsequenz der gelebten Empfindung. Das berühmteste Liebespaar des 12. Jahrhunderts ist bis heute bekannt und war schon im späten Mittelalter paradigmatisch: Abaelard und Heloise. Als der berühmte bretonische Gelehrte an der eben entstehenden Pariser Universität tätig war, benützte er seine Stelle als Hauslehrer bei dem um 20 Jahre jüngeren Mädchen aus angesehenem Haus, sie zu verführen. Heloise, schön und hochbegabt, gab sich ihm leidenschaftlich hin, nach der Geburt eines Sohnes 1117 heiratete das Paar im Geheimen, was Heloises Onkel jedoch so erzürnte, daß er ihren Mann überfallen und kastrieren ließ. Daraufhin traten beide in den Benediktinerorden ein – Heloise wider Willen, nur aus liebendem Gehorsam Abaelard gegenüber. In ihren Briefen aus dem Kloster hat sie ihre Gefühle ungemein ausdrucksstark formuliert.

Aus dem ersten Brief Heloises aus dem Kloster an Abaelard:

„Niemals habe ich in Dir – Gott weiß es! – etwas anderes gesucht als Dich, nur Dich, ohne etwas von Dir zu begehren. Nicht einen Ehevertrag, nicht irgend welche Brautgaben habe ich erwartet, nicht einmal meine Lüste oder Wünsche wollte ich befriedigen, nur die Deinen, wie Du selbst weißt. Und wenn auch der Name ‚Gattin' mehr geheiligt und wert scheint, so war mir das Wort ‚Freundin' oder, wenn Du gestattest, ‚Konkubine' und ‚Buhle' stets süßer ... Mein Selbst war nicht bei mir, sondern bei Dir, und auch jetzt ist es eigentlich nirgends, wenn es nicht bei Dir ist, kann es doch ohne Dich nicht sein! ... Als ich mich mit Dir der körperlichen Lust hingab, zweifelten viele, ob ich das aus Liebe oder aus Sinnlichkeit täte. Nun zeigt das Ende aber, von welcher Gesinnung ich von Anbeginn an war, denn jede Lust habe ich mir nun verboten, um Deinem Willen zu gehorchen, und nichts habe ich mir vorbehalten – nur, jetzt so ganz die Deine zu werden."

(*Epistula* 2, ed. Hicks 50, 52.)

Im späten Mittelalter konnte Liebe, ganz anders als im frühen, auch die politische Geschichte mitbestimmen: König Peter I. von Kastilien und Herzog Albrecht III. von Bayern-München führten gegen ihre Väter Kriege, weil diese die von ihnen geliebten Frauen 1355 bzw. 1435 ermorden ließen. Die Tragödien der Inēs de Castro und der Agnes Bernauer sind bis heute bekannt geblieben.

Sicher war es die höfische Dichtung, später auch die stadtbürgerliche, die ganz vorrangig als Mittel der Reflexion über dieses Gefühl diente. Dabei wurden unterschiedliche Ideale formuliert, die uns teilweise fremd, teilweise vertraut anmuten. Während manche Dichter von einer die Sehnsucht stets erhaltenden Fernliebe träumten, verschwiegen andere keineswegs die Erwartung, ihr Frauendienst solle in einer Liebesnacht belohnt werden. Liebe stellte man sich zunächst vornehmlich im vor- und außerehelichen Bereich vor; im ‚bürgerlichen' Spätmittelalter wird sie dagegen mehr und mehr als wichtiges Element in der Ehe gesehen.

Außereheliche Liebe, ein Fall für das Kirchenrecht. Miniatur aus einer Handschrift der wichtigsten kanonischen Sammlung, des *Decretum Gratiani*, 1. H. 13. Jh., Admont, Stiftsbibliothek, Cod. 35, f. 255r

Ein Stoff allerdings sollte das Thema in für die europäische Mentalität prägender Weise zum Ausdruck bringen, indem hier Liebe und Tod exemplarisch verknüpft sind: Der Mythos von Tristan und Isolde. Auf keltischen Erzählungen fußend, wurde er im 12. Jahrhundert zunächst von französischen Autoren verschriftlicht und erhielt seine künstlerisch bedeutendste Fassung im frühen 13. Jahrhundert durch den Roman des Gottfried von Straßburg. Ganz wesentlich ist hier das Motiv der zwei für einander bestimmten Liebenden – nur eine einzige, bestimmte Person, niemand sonst, kann die ‚große' Liebe eines Lebens werden.

> „ein senedaere, ein senedaerin,
> ein man, ein wîp; ein wîp, ein man,
> Tristan, Îsot; Îsot, Tristan." (128 ff.)
>
> (Ein sehnsüchtig Liebender, eine sehnsüchtig Liebende,
> ein Mann, eine Frau; eine Frau, ein Mann,
> Tristan, Isolde; Isolde, Tristan.)

Findet diese Bestimmung keine Erfüllung, so können die Liebenden nicht weiter leben: Tristan stirbt, als ihm vorgelogen wird, daß Isolde nicht mehr zu ihm käme, sie folgt ihm in den Tod, als sie vor seiner Leiche steht. Aus ihren Gräbern wachsen, so eine Version der Erzählung, ein Rosenstock und eine Weinrebe, die sich untrennbar ineinander verflechten.

Das weitere Mittelalter entwickelte noch viele Liebes-Motive oft allegorischer Natur, wie die Abenteuerfahrt zur Erringung der Rose, die Belagerung der Minneburg, die Jagd auf das köstliche Wild u. a. m. Die hier vorwaltende handfeste Symbolik (der Pfeil Amors z. B. wird tatsächlich durch die Augen ins Herz geschossen) und die zahllosen Personifikationen (der Liebe, Treue, Keuschheit, des Verlangens usf.) sollten aber durchwegs in der Neuzeit nicht mehr als adäquater Ausdruck für Momente des Gefühlslebens angenommen werden - ganz im Gegensatz zum Tristan-Stoff.

Die Pfeile der Amoretten sind auf die höfische Gesellschaft gerichtet, Miniatur M. 15. Jh., sog. Tarot de Charles VI, Paris, Bibliothèque Nationale

Nun hatte die ‚Entdeckung der Liebe' langfristig tiefgehende soziale Folgen. Denn wiewohl fast ausschließlich von Männern konzipiert und formuliert, enthielt die Idee der romantischen Liebe eine Vorstellung, die bislang dem christlichen Europa ganz fremd gewesen war: Nämlich die der Gegenseitigkeit der Gefühle und der Gleichwertigkeit der Geschlechter. So las man z. B. im altfranzösischen Aeneasroman:

„il en estuet deus en un cople
et chascuns seit vers l'altre sople
et face li ses volentez“ (vs. 8175 ff.)

(Zu einem Paar bedarf es zweier, und jeder sei dem anderen gegenüber entgegenkommend und erfülle ihm seine Wünsche.)

Dazu gibt es viele parallele Texte, die die Liebenden als gleichwertige Partner zeichnen. Frauen wird – in dieser einen fiktiven Sphäre der Minne – genau dieselbe Fähigkeit zu lieben zugestanden wie den Männern, und ebenso die Möglichkeit, autonom zu entscheiden, wem sie diese Liebe zuwenden wollen. Solche Männerphantasien, die dem ‚schönen Geschlecht‘ Macht über sich selbst und ihre Verehrer einräumten, und das sogar in der Terminologie feudalrechtlicher Unterordnung, stehen am Beginn einer langen Tradition des Frauenkultes und der Galanterie. Dieses Ideal sollte über die Dichtung aus der Welt der Ideen in die der Realität einwirken, indem man begann, Frauen tatsächlich zu umwerben. Ohne die sozioökonomischen und ideellen Veränderungen zu marginalisieren, deren es bedurfte, ehe es im 19. und 20. Jahrhundert zu einer faktischen Emanzipation kam, kann man doch in dem literarischen Ideal einer auf gleicher Ebene von beiden Partnern gleich geteilten Liebe die historisch älteste mentale Voraussetzung für die spätere soziale und rechtlichen Gleichstellung der Geschlechter sehen. Unzweifelhaft blieb dies vorerst nur die Spitze eines neuen Verhaltens, nur ein Spiel, neben dem der alte machistische Umgang mit dem schwächeren Geschlecht stets weiterbestand. Aber die Idee der Gleichwertigkeit der Geschlechter war – wenn vorerst auch nur in diesem einen Punkt – gedacht und ausgesprochen worden, um nie wieder zu verschwinden.

Daß die ‚Entdeckung der Liebe‘ zwischen den Geschlechtern im Hochmittelalter tatsächlich Ausdruck eines Mentalitätswechsels war, erweist sich auch im religiösen Bereich. Ihre Gleichzeitigkeit mit der Entstehung der Christusmystik, die in der Liebesvereinigung mit der Gottheit gipfelt, zeigt, daß es damals tatsächlich zu einem Schub emotionsgeschichtlicher Modernisierung kam. Denn psychologisch betrachtet, funktioniert die emotionelle Beziehung zu einem phantasierten Partner genauso wie die zu einem konkreten. Seit dem 12. Jahrhundert wurden Berichte von Visionären und Visionärinnen aufgezeichnet, die in ihren Ekstasen eine erotische Gottesbegegnung erlebt hatten. Die in ihrem Zentrum stehende Unio mystica wird als liebenden Vereinigung von Seele und Gottheit erfahren, eine Form religiöser Erotik, die dem frühmittelalterlichen Westen völlig unbekannt war[2]. Gleichzeitig beschrieben geistliche Autoren dieses Verhältnis in der Terminologie des alttestamentlichen *Hohenliedes*, die Seele mit der Braut identifizierend, Jesus mit dem Bräutigam. Es waren vor allem die Schriften des Zisterziensers Bernhard von Clairvaux (1090-1153), des einflußreichsten Religiosen der Zeit, die die neue Liebesmystik zunächst unter Mönchen und Nonnen verbreiteten, dann auch durch Übersetzungen unter der Laienschaft.

Aus der großen Zahl von Mystikerinnen, die autobiographische Schilderungen der ekstatischen Liebesvereinigung hinterlassen haben, sei paradigmatisch nur Agnes Blannbekin zitiert, eine 1315 in Wien verstorbene Begine von tiefer Frömmigkeit. Sie diktierte ihrem Beichtvater: „Endlich wurde sie plötzlich innerlich in wunderbares Licht eingesogen und entflammt von göttlichem Feuer. Und dort wurde sie gänzlich in Gott entrafft, daß sie weder sich selbst wahrnahm noch etwas anderes als die unendliche Süße, Güte und Süßigkeit Gottes, wodurch sie Gott anschauend genoß. Und so ist sie durch Gott trunken geworden, daß, auch wenn sie zurück müßte zum eigenen Sein oder wenn sie ein anderes Sein hätte, als das sie dort hatte, sie es nicht beachtete.“ Süße ist das immer wieder gebrauchte Schlüsselwort zur Beschreibung dieses seelischen und leiblichen (!) Zustandes, Trunkenheit eine beliebte und treffende Metapher. Blannbekin erlebte das selbst, was sie an anderer Stelle mit auf dem *Hohenlied* beruhender Bildsprache formuliert hatte: „In diesem Schlafgemach, wenn Christus, der Gott als Bräutigam, daran ist, das Brautbett zu betreten, zieht der Glaube ihm die Kleider aus … Die Hoffnung stellt ihm einen Schemel vor das Bett, daß er leicht in das Bett eintrete … Die Liebe empfängt den Bräutigam selbst zur Umarmung, und die Liebe des Bräutigams bekommt dagegen die Seele zur Umarmung. Und dort geschieht eine solche Vereinigung durch die Liebe des Bräutigams und der Braut, daß die Seele sich selbst vergißt …“[3] Hier sind ganz zeittypisch religiöse Personifikationen zum Ausdruck des seelischen Geschehens verwendet.

Die Liebe zwischen den Geschlechtern wurde seit dem hohen Mittelalter auch in das Verhältnis zwischen der Seele jedes Gläubigen und Jesus projiziert. Eine recht handfeste Liebesbeziehung zeigt dieser von einer Frau für Beginen bzw. Nonnen geschriebene und illustrierte deutsche Erbauungstext *Christus und die minnende Seele*. Der himmlische Liebhaber greift der erwartungsvollen Braut Gottes an die Brust, im Begriffe, ihr Liebesgeheimnisse zuzuraunen.

Buchmalerei um 1485, Einsiedeln, Stiftsbibliothek, cod 710, f. 17^{v}

Während die erotische Gottesbeziehung im Katholizismus des Mittelalters und danach ein anerkanntes und meist hochgeschätztes Element im mystischen Leben vieler Frommer, darunter vor allem zahlreicher heiliger Frauen wie etwa Katharina von Siena, Dorothea von Montau oder Theresa von Avila bleiben sollte, waren die Reaktionen auf die Entdeckung der romantischen Liebe zwischen den Geschlechtern nicht so positiv. Denn Liebe implizierte natürlich die Gefährdung der anderen Sozialbeziehungen, indem für sie die Herkunftsfamilie oder die ständische Gemeinschaft vernachlässigt oder ganz aufgegeben werden konnte. Es ist kaum ein Zufall, daß der Zölibat erst seit der 2. Hälfte des 11. Jahrhunderts – und gegen heftigen Widerstand der damals großteils verheirateten Priesterschaft – von den Päpsten durchgesetzt wurde, ein zentrales Anliegen der ‚Gregorianischen Kirchenreform'.

Kirchlicherseits akzeptabel war solch eine dominierende emotionelle Beziehung natürlich nur innerhalb einer nach kanonischem Recht geschlossenen Ehe. Das haben gelegentlich Theologen, wie der Chorherr Hugo von St. Viktor († 1142), auch ausformuliert. Zwar propagierte er das Ideal einer keuschen Ehe nach dem Vorbild von Joseph und Maria, war aber einer der wenigen Geistlichen, die eine liebevolle seelische Verbindung zwischen den Gatten als Komponente des ehelichen Lebens positiv hervorhoben und theologisch untermauerten[4].

Wesentlich häufiger blieben freilich die negativen Stimmen. Der englische Kleriker Walter Map z. B. schrieb um 1175 einen Traktat für einen verliebten Freund, in dem er zahlreiche abschreckende Beispiele aus der Antike gegen die Frauen und die Liebe sammelte. „In Deiner Sehnsucht bist Du ganz entflammt und verführt von einem schönen und edlen Antlitz, aber Du Armer weißt nicht, daß Du nach einer Chimäre verlangst, einem dreigestaltigen Monster, schön durch ein Löwenhaupt, befleckt durch einen stinkenden Ziegenbauch und bewaffnet mit dem Giftschwanz einer Viper!"[5] Geschichten von ‚Weiberlisten' und ‚Minnesklaven', in Wort und Bild auch in der laikalen Kultur weit verbreitet, vermittelten einhellig das negative Bild von der blind machenden, den Mann um seine Vernunft bringenden Leidenschaft. Selbst der weise Aristoteles, so ein oft erzähltes und abgebildetes Exempel, ließ sich aus Liebe der Vernunft berauben und als Reittier mißbrauchen, um die Gunst eines Mädchens zu erlangen.

Die Naturwissenschaft hieb in dieselbe Kerbe. Basierend auf antiken und orientalischen Quellen, definierte sie den Zustand des Verliebtseins als Krankheit, vielleicht eine der deutlichsten mentalitätsgeschichtlichen Unterschiede zwischen der damaligen und der heutigen Auffassung dieses Gefühls: „Liebe ist eine Geisteskrankheit, auf Grund derer der Lebenshauch ins Leere schweift, wobei sich häufige Schmerzen mit Freude mischen … Die Zeichen dieses Leidens sind depressive Gedanken, ein gelbes Gesicht, unbegründete Traurigkeit, tiefliegende, unstete Augen, tiefe Seufzer …“[6] So der Arzt Petrus Hispanus, der 1276 als Johannes XXI. den päpstlichen Thron besteigen sollte. Er lokalisierte den Sitz der Krankheit übrigens gemäß der arabischen Heilkunde in den Hoden und empfahl zur Heilung u. a. Sex mit der Geliebten.

Man sieht, wie sehr ‚die mittelalterliche‘ Auffassung auch der Liebe bestimmt war vom jeweiligen Diskurs; was der Theologe lehrte, war keineswegs mit dem Rezept des Arztes kompatibel, was ein Lyriker an Unterwürfigkeit seiner Minneherrin gegenüber zeigte, praktizierter er keineswegs bei seiner Angetrauten…

Weiterführende Literatur

Camille, Michael, Die Kunst der Liebe im Mittelalter, Köln 2000.

Classen, Albrecht ed., Words of Love and Love of Words in the Middle Ages and the Renaissance, Tempe (AZ) 2008.

Dinzelbacher, Peter, Sozial- und Mentalitätsgeschichte der Liebe im Mittelalter, in: minne ist ein swaerez spil, hg. v. U. Müller, Göppingen 1986, 75-110.

—, Gefühl und Gesellschaft im Mittelalter. Vorschläge zu einer emotionsgeschichtlichen Darstellung des hochmittelalterlichen Umbruchs: G. Kaiser, J.-D. Müller ed., Höfische Literatur, Hofgesellschaft, Höfische Lebensformen um 1200, Düsseldorf 1986, 213-241.

—, La donna, il figlio e l'amore. La nuova emozionalità del XII secolo, in: Il secolo XII, la ‚renovatio' dell'Europa cristiana, a cura di Giles Constable et al., Bologna 2003, 207-252.

Duby, Georges, Die Frau ohne Stimme: Liebe und Ehe im Mittelalter, Berlin 1989.

Verdon, Jean, L'amour au Moyen Age, Paris 2006.

1 Dinzelbacher, Peter, Liebe im Frühmittelalter. Zur Kritik der Kontinuitätstheorie: Zeitschrift f. Literaturwissenschaft u. Linguistik 19/74 (1989), 12-38.

2 Dinzelbacher, Peter, Die Psychohistorie der Unio mystica, in: Ders., Körper und Frömmigkeit in der mittelalterlichen Mentalitätsgeschichte, Paderborn 2007, 111-146.

3 Leben und Offenbarungen der Wiener Begine Agnes Blannbekin, ed. P. Dinzelbacher, R. Vogeler, Göppingen 1994, c. 179; 70.

4 Allard, H. J., Die eheliche Lebens- und Liebesgemeinschaft nach Hugo v. St. Viktor, München 1963.

5 Jankyn's Book of Wikked Wyves, ed. R. Hanna u. a., Athens 1997, 125.

6 Wack, Mary F., Lovesickness in the Middle Ages, Philadelphia (PA) 1990, 232 ff.

Darstellungen des Familienlebens sind im Hochmittelalter noch äußerst selten und nirgendwo so idyllisch wie im Reuner Musterbuch (um 1225): Die Eltern demonstrieren ihre liebevolle Beziehung in enger Umarmung, die Tochter spielt mit dem Geschwister in der Wiege. Federzeichnung, Wien, Österreichische Nationalbibliothek, Cod. 507, f. 1v

Familie

Wenn man etwas allgemein Gültiges über die mittelalterliche Familienstruktur sagen kann, dann nur das, daß man hier wohl am wenigsten Gemeinsamkeiten in Raum und Zeit findet. Kleinfamilien, Großfamilien, zusammenlebende Geschwister, alle möglichen Konstellationen existierten mit großen regionalen und chronologischen Differenzen. Kernfamilien, in denen zwei Generationen, also Eltern und Kinder, zusammenlebten, waren im ganzen gesehen, auch im Mittelalter häufiger als Drei-Generationen-Familien.

Daß sie stets patriarchalisch organisiert waren, haben wir schon gesehen. Nicht nur die Blutsverwandten und Angeheirateten wurden zur ‚ganzen Familie' gezählt, sondern auch auf niedererer Stufe die im Haus lebenden Mägde und Knechte, und im kirchenrechtlichen Sinn auch die Taufpaten.

Sicher ist, daß, mentalitätsgeschichtlich gesehen, der Rückhalt des Einzelnen, sein Eingebettet-Sein in familiären Beziehungen, stärker war als dies in der modernen Gesellschaft der Fall ist. Umgekehrt beschränkten natürlich auch die Rücksichten, die der Einzelne auf das Kollektiv zu nehmen hatte, seine Freiheiten. Die Weitergabe materiellen Besitzes wie des sozialen Status war großteils an Familienzugehörigkeiten gebunden; nicht selten konnte Eigentum auch nur mit Zustimmung der Familienmitglieder veräußert werden. Diese Solidarität, die auch mit den Verstorbenen empfunden wurde, zeigte sich etwa daran, daß man innerhalb einer Familie nur wenige, stets wiederkehrende Namen verwendete; bei der Dynastie der Salier z. B., die im 11. Jahrhundert den Kaiserthron erwarb, waren es ‚Konrad' und ‚Heinrich'. Seit den Kreuzzügen ließen adelige und ritterliche Familien ihre Genealogien aufzeichnen und demonstrierten Zusammengehörigkeit durch ihre Wappen.

Diese Bande des Blutes und der Ansippung waren im geschriebenen und ungeschriebenen Recht des frühen Mittelalters ganz deutlich, indem bei der Tötung eines Menschen seine Sippengenossen zur Rache verpflichtet waren oder ihnen, um dies zu vermeiden, eine Entschädigung, das Wergeld, ausgezahlt wurde. Die Familien-Fehden des hohen und späten Mittelalters bezeugen das Fortleben dieser Einstellung, wenn auch v. a. die städtischen Obrigkeiten versuchten, Blutrache durch ihre Rechtsprechung zu ersetzen.

Die eminente Wichtigkeit familiärer Zusammengehörigkeiten war auch in der ganzen politischen Geschichte der Epoche präsent, freilich stets aufs Neue durchbrochen von inneren Konflikten, von denen z. B. im Frühmittelalter die Rebellionen der Söhne der sächsischen Kaiser oder im hohen Mittelalter die Kämpfe der Anjou-Plantagenet in England und Frankreich und im Spätmittelalter die Auseinandersetzungen der beide von den Valois abstammenden Häuser Orléans und Burgund besonders bekannt sind. Aber die Geschichte jeder italienischen Stadt kannte tatsächlich ihre Montagus und Capulets.
Man kann sich diesen Komplex von familiärem Zusammenhalt und die Vorstellung einer familiären Ehre am ehesten verdeutlichen, wenn man an bestimmte Verhaltensweisen denkt, die auch heute gelegentlich bei Familien aus Südosteuropa, oder häufiger aus islamischen Ländern, vorkommen. Im späten 6. Jahrhundert, berichtet Bischof Gregor von Tours, lebte in Le Mans ein Priester, der seine Geliebte, eine Frau aus „guter Familie“, dazu überredete, als Mann verkleidet mit ihm in eine andere Stadt zu fliehen. „Eine lange Zeit verging, aber schließlich erfuhren ihre Verwandten, was geschehen war und beeilten sich, die Erniedrigung ihres Geschlechts (humilitatem generis sui) zu rächen. Sie fanden den Kleriker, fesselten ihn und setzen ihn gefangen, die Frau aber verbrannten sie im Feuer.“[1] Auch im Mittelalter kam es v. a. den Brüdern zu, über die Keuschheit ihrer Schwestern zu wachen, mit entsprechender Gewalt gegen diese und allfällige ‚Entehrer‘[2].

Freilich sind auch in diesem Punkt die sozialen Differenzen deutlich. Betrachtet man beispielsweise nur die Verhältnisse im hochmittelalterlichen Genua, so zeigt sich, daß für eine der dortigen, viele Mitglieder zählenden Adelsfamilien Abstammung, Waffenhilfe und Handelspartnerschaft die wesentlichen Momente des Zusammenhalts bildeten, während für eine ebendort lebende Handwerkerfamilie die Beziehung der Ehepartner und die zur nächsten Umgebung und den Zunftgenossen wichtiger war als weiter weg lebende Verwandte[3]. Bei Bauern, Handwerkern und Kaufleuten waren Familien nicht nur Lebens-, sondern v. a. auch Arbeitsgemeinschaften, womit eine ganz andere Rollenverteilung gegeben war als im Adel.

Die Anerkennung der Familie als soziales Grundmodell jener Epoche wird auch daraus deutlich, daß künstliche Sozialsysteme diese Struktur nachahmten: Einerseits wurde ein Konvent von Mönchen oder Nonnen als „familia" bezeichnet, der Leiter als Vater (das bedeutet: „Abt"), die Leiterin als Mutter („Äbtissin, Mutter Obere"), die Mitglieder als „Brüder" oder „Schwestern". Auch die spätmittelalterlichen Gemeinschaften frommer Laien verstanden sich als eine „famiglia", wie sie sich z. B. in Siena um die Mystikerin Katharina († 1380) geschart hatte. Andererseits bildeten auch die Angehörigen einer Grundherrschaft, die demselben Hofrecht unterstanden, eine „familia". Auch der Papst gerierte sich als Oberhaupt einer „familia", der Gruppe der von ihm an der Kurie besonders Begünstigten, „Familiar" wurde zu einem Titel. Die Kardinäle machten ihm dies in kleinerem Maßstabe nach.[4]

Die religiösen Aspekte des Familienlebens werden erst im Spätmittelalter deutlicher. Einerseits erhob die Katechetik die Forderung, nicht nur die Geistlichkeit, sondern auch die Eltern sollten für die Bildung der Kinder sorgen: „Ihr Väter und Mütter, alle die Kinder haben oder bekommen, lehret euere Kinder beten, sobald sie reden können, wenn euch das Himmelreich lieb ist!"[5] In das noch wie Wachs weiche Gemüt der Kleinen sollten die Eltern frühestens die christlichen Normen einprägen und für regelmäßigen Kirchenbesuch sorgen, der Hausvater sollte danach kontrollieren, daß sie der Predigt mit Aufmerksamkeit gefolgt waren, wie auch seine Frau und das Gesinde. Auch der erst am Ausgang des Mittelalters größere Bedeutung erlangende Kult der Heiligen Familie weist in dieselbe Richtung. Das Zusammenleben Josephs, Marias, Jesu und die Verehrung ihrer Mutter Anna stellten ein idealisiertes Vorbild auch für die fromme Familie der damaligen Gegenwart dar.

Die um 1510 gemalte Heilige Familie Jan Mostaerts machte es den Gläubigen leicht, sich mit diesem Idealbild zu identifizieren: Jesus, Maria und Joseph sind ohne Heiligenschein dargestellt, wie ein durchschnittliche städtische Familie. Das Interieur des Hauses und die Speisen entsprechen dem Standard gutbürgerlicher Nordeuropäer der Zeit. Köln, Walraff-Richartz Museum

Weiterführende Literatur

Dean, Kitty Chen, „Maritalis Affectus". Attitudes Towards Marriage in English and French Medieval Literature, Ann Arbor (MI) 1979.

Duby, Georges u. a., Geschichte der Familie: Mittelalter, Essen 2005 u. ö. (Aufsätze zu einigen Themen aus diesem Bereich).

Gies, F. u. J., Marriage and the Family in the Middle Ages, New York (NY) 1987.

Goody, Jack, The Development of the Family and Marriage in Medieval Europe, Cambridge 1983.

Mitterauer, Michael, Mittelalter: Gestrich, A. ed., Geschichte der Familie, Stuttgart 2003, 160-363.

Sheehan, M. M., Scardellato, K., Family and Marriage in Medieval Europe, British Columbia 1976 (Bibliographie).

1 Historia Francorum 6, 36.

2 Hoareau, J., Meu d'amour naturelle… défendre l'honneur de sa sœur à la fin du Moyen Age : Frères et Sœurs. Les liens adelphiques…, publ. par Sophie Cassagnes-Brouquet et Martine Hyvernaud, Turnhout 2007, 191-198.

3 Gies, Marriage 145 ff.

4 Paravicini Bagliani, A., La cour des papes au XIIIe s., Paris 1995, 67 ff.

5 Dinzelbacher, P., Handbuch der Religionsgeschichte im deutschsprachigen Raum II. Hoch- und Spätmittelalter, Paderborn 2000, 93 ff.

Die beliebteste Verkörperung der drei Lebensalter stellten die Heiligen Drei Könige dar, die dem Jesuskind ihre Gaben darbringen.
Wandmalerei, 2. H. 14. Jh., Tisens (Südtirol), St. Nikolaus

Altersstufen

In jeder Epoche des Mittelalters würde einem modernen Beobachter der Gesellschaft ein deutlicher Unterschied zu unserer Gegenwart auffallen: Der Anteil ganz junger und noch mehr ganz alter Menschen war wesentlich geringer, als wir dies von der heutigen Bevölkerungszusammensetzung kennen. Die hohe Kindersterblichkeit schon bei der Geburt und dann in den Säuglings- und Kinderjahren und die viel geringere Lebensdauer führten zu Verhältnissen, wie wir sie gegenwärtig nur mehr aus unterentwickelten Ländern der Dritten Welt kennen. Im öffentlichen Leben waren vornehmlich die Zwanzig- bis Fünfzigjährigen präsent, wesentlich seltener findet man ein und dieselbe Person so lange in zentralen Machtpositionen, wie dies gegenwärtig in der Politik üblich ist. Es genüge das durchaus typische Beispiel der Papstgeschichte: Im 12. Jahrhundert waren es siebzehn Päpste, die über die katholische Welt herrschten, im 20. Jahrhundert neun.

Im Mittelalter besaß man meist nur eine ungenaue Vorstellung vom eigenen Alter und dem der Familienmitglieder – Geburtsdaten wurden höchstens bei Fürstenkindern aufgezeichnet, Geburtstage höchstens im Adel gefeiert –, weswegen etwa das seit dem 13. Jahrhundert bis lange in die Neuzeit hinein wichtigste deutsche Rechtsbuch, der *Sachsenspiegel*, in seinem Landrecht (1, 42, 1) den völlig rechtsfähigen Erwachsenen so definieren mußte: Wenn ein männliches Wesen Haare am Kinn, an den unteren Körperteilen und unter den Achseln hat, dann soll das als Beweis der Volljährigkeit gelten.

Dennoch sah man die verschiedenen Lebensalter als relativ scharf von einander getrennte Abschnitte an. Etwa Gleichaltrige galten fast so viel wie ein gesellschaftlicher ‚Stand' – und sie waren auch gleichviel wert. Das illustriert für die Pyrenäenhalbinsel gut das frühmittelalterliche westgotische Gesetz, die *Lex Visigothorum* (VIII, 4, 16), die teilweise bis in die Neuzeit hinein Geltung besaß. Für die Tötung eines Mannes waren nämlich je nach seinem Alter ganz unterschiedliche Wergeld-Summen zur Entschädigung an seine Sippe zu bezahlen: Man ‚startete' als Einjähriger mit 60 Solidi, mit 12 war man das Doppelte wert, erklomm mit 20 den Höhepunkt von 300 Solidi, um ab 50 wieder auf 200, ab 65 auf 100 Solidi herabzufallen. Die Korrelation zwischen Arbeitskraft und Wert eines Menschen ist eindeutig, und ähnliche Staffelungen kennen auch andere Gesetze.

Die teilweise differenzierten Einteilungen der Lebensabschnitte durch die Gelehrten beeinflußten die allgemein verbreiteten Konzeptionen kaum. Seit dem 7. Jahrhundert, als Bischof Isidor von Sevilla darüber in seinem für das ganze Mittelalter autoritativem Nachschlagewerk *Etymologiae* (11, 2) geschrieben hatte, war Gebildeten eine Einteilung des menschlichen Lebens in sechs Stufen geläufig, wobei die Benennung jeweils der Sache entsprach: Die „infantia" war die noch sprachlose Zeit zwischen der Geburt und dem siebten Jahr, die „pueritia" die ‚reine' Phase bis zum vierzehnten Jahr, die „adolescentia" die mit 21 endende Epoche des Heranwachsens, nach der man sich bis 49 vollständig selbst ‚helfen' konnte: so lange dauerte die „iuventus". Folgten die „gravitas", die beschwerliche Greisenzeit (bis 70) und die „senectus", in der alle Sinne merklich nachlassen, die Jahre vor dem Tode. Dieses Grundschema war in zahllosen Varianten verbreitet, wurde mit den sechs Weltaltern der Menschheitsgeschichte parallel gesetzt, mit einzelnen Tugenden und Lastern u. v. m.

Ein Kind lernt im Laufstühlchen zu gehen, wobei es mit einem Apfel angelockt wird. Holzschnitt aus der *Versehung des Leibes* von Heinrich von Laufenberg, Augsburg 1491

Daß man die Kindheit im Mittelalter nicht als eigenen Lebensabschnitt wahrgenommen hätte, ist ein längst widerlegter Mythos; freilich verband sich damit keineswegs jene positive Gefühlskonnotation wie heute. Der hl. Aurelius Augustinus (354-430), der einflußreichste Autor am Beginn der Epoche, lehrte, Gott habe das ganze Erdenleben des Menschen als einzige Strafe gestaltet, ganz besonders aber das des Kindes, wie er aus eigener Erfahrung wußte. „Wer würde nicht zutiefst erschrecken und lieber zu sterben wählen, wenn er sich entscheiden müßte, entweder den Tod auf sich zu nehmen oder wieder in die Kindheit zurückzukehren?" (*De civitate Dei* 21, 14). Kinder zeigen durch ihr permanent ‚böses' Verhalten, wie der Mensch an sich der Sündhaftigkeit zutiefst verhaftet ist, weswegen sie zurecht mit aller Härte behandelt werden müssen und – sollten sie ungetauft sterben – in eine eigene Vorhölle kommen.

Autobiographische Berichte und andere Quellen lassen auf einen generell sehr harten Umgang mit Kindern schließen, wobei die in der Familie oder im Kloster und in der Schule wirklich allgegenwärtige Prügelstrafe[1] durch mehrere sie ausdrücklich vorschreibende Bibelstellen religiös sanktioniert war (Spr 3, 12; 13, 24; Sir 30, 1). In den kirchlichen und weltlichen Schulen hatte man dafür ein eigenes löffelförmiges Schlaginstrument, die „ferula"[2]. Manche Heilige wie Stephan von Obazine oder Douceline von Digne werden in ihren Viten ausdrücklich dafür gepriesen, daß sie schon die geringsten Vergehen der NovizInnen mit heftigsten Schlägen ahndeten.

Auch die häufige Weggabe von Kindern läßt auf ein distanziertes Verhältnis schließen: Der Benediktinerorden rekrutierte sich vorwiegend aus Oblaten, fünf- bis achtjährigen Kindern, die als „Zehnt" von ihren Eltern einem Klosterpatron verlobt wurden und lebenslänglich als Mönche oder Nonnen für ihre Familie zu beten hatten, unabhängig von ihrem eigenen Willen, da die Entscheidung der Eltern unaufhebbar war. Namentlich Kinder mit körperlichen oder geistigen Defekten entledigte sich der Adel gern auf diese Weise. Erst vom Reformmönchtum ab ca. 1100 wurden nur mehr junge Erwachsene aufgenommen – freilich ein Privileg, das in praxi auf die Jungen beschränkt blieb; Mädchen wurden auch später oft und oft gezwungen, den Schleier zu nehmen. Rittersöhne wurde sehr oft bei einem Standesgenossen Knappe und sahen ihre Herkunftsfamilie dann ein paar

Jahren nicht mehr. Analog dazu wurde ein Handwerkersohn üblicherweise zu einem Zunftgenossen in die Lehre gegeben, nicht selten in einer anderen Stadt.

Es ist deutlich, daß bei der Erziehung üblicherweise die Brechung des eigenen Willens und die Vorbereitung auf einen von den Eltern bestimmten Lebenslauf im Vordergrund standen. Freilich gab es Wahlmöglichkeiten ohnehin nur sehr beschränkt, im frühen Mittelalter praktisch nur im Adel, indem man das Kind für das Kloster bestimmte. Erst seit dem hohen Mittelalter wurden v. a. durch die Urbanisierung Alternativen auch für Angehörige anderer Schichten möglich. Aber in der Regel wuchsen Kinder ganz in die Lebens- und Arbeitswelt der Eltern hinein, die erbberechtigten übernahmen später die Burg, den Bauernhof, die Werkstätte des Vaters. Kinderarbeit muß die Regel gewesen sein, sobald das körperlich möglich war: In bäuerlichen Rechtsquellen heißt es mehrfach, daß ein Kind ab dem 7. Lebensjahr für seinen Lebensunterhalt selbst sorgen können muß und keine Unterhaltspflicht der Eltern mehr besteht[3]. In einem deutschen Weistum von 1472 liest man über das Dreschen: „und den Getreidehaufen sollen zwei Kinder dreschen, die über sieben Jahre alt sind“[4].

Kinderarbeit auf dem Lande: Das geerntete Getreide wird in gedeckten Schobern untergebracht (Joseph in Ägypten). Federzeichnung, Velislavbibel, um 1340, Prag, Universitätsbibliothek, Cod. XXIII C 124, f. 43b

Das heißt nicht, daß alle mittelalterlichen Kinder unbedingt ohne oder mit nur minimaler Zuwendung aufwuchsen. Ein gewisses Maß davon ist für die Lebensfähigkeit des Menschen ohnehin zwingend erforderlich und verhaltensbiologisch vorprogrammiert. Daß viel weniger Körperkontakt als heute üblich war, bedingte schon das ausnahmslos angewandte Wickeln der Säuglinge in fest verschnürten Fatschen, was die Kinder jeden Tag für viele Stunden bewegungsunfähig machte. Der ursprüngliche Grund war sicherlich praktischer Natur, nämlich die mit Arbeit überlastete Mutter von der Aufsicht zu entbinden und das Kind vor Selbstverletzung zu schützen. Auch die Gelehrten der Zeit empfahlen es durchgehend, doch mit der Begründung, nur so würden die Glieder gerade wachsen. Diese erzwungene Bewegungslosigkeit muß Konsequenzen sowohl für das spätere Bewegungsverhalten als auch für Emotionalität und Bindungsfähigkeit gehabt haben, die aber noch nicht erforscht sind.

Fatschenkind, Wandmalerei, Pürgg (Steiermark), um 1160

Zuneigung bezeugen etwa unzählige Mirakelberichte, die zeigen, daß bei Krankheiten und Unfällen sehr viele Eltern das ihnen Möglichste taten, und das war damals für die meisten nicht eine ärztliche Versorgung, da es Ärzte nur in den Städten und nur für die Vermögenden gab, sondern der oft mühsame Besuch eines Wallfahrtsortes und das Gelübde einer Gabe für einen Heiligen, von dem ein Heilwunder erhofft wurde.

Zahlreiche Funde von Kinderspielzeug aus Ton verweisen auf die Befriedigung dieses alterspezifischen Bedürfnisses. Daß im späten Mittelalter neben Szenen wie Maria mit dem Jesuskind oder der Heilige Familie auch auf das Kindliche konzentrierte Einzelmotive erscheinen, kann als verstärkte Aufmerksamkeit auf dieses Lebensalter verstanden werden.

Ein Engel hilft dem Jesuskind, laufen zu lernen.
Anders als in der Romanik, wo Jesus ein kleiner Erwachsener ist, erscheint der Körper des Knaben in der Spätgotik als der eines wirklichen Kleinkindes.
Oberschwäbischer Meister, Holzplastik um 1480,
München, Bayerisches Nationalmuseum

Seit dem hohen Mittelalter scheint sich in Teilen der ‚leisured society', der Oberschicht, eine gewisse Emotionalisierung der familiären Beziehungen abzuzeichnen. Aufgrund des allgemeinen ökonomischen Aufschwungs wurde mehr Zeit für den ‚Luxus' eines intensiveren familiären Gefühlslebens frei und überlebten mehr Kinder, so daß eine emotionelle Bindung eher einzugehen war, als wenn, wie im Frühmittelalter, jedes zweite Kind bei oder bald nach der Geburt verstarb. Wo in höfischen Romanen der Zeit bisweilen die liebevolle Einstellung der Eltern einem Kind gegenüber thematisiert wurde, ist dies ein Indiz für den Beginn der neuen Wertung von zärtlichen Gefühlen. Die einläßlichste Beschreibung der Elternliebe hat wohl der berühmte Dichter Chrétien von Troyes mit der Szene des Abschieds eines Mädchens aus ihrem Elternhaus gegeben (um 1170):

> „Li peres et la mere ausi
> La beisent sovant et menu,
> De plorer ne se sont tenu:
> Au departir plore la mere,
> Plore la pucele et li pere.
> Tex est amors, tex est nature,
> Tex est pitiez de norreture:
> Plorer les feisoit granz pitiez
> Et la dolçors et l'amistiez
> Qu'il avoient de lor anfant.“ (*Erec*, vs. 1446 ff.)
>
> (Der Vater und auch die Mutter küssen sie oft und schnell, ohne sich vom Weinen zurückzuhalten. Beim Abschied weint die Mutter, weint das Mädchen, weint der Vater. Das ist Liebe, das ist Natur, das ist Zärtlichkeit familiärer Gemeinsamkeit: Diese große Zärtlichkeit läßt sie weinen, und die Zuneigung und Freundschaft, die sie für ihr Kind empfinden).

Bemerkenswert ist hier der Kommentar Chrétiens, der Liebe und Zärtlichkeit gleich gewichtet und ihnen ‚biologische‘ Verbindung („Natur“) sowie soziale Bindung („norreture“, eigentlich Ernährung) zuordnet[5]. Damit sind hier um 1170 bis in die Gegenwart gültige Stereotype elterlicher Liebe formuliert.

Ein Zuviel an Zuwendung allerdings galt als unsinnig und schädlich und wurde mehrfach von den Geistlichen in Predigten und Traktaten kritisiert, wie andererseits auch zu grobe Bestrafung, die bleibende Schäden verursachen konnte, – immer unter dem Aspekt der Verantwortung der Eltern vor Gott, daß das Kind ein nach den Normen der katholischen Religion lebender Erwachsener werden und so viel Angst vor Sünden eingebleut bekommen sollte, daß es die Hölle vermeiden konnte.

Waren manche Kinder ab dem siebten Jahr auch schon voll ins Arbeitsleben integriert, sei es in der Landwirtschaft, sei es als Lehrling im städtischen Handwerk oder als Dienstmagd, sei es als Knappe auf einer Burg, sei es in der Ausbildung zum Geistlichen (Siebenjährige konnten nach Kirchenrecht bereits alle niederen Weihen empfangen und Benefizien erhalten), so war doch der rechtliche Übergang ins Erwachsenenleben, die Mündigkeit, in den Gesetzen der einzelnen Länder, Städte und Regionen unterschiedlich festgesetzt. Er schwankte zwischen dem Alter von 10 bis 21 Jahren, wobei das 12. Jahr wohl am verbreitetsten war[6]. Faktisch blieb man aber unter der Gewalt des Vaters, so lange man in dessen Haus lebte. Die unverheirateten Burschen bildeten dabei gern Gruppen, die durch ihre Gewaltbereitschaft auffielen, in den Dörfern besonders bestimmte handgreifliche Rügebräuchen ausübend, im ritterlichen Bereich sich durch Turnier- und Kampferfolg Besitz und Heiratsmöglichkeit erhoffend[7]. Erst wer selbst als Verheirateter einem eigenen Hausstand vorstand, galt in allen Gesellschaftsschichten als vollwertiger Erwachsener.

Heranwachsen damals und heute – ein idealtypischer Vergleich einiger häufiger Unterschiede:

Mittelalter	Gegenwart
Ab ca. 7 Jahren oft in einer fremden Familie	Bis wenigstens 16/18 in der Herkunftsfamilie
Häufige Verwaisung	Eltern begleiten das Leben ihrer Kinder lange
Feste Rangordnung unter den Geschwistern, Vorzug der männlichen Erstgeborenen	Gleichstellung der Geschwister
Arbeit und Religion bestimmen das Leben	Ausbildung und Freizeit bestimmen das Leben
Alltagsleben und Lebensplanung einschließlich Partnerwahl folgen fast immer nur elterlichem Gebot	Alltagsleben folgt teilweise, Lebensplanung ganz eigenen Wünschen

Mittelalter	Gegenwart
Identitätsbildung durch elterliches Vorbild und soziale Position vorgegeben	Identitätsbildung durch Schule und Medien mitbestimmt
Fast nur häusliche Erziehung	Häusliche und schulische Erziehung
Sozial unter den Erwachsenen stehend	Sozial als höchster Wert eines Volkes geschätzt
In den Rechten beim Wergeldempfang meist schlechter gestellt als Erwachsene	Durch das Gesetz besonders geschützt

Über den Erwachsenen selbst wurde auch in den theoretischen Schriften wenig reflektiert – der Hausvater zwischen 20 und 50 war ohnehin ‚der Mensch schlechthin', mit allen Freiheiten und Verpflichtungen dieses Standes. Man erwartete, daß die Torheiten der Jugend vorbei und die Schwächen des Alters noch fern seien. Über dieses reflektierte man dagegen sehr häufig. Wie die Jugend wurde auch dieser Lebensabschnitt als Zeit der Defizite angesehen: Was jene noch nicht hatte, hatte dieser nicht mehr. Durch die von nicht wenigen Dichtern gepflogene literarische Gattung des ‚Altersliedes', einer wehmütigen Lebensrückschau, kennen wir die Gedanken einer ganzen Reihe von Betroffenen. Sie bedienten sich meist bestimmter poetischer Gemeinplätze: Man schaut zurück auf die eigenen Lebenserfahrungen; der persönliche Verfall wird mit dem der Welt überhaupt parallelisiert, die sich ihrem Ende nähere; der Dichter wendet sich von allem Irdischen ab und wird fromm; der Rechenschaft wird gedacht, die bald vor Gott abzulegen sein wird…

Auch eines der individuellsten Altersgedichte, das Llywarch Hen, einem walisischen Verfasser des 9. Jahrhunderts, zugeschrieben wird, entbehrt nicht dieser für die mittelalterliche Mentalität typischen religiösen Wendung, obwohl eine sehr kreatürliche Frustation im Vordergrund steht:

„Hölzerne Krücke, es ist Herbst,
die Farne rot, die Stoppeln dürr.
Ich habe aller Liebe entsagt.

Hölzerne Krücke, es ist Winter.
Fröhlich rufen Männer über ihrem Becher –
an meinem Bett ist niemand, der mich grüßt.

Hölzerne Krücke, es ist Frühling,
die Kuckucke im Versteck klagen hell.
Mich übersieht das Mädchen.

Hölzerne Krücke, es ist Maienzeit.
Rot die Furche, die Schößlinge gerollt.
Mir ist es weh, auf deine Spitze zu schauen.

Hölzerne Krücke, vertrauter Ast,
stütze einen Alten voller Verlangen,
Llywarch, den standhaften Schwätzer.

Hölzerne Krücke, fester Ast,
Gott, meine Hilfe, wird mich aufnehmen.
Guter Stock, mein treuer Gefährte!“[8]

Das Alter war in jener Epoche zweifellos für die meisten Menschen wirklich ein Zeit der Krankheiten und des Leidens; eine wirksame Geriatrie existierte praktisch nicht. Man wird kaum eine zeitgenössische Biographie, wie sie von so vielen Heiligen erhalten ist, finden, die dies nicht bezeugen würde. Die geschwundene Arbeitsfähigkeit zwang den Bauern dazu, seinen Hof dem Sohn zu überlassen und sich ins Ausgedinge zu begeben; was ihm noch an Lebensmitteln zustand, wurde vertraglich genau geregelt, im Spätmittelalter des öfteren schriftlich. Wer es sich leisten konnte, kaufte sich als Pensionär in ein Kloster oder ein Hospital ein, wo man nicht nur körperlich, sondern v. a. auch geistlich versorgt war, zumal diese Institute wie religiöse Bruderschaften organisiert waren, d. h. ihren Mitgliedern bestimmte Gebete und Meßbesuche fest vorschrieben.

Der Verlust an Autonomie, der dadurch gegeben war, war überhaupt kennzeichnend für diesen Lebensabschnitt. Der genannte *Sachsenspiegel* etwa entzieht einem Mann das freie Verfügungsrecht über seinen Besitz zugunsten seiner Erben, sobald er, gerüstet mit Schwert und Schild, nicht mehr selbständig ein Pferd besteigen kann (*Landrecht* 1, 52, 2). Trotzdem gab es eine gewisse Hochschätzung der Alten als Garanten der richtigen Überlieferung, indem sie etwa bei Rechtsstreitigkeiten bevorzugt das Herkömmliche in einem Weistum zu bezeugen hatten. Auch erwartete man von ihnen durchgehend eine Vorbildrolle im religiösen Bereich, hatten sie sich doch darauf vorzubereiten, bald vor dem himmlischen Gericht zu erscheinen.

Für Frauen konnte das Altern positive Aspekte haben, da sie als Witwen mehr Selbstbestimmung eingeräumt bekamen, als Töchter oder Gattinnen. Freilich war das nur mit der Verfügung über ein gewisses Erbe zu nutzen.

Der Prophet Moses als Verkörperung des ehrwürdigen Alters schlechthin.
Ursprünglich farbig gefaßte Skulptur von Claus Sluter,
Kartause von Champmol in Dijon, um 1400

Todesangst ist zweifellos ein den Menschen mit zunehmendem Alter in allen Kulturen mehr und mehr bedrängender Faktor. In Jenseitsreligionen wie dem Christentum konnte sie freilich von manchen durch die freudige Vorwegnahme der postmortalen Belohnungen für ein frommes Erdenleben verdrängt werden, während andere vor Furcht bis in den Wahnsinn getrieben wurden[9]. Aber mit dem seit dem 12. Jahrhundert zu beobachtenden Erstarken einer mehr auf die diesseitige Welt gerichteten Kultur setzten auch erste Utopien eines verlängerten oder erneuerten Erdenlebens ein.

Der Jungbrunnen, in den man alt und krank hineingehoben werden muß, um ihm jung und gesund selbst zu entsteigen, wurde als eines der Wunder des phantastischen Fernen Ostens geschildert. In einem der beliebtesten Reiseberichte des späten Mittelalters lokalisierte ihn Sir John Mandeville in Indien: Bei der Stadt Polumbum „gibt es eine vortreffliche, schöne Quelle, deren Wasser süß schmeckt und wie nach verschiedenen Gewürzen duftet. Zu jeder Tagesstunde ändern sich Geschmack und Geruch dieses Wassers. Und wer auch immer nüchternen Magens drei Mal von dieser Quelle trinkt, wird von jeder Krankheit, die er haben mag, geheilt … Ich, John Mandeville, habe diese Quelle gesehen und drei Mal aus ihr getrunken, und alle meine Gefährten desgleichen. Seit dieser Zeit habe ich mich stets besser und gesünder gefühlt. Manche Leute nennen die Quelle Brunnen der Jugend, denn wer davon trinkt, scheint ewig jung. Wie man sagt, kommt sein Wasser aus dem irdischen Paradies …“[10] Seit etwa 1300 wird dieses utopische Motiv auch immer wieder ins Bild gesetzt, in der Buch-, Wand- und Nadelmalerei und auf Gegenständen des täglichen Lebens (Spiegel, Kästchen).

Jungbrunnen
Wandgemälde, 1. H. 15. Jh., Burg Manta, Piemont

Konkrete Bemühungen um Lebensverlängerung gab es im Bereich von Medizin, Astrologie und Alchemie. Bemerkenswerter Weise waren es besonders die Päpste, die es so gar nicht eilig hatten, ihre Seele Gott zurückzugeben. Für sie entstanden im 13. Jahrhundert mehrere wissenschaftliche Abhandlungen, in denen Ratschläge zur Lebensverlängerung gegeben werden; auch ein so berühmter Gelehrter wie der Franziskaner Roger Bacon beteiligte sich daran. Da das *Alte Testament* manchen Patriarchen ein ‚biblisches Alter' bis zu fast tausend Jahren zuschrieb, galt die Möglichkeit einer so langen Lebensspanne als erwiesen. Bestimmte Verhaltensweisen und Medizinen sollten diesen Zustand wiederherstellen, worunter das wichtigste Mittel Gold darstellte, das möglichst pulverisiert in Getränken einzunehmen war[11] – wohl einer der Gründe für die notorische Geldgier der Päpste und ein Hinweis darauf, daß die Einstellung ‚alles ist machbar' nicht erst die moderne Naturwissenschaft prägt.

Weiterführende Literatur

Classen, Albrecht ed., Childhood in the Middle Ages and the Renaissance, Berlin 2005.
— ed., Old Age in the Middle Ages and the Renaissance, Berlin 2007.
Frenken, Ralph, „Da fing ich an zu erinnern…“: Die Psychohistorie der Eltern-Kind-Beziehung in den frühesten deutschen Autobiographien, Gießen 2003.
Goldberg, Jeremy, Riddy, Felicity ed., Youth in the Middle Ages, York 2004.
Goodich, Michael, From Birth to Old Age: The Human Life Cycle in Medieval Thought 1250-1350, Lanham (MD) 1989.
Orme, Nicholas, Medieval Children, New Haven (CT) 2001.
Shahar, S., Growing old in the Middle Ages, London 1997.

Bibliographie: http://www.germsem.uni-kiel.de/mediaevistik/materialien/kindheit.pdf

1 Beriger, Andreas, Orbilius plagosus – Zur Geschichte des prügelnden Lehrers im Spätmittelalter und in der Renaissance, Zug 1990.
2 Kulturhistorisk leksikon for nordisk middelalder 17, 1972, 288.
3 Epperlein, S., Bäuerliches Leben im Mittelalter, Köln 2003, 237.
4 Grimm, Jacob ed., Deutsche Weisthümer, Göttingen 1840 ff., II, 571.
5 Berkvam, Doris, Nature and Norreture. A Notion of Medieval Childhood and Education: Mediaevalia 9, 1983, 165-180.
6 Arnold, Klaus, Kind und Gesellschaft in Mittelalter und Renaissance, München 1980, 24 f.
7 Muchembled, Robert, Die Jugend und die Volkskultur im 15. Jahrhundert. Flandern und Artois: Dinzelbacher, Peter, Mück, Hans-Dieter ed., Volkskultur des europäischen Spätmittelalters, Stuttgart 1987, 35-58.
8 Conran, A., tr., The Penguin Book of Welsh Verse, Harmondsworth 1967, 88.
9 Dinzelbacher, Peter, Mittelalterliche Visionsliteratur, Darmstadt 1989, 136 ff.
10 The Travels of Sir John Mandeville, tr. C. Moseley, Harmondsworth 1983, 123.
11 Paravicini Bagliani, A., La cour des papes au XIIIe siècle, Paris 1995, 183 ff.

Manuelle und geistige Arbeit im 13. Jahrhundert illustriert diese in Südfrankreich entstandene Miniatur zum enzyklopädischen *Schatzbuch* des Brunetto Latini, des Lehrers Dante Alighieris.
Die mittlere Reihe zeigt von unten nach oben die Stufen der intellektuellen Tätigkeit, die ‚freien Künste' Grammatik, Dialektik, Rhetorik, Arithmetik, Geometrie, Musiktheorie und Astronomie; sie wird bekrönt von der Personifikation der Philosophie.
Links stehen von unten nach oben Malerei, Schreibkunst, Instrumentalmusik, Zivilrecht, Medizin, Kanonisches Recht, Logik, rechts Schmiedekunst, Zimmermannshandwerk, Weberei, Handel, Landbau, Alchemie und Schwarzkunst.
London, BL Ms. Add. 30024, f. 1ᵛ, um 1300

2. ARBEIT UND ALLTAG

Arbeit

Auf dem Lande

Da das ganze Mittelalter hindurch und in fast allen Gegenden um die neunzig Prozent sämtlicher Europäer als Bauern, Hirten und Fischer auf dem Lande lebten, blieb die Auseinandersetzung mit der natürlichen Umwelt das für sie existenzbestimmende Moment (nur in Italien und England war der Anteil der Stadtbewohner etwas größer). Die noch nicht kultivierte Natur hatte durchaus keine freundliche oder gar romantische Aura, sondern sie war ein unheimlicher Ort, manchesmal „Unland" genannt, dem man die Lebensressourcen erst abringen mußte. Nicht nur Urwald, gefährliche Tiere und Räuber waren dort zu fürchten, auch Riesen, Elfen und Dämonen. Bären, Wölfe und Eber waren ganz konkrete Bedrohungen, die sich in kalten Wintern auch bis in die menschlichen Siedlungen vorwagten. Für jede dieser Bedrohungen je ein beliebiges Beispiel aus zahlreichen: In den dreißiger Jahren des 12. Jahrhunderts war ein Bär in das burgundische Kloster Cluny eingedrungen – damals die größte Klosteranlage des Abendlandes –, und verspeiste dort eine Handschrift mit der Korrespondenz zweier Kircheväter (nur da der Abt diesen Text deshalb von einem anderen Konvent ausleihen mußte, wissen wir von dem Vorfall[1]). Da Manuskripte vorwiegend aus Kalbs- oder Lammhaut hergestellt wurden, wird es ihm geschmeckt haben. Aber daß ein Bär anscheinend ungehindert in ein bevölkertes Kloster eindringen konnte, zeigt, wie nah Mensch und Tier noch beieinander lebten. Um so eher mußte man mit solchen Begegnungen auf Reisen durch Waldgebiete rechnen. – Doch neben diesen realen Gefahren standen in der damaligen Vorstellungswelt noch zahlreiche andere, die wir nur mehr aus der Märchenwelt kennen. So schildert Konrad von Würzburg im späten 13. Jahrhundert in seinem Roman *Partonopier und Meliur* (vs. 520 ff.) die Gedanken eines im Walde Verlassenen (wobei es sich nicht um eine exotische Gegend, sondern um die Ardennen handelt): „Findet mich hier die Nacht allein, so bin ich tot, das weiß ich sicher! Der Wald ist aller Drachen voll, davon bin ich völlig überzeugt. Da liegt die üble Aspis verborgen auf der Lauer, daneben schläft und schnarcht das Krokodil. Hier lauscht und lauert im Verborgenen der Basilisk, der mit den Augen den Menschen tötet, sobald er ihn sieht…"

Freilich war der Mensch unermüdlich damit beschäftigt, das Unland in Land zu verwandeln und den verschiedenen Untieren ihren Lebensraum zu nehmen. Denn die ganze Epoche hindurch wurde gerodet, mit einem sehr deutlichen Höhepunkt im 12. und 13. Jahrhundert, in dem viele neue Siedlungen auf eben urbar gemachtem Land errichtet wurden, wobei man an der Nordseeküste sogar dem Meer festen Boden abgewann und in den Alpen auch hochgelegene Täler und Hänge besiedelte. Beide Male waren die Menschen in diesen Gegenden allerdings durch Sturmfluten bzw. Lawinen und Muren sehr gefährdet; daß man sie trotzdem kultivierte, zeigt den aus der starken Bevölkerungsvermehrung des hohen Mittelalters erwachsenen Hunger nach Neusiedelland.

Nach der großen Pestwelle in der Mitte des 14. Jahrhunderts, die fast jeden dritten Menschen hinwegraffte, überwuchs der Wald allerdings manches verlassene Dorf wieder (sog. Wüstungen). Wie sich uns das Land heute zeigt, mit seinem Wechsel von bebauten Flächen, Wiesen und Wald, das entspricht aber im wesentlichen zu einem großen Teil dem etwa um 1300 erreichten Stand.

Von den Menschen, die das Land rodeten und bebauten, taten dies das ganze Mittelalter hindurch die meisten nicht als freie Bauern, sondern als Unfreie, die von einem Grundherrn ein Stück Wald oder einige Äcker zur Verfügung gestellt bekommen hatten und dafür Abgaben liefern und Dienste tun mußten. Im frühen und hohen Mittelalter handelte es sich bei diesen Leistungen vornehmlich um Naturalien, die auf den Meierhof oder dann die Burg des Herrn zu bringen waren oder in das Kloster, wenn dieses die Grundherrschaft besaß. Seit dem 12. Jahrhundert wurden solche Abgaben mehr und mehr in Geld abgelöst. Das traf auch auf die Dienste zu, die die Abhängigen für ihren Herrn zu erbringen hatten, also all die vielen Arbeitsleistung, die auf dessen Gütern anfielen. Wie viele Tage das in der Woche waren, wie viele Eier oder Kohlköpfe abzugeben waren usf., das alles variierte von Grundherrschaft zu Grundherrschaft und innerhalb dieser teilweise von Familie zu Familie. Arbeiten und Abgaben, die abhängige Bauern für ihren Grundherrn erbringen mußten, wurden zunächst mündlich, dann auch schriftlich festgehalten, und konnten sogar, wie in mehreren Handschriften des Rechtsbuches *Sachsenspiegel* auch bildlich erfaßt werden: Zu den Abgaben gehörten dort Korn, Früchte, Tiere, auch Geld, wie mit Hinweis auf den Fälligkeitstag, das Fest des hl. Apostels Bartholomäus, auch für Leseunkundige zu sehen war.

Der bäuerlicher Alltag von Freien und Unfreien unterschied sich immerhin nur wenig, was die Art der zu erledigenden Arbeiten betraf: Feldarbeit, Viehzucht, Fischfang, die Erledigung der täglichen Routinen wie Holzholen und -spalten, Kochen, Wäschewaschen usw., wobei die Männer mehr aus-, die Frauen mehr einhäusig beschäftigt waren. Im Gegensatz zu seinem antiken Standesgenossen besaß der mittelalterliche Bauer keine Sklaven und im Gegensatz zum modernen keine Maschinen.

Rechtlich gesehen, gab es alle möglichen Schattierungen von Un- und Halbfreiheit unter den Landleuten, vielen ging es wenig besser als Sklaven. Der Besitzer konnte sie verkaufen, verschenken oder verpfänden. Es sind Tausende Urkunden erhalten, die dies bezeugen. Um ein beliebiges Beispiel je aus dem frühen und dem späten Mittelalter zu geben: Am 13. September 908 übereignete Bischof Dracholf von Freising seinem Suffraganbischof Cowo „als seinen eigenen Besitz zwei Herrschaften in Freising mit ihren Einwohnern und sonstigen zugehörigen Ausstattungen… dazu einen Schmied, Heizo, und einen Töpfer, Perhtkoz, und einen Bäcker namens Linguni und noch einen Fischer namens Artheri und zwölf Sklavinnen aus dem Arbeitshaus…“[2] Und 1345 beurkundet der Edelknecht Friedrich von Ehrenburg zusammen mit seiner Gemahlin, „daß wir für 100 Goldgulden guten Goldes und Gewichts, die uns von Herrn Balduin, Erzbischof von Trier, gezahlt sind, an selbigen Erzbischof Albert, Metza, seine Frau, ihre Söhne sowie der Eheleute Töchter, welche uns nach Eigentumsrecht gehören, samt aller ihrer Nachkommenschaft, Sachen, Leibern und Habe übertragen haben, sie zu haben, zu halten, zu besitzen, zu benutzen nach Erb- und Eigentumsrecht…“[3]

Bäuerliche Wollkleidung aus dem Mittelalter ist nur sehr selten erhalten. Mehrere Originale der 2. Hälfte des 14. Jahrhunderts stammen aus Funden in Bocksten, Schweden, und Herjolfsnaes, Südwestgrönland (abgebildet), und repräsentieren das damals auch sonst in Europa getragene Alltagsgewand[4].

Im Unterschied zum römischen Altertum wurden die mittelalterlichen Hörigen aber – in der Mehrzahl – nur zusammen mit dem Grund, den sie bearbeiteten, vergeben, so daß sie nicht aus ihrer sozialen Umgebung herausgerissen wurden. Auch waren ihre Abgaben und Dienste – in der Regel – nicht willkürlich, sondern auf ein bestimmtes Maß festgesetzt, wiewohl das in der Praxis oft genug durchbrochen wurde. So entschieden etwa die Mailänder Konsulen 1130 in einem Prozeß zwischen Kanonikern aus Bergamo und den Bauern von Calusco, daß erstere von ihren Abhängigen Steuern nach ihrem Willen und zu jeder beliebigen Zeit fordern durften sowie Abgaben und Arbeiten nach ihrer Entscheidung, wobei ihnen gleichzeitig die Gerichtsbarkeit in sämtlichen Belangen zukam[5].

Jedoch hatte die christliche Religion einen gewissen positiven Einfluß, indem sie zumindest forderte, auch den Abhängigen als Mitbruder zu betrachten und ihn an Sonn- und Feiertagen nicht arbeiten zu lassen[6]. Auch durften christliche Sklaven, wie einige frühmittelalterliche Kirchenkonzilien urteilten, nicht an Heiden oder Juden verkauft werden, und es wurde die Tötung eines Sklaven ohne richterliches Urteil mit Kirchenstrafe belegt. Am System der Sklaverei hielt die Kirche freilich eisern fest[7], besaß sie doch selbst mehr Sklaven als jeder weltliche Herr, und nur ganz wenige Geistliche (wie etwa in der 1. Hälfte des 7. Jahrhunderts Richarius von Centula) ließen ihre eigenen Hörigen frei. Vielmehr sprachen die Prälaten immer wieder Verbote dagegen aus, einer Kirche oder einem Konvent gehörige Menschen in die Freiheit zu setzen. Das läßt sich gut an dem größten mittelalterlichen Klosterverband zeigen, dem von Cluny in Burgund. Dessen Statuten bedrohten alle Äbte und sonstigen Amtsträger, die Freilassungen vornehmen, mit der Exkommunikation. Die Hörigen, von deren Arbeit die Mönche großteils lebten, galten genauso als unveräußerlicher Klosterbesitz wie Ländereien oder Vieh.

Immerhin, so ein Konzil von 551, sollten die Kirchensklaven nicht so hart arbeiten müssen wie jene der Laien, um ihnen einen Anreiz zu bieten, Gott zu preisen, und anders als in der Antike wurden auch ihre Ehen kirchenrechtlich anerkannt. Aber das war wiederum Theorie, denn in der Praxis hatten auch die unter dem Krummstab lebenden Abhängigen „das ganze Jahr hindurch von Sonnenaufgang bis Sonnenuntergang" zu schuften, wie es des öfteren in den Klosterdokumenten heißt[8].

In seiner weit verbreiteten Enzyklopädie *Über die Eigenschaften der Dinge* schrieb der Franziskaner Bartholomäus Anglicus in der Mitte des 13. Jahrhunderts:

„Eine unfreie Frau ist dazu bestimmt, der Hausherrin zu gehorchen und muß sich mit schmutziger Arbeit abmühen und plagen. Und sie wird mit Grobem und Einfachem ernährt und bekleidet und unter dem Joch der Unfreiheit und Knechtschaft niedergehalten. Und wenn sie ein Kind hat, ist es schon vor der Geburt unfrei und gerät vom Mutterleib an in Knechtschaft… Der, der sie heiratet, wird, wenn er zuvor frei war, nach der Eheschließung unfrei. Eine Hörige wird wie Vieh ge- und verkauft… Ein Höriger erleidet auch viel Übles und wird mit Ruten geschlagen und unterdrückt und mit verschiedenen und widrigen Belastungen und Arbeiten in Unglück und Weh niedergehalten. Kaum, daß er einmal rasten oder zu Atem kommen darf…“

(VI, 12, nach der mittelenglischen Übersetzung von Johann von Trevisa von 1398)

Harte Arbeit und Unterdrückung bestimmten zweifellos das Alltagsleben des größten Teils der europäischen Bevölkerung im gesamten Mittelalter. Bischof Rodrigo Sánchez de Arévalo von Zamorra dedizierte um 1465 seinen lateinischen *Spiegel des menschlichen Lebens* Papst Paul II. Darin behandelt der Humanist auch das Landleben mit Worten, die für die gesamte Epoche verallgemeinert werden dürfen: „Ist der Zehnt an Gott gegeben und sind die Ausgaben abgezogen, so bleibt dem Bauern nichts mehr als seine Arbeit. Daher sind sehr viele Jahre, sogar die fruchtbarsten, eben für den dürr, der die Erde beackert. Richtig und wahr ist daher das alte spanische Sprichwort, daß der Bauer als Märtyrer zählt, denn er vergießt sein Blut nicht auf einmal, um die Erde zum Gebrauch des Menschen zu düngen, sondern betaut sie täglich mit seinem Schweiß und Blut, damit wir leben können und es uns durch seine Plagen und dauernde Schmerzen wohl ergehe.“ (1, 21)[9]

Gab es Ausnahmen? Sehr wohl. In einigen Regionen und Zeitabschnitten sind freie und wohlhabende Bauern durchaus bezeugt.

Die Arbeitsgänge bei der Getreideernte zeigt in großer Anschaulichkeit diese in der 2. Hälfte des 12. Jahrhunderts entstandene Miniatur aus einer Handschrift des *Jungfrauenspiegels*, eines für Nonnen geschriebenen Erbauungsbuches. Der sachkundliche Realismus (z. B. der randbeschlagene Spaten, für den man nur wenig von dem teueren Eisen benötigte, oder die gezähnte Sichel) darf nicht vergessen lassen, daß hier ein Gleichnis Jesu aus dem *Evangelium* illustriert werden soll: Im Himmel wird die Frucht der Jungfrauen (oben) das Dreifache der der Witwen betragen (Mitte), die wiederum drei Mal so reich belohnt werden wie die Verehelichten (unten). Bonn, Rheinisches Landesmuseum

An der Spitze stand sicherlich Island vor seiner Unterwerfung unter Norwegen (1262/64), das aber in jeder Hinsicht einen Sonderfall darstellte. In Niederösterreich im 13. Jahrhundert etwa hatten einige ländliche Familien so viel Wohlstand erwirtschaftet, daß ihre Töchter von weniger gut gestellten Rittern geheiratet wurden, und einige lokale Dichter der Zeit ergehen sich in wütenden Suaden gegen die reichen und arroganten Bauern, die die Standesschranken in Kleidung, Bewaffnung und Benehmen überschritten. Auch einige andere Gebiete kannten freie Landwirte, so damals etwa Süd-Westfrankreich oder teilweise der Bereich der deutschen Ostsiedlung; in Tirol war etwa ein Drittel der bäuerlichen Bevölkerung frei[10]. Aber aufs Ganze gesehen, handelte es sich eben sowohl zeitlich als auch regional um Ausnahmen.

Alpines Dorf mit Blockbauten,
Gewölbemalerei im Kreuzgang des Brixener Domes, 15. Jh.

Wesentlich häufiger als vereinzelt liegende Bauerngüter fanden sich Dörfer, wo man sich hinsichtlich der agrarischen Tätigkeiten natürlich aufeinander einstellen mußte. Nicht nur der von der Natur vorgegebene Rhythmus regelte die Arbeiten, sondern auch die Genossenschaftsverfassung einer Siedlung (z. B. durfte niemand in einer anderen als der abgesprochenen Fruchtfolge anpflanzen oder zu einem anderen Zeitpunkt, um Gleichheit unter den Markgenossen zu wahren und das Arbeitsleben nicht mit unterschiedlichen Tätigkeiten durcheinanderzubringen).

Ein vielleicht besonders eindringliches Beispiel kollektiver Arbeit stellt eine in der Frühneuzeit abgekommene Form des Fischfangs am Trasimenischen See dar, dessen Rhythmus die umliegenden Dörfer unterworfen waren. Er soll hier, um das Thema konkret vorstellbar werden zu lassen, etwas detailliert geschildert werden: Nicht nur die Fischer, die in „Compagnie di navi" (Schiffsgemeinschaften) organisiert waren, auch die Bootsbauer, die Landwirte, die Frauen, die die Netze zu knüpfen hatten, waren in ihrer Lebensführung ganz auf die Fischzüge des Winters ausgerichtet, die von der Jahrtausendwende bis ins 16. Jahrhundert die Haupterwerbsquelle der dortigen Bevölkerung darstellten. Ebenso waren sie eine bedeutende finanzielle Quelle für die Stadt Perugia, unter deren Hoheit der See stand. Deshalb nahm man die Fischer sogar vom Militärdienst und von Spanndiensten (Transportleistungen) für die Kommune aus.

An der Wende vom Frühjahr zum Sommer wurden die belaubten Äste der Bäume in der Umgebung des Sees geschnitten, dann mit Maultieren zum Ufer gebracht und im Wasser versenkt, um sich vollzusaugen. Danach wurden sie bei ruhigem Wetter auf den offenen See hinausgefahren, um zur Ausbesserung der alten oder zur Errichtung neuer „tori" verwendet zu werden. Die Beute wurde nämlich in den sog. „tori" gefangen, das sind die speziell in dieser Gegend verwendeten kreisrunden Haufen oder Hügel aus belaubten Zweigen, die, auf den Grund des Gewässers versenkt, den Tieren als künstliches Refugium für die winterliche Ruhe dienten.

Beginnend im November und bis vor Ostern andauernd, vollzog sich dann der ‚große Fischzug': man steckte von den Kähnen aus in zwei Kreisen etwa 10 Meter lange Pfähle um die „tori" in den Seeboden und umschloß diese mit zwei Netzen völlig. Die Pfähle machte man aus schweren Eichen- oder Kastanienstämmen, die mit Ochsen von den Hügeln nördlich des Trasimenischen Sees hertransportiert werden mußten. Das hantieren mit diesen riesigen Stangen im Wasser während der Zeit naßkalten, oft windigen und dann wieder nebeligen Winterwetters wird die Gesundheit und Lebenserwartung der Männer beeinträchtigt haben, die lange vor der Morgendämmerung mit ihrer Arbeit beginnen mußten. Es sind, nach einer Beschreibung von 1537, ungepflegte und schlecht gekleidete Burschen mit rauher Stimme und Eis im Bart. Ihre Arbeit hatten sie möglichst leise zu vollbringen, um die Fische nicht vorzeitig aufzuschrecken. Erst wenn der „toro" ganz vom Netz umschlossen war, wurde der Boden mit Stangen aufgewühlt und jede Art von Lärm gemacht, um die Fische aus der Mitte in das Netz zu treiben. Dieses wird dann hochgezogen, die Beute sorgfältig in ein anderes, sackartiges Netz umgefüllt und ans Ufer geschleppt, wobei die Stangen auch noch wieder aus dem Boden zu ziehen und mitzunehmen waren.

Im 15. Jahrhundert waren etwa 2000 von diesen „tori" gleichzeitig im Einsatz. Die zum Bootsbau nötigen Eichen, deren Äste ebenso zur Konstruktion der „tori" verwendet wurden, waren vom Gesetz speziell geschützt; ihre Besitzer mußten das Holz den Fischern verkaufen und durften die Bäume nicht etwa für den Eigenbedarf fällen. Auch die Landwirtschaft in der Umgebung des Sees wurde vom Fischfang bestimmt, denn man baute v. a. Leinen und Hanf an, der im Herbst geschnitten und getrocknet wurde, um nach einigen Tagen des Einweichens im warmen Uferwasser daraus die Netze herzustellen. Sie waren mit etwa 9 mal 40 Meter Fläche sehr groß dimensioniert, mußten aber so dicht geknüpft werden, daß sich gerade noch der kleine Finger durchstecken ließ – eine Arbeit, die den Frauen überlassen blieb. So stellte der ‚große Fischfang' vom Trasimenischen See für die dort wohnenden Familien eine recht spezialisierte und komplexe Arbeitswelt dar, von deren Bedürfnissen auch die ganz Umgebung geprägt war[11].

Die Fische werden zwischen den beiden Pfahl-Ringen im Netz gefangen.
Rekonstruktion von Elio Pasquali

In ähnlicher Weise müßte man auch die unterschiedlichen sonstigen Arbeits- und Lebenswelten skizzieren, die der Hirten, der Seeleute, der Bergmänner… Ungeachtet der Unterschiedlichkeiten ihrer Tätigkeiten teilten sie doch viele zeittypische Bräuche, Vorstellungen, Hoffnungen und Ängste. Eine gemeinsame Religion, gemeinsame soziale Wertvorstellungen, aber auch eine gleiche Perzeption von Raum und Zeit seien als verbindende Elemente genannt – sie werden weiter unter behandelt.

In der Stadt

Einen ungewöhnlich plastischen Einblick in eine spätmittelalterliche Stadt gewährt dieses 1535 gemalte Bild von Stockholm, dessen Anlaß das meteorologische Phänomen einer Nebensonne darstellte. Enge Bebauung, Dominanz der Kirchen, Umgürtung mit Befestigungsanlagen waren allgemein zutreffende Charakteristika. Stockholm, Storkyrkan (Kopie des 17. Jh.)

Die auch in den außeritalischen Teilen des Römischen Reiches blühende urbane Kultur war in der Völkerwanderungszeit verkümmert; viele Römerstädte waren bevölkerungsmäßig stark geschrumpft, wo einst Villen gestanden hatten, weidete im Frühmittelalter nicht selten das Vieh zwischen Ruinen. Das Wiederaufleben der Städte nach der Jahrtausendwende wurde nicht vorrangig durch das durchaus zunehmende innere Bevölkerungswachstum möglich, sondern eher durch massiven Zuzug von außen, also durch Landflucht. Was zog die Menschen in die Stadt? Einmal die Möglichkeit, die Unfreiheit abzustreifen und unabhängig zu werden, denn nach vielen Stadtrechten konnte der Herr den Knecht nicht mehr zurückfordern, wenn der ein Jahr lang in einer Stadt gelebt hatte. Dann die wirtschaftlichen Möglichkeiten, durch andere Tätigkeit als durch Landarbeit zu Geld zu kommen: Als Lohndiener, Magd, Handwerker, Soldat..., aber auch als Prostituierte, Bettler oder Dieb. Viele kamen zweifellos unter lebensbedrohendem Druck, um einer völligen Verarmung oder dem Tod durch Hunger und Krieg zu entfliehen. Aber auch wohlhabendere Landleute bzw. ihre Kinder wechselten ihren topographischen und sozialen Ort, wenn sie eine Ausbildung für eine Kirchenlaufbahn anstrebten oder ein intensiveres Frömmigkeitsleben führen wollten. Die Stadt beherbergte ja vielleicht eine Universität, jedenfalls aber zahlreiche Geistliche und Konvente verschiedener Orden.

Im hohen Mittelalter wuchsen nicht nur jene städtischen Siedlungen kräftig an, die schon seit der Spätantike bestanden hatten und in denen es auch nach der Völkerwanderung eine bescheidene und vielfach verländlichte Kontinuität als Bischofs- und Herrschersitze gegeben hatte, wie durchgehend in Italien, oder nördlich der Alpen z. B. in Trier, Paris oder London. Vielmehr kam es zusätzlich zu zahlreichen Neugründungen: Solche Siedlungen wurden von Territorialherrn unter handelspolitischen und strategischen Gesichtspunkten geplant, mit besonders vielen Freiheiten ausgestattet, etwa Zollprivilegien oder Selbstverwaltung, und wurden daher vor allem für die bäuerliche Umgebung ein Anziehungspunkt, zogen aber auch manche Einzelne und Familien aus relativ weiter Entfernung an. Selten entstand eine solche hochmittelalterliche Neustadt auf bisher völlig menschenleerem Territorium, meist gab es dort oder in der Nähe schon ein kleines Dorf wie z. B. in München, Lübeck oder Berlin. Aber daß daraus eine Stadt wurde, war jedesmal die Folge der durch einen energischen Herrscher gesetzten materiellen und rechtlichen Maßnahmen.

Dies sei am Beispiel von Wiener Neustadt in Niederösterreich illustriert: Der Babenberger Herzog Leopold V. gründete den Ort 1194 als Befestigung seines Territoriums gegen Ungarn an einer Durchgangsstraße nach Italien. Wie die meisten dieser nicht gewachsenen, sondern geplanten Siedlungen wurde sie auf einem rechteckigen Grundriß (ca. 600 x 700 m) angelegt, der von zwei einander im rechten Winkel kreuzenden Straßen durchschnitten wurde und einen rechteckigen Platz als Zentrum aufwies. Dementsprechend umgab man das Areal mit einer viertorigen Stadtmauer von ca. 5 m Höhe und 1 m Dicke, die bald zahlreiche Türme verstärkten. Ein Kanal wurde von einem nahen Fluß abgezweigt, der sowohl für Nutzwasser sorgte als auch den Stadtgraben füllte, die Straße nach Wien ausgebaut. Um Siedler anzulocken, nahm der Herzog einem Marktort in der Nähe seine wirtschaftlichen Rechte und übertrug sie auf Neustadt, das außerdem noch Zollprivilegien und Steuerfreiheiten erhielt, wodurch es sogar mit dem großstädtischen Wien in Konkurrenz trat. Auch die landesfürstliche Münzstätte wurde von einem anderen Ort hierher verlegt und die Ansiedlung einer größeren Judengemeinde ermöglicht. Um Neustadt noch durch die kirchliche Organisation auszuzeichnen, machte man es zu einer eigenen Pfarre und lud auch die wichtigsten ‚modernen' Mönchsorden wie Franziskaner, Dominikaner und Deutschen Orden zu Niederlassungen ein. Wiener Neustadt entwickelte sich wie geplant zu einer blühenden Ansiedlung und wurde später zeitweise sogar Residenz der Habsburger.

Zwischen den Städten etablierten sich mannigfache Verbindungen. In den Gebieten schwacher monarchischer Herrschaft wie Oberitalien, dem Deutschen Reich, Burgund (nicht aber in Westeuropa) organisierten sich v. a. im 13. bis 15. Jahrhundert Städtebünde, die neben politischen Zielen vornehmlich wirtschaftliche verfolgten, nämlich die Sicherung der Handelswege und verschiedene Erleichterungen für die Partner z. B. bei den Zöllen. Die bedeutendste Zusammenarbeit zahlreicher Städte erfolgte im Rahmen der norddeutschen Hanse. Diese Vereinigung hat durchaus mentalitätsprägend gewirkt, die Bürger einer freien Hansestadt empfanden die Zugehörigkeit zu ihr teilweise fast bis in die Gegenwart als Zeichen gutbürgerlichen sozialen Status. Nicht nur mehr oder minder alle norddeutschen Städte zählten zu diesem Bund, auch Nowgorod und Reval, Stockholm und Kalmar; wichtige Niederlassungen existierten u. a. in London und Bergen, und schließlich traten auch weiter südlich gelegene Städte wie Erfurt oder Krakau bei. Doch ist die Hanse nur die bekannteste dieser Vereinigungen, zahlreiche andere, oft in Situationen politisch-militärischer Auseinandersetzung mit Fürsten und Rittern gegründet, waren für kürzere oder längere Zeit aktiv.

Rekonstruktion einer Seehandelsstadt um 1200: Birka
Stockholm, Historisk Museum

Ein ganz anderer Zusammenhalt erwuchs auf dem juristischen Sektor, indem jüngere Städte immer wieder ihr Recht dem einer älteren Siedlung nachbildeten. Die jeweiligen Stadtrechte von Magdeburg, Lübeck oder Wien dienten vielen anderen als Vorbilder; Magdeburger Recht z. B. galt bis Königsberg, Kiev, Warschau und Krakau... In Dänemark folgten viele Stadtrechte dem von Schleswig, in Norwegen war überall das Recht von Bergen gültig usw. In Deutschland war es üblich, sich in schwierigen Materien gegen Entgelt Rechtsauskünfte bei den Institutionen angesehener Städte zu holen, im Westen v. a. in Aachen und Köln, im Osten in Lübeck und Magdeburg. Diese ‚Oberhöfe' formten damit die Rechtsauffassungen zahlreicher städtischer Gerichte. Auch solche organisatorischen Faktoren trugen zu einer tendenziell homogenen urbanen Mentalität bei.

Die zunehmende Verschriftlichung und Bürokratisierung, die für das Verwaltungswesen des späten Mittelalters kennzeichnend ist, breitete sich besonders in den Städten aus; z. B. begann man, den Zuzug von Neubürgern in Bürgerbüchern zu erfassen. Ein Beispiel bietet das von Hannover (Stadtarchiv B 8310), dessen Einträge auf Pergament mit dem Jahre 1301 einsetzen. In ihm sind auch die Statuten der Stadt aufgezeichnet, auf die jeder neue Bürger einen Eid schwören mußte.

Seit dem hohen Mittelalter funktionierte v. a. die städtische Wirtschaft mehr und mehr als Geldwirtschaft. Die Bezahlung in Naturalien kam zwar keineswegs ganz ab, verlor aber laufend an Bedeutung. Freilich kursierte damals in Europa gleichzeitig eine verwirrende Fülle unterschiedlicher Währungen. Da jeder Fürst und jede Stadt eigene Münzen prägten, nahm auch aus diesem Grund die Montanindustrie im Laufe der Epoche stetig zu; am Ende des Mittelalters lebten manche Regionen vorwiegend vom Bergbau, wie Gebiete Sachsens oder Tirols; Bergbauorte wie z. B. Hall oder Kitzbühel entwickelten sich zu Städten.

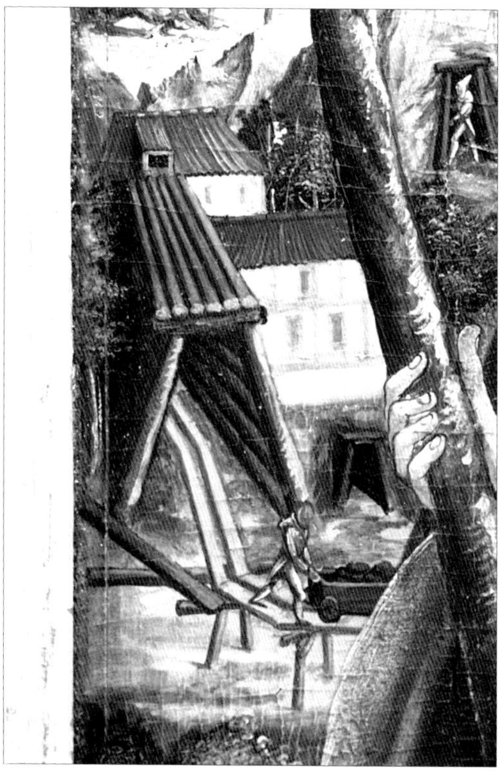

Bergstollen mit Grubenhunt, 1514
Altartafel aus Flitschl bei Tarvis, Klagenfurt, Diözesanmuseum

Da jede Münze Prägungen unterschiedlichen Wertes und Gewichtes ausgab, waren die Kaufleute zu dauerndem, verlustreichen Wechseln gezwungen, wenn sie sich auf Handelsfahrt begaben. Dazu kam noch eine Fülle von Wegzöllen, welche die eingeführten Waren verteuerten und weitgehend zum Privileg der Reichen machten. Ein Kaufmann, der die wichtigste mitteleuropäische Verkehrsader, den Rhein, in seiner ganzen schiffbaren Länge nutzte, mußte im späten 12. Jahrhundert an 19 Zollstellen zahlen, einhundert Jahre später an 44, und nochmals hundert Jahre danach an 64![13]

Die Regierenden verstanden es auch, von der Geldwirtschaft auf ihre Weise zu profitieren, indem sie von Zeit zu Zeit eine ‚Münzverrufung' anordneten, d. h. die Bürger zwangen, das im Umlauf befindliche Geld gegen neue Münzen einzutauschen, aber zu deren Ungunsten. Z. B. ließ der Stadtherr von Magdeburg, Bischof Wichmann (1152-1192), zweimal im Jahr neue Münzen schlagen, die die Bürger gegen die alten einzutauschen hatten – aber für 9 neue Geldstücke mußten 12 der alten gegeben werden, was einer Steuer von 25 Prozent gleichkam[14].

Verschiedene Wichmannpfennige, 2. H. 12. Jh.

Ähnliche Münzverschlechterungen wurde das ganz Mittelalter hindurch in steigender Frequenz praktiziert, waren ein stetes Hemmnis für die wirtschaftliche Entwicklung und führten auch bisweilen zu blutigen Aufständen. Einer der für seine dauernden Abwertungen berüchtigten Herrscher war etwa König Philipp IV. von Frankreich; 1306 brach deswegen in Paris ein Aufruhr los, vor dem sich der Monarch nur durch die Flucht hinter die festen Mauern der Burg der Tempelherrn retten konnte, bis seine Truppen die Bewegung niederschlugen. Denn eine solche künstlichen Inflationen konnte existenzbedrohend sein. In Breslau „erhing sich eine armes Weib samt ihren zwei Kindern aus Armut und Hungersnot, weil die gewöhnliche Münze verrufen und sie nur verbotenes Geld gehabt, worum sie sich nichts kaufen konnte“[15] (1513).

Von den Geldwechslern Italiens ausgehend, entwickelte sich im späten Mittelalter in den großen Städten auch das Bankwesen, das die Flexibilität der Wirtschaft steigerte, indem man an einem Ort Geld einzahlen und an einem anderen, in einem fremden Land und in fremder Währung, abheben konnte. Das beseitigte die Unsicherheiten und Kosten eines materiellen Transports von Münzen. Das Hauptproblem für die Bankiers war das kirchliche Verbot, Zinsen zu nehmen: Schon seit dem 4. Jahrhundert untersagten es Konzile und Päpste aufgrund entsprechender Stellen in der *Bibel* (Ex 22, 24; Lk 6, 35 u. a.) immer wieder, Geld gegen Zinsen zu verleihen, da damit die Todsünde des Geizes begangen werde. In der Scholastik kamen noch naturrechtliche Argumente dazu: Wer Zinsen nimmt, zieht Profit aus dem Ablauf der Zeit bis zur Rückgabe. Die Zeit aber gehört Gott allein. Was für uns rein wirtschaftliche Aspekte besitzt, erschien in für die damalige Epoche bezeichnender Weise als Religionsfrevel. Die irdischen Strafen für Wucher gingen bis zur Exkommunikation und Enterbung, im Jenseits war die Hölle oder wenigstens das Fegefeuer unausweichlich. Besonders von Geistlichen der die freiwillige Armut als Haupttugend preisenden Bettelorden sind zahllose Predigten gegen Wucherer erhalten, wie z. B. folgende in der Sammlung eines zu Anfang des 14. Jahrhunderts tätigen deutschen Minoriten: „Der Wucherer aber ist wie eine alt gewordene und durchlöcherte Börse, die man zuletzt in den Dreck wirft. Ähnlich ist der Wucherer nichts anderes als seine Geldbörse, wegen der Härte seines Wuchers wird er in der Seele durchbohrt. Nachdem das Geld in die Hand seines Herrn oder seiner Frau oder seiner Kinder gefallen ist, dann wird er in den Dreck der Hölle geworfen. Daher singt man [beim Begräbnis] vergeblich für die Seele eines Wucherers von der ewigen Ruhe – der Teufel kann einem antworten: «Du erbittest für ihn die ewige Ruhe, aber er selbst hat seine Seele verkauft, daher wird er sie nie erlangen!»“ Mit zahlreichen ‚wahren‘ Erzählungen ‚bewiesen‘ die Prediger die unausweichliche Verdammung eines solchen Menschen, z. B. soll man den Leichnam eines Wucherers aufgeschnitten und darin statt des Herzens einen Stein gefunden haben, das Herz aber lag noch rauchend in seinem Geldkasten usf.[16] Der ‚abstrakte‘ Vorgang, daß Geld ohne sichtbare Arbeitstätigkeit Gewinn bringen sollte, muß viele tief verunsichert haben.

Geldwechsler, Buchmalerei einer hebräischen Handschrift,
M. 15. Jh., Frankfurt a. M., Jüdisches Museum

Wegen der zeitlichen und ewigen Strafen war wer Geld verlieh natürlich bestrebt, das kanonische Zinsverbot zu umgehen und trotzdem Gewinn aus den Darlehen zu ziehen. So nahmen die Geldverleiher von den Darlehensempfängern z. B. ‚nur' ein ‚freiwilliges' Geschenk oder eine ‚Kompensation'. Nach der Mitte des 14. Jahrhunderts wurden die Verbote jedoch lockerer gehandhabt, da Geldgeschäfte für die gesamte Wirtschaft eine immer unverzichtbarere Rolle spielten, woran sich auch unflexiblere Geister langsam gewöhnten. Und 1486 autorisierte der Papst sogar die zehnprozentigen Zinsen, die auf Anregung der italienischen Franziskaner in den ‚Montes pietatis', einer Art Volksbank, üblich waren und als karitative Einrichtungen galten. Das irdische Hauptproblem der Finanziers waren allerdings die höchsten Herren, die nicht selten riesige Summen ausliehen, ohne sie zurückzuzahlen, was zum Untergang mancher Bank führte, da es etwa gegen einen König kein Zwangsmittel gab. So verursachte z. B. die Zahlungsunfähigkeit König Eduards III. von England in der Mitte des 14. Jahrhunderts den Zusammenbruch des großen Florentiner Hauses der Bardi.

Ein entscheidender Faktor für die Entwicklung des Städtewesens war der Fernhandel, von den vergleichsweise bescheidenen frühmittelalterlichen Anfängen in den Siedlungen der Wikinger wie Heithabu (Schleswig) bis zu den kommerziellen Metropolen des späten Mittelalters wie das Florenz der Medici, das Nürnberg der Fugger oder das Augsburg der Welser. Dies war notwendigerweise mit einer der agrarischen Welt eher fremden mentalen Komponente verbunden, dem leistungsorientierten, rechnenden, zählenden Denken der Kaufleute. Handel diente vor allem im frühen, aber weitgehend im ganzen Mittelalter vornehmlich den Oberschichten. So läßt schon Aelfric, ein gelehrter englischer Benediktiner, in seinen *Gesprächen* (um 1000) den Kaufmann sich selbst beschreiben: „Ich sage, daß ich sowohl dem König und seiner Gemahlin, als auch den Herzögen und Reichen und allem Volk nützlich bin. Wie das? Ich besteige mit meinen Waren das Schiff, überquere das Meer, verkaufe meine Sachen und kaufe wertvolle Sachen ein, wie sie es hierzulande nicht gibt. Ich bringe sie euch mit großer Gefahr über die See hierher, und bisweilen erleide ich Schiffbruch mit Verlust aller meiner Waren – kaum, daß ich mein Leben rette. Welche Dinge bringst du zu uns? Purpur und Seide, Edelsteine, Gold und Silber, verschiedenes Gewand und Farben, Wein, Öl und Pfeffer, Elfenbein und Goldbronze, Erz und Zinn, Schwefel und Glas und dergleichen. Willst du deine Waren hier so verkaufen, wie du sie dort gekauft hast? Gewiß nicht! Was würde mir dann meine Mühe nützen? Sondern teuerer will ich sie hier verkaufen, als ich sie dort gekauft habe, um mir einen Gewinn zu erwerben, womit ich meine Frau und meine Kinder ernähren kann."[17] Die aufgeführten Produkte sind Luxusartikel und Grundstoffe für solche; nur für diese zahlte sich damals der Fernhandel aus. Aelfrics Kaufmann sagt übrigens, er besteige *ein* Schiff, und nicht: sein Schiff. Das hatte einen ganz realen Hintergrund, denn i. d. R. waren die Kaufleute bis ins späte Mittelalter hinein meist nicht mit den Schiffseigentümern identisch, sondern mieteten das Fahrzeug und die Dienste der Besatzung für eine bestimmte Zeit.

Auch in diesem Bereich verzeichnete das 12. Jahrhundert einen entscheidenden Entwicklungsschub. Sogar ein in der Abgeschiedenheit seines Augustinerklosters schreibender Mönch wie Hugo von St. Viktor († 1141) konnte nicht umhin, lobend vom Fernhändler zu sagen, er bereise nie gesehene Küsten und Wüsten, stehe mit Barbaren in freundschaftlichem Verkehr, halte kriegerische Aktivitäten zurück und festige somit den Frieden (*Eruditiones didascaliae* 2, 24). Und in der Mitte des 13. Jahrhunderts predigte der berühmte Franziskaner Berthold von Regensburg: „Wir möchten die Kaufleute nicht mehr entbehren, denn sie führen aus einem Land in das andere das ein, was wir benötigen, da ja in einem Land dies wohlfeil ist, in einem anderen jenes. So sollen sie also dieses hin- und jenes herführen. Davon sollen sie ihren Lohn zurecht haben, das ist ihr Gewinn, den sie zurecht gewinnen."[18]

–>

Das Dreikönigenhaus, ein Patrizierhaus in Trier, um 1220, ist (vom Erdgeschoß abgesehen) original erhalten, wobei die authentische Bemalung rekonstruiert wurde. Ein defensives Element ist in dem ursprünglichen, im ersten Stock gelegenen Eingang rechts zu sehen. Nur die Wohlhabendsten konnten sich solche relativ feuersicheren Steinhäuser leisten, die allermeisten Stadtbewohner nördlich der Alpen leben in Holzbauten, meist aus Fachwerk.

Im späten Mittelalter nahm die Bedeutung der Kaufleute noch zu, ihnen gehörte als Patriziern oftmals das Stadtregiment, sie finanzierten Fürsten und Königswahlen, zahlten für die Kirchen und deren Ausschmückung und förderten Lesen, Schreiben und Rechnen. Dies alles vor dem zeittypischen Hintergrund einer steten Gefährdung durch Unglücksfälle, Kampfhandlungen, Betrug... Aber solche Herausforderungen führten zu neuen Lösungen. Da wurden im Spätmittelalter etwa schriftliche Charterverträge geschlossen, nach denen der Schiffsherr die

Waren entweder mit voller Verantwortung übernahm („sicher ans Land") oder ohne diese („mit Risiko und nach Laune Gottes, des Meeres und der Fremden"); auch entwickelten sich in Italien regelrechte Seeversicherungen. Angesichts von Stürmen und Piraten war es sinnvoll, die Waren auf mehrere Schiffe zu verteilen, die im Konvoi fuhren. So schreibt der Kaufmann Francesco Datini 1393 seiner Frau: „Es gibt viele Schiffe auf dem Meer und eine einzige Handelsroute, welche die einen für die Hinfahrt und die anderen für die Rückfahrt benutzen… Wir haben mehrere Galeeren auf der See, und zur Zeit wissen wir nichts Sicheres… Sie sind mit vielen Waren beladen und alle versichert, aber wir werden nicht ohne schwere Verluste davonkommen. Gottes Wille geschehe!"[19]

Beispiel eines spätmittelalterlichen Handelsschiffes.
Siegel an einer Urkunde des festen Städtchens Maldon (Essex) von 1378
Colchester, Keep

Ein nicht zu übersehendes Element im Bereich des Fernhandels und v. a. der Geldwirtschaft bildeten die Juden, die in den Städten durchgehend, teilweise auch auf dem Lande zu finden waren. Ihre Stellung als Außenseiter, die eine andere Religion und andere Bräuche (doch nur teilweise eine andere Sprache) von den Christen unterschied, war von einer verderblichen Spannung gekennzeichnet: Zivilrechtlich gestellt waren sie wie Freie, doch stets unter der Aufsicht eines Herrn, sei es des Königs, des Fürsten, des Stadtherren; in allen inneren Belangen hatten sie ihre eigene, rabbinische Gerichtsbarkeit. Finanziell dagegen unterlagen sie ähnlichen Abgabepflichten wie Unfreie: Verließen sie z. B. freiwillig oder unfreiwillig ihr Haus, fiel dieses an den Stadtherrn. Neid und Haß garantierte ihnen v. a. das Privileg zu tun, was Christen nach kirchlichem Recht verboten war, nämlich Zinsen auf ausgeliehenes Geld zu nehmen. Ihre Zinssätze lagen meist über 33 Prozent und konnten sogar über 100 Prozent steigen, was freilich auch in der Unsicherheit der Rückzahlungen und den hohen Abgaben an die christlichen Herren begründet war. Wurde dieses Monopol auch durch manche kirchliche Institutionen selbst ausgehöhlt und machte ihnen auch das aufblühende Bankwesen Konkurrenz, so lebten die Juden doch vornehmlich von Kreditgeschäften bis hin zu echtem Wucher. So lange man sie leben ließ, heißt das – denn seit den Kreuzzügen kam es immer wieder zu Pogromen, verstärkt im 14. und 15. Jahrhundert, und oft zu einer generellen willkürlichen Annullierung oder Herabsetzung der ihnen geschuldeten Summen durch einen Herrscher. Manche Länder vertrieben sie auch ganz, so England 1290, Frankreich 1306 und 1394 und Spanien 1492. Neben dem religiös begründeten Haß war eindeutig Geldgier ein Grund für solches Vorgehen. So schreibt z. B. die gleichzeitige *Klosterneuburger Chronik* zum Jahr 1420, daß Herzog Albrecht V. von Österreich alle Juden fangen ließ, „Frauen und Männer und Kinder, und er bemächtigte sich ihres gesamten Besitzes. Er vertrieb sie aus dem Land. Manche ließen sich taufen, blieben aber selten beim rechten Christenglauben. Im zweiten Jahr danach verbrannte man etliche; danach am schwarzen Sonntag folterte man alle diese Juden: Sie verrieten viel in Wien unter Erde verborgenes Gut. 240 ließ er verbrennen. Eine Jüdin in Klosterneuburg ließ sich taufen und wurde Barbara genannt, sie hatte zuvor den Juden Schebelein zur Mann gehabt, danach nahm sie den Niklas Lueger zum Mann, Sohn eines ehrbaren Bürgers…“[20]

Die Einstellung zu dieser Minderheit änderte sich kraß im Verlauf des Mittelalters, obwohl eine prinzipielle Feindseligkeit stets durch das *Neue Testament* vorgegeben war. Schließlich hatte schon Jesus gesagt: „Ihr habt den Teufel zum Vater" (Joh. 8, 44), schließlich sei er, so u. a. Paulus, von ihnen (und nicht den Römern) getötet worden (1 Thess 2, 15). All diese Anklagen wurden von den Christen nicht auf die in der *Schrift* situationsbedingt angesprochenen Gruppen innerhalb der Judenschaft bezogen, sondern auf dieses Volk als Ganzes.

Die immerhin zumeist friedliche Koexistenz des Frühmittelalters wandelte sich im hohen und späten Mittelalter zu einer Ausgrenzungs- und Vernichtungshaltung. Unter den Karolinger vermehrten sich die teilweise bis in die Antike zurückgehenden jüdischen Gemeinden, und es gab einige spektakuläre Konversionen zum Judentum, dem sich sogar ein Beichtvater Kaiser Ludwigs des Frommen, Bodo, zuwandte. Nach den *Annales Bertiniani* ließ er sich beschneiden, nannte sich Eleazar, heiratete eine Jüdin und flüchtete in maurisches Territorium[21].

Es scheint, daß erst der Erste Kreuzzug (1095/99) die Katholiken v. a. im Rheinland auf den Gedanken brachte, man müsse ja nicht warten, bis man mit den Feinden Gottes im Heiligen Land abrechnen könne, man hatte ja Feinde Gottes im eigenen Land, und noch dazu wehrlose! Seit diesen Pogromen schwebte eine dauernde Drohung über der Judenschaft. In der Krisenzeit des 14. Jahrhunderts wurden die Israeliten mehr und mehr zu dem Sündenbock par excellence, ihnen schob man z. B. die Schuld an der großen Pest zu, und sie verfolgte man mit absurden Vorwürfen wegen angeblichen Ritualmordes an Christenkindern und Hostienschändung. In Predigten, religiösen Schauspielen und bildlichen Darstellungen wurden die Juden geradezu als Gottesmörder diabolisiert und damit die Legitimation für ihre Vernichtung geschaffen.

Die Juden waren beschränkt in den Berufsmöglichkeiten, da sie als Nichtchristen in Zünfte oder Ämter nicht eintreten durften; sie waren beschränkt in ihrer Reisefreiheit und mußten, v. a. seit dem IV. Laterankonzil 1215, ein besonderes Zeichen an der Kleidung tragen (häufig den spitzen Judenhut). Auch durften sie nicht mit Christen gemeinsam speisen, keine Christen als Angestellte haben usf. Viele Städte beherbergten ein ummauertes Judenviertel, was die Trennung der Religionen ganz konkret machte. Einzelne Juden freilich konnten als

Gelehrte, Ärzte und Ratgeber bedeutende gesellschaftliche Positionen erlangen, die doch stets mit der Gefahr eines plötzlichen, um so tieferen Sturzes verbunden war.

Eine besonders judenfeindliche Spottdarstellung wurde von der Kirche v. a. in der Form von Skulpturen an Gotteshäusern verbreitet, sie zeigt die Hebräer, wie sie mit den ihnen vorgeschriebenen Hüten an der ‚Judensau' saugen. 1. H. 14. Jh., Chor der Kathedrale von Uppsala

Nicht, daß es in den Städten nicht auch andere sozial marginale Gruppen gegeben hätte. Es bildete sich schon früh ein Proletariat von Tagelöhnern, Arbeitsunfähigen, Schwindlern..., die oft von Kleinkriminalität und v. a. vom Bettel lebten. Für die Wohlhabenderen hatten sie eine religiöse Funktion, denn man gab ihnen Almosen, ja errichtete Armenstiftungen wie Hospitäler, um dem Auftrag Christi nachzukommen, am Nächsten gute Werke zu tun. Diese christliche Liebestätigkeit war für ihre Nutznießer regelmäßig mit der Auflage verbunden, für die Spender zu beten. Mittelalterliche Ordnungen von

Spitälern, die wie Klöster organisiert waren, schreiben dies ganz ausdrücklich vor. So mußte man im Leprosenhaus in Sherburn neben den Messen an Sonn- und Feiertagen jeden Tag 161 Vaterunser abbeten, ein Teil davon für die Bischöfe von Durham, die Förderer dieser Einrichtung. Beim Tode eines Bruders oder einer Schwester kamen binnen 30 Tagen noch 300 dieser Gebete hinzu[22]. Nur auf dieser Basis der spirituellen Gegengabe funktionierte die mittelalterliche Armenfürsorge.

Stadt und Land bildeten seit dem Hochmittelalter bis in die Gegenwart Orte mit jeweils eigenen wirtschaftlichen, politischen und sozialen Strukturen und entsprechenden Mentalitäten. Doch waren damals die Verzahnungen noch viel enger als seit dem 19. Jahrhundert, da die Bürger oft Vieh innerhalb und vor ihren Mauern hielten oder Weinberge besaßen, während die Bauern regelmäßig zu den Märkten oder wegen religiöser Anlässe wie Reliquienweisungen in die Stadt kamen. Die Städter versuchten, das agrarische Umland ihrem Territorium einzuverleiben und beuteten es genauso aus, wie die Feudalherrn. Freilich war in Krisensituationen, namentlich während eines Krieges, wenn etwa die von weiter her kommende Zufuhr von Lebensmitteln abgeschnitten war, ein agrarisches Hinterland lebensnotwendig. Die Handelsstadt Venedig, die sich das größte Territorium eroberte, das eine Stadt im Mittelalter beherrschte, benötigte ihre ‚Terraferma' v. a., um sich die Rohstoffe für den Schiffbau zu sichern, also Eisen, Holz und Hanf, und um das Entstehen von Herrschaften zu verhindern, die ihre Verkehrswege hätten blockieren können.

Zur Verwaltung ihrer Ländereien entwickelten die Städte modernere Rechtsformen. So ließen etwa die urbanen Grundbesitzer Italiens gern notarielle Verträge aufsetzen, wenn sie ihr Eigentum verpachteten. Da verpflichtete sich z. B. ein Bauer einem Mitglied einer der reichsten Familien von Siena 1321 zur Arbeit auf einem seiner Güter: „Ich verspreche, in guter Absicht ohne Trug ein Paar Euerer Rinder mit rotem Fell zu halten, zu pflegen und zu weiden und eine Arbeitsstute mit weißem Fell und ein Füllen mit braunem Fell und sechs von Eueren Schweinen… und das genannte Gut und die Äcker und den Weinberg jedes Jahr gut und sorgfältig zu bearbeiten… und alles einzelne sonst noch zu tun, was ein guter und loyaler Diener, Arbeiter und Knecht zu machen gehalten ist." Die Erträge gehen ganz an den Herrn, dafür erhält der Pächter 15 Lire pro Jahr – aber gleichzeitig ist bei Vertragsverletzung für ihn eine Strafsumme von 50 Lire festgesetzt, wobei das Wort des Besitzers genügen sollte, wenn dieser etwaige Unregelmäßigkeiten feststellen wollte. Verglichen mit sonstigen Löhnen in dieser Gegend war das ein finanziell sehr ungünstiger Vertrag, in dem der Besitzer der Produktionsmittel offenbar von der damals beginnenden wirtschaftlichen Depression profitierte. Es war aber auch ein sehr moderner Vertrag, der nur mehr eine Geldzahlung als regelmäßigen fixen Lohn an den Arbeiter vorsah, ohne Entlohnung durch Naturalien, wie es bei der auch vor Ort häufigeren Halbpacht üblich war[23].

Die zweite ökonomische Säule neben dem Handel, auf der die Blüte des Städtewesens beruhte, war das Handwerk. Die Entwicklung verlief, zwar von der großen Pestwelle in der Mitte des 14. Jahrhunderts unterbrochen, ansonsten ziemlich geradlinig auf eine stets größere Differenzierung der entsprechenden Tätigkeiten hin. Handwerker hatte es allerdings schon vor dem Wiederaufleben der Stadtkultur als Wanderhandwerker gegeben sowie in den Dörfern und an den Höfen der Feudalherrn; die meisten von ihnen waren unfrei, nur mäßig spezialisiert und produzierten zumeist für den lokalen Bedarf. Seit dem Hochmittelalter differenzierten sich die einzelnen Zweige immer mehr: Bei den Schmieden z. B. gab es Grob- und Feinschmiede, Gold-, Kupfer-, Messer-, Sensen-, Hacken-, Zirkel-, Nadelschmiede, Schwert- und Harnischfeger, Sporenmacher, Zinngießer, Spengler, Kannengießer, Schlosser, Drahtzieher und Ringler (Hersteller von Kettenhemden). Wie auch sonst wurde ihre Tätigkeit im Spätmittelalter zunehmend mechanisiert, etwa durch die Entwicklung von wassergetriebenen Eisenhämmern und Schleifsteinen.

Diese Spezialisten bildeten jeweils eigene Organisationen, die Zünfte oder Gilden: Die Leder verarbeitenden Gewerbe in Pisa z. B. waren im 13. Jahrhundert in sieben Zweige aufgeteilt, die alle besondere Zunftstatuten besaßen. Nun deckten viele Handwerker keineswegs nur mehr den lokalen Bedarf, sondern waren stärker in den Warenaustausch eingebunden. Für Luxusgüter hatte das schon immer gegolten, aber seit dem 11. Jahrhundert stellten etwa die Tuchmacher in Flandern, dann auch die in den Niederlanden und Italien ihre Produkte v. a. für den überregionalen Markt her, und zwar mit Wolle aus England. Aber auch die auf der Insel selbst gewobenen Stoffe bildeten einen wichtigen Exportartikel der dort Merchant Adventurers genannten Fernkaufleute, die damit regelmäßig v. a. nach den Niederlanden, Norwegen, dem Baltikum und Spanien segelten.

Meister waren fast ausschließlich Männer, Meistergattinnen konnten gelegentlich den Betrieb weiterführen, auch an manchen geselligen Treffen der Zunftgenossen teilnehmen. Natürlich gab es Berufe, wie Hebamme oder Amme, Wäscherin und Stickerin, die geschlechtsspezifisch waren, aber nicht zünftig. Nur in Paris existierte im späten Mittelalter eine, in Köln vier Frauenzünfte, alle im Bereich des Textilgewerbes (z. B. Seidenspinnerinnen, Garnmacherinnen), die auch Lehrtöchter ausbilden durften. Es handelte sich aber um Sonderentwicklungen in der größten der französischen bzw. deutschen Städte. Gleichviel, ob auf dem Land oder in der Stadt, ob in der Unter- oder der Oberschicht, ob nur für den eigenen Bedarf arbeitend oder für den Markt, zu den alltäglichsten weiblichen Arbeiten gehörte die häusliche Textilherstellung. Ein steinernes Hochrelief am Severi-Sarkophag in St. Severi zu Erfurt, 1363/70, zeigt z. B. Gattin und Tochter eines Wollwebers beim Hausgewerbe: Die Mutter verspinnt die Wolle mit dem Rocken und der Spindel, während die Tochter sie zuvor in einzelne Bäusche teilt.

Ein heutiger Besucher einer mittelalterlichen Stadt würde sich neben den durchgängig existierenden Handwerken der Grundversorgung wie Bäcker, Fleischer, Maurer, Zimmermann usw. mit einer Reihe nicht mehr praktizierter konfrontiert sehen, etwa den Herstellern von abgekommenen Schutz- und Trutzwaffen (Schild-, Kettenhemd-, Armbrustmacher usw.), den Bindern, die Fässer erzeugten und reparierten, oder den Garnmachern (bzw. -macherinnen, eine jener wenigen Frauenzünfte). Wie die Kaufleute genossenschaftlich in Hansen organisiert waren, so nicht minder die Handwerker, die zudem zumeist in bestimmten Gassen oder Stadtvierteln Tür an Tür lebten. Ihre Zünfte waren gleicherweise soziale Lebens- und Hilfsgemeinschaften wie religiöse Vereinigungen. Sie unterstützten unschuldig in Not geratene Mitglieder, sorgten für ein ehrbares Begräbnis, hatten eine eigene Kapelle mit Altar in der Kirche, traten bei religiösen und profanen Feiern als geschlossene Gruppe auf. Die Zunft fungierte aber auch durch ihr Standesgericht als Sittenpolizei, die Frieden nach innen und außen zu wahren bemüht war.

Steinmetz, Votivbild auf einem Chorpfeiler,
1456, Salzburg, Franziskanerkirche

Wer ein Handwerk ausüben wollte, mußte einer Zunft angehören, die den Zugang genau regelte: Eheliche Herkunft war überall erforderlich, eine bestimmte Lehr- und Gesellenzeit, das Meisterstück. Im 15. Jahrhundert tendierten diese Verbindungen dazu, sich abzuschließen, indem man nur mehr die Söhne von Meistern zuließ. Die Rohstoffe wurden i. d. R. von der Zunft für alle Mitglieder zusammen durch ihre besonderen Beauftragten gekauft, oder es wurden bestimmte Plätze und Zeiten festgelegt, an die sich alle Zunftmitglieder zur Beschaffung des Nötigen halten mußten, so daß keiner einen Vor- oder Nachteil im Verhältnis zu seinen Genossen hatte. Ebenso war die Entlohnung der Gesellen und der Verkaufspreis für eine bestimme Ware normiert, deren Qualität eigene Beschaumeister kontrollierten. Gütesiegel in Form von Plomben garantierten, daß eine Ware ‚zünftig' hergestellt worden war.

Die Zunftbindung schützte, schränkte aber auch ein. Am bekanntesten wurde in diesem Zusammenhang die blutige Revolte der Ciompi in Florenz (1378/82), der keiner Zunft zugehörigen, fast rechtlosen Lohnarbeiter des Wollgewerbes. Sie wurden von den Arbeitgebern durch harte kirchliche und weltliche Strafen (v. a. Körperstrafen) niedergehalten. Ausgebeutet, drohten sie ganz zu verelenden und erzwangen daher mit Gewalt die Schaffung einer eigenen Zunft und Zugang zu öffentlichen Ämtern. Dieser Erfolg war zwar nicht von langer Dauer, beleuchtet aber schlaglichtartig die unverzichtbare Bedeutung einer solche Organisation für die Werktätigen.

Neue Anforderungen führten ab der zweiten Hälfte des Mittelalters zu technischen Innovationen, wie dem pedalbetriebenen, ‚horizontalen' Webstuhl; er ersetzte seit dem 12. Jahrhundert mehr und mehr die einfacheren Formen des Gewichtswebstuhls und des senkrechten Webstuhls[24]. Bekannter sind die Erfindung der Brille oder des Schießpulvers, was zu neuen Berufszweigen führte.[25]

Pulverstampfer, Illumination aus einem deutschen Handschriftenfragment um 1470, München, Deutsches Museum

Die Gilden waren zweifellos ein bedeutender Faktor für das Entstehen einer spezifisch auf Sicherheit, Konstanz und Kontrolle ausgerichteten Mentalität, wie sie das Bürgertum charakterisierte. Zumal der ‚Zunftbürger' auch seine Aufgabe bei der Sicherung seiner Stadt wahrnahm, indem jedes Handwerk einen Abschnitt der Stadtmauer zu betreuen und zu verteidigen hatte; zumal er karitative Pflichten seinen Standesgenossen gegenüber hatte; zumal er religiöse Verpflichtungen der ganzen Stadt gegenüber an den kirchlichen Feiertagen trug. Im Weichbild der Stadt manifestierte sich die Bedeutung der einzelnen Zünfte in den seit etwa 1300 in vielen Städten errichteten Gildenhäusern mit ihrem großen Versammlungssaal; in ihrer politischen Organisation darin, daß im Spätmittelalter viele Stadträte nicht nur aus Patriziern, sondern auch aus Zunftmitgliedern bestanden.

Ein Blick in einen gutbürgerlichen Wohnraum um 1420: Butzenscheibenfenster, Bank, Tisch, Kissen, Handtuch, Wasserbehälter, Waschschüssel, Tischlerwerkzeug, Topfpflanze. Die schwangere Maria arbeitet der Legende nach am Purpurvorhang für den Tempel, während ihr Mann Joseph, der sie wegen ihrer vermeintlichen Untreue verlassen will, von einem Engel eines Besseren belehrt wird. Tafelgemälde, Straßburg, Frauenhausmuseum

Selbstverständlich fehlte es nicht an Konflikten auch innerhalb dieser Korporationen, und noch weniger an Konflikten, die diese mit anderen städtischen Gruppen hatten. Besonders die Gesellen rebellierten immer wieder einmal gegen die patriarchalischen Meister und kämpften um höhere Löhne und besser Arbeitsbedingungen, so etwa 1495 die Bäcker in Colmar. Aber es kam auch vor, daß ein ganzer Handwerkszweig geschlossen streikte oder wegzog, und es kam zu von Zünften getragenen Aufständen gegen die ‚Geschlechter', die reichen Handels- bzw. Adelsfamilien, die üblicherweise die Stadtregierung innehatten. So nützten die Handwerker in Straßburg 1332 die Fehde zwischen den beiden mächtigsten Edelgeschlechtern der Stadt dazu aus, einen neuen Rat mit Beteiligung eines Vertreters jeder Zunft einzusetzen, womit sie über die anderen Bürger dominierten. Freilich gelang es den Zünften nur selten, dauerhaft die Regierung zu übernehmen, so in Zürich seit 1336.

Natürlich gab es neben Handel und Handwerk noch weitere, für manche Städte sogar entscheidende wirtschaftliche Faktoren. So wurden jene Städte, die im späten Mittelalter als Residenzen dienten, z. B. Paris, Wien, Prag, München u. a. m. von den jeweiligen Herrschern durch Privilegien gefördert und verdienten selbstredend daran, die Bedürfnisse der Fürsten und Höflinge zu befriedigen. Analoges, wenn auch in kleinerem Maßstab, galt schon vorher für viele Städte, die als Amtssitz eines Bischofs fungierten. Allein die großen Bischofs-kirchen bzw. Kathedralen ernährten zahlreiche Werktätige in den Bauhütten und als Zulieferer.

Wie die Beispiele von Oxford und Cambridge zeigen, konnte auch den Universitäten ein nicht zu unterschätzendes Gewicht für die ökonomische Entwicklung einer Stadt zukommen. Michel Beheim, ein Dichter und Musiker des 15. Jahrhunderts, hat diesen Aspekt klar gesehen: „Unzweifelhaft ist es ein schöner Nutzen für Wien, die [hohe] Schule zu haben: Denn an ihr verdienen Bäcker, Fleischer, Gastwirte, Schneider, Schuster und andere mehr. Ich glaube, daß die Schule im Jahr bei dreißigtausend Pfund verzehrt."[26]

Wie fast alle Bereiche des mittelalterlichen Lebens so ist auch der der Arbeit viel besser für die Männerwelt dokumentiert als für die der Frauen. Ihre Tätigkeit war zwar kaum weniger mühevoll als die ihrer Väter, Brüder oder Gatten, aber i. d. R. weit weniger vielfältig. Ob Bäuerin oder Nonne oder Bürgerin oder Adelige – die Herstellung von Stoffen und Kleidung gehörte für alle von ihnen zu den unveränderlichen Aufgaben. Waren ihre Produkte auch verschieden – einfache Alltagskleidung, priesterlicher Ornat, kostbare Verzierung –, so weniger die prinzipiellen Arbeitsvorgänge. Unter ihnen stand Spinnen, Nähen und Sticken an erster Stelle. Es wurde daher in der bildenden Kunst Garn, Spinnwirtel und Spinnstock geradezu zum Attribut der Frau. Viele gotische Madonnendarstellungen zeigen die Jungfrau bei dieser genustypischen Beschäftigung, genauso wie viele Heilige oder einfache Frauen aus dem Volk.

Abgesehen von den Religiosen und den Adeligen waren für alle Frauen Kochen, Backen, Waschen, der Haushalt und die Kinderbetreuung so selbstverständliche Pflichten, daß die schriftlichen und bildlichen Quellen dies vor dem 16. Jahrhundert kaum einmal thematisieren.

Alltagsarbeit in der Küche. Holzschnitt aus dem Kochbuch *Küchenmeisterei*, Augsburg 1507

Bemerken wir schließlich noch, daß es auch im Mittelalter Berufe gab, die einen steten Wechsel zwischen Land und Stadt mit sich brachten. Nicht nur relativ spezialisierte Gruppen wie etwa die der städtischen Boten oder jene Bauhandwerker, die bald an einer Stadtkirche, bald an einem Kloster, dann wieder an einer abgelegenen Burg zu tun hatten, wären hier zu nennen. Die Bergleute gehörten vielfach hierzu, lagen doch ihre Stollen oft weit von dem Ort entfernt, an dem sie ihr Familie hatten. Aus kleinen Siedlungen nahe der Abbaugebiete entwikkelten sich bisweilen v. a. im Spätmittelalter bedeutende Städte wie etwa Kuttenberg oder Annaberg.

Einstellungen zur Arbeit

Wie wurde die körperliche Arbeit gewertet? Aus der bäuerlichen Bevölkerung selbst gibt es wohl nur sehr selten Aussagen dazu. Ungewöhnlich selbstbewußt klingt, was ein französischer Landmann des frühen 14. Jahrhunderts erklärt haben soll: Er fürchte sich nicht vor dem Kirchenbann, da ihn seine Arbeit erlösen werde![27] Dagegen ist von Handwerkern freilich erst des späten Mittelalters einiges erhalten, was uns über die Einschätzung ihrer Arbeit durch die Werktätigen selbst Kunde gibt. Wie zu erwarten, sahen sie in ihr durchaus etwas Positives, und das auch im religiösen Sinn. Der erste deutsche Handwerker, von dem Gedichte bekannt sind, ist Hans Rosenplüt (ca. 1400-1460). Er lebte in Nürnberg zunächst als Panzerhemdenmacher, dann als Messinggießer und war als Büchsenmeister für die Artillerie der militärisch nicht unbedeutenden Reichsstadt zuständig. Er wußte also, wovon er in seinem Reimspruch *Von den Müßiggängern und Arbeitern* über einen der erstgenannten schrieb:

„Sein Brot wird ihm niemals sauer:
Der Handwerksmann und auch der Bauer,
die zwei müssen ihn stets ernähren.

Der Bauer muß mit dem Pflug arbeiten,
und auch der Handwerksmann mit seiner Kunst.
Doch hat er weder Liebe noch Gunst
zu jenen, die ihm sein Brot gewinnen.
Daß oft der Schweiß muß von ihm rinnen,
das dankt er ihm so gut wie nie…
Wenn der Arbeiter sein Antlitz netzt
mit harter Arbeit in seinem Schweiß,
das ist wie Mörtel und Beize,
darin wird seine Seele so gebleicht,
daß ihre Schönheit bis in den Himmel reicht
und Gott selbst um sie freien wird.“

Die Mühe der täglichen Arbeit wird hier wie ein reinigendes Fegefeuer auf Erden gesehen, das dem Tüchtigen das wirkliche nach dem Tode erspart, und Rosenplüt zieht dann sogar den Vergleich zwischen der ‚Arbeit‘ Christi in seiner Passion (denn das Wort ‚arbeit‘ bedeutete damals auch noch leidvolle Plage) und der Tätigkeit der auf dem Lande oder in der Stadt Arbeitenden.

Die schreibkundige Oberschicht dagegen, die, vom ritterlichen Kampf abgesehen, sich die Hände nicht schmutzig machte, zeigt zwei Einstellungen: Eine größere Gruppe hat für die Tätigkeit namentlich der Landarbeiter nur Verachtung über. In den an Höfen und in Städten vorgetragenen Schwankdichtungen wird der stinkende Bauer oft mit einem Schwein, Ochsen, Hund oder Esel verglichen, seine aus der Arbeit resultierende Unsauberkeit verspottet, seine aus der Dürftigkeit des Lebens resultierende Härte kritisiert. Sein Verhalten wurde mit dem höfischen (und später bürgerlichen) kontrastiert, nämlich mit den feinen Sitten, die eine entsprechende Körperpflege beinhalteten, und mit jener Tugend, derer sich hohe Herren am liebsten rühmten: Das war die Freigebigkeit – eine Tugend, die natürlich überhaupt nur aufgrund der Ausbeutung eben der verachteten Bauern möglich war. In einem halb italienisch, halb lateinisch geschriebenen Spottgedicht aus dem 15. Jahrhundert z. B. heißt es über diese: „In eurer Börse habt ihr kein Geld, in den Dornen (geht ihr) mit bloßen Füßen, und mit den Sicheln schneidet ihr das Gras mitten unter den

Fladen euerer Kühe, am ganzen Leib voller Schwielen und Schwären!"[28]

Eine kleine Anzahl von Angehörigen der Oberschichten dagegen war sich dessen bewußt, daß alle anderen Stände primär von der bäuerlichen Arbeit leben, und würdigte dies auch, wobei entsprechende religiöse Traditionen mitwirkten[29]. Hier könnten wir nochmals den schon genannten Mönch Aelfric zitieren, der die Mühen der unfreien Landarbeiter einfühlsam schilderte. Hören wir aber einen späteren englischen Autor, William Langland (ca. 1325-1388), zweifellos ein vielseitig gebildeter Mann, wahrscheinlich ein Kleriker. Er machte nicht nur einen Bauern zum Helden seiner die Mißstände der Zeit nachdrücklich kritisierenden Allegorie *Piers Plowman*, sondern gestand diesem am Ende sogar die Schlüsselgewalt des hl. Petrus zu und ließ ihn pflügen, um die Wahrheit zu sähen. „Alle lebenden Arbeiter, die von ihren Händen leben, die getreulich erwerben und getreulich verdienen und die in Liebe und Gerechtigkeit leben, sollen für ihre Demut dieselbe Absolution haben, wie sie Petrus gegeben worden ist." (B VII, 60 ff.). Und seine Zeitgenossin, die hochadelige Mystikerin Birgitta von Schweden (1303-1373), prophezeit in ihrem *Offenbarungsbuch* (4, 22) sogar das Kommen eines gewaltigen und furchtlosen, von Gott gesandten Pflügers, um die üble Verfassung der Christenheit zurechtzupflügen.

Steht auch ein alttestamentliches Gleichnis aus dem *Buch Isaias* (28) hinter diesen Allegorien, so spricht doch die Wahl gerade dieses Bildes für eine Aufwertung der bäuerlichen Arbeit. Eine religiöse Entwicklung seit dem Hochmittelalter führte nämlich – sehr langfristig gesehen – zu einer gewissen Anerkennung körperlicher Arbeit auch in der Oberschicht. In der Reformbewegung, die das Mönchtum seit dem späten 11. Jahrhundert erfaßte, wollte man zu den Idealen der Benediktiner der Gründungszeit des Ordens vor einem halben Jahrtausend zurückkehren. Da die Regel des Stifters davon sprach, die Mönche sollten durch eigene Arbeit für ihren Unterhalt sorgen, und in ihr nichts von abhängigen Bauern gesagt ist, waren die Zisterzienser der ersten Generation (1098 ff.) selbst auf den Feldern tätig. Ein Text aus den zwanziger Jahren des 12. Jahrhundert spricht sie folgendermaßen an: „Schon wenn der Tag graut, bemüht Ihr Euch um Arbeit, bewaffnet mit Spaten, Hacke und anderen Bauernwaffen, und verteilt Euch zur

Arbeit bald über die von verschiedenen Blumen hübsch bunten Wiesen, bald durch die grünenden und mit schönem Gehölz bewachsenen Wälder."[30] Körperliche Arbeit sollte den Reformmönchen die selbstverschuldete Situation des Menschen nach dem Sündenfall ins Bewußtsein rufen – im Paradies gab es ja Arbeit noch nicht, sie war erst nach der Vertreibung von Gott Adam und Eva strafweise auferlegt worden.

Die Vertreibung aus dem Paradies und die Folgen:
Adam und Eva beim Ackern bzw. Spinnen.
Fastentuch aus Obervintl, um 1460, Innsbruck, Ferdinandeum

Die Zisterzienser rekrutierten sich aus geistlichen und ritterlichen Herren, die für ihre Sünden durch eine Tätigkeit büßen wollten, zu der sie vor ihrer Bekehrung keinen Finger gerührt hätten – darin lag aber ein Ansatz, die körperliche Arbeit ‚gesellschaftsfähig' zu machen. Wenn hohe Herrn sie freiwillig für den Himmel auf sich nahmen, mußte sie ja einen positiven Aspekt besitzen! Außerdem machten die Zisterzienser ihre Konvente auch einfachen Bauern zugänglich, die sich als ‚Laienbrüder' dem Orden anschließen konnten. Sie galten als Mönche, obwohl sie nur für die Handarbeiten namentlich auf den vom Kloster abgelegenen Wirtschaftshöfen zuständig waren, nicht aber für die Feier der Liturgie in der Kirche. Aber ihre manuelle Tätigkeit wurde als religiöse Leistung anerkannt.

Und so ließ die Geistlichkeit seit dem Hochmittelalter auch die Darstellung von arbeitenden Menschen im heiligen Raum der Kirche zu: Viele Kathedralen wie z. B. Chartres besitzen Glasfenster, die die Handwerker, von denen die Scheiben gestiftet wurden, bei der Arbeit zeigen. Auch die Monatszyklen, die in antiker Tradition eine für jedes Monat kennzeichnende Tätigkeit vorführen, fanden den Weg aus der Buchmalerei in den öffentlichen Raum der Kirche, besonders anschaulich etwa im großen Rosenfenster der Kathedrale von Lausanne (13. Jh.) zu sehen.

Stifterbild der Winzer aus einem Glasfenster der Kathedrale von Chartres, 13. Jh.

In der spätmittelalterlichen Kunst wurde Joseph in seiner Werkstätte ein beliebte Sujet, da er nicht nur als vorbildlich abstinenter Ziehvater Jesu, sondern auch als vorbildlicher Zimmermann imaginiert wurde. Dementsprechend stellte man ihn seit dem späten 15. Jahrhundert mit seinem Arbeitswerkzeug, Beil oder Säge, als Attribut dar.

Wenn man über spätmittelalterlichen Kircheneingängen eine Abkürzung für den *Psalm* 92, 5 liest: DDDD (Domum Dei Decet Decus) oder verdeutscht GGGG (Gottes Gehäuse Geziemet Gezier), so beruhte dieser Schmuck eben auf der Leistung der Handwerker, die durch ihre Darstellung etwas vom geistlichen Segen mitzubekommen erwarteten, den jede im Gotteshaus gelesene Messe wirkte. Und zumindest die leitenden Handwerker – als solche galten nördlich der Alpen selbst berühmte Künstler bis ins 16. Jahrhundert – durften sich auch im heiligen Raum in ‚tragender' Funktion darstellen: Am berühmtesten der Bildhauer Adam Krafft, der, mit Schurz und Werkzeug in Händen, zusammen mit zwei seiner Gesellen das Sakramentshaus in der Nürnberger St. Lorenzkirche geschultert hat (1493/96), aber ebenso eine Reihe von Baumeistern des 14. und 15. Jahrhunderts, etwa Peter Parler im Prager Veitsdom, Hans von Burghausen in der Pfarrkirche von Landshut oder Anton Pilgram im Wiener Stephansdom.

Baumeisterporträt unter der Kanzel des Wiener Stephansdomes,
mit dem Standesabzeichen des Zirkels, wahrscheinlich Anton Pilgram († 1515)

„Und wenn die Arbeiten gar fleißig und kunstreich gemacht sind, so haben Gott und die Menschen daran Freude. Und es ist auch eine rechte Arbeit, wenn kunstfertige Menschen durch ihrer Hände Werk mit schönen Gebäuden und Bildwerken die Ehre Gottes mehren und wenn die Menschen... Handwerk und Kunst als eine Gabe Gottes ansehen, zu Nutzen, Gefallen und Erbauung der Menschen."

(*Wyhegertlin für alle frummen cristenmenschen*, Mainz 1509, 13.)

So bahnte sich jene positivere Bewertung der Arbeit an, die zu jener prägenden Einstellung der neuzeitlichen Europäer beitragen sollte, die ihnen wohl die Vorherrschaft über die alten asiatischen sowie über die indianischen Kulturen bringen sollte: Die prinzipielle Hochschätzung von wirtschaftlicher Leistung und der sie ermöglichenden Technik. Später sollte sie namentlich im Protestantismus noch deutlicher die Mentalitäten bestimmen. Es ist nicht zu übersehen, daß das späte Mittelalter eine Zeit geschichtsverändernder technischer Erfindungen war: die Feuerwaffen, die Brille, die Räderuhr, der Kupferstich, der Buchdruck...

Dazu war die religiöse Akzeptanz des auf Tätigkeit gerichteten Lebens eine mentale Voraussetzung. Folgendes konnte man in diesem Sinne etwa in der 1513 gedruckten Erbauungsschrift *Eyn cristlich ermanung* lesen, deren Autor der Sohn eines Handwerkers war: „Denn wenn wir alle nach Gottes Gebot arbeiten, so arbeiten wir nicht allein des Gewinnes wegen, denn das ist kein Segen und bringt der Seele Schaden. Der Mensch soll arbeiten um der rechten Ehre Gottes willen, der es geboten hat; wohl um zu haben, was uns und den unseren zum Leben nötig ist, nicht weniger aber auch, um den Armen und Kranken etwas von den Früchten unserer Arbeit mitgeben zu können ... Arbeiten heißt Gott dienen nach seinem Gebot, und darum sollen alle arbeiten: die einen mit der Hand auf dem Felde, im Haus und in der Werkstatt, die anderen mit Gelehrtheit und Kunst, wieder andere als Regenten des Volks und sonstige Obrigkeit, andere im Krieg zum Schutz des Landes, wiederum andere als geistliche Diener Christi in den Kirchen und Klöstern. Wer aber müßig geht, ist ein Verächter der Gebote Gottes!"[31] Verschiedene Argumente ließen diesem Autor, dem man zahlreiche andere derselben Zeit an die Seite stellen könnte, die Arbeit in positivem Licht erscheinen: Sie war schon den Ureltern von Gott geboten worden, verhindert zur Sünde führendes Nichtstun, ermöglicht karitatives Wirken…

Ländlicher Alltag: Melken, Butter- und Käsezubereitung.
Wandfresko, um 1400, Trient, Adlerturm

Alltag

Hatte der Alltag eines Bauern im Flachland und der eines Fischers an der Meeresküste, der eines Wächters auf einer Burg und der eines Schneidergesellen in der Stadt, der eines Schreibers im Rathaus und der eines Studenten auf der Universität etwas gemeinsam? Waren nicht die materiellen Unterschiede von Region zu Region und die mentalen Eigenheiten ihrer jeweiligen Bewohner im Mittelalter noch viel deutlicher ausgeprägt als dies heute in unserer westlichen Einheitskultur der Fall ist?

Einerseits trifft dies zweifellos zu. Trotz aller Handels- und Pilgerfahrten war ja die Möglichkeiten zu Kontakten über die nächste Umgebung hinaus ganz wesentlich mehr eingeschränkte als heute. Das bedeutet, daß die allermeisten kommunikativen Gemeinschaften wesentlich kleinräumiger und traditioneller strukturiert waren und daß eine wesentlich deutlichere Abneigung allem Neuen und Fremdem gegenüber herrschte. Lokale Sitten und Bräuche durchformten den Alltag, einfache Leute kannten nur den ortsüblichen Dialekt. Fremden gegenüber war man angesichts des zahlreichen einheimischen und umherstreifenden Gesindels von verständlichem Mißtrauen erfüllt. Daß er die Landessprache wohl nicht verstand, v. a. aber, daß er ausländisch gekleidet war, wurde im Jahre 1012 einem irischen Jerusalempilger namens Coloman in der Nähe von Wien zum Verhängnis: Das Landvolk nahm in fest, mißhandelte ihn, und vom zuständigen Richter verurteilt, der ihn für einen böhmischen Spion hielt, wurde er zusammen mit zwei Straßenräubern an einem dürren Baum erhenkt. Nur weil sein Leichnam Wunder zu wirken begann und der Ire daraufhin als Heiliger verehrt wurde, ist die Nachricht von diesem Vorfall überliefert, der die Raschheit zeigt, mit der Fremdheit zum Ausgangspunkt von Aggression werden konnte. Wie die immer wieder bei gemeinsamen Unternehmungen, besonders den Kreuzzügen, zwischen den einzelnen Nationen ausbrechenden Feindseligkeiten nahelegen, dürfte es oft und oft aus solchen Gründen zu Gewalttaten gekommen sein.

Zu den Differenzen der Mentalitäten trug auch die Gesellschaftsverfassung bei, die durch ihre hierarchische Staffelung bewirkte, daß sich die Oberschichten als völlig verschieden von dem gemeinen Volk empfanden und daß dessen Analphabetismus es von der Schriftkultur ausschloß – also eine völlig andere Situation als die der Gegenwart, wo das gesamte Bildungswissen virtuell allen Europäern offensteht, da praktisch alle sowohl über die Kunst des Lesens als auch den Zugang zu den Textmedien verfügen. Sozialschichtlich geprägte Mentalitäten konnten leicht in Konflikt miteinander kommen. Dies erhellt z. B. aus folgender zum Jahre 1190 berichteten Episode: Der erkrankte Landgraf Ludwig III. von Thüringen war auf dem Heimweg vom Kreuzzug Kaiser Friedrich Barbarossas, als ihn vor Zypern der Tod ereilte. Auf der Insel ließen seine ritterlichen Begleiter nach einem im Mittelalter häufigen Usus seinen Leichnam auskochen und sein Fleisch bestatten; die auf diese Weise ausgelösten Knochen wollten sie über Venedig in die Heimat bringen. Als das Schiff in einen Sturm kam, glaubten die Seeleute nach einem unter ihnen verbreiteten Aberglauben, die Leichenteile seien schuld daran, und verlangten von den Deutschen, diese über Bord zu werfen. Da angesichts der Todesgefahr mit Geld nichts auszurichten war, warfen die Begleiter des Landgrafen die Kiste tatsächlich unter Klagen ins Meer – nur hatten sie diese zuvor heimlich mit Steinen gefüllt und die Knochen versteckt. So kam es, daß die Überreste des Fürsten doch noch im heimatlichen Reinhardsbrunn neben den Gräbern seiner Väter bestattet werden konnten. Für die standesbewußten Thüringer Kreuzritter wäre es ein Frevel gewesen, ihrem Herrn nicht die letzte Ruhe in seinem Hauskloster zu ermöglichen, wo die Mönche seiner in steten liturgischen Feiern gedenken würden. Die mediterrane Schiffsbesatzung dagegen sah im Transport von Totengebeinen einen Frevel, den das Meer nicht ungerächt lassen würde. Was die eine Gruppe für selbstverständlich hielt, wurde von der anderen ausgeschlossen[32].

Gab es trotz solcher mentalitätsbedingter Spannungen zwischen den regionalen und sozialen Gruppen des Mittelalters (die man noch an vielen Beispielen belegen könnte) auch übergreifende Gemeinsamkeiten in den Alltagserfahrungen der Menschen jener Epoche, die sich von denen der Antike und namentlich der Neuzeit unterscheiden? Das kann man mit aller Vorsicht bejahen und sich an den Grundkategorien Raum und Zeit vergegenwärtigen.

Raum

Grundsätzlich scheint es so zu sein, daß die räumlichen Erfahrungen für ‚den mittelalterlichen Menschen' wichtiger als die zeitlichen waren, währenddem wir dies eher umgekehrt empfinden. Generell scheint der Raum weniger homogen als heute perzipiert worden zu sein, eher wie aus verschiedenen Zonen zusammengesetzt. Diese Zonen konnten religiös definiert sein: Profane und heilige Bereiche in der Natur und in den Siedlungen. Auffällige Orte in einer Landschaft waren vielfach schon vor der Christianisierung als besonders heilig angesehen worden, wie z. B. jene Berge, die als Sitz des Gottes Wodan galten. Später wurde an solchen Plätzen ein christlicher Heiliger verehrt, so, um bei den Bergen zu bleiben, der hl. Michael u. a. auf dem süditalienischen Monte Gargano oder dem westfranzösischen Mont Saint Michel. Doch auch die ‚Gegenreligion' wußte um solche Plätze: Die Hexen in Italien trafen sich beim Nußbaum von Benevent und die in Deutschland auf dem Brocken oder Blocksberg – sei es in der Wirklichkeit, sei es in der Phantasie. Nicht selten waren auch Quellen aus der profanen Natur herausgehobene Orte, besonders häufig der Maria heilig, die bisweilen in Kultkontinuität zu einer früheren weiblichen Gottheit verehrt wurde, wie etwa in Chartres oder in Baden im Aargau.

Ein plastisches Beispiel für einen solchen magischen Ort findet sich etwa in der Vita des hl. Bernhardin von Siena (1380-1444), eines charismatischen Franziskanerpredigers. Als er sich 1425 in der oberitalienischen Stadt Arezzo befand, erfuhr er von einer Quelle in der Umgebung, die von Nah und Fern Leute anlockte, da sie heilkräftige Macht besitzen sollte. Nachdem sie bei einem einst dem Apollo heiligen Hain lag, galt der Ort Bernhardin als Wohnsitz von Dämonen und die ihn Besuchenden als Zauberer und Hexen – ganz im Gegensatz zur Ansicht der Stadtregierung, die den Kritiker des heiligen (und Gewinn bringenden) Ortes auswies. Erst Jahre später gelang es dem Franziskaner unter anderen politischen Verhältnissen, die Quelle zuzuschütten, die Bäume zu fällen und dort eine Marienkapelle zu erbauen. Und siehe, die Wunder, nun mehr nicht von den bösen Mächten gewirkt, sondern von der Himmelskönigin, ereigneten sich weiter, die Kranken pilgerten weiter hierher…[33] Wichtig war für die Menschen dort primär die magische Qualität des Ortes, die Heiligkeit der Quelle und des Haines, woran sie sowohl unter dem Vorzeichen der alten römischen wie unter dem der christlichen Religion festhielten.

Der Mensch selbst konnte auch einen beliebigen Teil aus dem profanen Raum aussondern und ihn heiligen: Dies geschah üblicherweise bei der Neugründung einer Siedlung, wenn in ihrem Mittelpunkt zunächst ein großes Kreuz in feierlicher Prozession aufgepflanzt wurde, womit man den Ort dem Christengott weihte. Dies geschah aber auch durch die Aufstellung von Gipfel- und Wegkreuzen in der offenen Landschaft, die gleichsam punktuell an einem besonders gefährdeten Bereich die religiöse Macht des christlichen Zentralsymbols jenen bösen Geistern entgegenstellten, die über dem Gebirge Unwetter erregten oder bei Kreuzwegen auf Wanderer lauerten. Auch wenn ein Platz durch eine Untat wie einen Mord besonders negativ ‚aufgeladen' war, konnte man ihn durch die Errichtung eines Sühnekreuzes quasi ‚umpolen'[34].

Hochmittelalterliches Steinkreuz als Zeichen der Christianisierung der Landschaft. Haugesund (Norwegen)

Religiöse Wertigkeiten bestimmten auch den Innenraum eines Gotteshauses: Sein Zentrum lag im Chor, es war der Hauptaltar mit den in ihm eingeschlossenen Reliquien des heiligen Patrons bzw. die darauf stehende Hostienbüchse oder das in Altarnähe befindliche Sakramentshäuschen mit der Eucharistie. An den Seiten gruppierte sich das Chorgestühl, dessen Benutzung dem Domklerus oder den Mönchen vorbehalten und genau geregelt war: Die ehrenvollsten Plätze waren die erhöhten hinten, die durch Baldachine und Skulpturen sichtbar hervorgehoben wurden.

Vom ‚profanen Volk' trennten Schranken oder seit dem 12. Jahrhundert der steinerne Lettner die Geistlichkeit, der das Langhaus der Kirche in zwei Zonen unterschiedlich intensiver Heiligkeit zerlegte; gelegentlich erfüllten auch Vorhänge diese Funktion. Das Hauptschiff war der Bereich der Laien, bei dessen Eingang auch oft das Taufbecken für die erst in die kirchliche Gemeinschaft aufzunehmenden Kinder stand. Auch hier fehlte es im späten Mittelalter, als Kirchenstühle üblich wurden, nicht an Differenzierungsmöglichkeiten: Die Vornehmen saßen in reich geschmücktem, teilweise verschließbarem Gestühl, die restlichen Gläubigen standen oder knieten. Diese unterschiedliche Sakralität war auch im kanonischen Recht festgehalten: Eine Sünde im Kirchenschiff war schlimm, aber nicht so schlimm wie im Chor, und eine Sünde im Chor immer noch geringer, als direkt vor einem Altar[35].

Der Lettner durchschneidet das Langhaus, um Geistlichkeit und Laien zu trennen (1230/35). Wechselburg, Stiftskirche

Ähnlich könnte man die einzelnen Bauteile der mittelalterlichen Klosteranlagen als Räume unterschiedlicher Dignität darstellen. Die Mauern, die jedes Kloster umzogen, schützten nicht nur vor Tieren und Menschen, sie stellten auch in der Imagination Schranken zwischen der bösen Welt und dem ‚irdischen Paradies' des monastischen Lebens dar – zwischen unterschiedlichen Sozialsystemen, würden wir heute sagen. Die Kirche war der Ort der Liturgie und nie endenden Gotteslobs durch Psalmgesang, das Kapitelhaus der Ort der Bekenntnis und Buße, das Refectorium der Ort körperlicher und geistlicher Nahrung (denn während die Brüder oder Schwestern schweigend aßen, wurde aus erbaulichen Büchern vorgelesen)[36].

Wie auch der lange Nachklang in der Sagenwelt zeigt, hatten die Ruhestätten der Toten, die Friedhöfe, für die Menschen des Mittelalters eine besondere räumliche Qualität. Es waren jene Orte, an denen Lebende und Tote einander trafen. Einerseits spielten die Gräber im Totenkult eine Rolle, da dort die Memorialmessen gefeiert wurden und den Toten ein ‚ewiges' Licht angesteckt wurde. Doch nicht nur die Lebenden sorgten mit Gottesdiensten und Gebeten für ihre Verstorbenen, auch diese konnten ihnen nach einigen Berichten nützlich sein: Wenn man für sie gebetet oder durch Almosen und Messen ihre Zeit im Fegefeuer verkürzt hatte, dann konnten sie einem Bedrängten, aus ihren Gräbern aufstehend, zu Hilfe kommen. So liest man etwa in lateinischen und volkssprachlichen Predigtexempeln von einem frommen Priester, der nie eine andere Messe als für die Verstorbenen lesen wollte. Darob von Gegnern angeklagt, drohte der Bischof schon, ihn seines Amtes zu entsetzen. Auf dem Kirchhof aber „streckten alle Toten, die dort lagen, die Hände aus ihren Gräbern und bezeugten durch dieses Wunder, daß sie durch die Messen jenes Priesters aus dem Fegefeuer befreit worden seien. Als der Bischof dieses Wunder erblickte, warf er sich dem Priester zu Füßen und bat ihn um Verzeihung für alles, was er gegen ihn gesündigt hatte, und trug ihm auf, nur Messen für Verstorbene zu lesen. Der Priester erfüllte seine Pflicht in frommer Gesinnung, und auf die Fürbitte der Seelen, die er erlöst hatte, beschloß er sein Leben durch ein seliges Ende."[37] Andere Geschichten berichten von Gottesdiensten, die die Toten selbst mit allem Zeremoniell in der Kirche feiern, wobei der Zelebrant diesmal ein Priester sein kann, der sich diesem Dienst nicht hinreichend zu Lebzeiten gewidmet hatte…

„Der Friedhof genießt dieselben Privilegien wie die Kirche: Er wird konsekriert und benediziert…, damit er nicht weiterhin eine Wohnstätte unreiner Geister sei und die Leiber der Gläubigen dort in Frieden bis zum Gerichtstag ruhen sollen. Es sei denn, daß dort Körper von Heiden, Ungläubigen oder auch Exkommunizierten bestattet sind – diese müssen zuerst hinausgeworfen werden.“

(Bischof Wilhelm Durandus von Mende sen. († 1296), ein maßgeblicher Liturgiker, in seinem weitest verbreiteten Handbuch für den Gottesdienst *Rationale divinorum officiorum* I, 8.)

Während die Römer und Germanen ihre Toten außerhalb der Siedlungen bestattet hatten, wurde es seit der Christianisierung üblich, den Gottesacker um die Pfarrkirche herum anzulegen. Er war wohl stets durch eine Umfriedung (daher das deutsche Wort) aus der profanen Landschaft herausgeschnitten und damit als Sakralort gekennzeichnet. Dementsprechend schützte solche Anlagen auch eine verschärfte Gesetzgebung, nach der Delikte an diesem Ort strenger bestraft wurden als anderswo. In manchen Regionen Europas wurden im Hoch- und Spätmittelalter die Knochen der Toten auch in eigenen Kapellenbauten meist von rundem oder vieleckigem Grundriß gesammelt, den Karnern oder Beinhäusern. Ihr Patron war oft der hl. Michael, der wichtigste Kämpfer gegen den Teufel und Geleiter der Seelen in die andere Welt. Der Karner von Metnitz in Kärnten trägt außen sinnigerweise die Darstellung eines Totentanzes aus dem ausgehenden 15. Jahrhundert.

Mauerumzogener Friedhof mit Beinhaus, 1. H. 13. Jh., Hartberg (Steiermark)

Zentral war bei der christlichen Bestattung in Kirchennähe die Vorstellung von der Wirksamkeit des oder der Heiligen, deren Gebeine innerhalb dieses Gebäudes aufbewahrt wurden. Ihnen ganz konkret räumlich möglichst nahe zu sein, hielt man für einen Schutz vor den Dämonen und eine Hilfe bei der Auferstehung. Die unmittelbare Präsenz des aus seinen Reliquien wiederhergestellten Heiligen beim Jüngsten Gericht würde sicher den Zorn des göttlichen Richters mildern.

Die soziale Wertigkeit des Einzelnen spiegelte sich in diesem religiösen Raum oft genau wieder: Im Kirchenbann Verstorbene wurden in ungeweihter Erde begraben; ungetaufte Kinder bettete man unter die Traufe der Kirche, damit sie, die des Taufwassers entbehrten, noch etwas Wasser vom Himmel mitbekommen sollten; für Fremde gab es ein eigenes, abgetrenntes Areal… Wer es sich leisten konnte, ließ sich ein Grabmal innerhalb des heiligen Raums der Kirche anlegen, und besonders Mächtige errichteten sich eigene Grabkapellen. Welcher Prunk mit diesen letzten Ruhestätten am Ende des Mittelalters getrieben wurde – eindrucksvolle Selbstdarstellung einer Dynastie für die Augen der Zeitgenossen – zeigen u. a. die Grabkirchen der Habsburger in Brou, Wiener Neustadt und Innsbruck.

Im Unterschied zu heute manifestierte sich die engere, alltäglichere Verbindung mit den verstorbenen Familienmitgliedern darin, daß Friedhöfe auch (und gegen die kirchlichen Vorschriften) zu profanen Zwecken benutzt wurden. Nicht nur zur Rechtssprechung traf man sich hier, sondern auch zur Feier von Festen, zu Spielen und zu Tanzveranstaltungen. Daß Krämer sogar ihre Waren hier feilboten, wurde aber auch von den Pfarrkindern selbst bisweilen gerügt. Insgesamt war also der Friedhof ein zwar sakraler, aber ins alltägliche Leben der Umwohner einbezogener Ort, keine außerhalb der Wohngebiete verlegte und nur selten besuchte Stätte.

Ein anderes, uns wohl noch näheres Moment der mittelalterlichen Raumkonzeption war die symbolische Wertigkeit der Ausdehnung von Bauwerken in die Höhe. Kirchtürme und Stadttürme, aber auch Bergfriede (die Haupttürme von Burgen) waren nicht nur deswegen so groß, damit der Klang ihrer Glocken möglichst weit gehört, die Wächter Feinde und Feuer gut erspähen und die Verteidiger sich besser schützen konnten, sie symbolisierten auch die Macht der Gruppe, die sie errichtet hatte. Der Deutsche Orden z. B., der in Preußen auch über eine Reihe von bedeutenden Städten, darunter Danzig, herrschte, verbot diesen mehrfach, ihre Türme zu erhöhen; offenbar sahen die Landesherrn darin ein Symbol kommunaler Eigenständigkeit, das sie nicht zulassen wollten. Kaum daß die Ritterbrüder 1454 vertrieben waren, stockten die Bürger schon ihre Kirchtürme auf[38]. Auch bei der Höhe jener Türme, die sich einzelne Geschlechter in Italien innerhalb der Stadt bauen ließen, spielten Potenzgehabe und Konkurrenzdenken eine Rolle, wie auch ähnlich bei den Türmen von Rathäusern. Umgekehrt verzichteten die Reformorden der Zisterzienser, Franziskaner und Dominikaner – eine Demutsgeste – prinzipiell auf Kirchtürme und begnügten sich mit kleinen Dachreitern.

Die wenigen noch stehenden Geschlechtertürme von San Gimignano, hoch- und spätmittelalterlich

Es ist oft bemerkt worden, daß das Raumempfinden der Vorromanik und Romanik, also des frühen bis hohen Mittelalters, mehr das Ruhende und Voluminöse betont, wogegen die Gotik eine dynamische Tendenz besitzt, die ihre Bauten wie in einer nach oben gerichteten Strömung stehend erscheinen läßt. Die französischen und englischen Kathedralen des 12. und 13. Jahrhunderts verdeutlichen diesen Zug am prägnantesten, aber man kann den Gegensatz zwischen Romanik und Gotik wohl nirgends eindrücklicher erleben, als wenn man vom dunklen, niederen Langhaus der Salzburger Franziskanerkirche (A. 13. Jh.) in den hohen hellen Chor (A. 14. Jh.) schreitet.

Daß es sich hier wirklich um eine neue Mentalitätsentwicklung handelte, zeigen auch andere Indizien. So verlegte seit der Jahrtausendwende der Adel seine befestigten Wohnsitze mehr und mehr in die Höhe, auf vorher unbewohnte Felsengipfeln und Bergsporne – und dies trotz aller praktischer Schwierigkeiten schon bei der Errichtung und dann bei der Versorgung mit Lebensmitteln vom nächsten oft relativ abgelegenen Hofgut. Die nicht weniger kriegerische Römerzeit und das noch unruhigere Frühmittelalter hatten die Höhenburg nicht gekannt, also können nicht nur wehrtechnische Überlegungen zu ihrer

Entstehung geführt haben. Vielmehr scheint sich auch hier jener Zug zur Vertikalität zu manifestieren wie in der gotischen Kirchenbaukunst. Dabei gab es sicher einen bedeutenden sozialen Aspekt: Den Herrn war es nun wichtig, sich topographisch vom gemeinen Volk, das weiterhin im Dorf lebte, abzuheben, die gesellschaftliche Überlegenheit räumlich zu demonstrieren. Das entspricht der zunehmenden sozialen Differenzierung, wie wir sie als für das hohe Mittelalter typisch beschrieben haben[39]. Auch Schriftquellen der Zeit deuten dies an: Lambert von Ardres etwa spricht in seinem Geschichtswerk von 1194 bei der Schilderung eines Burgenbaus signifikant von den dem Himmel nah gebauten Türmen, von den vom Abgrund der Erde in die Luft hineinragenden Türmen, von einem ruhmreichen Turm usf.[40]

Die an einem Abgrund der Schwäbischen Alb gelegene
Höhenburg Reußenstein, 13./14. Jh.

Räumliche Qualitäten konnten auch rechtlich unterschieden werden: In einer mittelalterlichen Stadt galt zwar das jeweilige Stadtrecht, aber einzelne Sektoren innerhalb der Stadtmauern waren quasi aus ihm herausgeschnitten und unterstanden einem anderen Recht, nämlich die kirchlichen Gebäude und ihre nähere Umgebung dem kanonischen Recht. Auch eine herrschaftliche Pfalz besaß u. a. ein verschärftes Friedensgebot, so daß ein und dasselbe Delikt in derselben Stadt jeweils verschieden bestraft wurde, je nach dem, wo man es begangen hatte. Ein typisches Beispiel für diese Segmentierung des Raumes ist das in jener Epoche wichtige Asylrecht: In eine Kirche, einen Friedhof, ein Kloster oder eine andere Freistätte durfte die weltliche Obrigkeit keinen Verbrecher verfolgen. Im nordenglischen Durham z. B. eilten entflohene Gefangene oder Verfolgte zur Abtei, wo sie mittels eines Türklopfers in Löwengestalt auf sich aufmerksam machten. Sie wurden eingelassen, die Glocke wurde geläutet, man stattete sie mit einem Kleid aus schwarzem Stoff aus, das ein gelbes Kreuz auf der linken Schulter hatte. So konnten alle sehen, daß es hier eine Freistätte gab, die Gott und der heilige Cuthbert gewährt hatten. Verpflegung, Unterkunft und was sonst notwendig war, erhielten sie auf Kosten des Hauses so lange, bis man sie sicher aus der Diözese bringen konnte.[41]

Weitere Differenzierungen des Raumerlebens erfolgten sozial-, alters- und genderspezifisch. Viel mehr noch als heute, wo Reste dieses Verhaltens besonders beim politischen Protokoll deutlich sind, waren damals die Teile eines Raumes mit unterschiedlicher Wertigkeit besetzt. In jeder frühmittelalterlichen Halle, und in Skandinavien noch in späterer Zeit, hatte der Hausherr seinen zentralen, erhöhten Platz, auf dem kein anderer sich niederlassen durfte. Sitzordnungen waren Rangordnungen, deren Verteidigung bis zu Mord und Totschlag führen konnte. Als z. B. zu Pfingsten 1063 in Goslar Bischof Hezilo von Hildesheim und Abt Widerad von Fulda darum stritten, wer in der Kirche dem Mainzer Erzbischof zunächst sitzen dürfe, griffen ungeachtet der heiligen Zeit und des heiligen Ortes die weltlichen Begleiter beider Prälaten, von diesen angestachelt, zu den Waffen, um die Sache zu entscheiden. Mehreren Menschen kostete dieser Kampf um den ‚höherwertigen' Platz im Kirchenraum das Leben. Auch die Reihenfolge bei einer Prozession konnte zu ähnlichen Konflikten führen.

Der durch die Position im Raum demonstrierte Altersvorrang zeigte sich besonders gut im Mönchswesen. In den Klöstern war die Rang- und Sitzordnung im Chor oder Kapitelhaus durch den Eintrittstermin des jeweiligen Religiosen in den Orden bestimmt. Es war eine Strafe, diesen Altersvorrang vom Abt oder der Äbtissin aberkannt zu bekommen und sich zu den jüngeren Brüdern oder Schwestern setzen zu müssen; es war noch mehr Strafe, nicht an einem Tisch, sondern am Boden sitzend essen zu müssen, wie dies z. B. die Regel der Tempelherrn bei bestimmten Verfehlungen vorschrieb. Ähnliches galt auch für die weltlichen Gemeinschaften, etwa bei Hofe oder in der Stadtregierung. Herzog Philipp der Gute von Burgund z. B. schrieb 1430 für den Magistrat von Ypern vor: „Derjenige, der am längsten von Alters her rechtmäßig dabei war, soll beim ersten Schöffen [sitzen], und so weiter bis zum letzten. Und sollte es einmal geschehen, daß jemand mit einem anderen zum Schöffen bestimmt wurde, und beide rechtmäßig, der eine wie der andere, von gleicher Anciennität sind, in diesem Fall soll der dem anderen vorsitzen, der das höhere Lebensalter besitzt."[42] Man durfte also bei der räumlichen Plazierung nichts ungeregelt lassen, was die Ehre kränken konnte. Im ausgehenden Mittelalter sind die Bürger schon ebenso heikel geworden, wie der Adel und die Geistlichkeit seit langer Zeit.

Männern und Frauen kamen verschiedene Seiten zu, so i. d. R. stets in der Kirche und bei Predigten ersteren die ‚gute' rechte. Denn ‚rechts' und ‚gut' waren stets miteinander assoziiert, wie auch ‚links' mit ‚schlecht'. Das zeigen schon viele Sprachen, z. B. das Englische (‚right' vs. ‚sinister'); theologisch begründet wurde dies natürlich mit jener Bibelstelle, nach der Gott beim Weltgericht die Schafe zur Rechten und die Böcke zur Linken haben würde (Mt 25, 33). Eine zeitgenössische Darstellung der Predigt Bernhardins von Siena zeigt die übliche Lokalisierung der Geschlechter: die Männer rechts und die Frauen links von dem Priester, getrennt durch Tücher[43].

Genderspezifische Analysen von Raumbeschreibungen in spätmittelalterlichen Dokumenten belegen, daß Frauen in ihren Schilderungen mehr vom Hausinneren ausgehen, die Männern dagegen mehr vom äußeren Bereich bzw. vom öffentlichen Raum. Es gab für das weibliche Geschlecht auch tabuisierte Räume. Von einigen Heiligen ist nämlich bekannt, daß sie Frauen den Aufenthalt in ihren Kirchen prinzipiell untersagten. So vom Abt Meneleus von Menat (Puy-le-Dôme). Jede Frau, die sein Gotteshaus betrete, so war man vor Ort überzeugt, müsse auf der Stelle sterben. Erst einem besonders frauenfreundlichen Reformprediger des 12. Jahrhunderts, Robert von Arbrissel, gelang es, das Tabu zu brechen: „Er führte gegen den Willen derer, die die Tore bewachten, mehrere Frauen hinein und bewies damit öffentlich, daß ihre Vorstellungen unheilig seien. Daraufhin begannen die Wächter den heiligen Meneleus andächtig anzuflehen und mit lauter Stimme zu rufen, er möge doch solche Frechheit, Mißachtung, solches Unrecht rächen."[44] Da den Frauen jedoch nichts geschah und Robert eine flammende Predigt zu ihren Gunsten hielt, verlor die Kirche ihre Qualität als tabuisierter und exklusiv maskuliner Raum.

Wenn man die Raumdarstellungen in der bildenden Kunst verfolgt, die, grob gesagt, von der ‚abstrakten' Zweidimensionalität des Frühmittelalters und der Romanik über die zunehmende Annäherung an die Wirklichkeit in der Gotik bis zur geometrisch korrekten Perspektive der italienischen Renaissance führten, dann kann dies wohl nur mit einem Wandel der Perzeptionsweisen erklärt werden. Daß es deswegen markante Unterschiede in den konkreten Bewegungsweisen im Raum gegeben hat, ist für das alltägliche Leben schwer vorstellbar, zeigt sich aber vielleicht in Tanzformen des Zeitalters der Gotik, die in die Höhe strebende Bewegungen kennzeichneten. Im bäuerlichen Bereich spielte das Springen während des Tanzes eine große Rolle, und der höfische Tanz scheint eine analoge, aber gemessenere Höhenbewegung gekannt zu haben.

Höfischer Tanz, Wandmalerei von Andrea di Bonaiuto, 1365, Florenz, St.a Maria Novella

Sobald Raum gestaltet oder abgebildet wird, ergeben sich epochenabhängige Eigenheiten; somit läßt sich der Wandel von der frühmittelalterlichen zur hoch- und spätmittelalterlichen Raumerfassung etwa durch die Darstellung von Architekturen demonstrieren: In einer solchen Abbildung blendet die frühe Zeit alles aus, was nicht in unmittelbarer Betrachtung von gleicher Höhe aus zu sehen ist, Landschaft und Gebäude wirken flach, die einzelnen Bauelemente sind additiv aneinandergereiht. Das spätere Mittelalter verzeichnet demgegenüber eine stets zunehmende Tendenz zur Dreidimensionalität und beginnt, verschiedene Perspektiven (namentlich die Sicht von schräg oben) auszuprobieren. Später kommt eine ‚falsche', d. h. uneinheitliche bzw. nur teilweise durchgeführte Perspektive dazu, bis in der italienischen Renaissance die geometrische, von einem Fluchtpunkt aus konstruierte Perspektive entdeckt wird.

Dasselbe räumliche Motiv im Vergleich:
Die Stadt Babylon wird in einer Buchmalerei von 1047 als mehrstöckige, aber völlig flache, fast ins Ornamentale aufgelöste Phantasiearchitektur gezeichnet. Es gibt keine räumliche Tiefe, die einzelnen Bauelemente sind rein additiv – wie Bauklötze – und streng symmetrisch aneinander gefügt. Die Darstellung ist farbig, aber nicht beleuchtet (Madrid, Bibl. Nac., Vitr. 14-2, f. 233^v). Dieselbe Stadt Babylon sieht in einer 350 Jahre später gemalten Handschrift (Paris, Bibl. Nat.,

néerl. 3, f. 21^{r}) ganz anders aus: Sie steht in einer dreidimensionalen Landschaft mit Licht und Schatten, die Gebäude bilden einen ‚betretbaren' Tiefenraum, der von oben einzusehen ist, da der Blickpunkt des Betrachters auf höherer Ebene gedacht ist. Noch handelt es sich nur um Parallelperspektive, doch wieder etwa 50 Jahre später wird die Zentralperspektive eingeführt und die richtige Proportion der Teile beachtet werden, womit jene naturalistische Darstellungsweise erreicht ist, die bis heute im Prinzip unverändert angewandt wird.

Betrachten wir noch einen weiteren Aspekt der zeittypischen Raumvorstellungen, der nun nicht das Wie der Wahrnehmung betrifft, sondern den Wissensbereich. Während man nach der Kopernikanischen Wende zu einer klaren Scheidung von Welt und Überwelt gelangte, von natürlichem und eschatologischem Raum, stellte das Jenseits in der Vorstellung des Mittelalters einen Teil dieser materiellen Welt dar – weshalb das Hauptwort ‚Jenseits' oder ein vergleichbares auch noch nicht existierte (es stammt vielmehr aus dem Zeitalter der Aufklärung). Im Mittelalter konnten sich nur wenige Intellektuelle den Himmel nicht als Räumlichkeit hoch über dieser in der Mitte der Sphären schwebenden Erde vorstellen, sondern als Zustand jenseits von Raum und Zeit. Die Hölle wurde durchgehend als im Mittelpunkt der Erde gelegen gedacht, und das Fegefeuer als ein Art ihr vorgelagerter Höhle. Dieses konnte man sogar vor dem Tod besuchen, denn im 12. Jahrhundert hatten findige Mönche auf einer Insel in Nordirland einen künstlichen Abstieg in die Unterwelt konstruiert, der als von ihrem Landespatron Patricius geschaffener Eingang in die Unterwelt galt. Zahlreiche Pilger, meist Ritter, wagten tatsächlich den Abstieg und berichteten schrecklichste Strafvisionen, die sie während der Zeit in der unterirdischen Höhle erlebt hatten. Obgleich dieses Purgatorium S. Patricii in ganz Europa bekannt war, meldeten sich erst knapp vor 1500 theologische Zweifel an seiner Authentizität, die zu seiner Schließung führten – nicht aber Zweifel an der Lage der eigen Strafstätten in den Tiefen dieser Welt. Bewiesen nicht die Vulkane ihre Existenz unter der Erdoberfläche?

„Am Ostende der Abtei liegt dieses Loch, das, um die Wahrheit zu sagen, gräulich anzusehen ist. Patricius ließ es mit einem guten Steinwall rundherum versehen und mit Schloß und Schlüssel versperrbar machen. Eben diese Stätte heißt der wahre Eingang zum Purgatorium des Patricius, dessen könnt ihr sicher sein. Denn in der Zeit, da dies geschah, gingen viele Männer in die Hölle, wie es in der Geschichte heißt, und litten wegen ihrer Sünden Qualen. Aber durch Gottes Gnade kamen sie wieder heraus – und allsamt sagten sie, nachdem sie herausgekommen waren, daß sie gewiß und deutlich die Peine der Hölle geschaut hätten!"[45]

(Aus *Owayne Miles*, einer mittelenglischen Beschreibung der Visionen im Purgatorium S. Patricii, frühes 14. Jh.)

Die Möglichkeit, schon zu Lebzeiten ins Fegefeuer hinabzusteigen und damit nach dem Tode unverzüglich ins Paradies zu kommen, zog Pilger aus ganz Europa an, wie dies auch die so zahlreichen anderen Wallfahrtsorte mit ihren wundertätigen Reliquien und Heiligenbildern taten. Trotzdem war die Mehrheit der Menschen in jener Epoche nicht über ihre nächste Umgebung hinausgekommen und hatte von anderen Ländern höchstens vom Hörensagen Kunde. Ein Bauer kam regelmäßig vielleicht bis zum nächsten Markt, ausnahmsweise bis zur nächsten Wallfahrtskirche und nur selten weiter, v. a. im Zuge kriegerischer Ereignisse (Teilnahme als Fußsoldat an einem Feldzug seines Herrn oder sogar an einem Kreuzzug). Die Umsiedlung im Rahmen des hochmittelalterlichen Landausbaus, die viele Familien auf eine größere Reise schickte, war wohl fast immer eine in ihren Biographien einmalige Angelegenheit. Besonders Fromme – oder Schuldbeladene – unternahmen als größte Lebensreise vielleicht eine Fernwallfahrt nach Rom, Compostella oder sogar Jerusalem.

Welche Gedanken man sich über das Aussehen der Welt und über den geographischen Raum machte, wissen wir nur von den Gelehrten. Aber deren Kenntnisse setzten sich aus antiken Überlieferungen und echten oder fiktiven Reiseberichten zusammen. Typischerweise wurden Landkarten in jener Epoche zwar gezeichnet, jedoch nicht für die praktische Orientierung verwendet, sondern nur zum Unterricht; ebenso typischerweise vermittelten sie religiöse Botschaften: Jerusalem wird regelmäßig im Zentrum der Erde lokalisiert, Christus auf manchen Karten mitabgebildet, wie er die Welt umfaßt, oder sie erscheint als von Engeln umringt. Auf einer Weltkarte aus der Weltgeschichte von Jean Mansel († 1473/74) in Bruxelles, Bibl. Roy. Albert I, z. B. liegt in der Mitte der scheibenförmigen Erde Jerusalem mit dem Kalvarienberg – das Zentrum der christlichen Religion und damit der Erde. Rechts davon des Rote Meer. Der Osten liegt oben, er wird vom Paradies bekrönt. Sagenhafte Inseln und Fabelwesen bevölkern den Ozean. Außen sind die Himmelssphären angedeutet und blasen die vier Winde.

Wallfahrer, gekennzeichnet durch das den Pilgerstab und die Pilgermuschel von Santiago di Compostella. Altartafel, 1466, Rothenburg, St. Jakob

Während die Zeitmessung seit dem 13. Jahrhundert stetig an Präzision gewann, trifft ein Gleiches nur in wesentlich geringerem Maß für die Erfassung des Raumes zu; praktikable Land- oder besser Küstenkarten entstanden zuerst für die Navigation auf dem Meer, die sog. Portulanen (von lat. portus, Hafen). Dies waren gezeichnete Orientierungshilfen mit Angabe der Küstenlinien und der Häfen für die Schiffahrt, auf denen mehrere Windrosen einander überschnitten; sie scheinen frühestens in der 2. Hälfte des 12. Jahrhunderts aufgekommen zu sein. Nur zögerlich wurde dieses System auch für andere Karten übernommen, es gab nicht einmal ein eigenes Wort für Landkarte; erst die Renaissance brachte es zu einigermaßen exakten Darstellungen. Das Mittelalter kannte keine den Feldmessern der römischen Antike vergleichbare Spezialisten, welche einen eigenen, gut bezahlten Beamtenstand gebildet hatten. Nur die von ihnen plazierten Meilensteine und die noch benutzen Römerstraßen waren von ihrer Tätigkeit geblieben.

So ist es auch kein Wunder, daß die Vorstellungen, die sich mit entfernten Gebieten beschäftigten, die absonderlichsten Züge annahmen. Freilich zirkulierten die Geschichten von den namentlich in Indien und Afrika beheimateten Monstren und Kuriositäten bereits im klassischen Altertum und waren speziell nach dem Alexanderzug en vogue, aber seriöse Geographen wie Strabon hatten solches zurückgewiesen. Nun aber verbreiteten auch äußerst gebildete Autoren diese kuriosen Vorstellungen und wurden sie in der Buchmalerei und im Holzschnitt abgebildet, ja sie waren sogar dem einfachen Volk zugänglich, da man sie auch in die romanische und gotische Bauplastik aufnahm.

Im dritten Buch seiner weit verbreiteten und in mehrere Volkssprachen übersetzten Enzyklopädie *Von der Natur der Dinge*[46] stellte der Dominikaner Thomas von Cantimpré († ca. 1271) folgende Liste über die Wunderwesen am Rande der Welt zusammen:

1. Amazonen.

Gymnosophisten, nackte Weise.
Brahmanen.
Menschen, die durch Feuer Selbstmord begehen.

Menschen, die ihre Eltern bei Erreichen eines gewissen Alters töten.
Riesen.
Zwerge.
Frauen, die Greise gebären, die immer jünger werden.
Frauen, die alle fünf Jahre Kinder gebären, die acht Jahre alt werden.

2. Menschen, die Meerwasser trinken.

Menschen mit umgedrehten Händen und acht Zehen.
Antipoden mit umgedrehten Füßen.
Kynokephale, hundsköpfige Menschen.
Menschen, die sich wegen der Kleinheit des Mundes mit einem Strohhalm ernähren.
Anthropophagen, Menschenfresser.
Zyklopen.
Skiapoden, deren einziger Fuß so groß ist, daß sie ihn als Sonnenschirm verwenden.
Epiphagen, Kopflose mit dem Gesicht auf der Brust.
Menschen, die von Gerüchen leben.
Sechshändige Menschen.
Flußfrauen.
Behaarte Frauen.
Amphibienmenschen.
Behaarte Riesen.
Schöne hundezahnige Flußfrauen.
Pygmäen.
Gehörnte Menschen.
Frauen, die Kröten gebären.
Frauen mit großem Kropf.
Verwachsene Zwerge.
Nachkommen der Monster:
Wilde Männer.
Hermaphroditen.
Kumanen, die Pferdeblut trinken.
Zyklopen.
Riesenmädchen.

Herkules.
Menschen mit glühenden Augen.
Menschen, die rohes Fleisch essen.
Kopflose mit den Augen auf den Schultern.
Zweigesichtige Menschen.
Der Koloß.

Skiapode neben Basilisk.
Relief am Westportal der Kathedrale von Sens, um 1200

Noch im 16. und 17. Jahrhundert glaubten manche an die Existenz solcher Wesen an den Enden der bekannten Welt oder an die fabulösen ‚Inseln der Seligen', die zu suchen sogar Schiffsexpeditionen ausgeschickt wurden. Bei der Entdeckung der Neuen Welt identifizierte man zunächst manche Völker mit den aus der Literatur bekannten Wunderwesen. Doch die seit dem 13. Jahrhundert als Missionare oder Kaufleute nach Asien ziehenden Europäer brachten auch mehr und mehr Elemente geographischen Sachwissens in die Heimat mit, die nach und nach diese Vorstellungen mit langer Tradition, aber ohne Realitätshintergrund verdrängten.

Zeit

Sonnenuhr, die die Tageszeit durch den Schatten des dem Mund des Kopfes (Chronos?) entspringenden Stabes auf den 12 Vertiefungen der halbkreisförmigen Skala anzeigt,
13. Jh., Molfetta (Apulien), Duomo Vecchio

Zu den markantesten Differenzen zwischen dem Lebensgefühl in der modernen, industrialisierten Welt und dem in den traditionellen, vorindustriellen Gesellschaften gehört ein jeweils anderes Erleben der Zeit[47]. Obwohl unsere Lebenserwartung mehr als das Doppelte der jedes mittelalterlichen Menschen beträgt, empfinden wir unsere Existenz als von einem extremen Zeitdruck belastet. Dazu tragen einerseits die genau zu beachtende Strukturierung des Tages durch Präzisionschronometer bei, die wir alle seit dem ersten Schultag unablässig mit uns haben, andererseits die durch die modernen Kommunikationsmittel an uns in fortwährend größerer Anzahl herangetragenen Möglichkeiten der Lebensgestaltung. Um nur ein konkretes Beispiel zu geben: Wo einem Musikliebhaber der Epoche vor dem Buchdruck nur das zur Verfügung stand, was er aus der Tradition auswendig kannte, was er in einer Handschrift selbst notierte oder in einem gekauften Manuskript fand und was er von anderen bei einer Aufführung hörte, stehen uns Tonkonserven nicht nur sämtlicher europäischer Musikepochen, rekonstruierte von der Antike bis zum Barock und authentische bis zur Gegenwart zur Verfügung, sondern auch unzählige Beispiele außereuropäischer Musik, dazu Bibliotheken gedruckter Noten – usf. Diese nicht mehr zählbaren Alternativen, das Bewußtsein um diese vielleicht sehr interessanten, aber nur zu einem Bruchteil auszuschöpfenden Möglichkeiten (das analog für alle anderen Lebensbereiche auch gilt), erzeugen ein Gefühl des in Eile Seins, das mittelalterliche Menschen so nicht gekannt haben. Die uns so geläufige Frage, „Wie spät ist es?" kann symptomatischer Weise etwa für das Englische erst ab dem ausgehenden 16. Jahrhundert belegt werden! Die Neuzeit ist durch eine fortwährend Akzelerierung des Lebensrhythmus geprägt, die u. a. mit der ‚Kolonisierung der Nacht' zusammenhängt, d. h. der Einführung künstlicher Beleuchtung, ebenso mit der internationalen Kommunikation, die chronometrischer Gleichschaltung bedarf (Eisenbahnverkehr!), auch mit der steten Präzisierung der Zeitmeßgeräte.

Die entscheidende Wende lag hier wohl im 14. Jahrhundert, als die neu erfundene Räderuhr sich in den Städten an öffentlichen Plätzen (Turmuhren) verbreitete, und die durch sie geregelten Glockenschläge das Arbeits- und Frömmigkeitsleben strukturierten. Dies implizierte auch ein Auseinanderdriften des städtischen und des ländlichen Zeitempfindens, da letzteres nach wie vor nur durch den natürlichen Rhythmus von Tag und Nacht beherrscht blieb.

Dieser Auftakt zu einer Präzision der Zeitmessung war von den Orten besonderer Beschaulichkeit ausgegangen, nämlich von den Klöstern. Deren nach der antik-römischen Stundeneinteilung gegliederter Tagesablauf verlangte am ehesten nach einer verbindlich normierten Einteilung, wenn man dem Gebot der *Benedictusregel* nachkommen wollte, sieben Mal am Tage den Herrn durch Psalmgesang zu

Verschiedene mechanische Uhren und Meßgeräte,
Buchmalerei zur mittelfranzösischen Übersetzung von Heinrich Seuses
Erbauungsschrift *Horologium Sapientiae*, M. 15. Jh.
Brüssel, Bib. Roy. Ms. IV, 111, f. 13v

preisen. Neben die unter mediterranem Himmel besser als im übrigen Europa funktionierende Sonnenuhr traten daher Kerzen- und Wasseruhren; ein Bruder mußte diese Geräte überwachen. Solche Uhren, die die Zeit mit einem Glockenschlag angaben, scheinen im 13. Jahrhundert in den Klöstern häufiger geworden zu sein, um dann aus der religiösen in die profane Welt in der Form von städtischen Turmuhren einzugehen, die von Gewichten betrieben wurden.

Die urbane Zeit, der Rhythmus der Stadtkultur seit dem 12. Jahrhundert, war also zunächst der der kirchlichen Zeit – die Glokken der Klöster gaben die Stunde vor. Erst nach und nach traten eigene Elemente wie Stadtwächterruf und -horn (vgl. engl. „watch") hinzu. Schließlich übernimmt die weltliche Obrigkeit ganz die Kontrolle über die öffentliche Zeit: In Wien z. B. ist es das städtische Kammeramt, das wenigstens seit 1380 dem Turmwächter von St. Stephan einen besonderen Betrag für das Anschlagen der Stunde ausbezahlt, das wenigstens seit 1449 einen Uhrmeister beschäftigt und das unentwegt auf die Justierung, Wartung und Verbesserung des Uhrwerks zu achten hat. Zweifellos ist somit die spätmittelalterliche Stadt der Ort der Desakralisierung der Zeit, wie sie auch der Ort der Diffusion der genormten Zeit vom öffentlichen ins private Leben ist, da seit dem 14. Jahrhundert mechanische Uhren langsam aber sicher in immer mehr bürgerlichen Wohnungen zu finden sind.

Damit waren wohl Ansätze zum Erleben eines Zeitdrucks gegeben. Wenn es einen solchen sonst noch im Mittelalter gab, dann war er zwar letztlich auch von der Todesgewißheit diktiert, wurde aber ganz anders begründet: Es ging den Seelenführern darum, die Gläubigen auf die Kürze des Lebens aufmerksam zu machen, nicht um dieses zu genießen, sondern im Gegenteil, um noch rechtzeitig Buße zu tun. Denn den Toten war dies verwehrt. In diesem Sinne ließ sich etwa der berühmte Straßburger Prediger Geiler von Kaysersberg (1445-1510) vernehmen: „Die Zeit, in der du dir Gott, deinen himmlischen Vater, versöhnen und die ewige Seligkeit verdienen solltest, eben dieselbe Zeit verlieren wir so unnütz und können sie nicht wiederbringen! Wie oft läßt du eine halbe oder ganze Stunde vergehen, ohne zu denken, was du tust, und indem du keines deiner Werke gottgefällig ordnest – ja oft sogar einen ganzen Tag lang! So verlierst du die edle, köstliche Zeit…"[48]

Die Kürze des Lebens war auch den denkenden Laien wohl bewußt: In einem allegorisch die Lebensreise thematisierenden Gedicht von Olivier de la Marche von 1483 wird die Zeit als Ebene beschrieben, „die recht groß zu sein schien". „Wie groß und breit sie aber auch gewesen sein mag, sie ist doch so schnell durchquert! Wenn Vergnügen die Zügel führt, durcheilt man sie, wie es die Winde tun. Kurz: ich merkte wohl, daß die Zeit leicht vorbeigeht..."[49]

In der Münchener Frauenkirche steht eine um 1500 von Erasmus Grasser geschaffene Automatenuhr, die die schnell entfliehende Zeit einprägsam mit der Drohung vor Gottes Strafe verknüpft: Während die Zeiger unaufhaltsam vorwärtsschreiten, hat Gott Vater schon sein Schwert gezückt, um dem Sünder das Leben zu nehmen, während Maria und Jesus ihn noch um eine Gnadenfrist bitten. Eine Warnung an alle Betrachter, die kurze Lebenszeit für frommes Tun zu nützen.

Selbstverständlich gab es in den Kreisen der universitären Theologen und Philosophen des hohen und späten Mittelalters, aber auch in der Dichtung, manche theoretisch orientierte Reflexionen über die von Gott erschaffene Zeit als geschichtsphilosophisches oder physikalisches Moment. Ein wiederholt behandeltes Problem war z. B. das der Ewigkeit der Welt: Einerseits existierte sie nach der *Bibel* erst ab dem anscheinend durchaus berechenbaren Zeitpunkt der Schöpfung (etwa 5500 Jahre vor Christus). Andererseits lehrte die größte wissenschaftliche Autorität, Aristoteles, daß die Welt ewig, also ohne Beginn, sei. Doch das war Stoff bloß für akademische Diskussionen und Häresieklagen gegen vorlaute Intellektuelle. Für den durchschnittlichen Gläubigen war es klar, daß die Zeit von Gott mit der Schöpfung erschaffen war und nach dem Jüngsten Gericht nicht mehr existieren würde.

Der ‚Durchschnittsmensch' stand vor allem unter dem Eindruck einerseits des Wechsels der Tages- und Jahreszeiten und des Wechsels der profanen und heiligen Tage des Kirchenjahrs. Tag und Nacht waren wesentlich stärker als heute mit einem positiven bzw. negativen Gefühl konnotiert. Die Nacht *war* schaurig, da kaum durch Fackel, Öllampe oder Kerze zu erhellen, deren bewegliche Schatten ganz anders auf die Gefühlswelt wirken, als die unserer die Qualität des Tageslichts erreichenden elektrischen Beleuchtung. Zahllos sind die Geschichten, die über die Erscheinungen von nächtlichen Dämonen und Gespenstern kursierten, hier nur eine von ihnen, wie sie der Prior Caesarius im Zisterzienserkloster Heisterbach seinen Novizen vorsetzte und für die Nachwelt in seinem *Dialog von den Wundern* (2, 6) niederschrieb: Der Priester Berthold hatte einen zur Hinrichtung geführten Mörder namens Hildebrand beschworen, ihm nach dem Tode von seinem Schicksal im Jenseits zu berichten. Das tut dieser auch, und zu keiner anderen Zeit als „eines Nachts innerhalb der festgesetzten Frist. Berthold schlief in seinem Bett, als um das Haus die Bäume sosehr zu krachen begannen und der Wind derartig heftig zu stürmen, daß sogar die Tiere erschraken und kaum mit Riemen in ihren geschlossenen Ställen zurückgehalten werden konnten. Berthold erwachte, blickte zur Haustür, und siehe, die Flügel öffneten sich wie durch die Gewalt des Sturmes aufgerissen, und er sah Hildebrand in feuriger Glut sitzen und sich ihm immer schneller nähern…" Nachdem der Tote dem Priester von seiner ewigen Strafe in der Hölle berichtet und ihn zur Besserung seines Lebenswandels aufgefordert hat, „schied er von ihm unter lautestem Ächzen und Heulen. Als er beim Stall vorbeikam, versetzte er wie zuvor die Tiere in Furcht und Aufruhr. Berthold aber verließ aus Schrecken vor dieser so fürchterlichen Vision die Welt" und wurde Mönch.

Wie es eine deutsche Äbtissin um die Jahrtausendwende auf den Punkt brachte: „So wie der Tag den Lebenden gehört, so ist die Nacht das Reich der Toten." Bischof Thietmar von Merseburg, der dies in seiner zwischen 1009 und 1018 geschriebenen *Chronik* (1, (7), 12) erzählt, fügte hinzu: „Es geschah oft, daß ich während der Nacht das Geräusch des Baumfällens hörte, und einmal, als die anderen schliefen, bemerkten ich und mein Gefährte, wie die Toten miteinander sprachen. Durch diese Zeichen erfuhr ich vom Bevorstehen eines weiteren Todesfalles…" Die sicher ältere Vorstellung von der Nacht als Zeit der Wiedergänger wurde freilich im Mittelalter so sehr christianisiert, daß man sich vorstellte, selbst Gottesdienste würden die Geister regelmäßig nachts feiern, und zwar besonders zu Weihnachten, Allerseelen und Walpurgis…

Auch die Natur wurde als Hort des Ungeheuren imaginiert. Zu den unheimlichen Tieren der Nacht zählten nicht nur die Raubtiere und -vögel, sondern auch etwa die Fledermaus, die in manchen Texten als dämonisches Wesen beschrieben wurde. Wenn der Mensch wachte, schlief sie, und das wie tot von den Wänden hängend. Wenn er schlief, tauchte sie lautlos aus dem Dunklen auf. War sie ein Vogel oder ein Vierbeiner? Schon in der *Bibel* als unrein qualifiziert, meinte man, ihr nächtlicher Schrei verkünde Unheil[50]. Es ist kein Zufall, daß in der Kunst der Teufel und der Tod bisweilen mit Fledermausflügeln dargestellt wurden, wogegen die Engel – und Luzifer gehörte ja zu dieser Species – stets Vogelflügel zeigen.

Teufel in Drachengestalt mit Fledermausflügeln,
Engel in Menschengestalt mit Adlerflügeln assoziieren Nacht und Tag.
Tafel eines Antoniusaltars, 2. H. 15. Jh., Lübeck, Dom

Das Jahr zerfiel in zwei Hälften, Winter und Sommer, einhäusig und aushäusig. Es ist kein bloßer literarischer Gemeinplatz, wenn die Trobadors, Trouvères und Minnesänger immer wieder über den kalten Winter klagten und den Sommer mit seinen Naturlauten und dem Aufblühen der Flora freudig begrüßten: Auch in den Burgen fror man wie im Bauernhaus, auch Adel und Ritter konnten ihren Lieblingsbeschäftigungen, Turnieren, Kampf, Jagd, in verschneitem Gelände nur beschränkt nachgehen.

Einige der hübschesten Zeilen, die zur Feier des Frühlings geschrieben und vertont wurden, stammen von dem adeligen Minnesänger Witzlaw von Rügen (1265-1325):

„Die Erd' ist aufgeschlossen,
Die Blumen sind entsprossen,
die woll'n wir nun genießen
aus vollem Herzen gar.
Die Vöglein singen laut
Im Feld und auf dem Zweig,
Sie sind vom Schnee befreit
Und Herren über sich.
Die Kälte ist verschwunden,
den Mai haben wir gefunden
fröhlich in der Maienblust.
Winter, dich selbst verwehr!
Es kommt uns der Sommer daher." (Minnelied VI)

Der beginnende Sommer war jene Zeit, in der Reisen wieder möglich wurden, und das hieß verstärkte Kommunikation und Aktivität. Adel und Ritter trafen sich bei Turnieren und höfischen Festen, es wurde geflirtet und mehr, es wurden aber auch Fehden und Kriege weitergeführt. Bauern und Hirten arbeiteten wieder auf Feldern und Weiden, Händler und Pilger belebten wieder die Straßen – der berühmteste Text der englischen Literatur des Mittelalters, Chaucer's *Canterbury Tales*, beginnt mit einem Preis des Aprils, der Frühlingssonne und des Vogelgezwitschers – dann erst zieht es die Menschen hinaus aus den Städten und Dörfern, um auf Wallfahrt zu gehen...

So war es schlichtweg natürlich, daß die eine Jahreszeit positiv, die andere negativ konnotiert war. Trotzdem mußten die im Wohlstand Lebenden die dunkle Zeit des Jahres nicht durchwegs vertrauern: Wie u. a. ein berühmtes Fresko im Adlerturm zu Trient zeigt, vergnügte man sich mit Schneeballschlachten, und die Städte, wenigstens in Flandern, standen voller Schneemänner oder besser Schneeskulpturen, denn es wurden künstlerische Figurengruppen aus der *Bibel* oder der klassischen Mythologie geschaffen, die in Brüssel oder Atrecht zu sehen man von weit her kam.

Schneeballschlacht, Fresko, um 1400,
Castello di Buonconsiglio, Trient, Adlerturm

Im Prozeß der Erinnerung verwendete man in der mündlichen Kommunikation nicht eine präzise objektive Datierung, wie wir es (zumeist) tun, also „am Soundsovielten des Jahres XY“, sondern rechnete mehr ichbezogen von der Gegenwart zurück, also „vor soundsovielen Jahren, Monaten, Tagen…“ Selbst in einer zutiefst romanisierten Stadt wie Marseille gebrauchten die 175 Zeugen eines 1308 veranstalteten Heiligsprechungsprozesses, die aus verschiedenen Ständen kamen, nicht die (im Lateinischen nach wie vor gängigen) Bezeichnungen des römischen Kalenders, sondern bezogen sich durchgehend auf die Heiligenfeste. Die Erinnerung war also auf Ereignisse bezogen, hier die einzelnen kirchlichen Feiern, nicht auf Zahlen[51].

Gelehrte und Beamte verwendeten dagegen wenigstens in ihren Schriften, namentlich in Urkunden, nicht selten eine durch mehrfache Angaben gesicherte Datierung: Tag im Kirchenjahr, Jahr der Herrschaft des Königs, Jahr der Amtszeit des Papstes, Jahr von der Erschaffung der Welt an u. a. m. Größere Zeitabschnitte finden sich bei Zeitangaben noch nicht in Gruppen zu je Hundert zusammengefaßt – das ‚Jahrhundert‘ als chronologische Einheit wurde erst in der 2. Hälfte des 16. Jahrhunderts von protestantischen Gelehrten in die Geschichtswissenschaft eingeführt. Das in viele Sprachen dafür eingegangene lateinische Wort „saeculum“ bedeutete in der Antike und im Mittelalter ‚Generation‘, nie aber Jahrhundert.

Christus und die Auferstehenden beim Weltgericht.
Mosaik, 13. Jh., Florenz, Baptisterium

Noch eine wesentliche Differenz zwischen der heutigen und der mittelalterlichen Zeitauffassung muß erwähnt werden: Sie bezieht sich auf die Zeitordnung des Kosmos. Beide Kulturen gehen nicht von der Ewigkeit der Welt aus, sondern von einem bestimmten punktuellen Ereignis, über das hinaus nicht gedacht werden kann: Im Mittelalter war es die Schöpfung der Welt aus dem Nichts gemäß dem Bericht der *Genesis*, in der Gegenwart ist es der Urknall. Was jedoch das Ende der Welt betrifft, ist dieses für uns völlig unbestimmt und offen, wogegen man das ganze Mittelalter hindurch davon überzeugt war, genau zu wissen, wie der Kosmos und die Zeit enden würden: denn auch dies war in der *Bibel*, und zwar in der *Apokalypse*, beschrieben. Unklar blieb nur, wann der Untergang der Welt und das Jüngste Gericht stattfinden sollten. Trotz kirchlicher Verbote gab es freilich immer wieder Versuche, das bedrohliche Jahr mittels astronomisch-astrologischer Methoden herauszufinden, wovon ein nicht zu unterschätzender Impuls für die Entwicklung der exakten Wissenschaften ausging.

Aber alle Generationen rechneten damit, daß der Weltbrand bald geschehen müsse, da Jesus ja das Kommen des Gottesreiches für die nächste Zukunft vorausgesagt hatte. Diese Sicherheit war so groß, daß in einer der ersten gedruckten Weltchroniken, der des Hartmann Schedel von 1493, am Schluß einfach ein paar Blätter leer gelassen wurden, damit der Besitzer des Buches die Ereignisse der wenigen noch kommenden Jahre eintragen könne, worauf dann der Druck wieder einsetzt, um als historisch Feststehendes den Weltuntergang nach der *Geheimen Offenbarung* zu erzählen.

So lassen sich praktisch für jede Generation des Mittelalters Zeugnisse für eine aktuelle Endzeiterwartung finden, keineswegs nur um das Jahr 1000. Immer lebte man im letzten der Weltalter, im letzten der Weltreiche. Ein vielfältiger Komplex von Mythen verband sich damit: Man kannte einen Kanon von Vorzeichen, die den Untergang verkündeten, wie u. a. das Auferstehen von Menschengebeinen; man erwartete vor dem Gericht eine tausendjährige Friedenszeit; man glaubte, ein universaler Friedenskaiser würde als letzter weltlicher Herrscher auftreten; man fürchtete die Ankunft des Antichrists, jenes Widergottes, der noch viele Seelen für die Hölle gewinnen würde… Man fürchtete vor allem den Tag des Gerichts selbst, an dem der sonst barmherzige Christus unerbittlich die Schafe von den Böcken trennen würde, jene für den ewigen Himmel, diese für die genauso ewige Hölle bestimmt. Vor dem Spruch dieses selbst von seiner für die Menschen Fürsprache einlegenden Mutter unbeeinflußbaren Richters, der fraglos bei weitem die meisten Menschen in die Hölle schicken würde, wie von Anfang an vorherbestimmt, würden sich die Seelen mit ihren erneuerten Leibern vereinen. Eine neue Welt würde entstehen – aber eine Welt ohne Zeit, unveränderlich in Ewigkeit. Wie Thomas von Aquin lehrte: „Wenn die Bewegung des Himmels aufhört, was seine Vernichtung genannt wird, wird es keine Zeit mehr geben, weder Tag noch Nacht… Dann wird das Ende der Zeit sein, weswegen es in der Apokalypse heißt, daß die Zeit weiterhin nicht sein wird." (*Summa Theologiae Suppl.* 77, 3).

Festzeiten

Wirtshausszene im 14. Jahrhundert (Rekonstruktion), Bergen (Norwegen), Museum

Der Arbeitsalltag der meisten Werktätigen war wohl ganz allgemein wesentlich härter als heute, aber er war auch seltener. Man hat berechnet, daß schon im frühen 13. Jahrhundert in einigen Diözesen fast jeder dritte Tag aus kirchenrechtlichen Gründen arbeitsfrei gewesen sein muß (wenn sich die Leute an die Vorschriften hielten). Das englische Wort ‚holyday' heißt natürlich eigentlich ‚heiliger Tag' und wurde sodann profanisiert zu ‚Ferientag'. Die Heiligkeit bestimmter Zeitabschnitte brachte also eine den natürlichen Ablauf unterbrechende Komponente in das Leben der Angehörigen aller Schichten. Ostern und Weihnachten stellten die wichtigsten religiösen Zäsuren des Jahres dar, die nicht nur arbeitsfrei waren, sondern auch ganz dem Frömmigkeitsleben gehörten – oder wenigstens gehören sollten. Die stundenlangen Kirchenbesuche, die Prozessionen, die privaten Andachtsübungen, die seit 1215 vorgeschriebene Osterbeichte und -kommunion müssen für die vielen frommen Gläubigen rhythmisch wiederkehrende Höhepunkte gewesen sein. Auch die wortkargsten Chronisten vermerken, in welcher Stadt oder in welchem Kloster ihr König die Hochfeste feierte.

Das Fest ist die Unterbrechung des ‚grauen' Alltags und gehörte doch im Mittelalter wegen seiner Häufigkeit und regelmäßigen Wiederkehr mit jenem zusammen. Die ganze Epoche hindurch steigerte sich dauernd die Zahl der kirchlichen Festtage, da immer wieder neue Feste eingesetzt wurden, sei es für neue Heilige, sei es für Christus und Maria. Wie auch im heutigen Christentum blieben jedoch der Oster- und der Weihnachtsfestzyklus die hervorragendsten ‚heiligen Zeiten'. Da an den Sonntagen ohnehin strengstes Arbeitsverbot herrschte, führte die Zunahme von gebotenen Feiertagen zu einer steten Verringerung der Produktionszeiten, was sicher nicht ohne Auswirkungen blieb – die relative Langsamkeit ökonomischer Veränderungen im Mittelalter erklärt sich zum Teil wohl daraus.

Am Tag des Herrn tätig zu sein, wurde nicht nur von der Geistlichkeit mit den furchtbarsten Höllendrohungen verhindert, sondern auch von der weltlichen Gesetzgebung. Es genüge als ein Beispiel aus dem (allerdings strengen, aber nicht singulären) Recht des englischen Königs Ine (688-726) zu zitieren: Ein Höriger, den sein Herr zur Arbeit zwang, ging straffrei aus, aber sein Besitzer hatte 30 s. zu bezahlen. War er dagegen auf eigene Faust tätig, mußte er mit seiner Haut büßen,

d. h. er wurde gegeißelt. Arbeitete ein freier Mann an diesem Tag aus freien Stücken, hatte er 60 s. zu erlegen – oder wurde unfrei. Ein Geistlicher mußte die doppelte Summe bezahlen[52].

Ein wenn auch extremes Beispiel für die eschatologischen Drohungen, mit der die Kirche die Sonntagsheiligung durchzusetzen versuchte, bietet das irische *Iomram Churraig h-Ua g-Corra*, eine wahrscheinlich im 8. Jahrhundert entstandene Seefahrer-Legende, die aber noch im späten Mittelalter abgeschrieben, gelesen und erzählt wurde. Da muß nach dem Tode ein Mann mit einem glühenden Ruder auf einem Feuerstrom rudern, dessen Wellen über ihm zusammenschlagen – weil er im Leben als Fährmann auch am Sonntag seinen Dienst tat. Da kommt ein Reiter auf feurigem Pferd – weil er es gestohlen und sonntags geritten hatte. Ein anderer, der an diesem Tag Feuerholz geholt hatte, muß es nun als schwarzer Riese mit Flammenatem zurücktragen, wobei seine glühende Last so schwer ist, wie sie nur sechs Ochsen zusammen tragen könnten[53].

Neben die amtskirchlich gebotenen Feste traten noch brauchtümliche Begehungen oder lokale Gedenktage. Das konnten etwa Naturfeste sein, wie der Maitanz mit der Errichtung des Maibaums, oder die Sommersonnwende mit ihren Feuer- und Kräuterbräuchen am Tag des hl. Johannes des Täufers. In den romanischen Ländern scheinen die Termine für die Frühlingsfeiern der Göttin der Jugend und des Erblühens, Flora, und des Genius des Wachstums und der Vegetation, Robigus, auch nach der Christianisierung weiterhin beachtet worden zu sein[54]. Alle diese Termine waren mit dem Abschneiden von Zweigen oder Bäumen verbunden, die dann in apotropäischer oder helfender Absicht vor oder an der Behausung angebracht wurden. Eine der ersten ausführlichen Beschreibungen hat im frühen 13. Jahrhundert Jean Renart in dem Roman *Guillaume de Dole* (vs. 4153 ff.) verfaßt, wobei die Maifeiern vielleicht v. a. wegen des phonetischen Anklangs ausgerechnet in Mainz stattfinden[55]. Der ‚Mai' bestand demnach aus Zweigen und Blüten, die im Triumph mit einem Lied in die Stadt eingebracht wurden.

In den Miniaturen der Stundenbücher aus dem späten Mittelalter ist der Maiausritt und die Heimbringung der Maibäume zu Fuß, zu Pferd oder zu Boot erstaunlich oft geschildert worden; da diese Bücher prinzipiell eher die Feste der adeligen oder bürgerlichen Kreise wiedergeben, von denen sie in Auftrag gegeben wurden, wundert es nicht, den bäuerlichen Brauch hier nicht abgebildet zu sehen. Gelage und Tanz gehörten freilich zu den unabdingbaren Komponenten solcher Feste auf dem Lande und in der Stadt.

Maifeier mit Musik und Blumen.
Fresko, 13. Jh., Genua, Museo Diocesano

Oft gab es aber auch ein institutionalisiertes Fest zu begehen, wie z. B. die Feier des Sieges, den eine Stadt über eine Rivalin oder einen Adeligen errungen hatte. So feierten die Venezianer jährlich am Nikolaustag den Erfolg ihres Dogen Enrico Dandolo, der 1204 den IV. Kreuzzug gegen den Willen des Papstes zur Eroberung der Hauptstadt des byzantinischen Reiches ‚umfunktioniert' hatte, während die Würzburger Jahrhunderte lang ihren Sieg über den Grafen von Henneberg 1266 am Tag des hl. Cyriakus mit einer feierlichen Prozession begingen.

Sieht man von den höfischen Festen ab, über die in einem späteren Kapitel berichtet wird, so erfaßten diese Veranstaltungen i. d. R.

die ganze lokale Bevölkerung über die sozialen Unterschiede hinweg. Dabei ist es jedoch wichtig festzuhalten, daß die Teilnahme an den Hochfesten des Kirchenjahres die Menschen zwar von der Arbeit befreite, ihnen aber religiöse Pflichten auferlegte. Denn der Kirchenbesuch war dann bei Todsünde geboten, die Teilnahme an Prozessionen ebenfalls angeordnet, und die geistliche Obrigkeit, in den Städten auch die säkulare, kontrollierte das nicht zuletzt deswegen, weil sie hier die Gelegenheit zur Einhebung von Bußgeldern sah. Bei der ‚Viktorstracht' z. B., dem großen Umzug des Xantener Stiftes, hatten jene Pfarren, welche etwa die Teilnahme verabsäumten, die beachtliche Summe von 50 Rheinischen Gulden als Strafe zu bezahlen; und die Bewohner der wallonischen Umgebung von Lüttich ließen gleich die finanzielle Buße durch eine Vertreterin übergeben, statt an den vorgeschriebenen Bannprozessionen mitzugehen[56].

Es gab aber auch gruppenspezifisch Feste, so z. B. bei den deutschen Kaufleuten in Bergen. Im um Pfingsten abgehaltenen Wasserspiel wurden die Lehrlinge nach einem reichen Mahl nackt ins kalte Meer getaucht, erstarrt herausgezogen und so lange mit Ruten gepeitscht, bis sie ihre Kleider wieder erlangt hatten. Auch beim Staupenspiel ging es darum, die Lehrlinge zu verprügeln, die dann ihren Peinigern beim Abendschmauß aufwarten mußten – beides offenbar Bräuche mit Initiationscharakter, aber zugleich nicht untypisch für das Mittelalter und die Frühneuzeit in ihrer Grausamkeit. Ob die Bevölkerung vor der Mentalitätswende im 18. Jahrhundert vergleichsweise mehr Personen mit deutlich sadistischen Tendenzen beinhaltete als die gegenwärtige, läßt sich kaum feststellen, aber der mentalitätsgeschichtlich entscheidende Unterschied liegt darin, daß es damals üblich war, diesen Tendenzen als akzeptierten Komponenten des öffentlichen Lebens Raum zu geben, die in ritualisierter Form ausgelebt wurden. In der gegenwärtigen offiziellen Kultur sind sie dagegen gesellschaftlich tabuisiert und rechtlich geächtet und können nur im Geheimen oder in Extremsituationen praktiziert werden.

Grausamkeit als akzeptiertes Vergnügen zeigte sich etwa auch im alltäglichen und festlichen Umgang mit Tieren. Abgesehen von ihrer prinzipiell nicht artgerechten Haltung oder dem ‚Vergnügen' der Jagd, gab es viele Quälereien. Jede Nation scheint ihre sadistischen

Vorlieben gehabt zu haben, der Hahnen-, Bären- und Hundkampf in England, der Stierkampf in Spanien, der Hengstkampf auf Island – alles blutige Schauspiele. Im erstgenannten Land bekamen die Schüler bei solchen Gelegenheiten sogar frei. Auf Jahrmärkten führte man sowohl fremde Wildtiere in kleinsten Käfigen vor, wie sog. Katzenritter auch Schaukämpfe mit ihnen veranstalte, um damit Geld zu machen. Es mag hier und dort pagane religiöse Wurzeln für derartige Tun gegeben haben, so bei der „corrida de toros“, die dennoch bevorzugt auf Kirchenfeste, sogar Pfingsten, gelegt wurde. Andere Volksbelustigungen wie Hahnenschlagen, Preisschießen auf Vögel, Gansreißen u. dgl. wurden bis in die Neuzeit fast überall praktiziert.[57]

Spätmittelalterlichen und frühneuzeitlichen Festen war nicht ganz selten überhaupt ein gewisses Aggressionspotential zu eigen – immer wieder finden sich Berichte, daß sie als die Auslöser von kleineren oder größeren Revolten fungierten. Bisweilen nahmen sie die Form von ‚Gegenfesten‘ an, bei denen man die offizielle Kultur der Obrigkeit und Kirche parodierte. Ein bekanntes Beispiel ist das am Neujahrstag vom niederen Klerus unter großem Anteil des Volks gefeierte Narrenfest, bei dem es ähnlich wie bei den antiken Saturnalien zu einem Rollentausch kam, die üblichen Riten parodiert wurden, indem man etwa altes Schuhleder statt Weihrauch in der Kirche verbrannte oder die liturgische Kleidung verkehrt herum getragen wurde.

Längst aufgestaute Konflikte brachen nicht selten an Festterminen aus, besonders in der Zeit der ‚verkehrten Welt‘. So etwa während der ‚bösen Fastnacht‘ von 1376 in Basel: Einige dort mit Herzog Leopold III. von Österreich den Karneval feiernde Adelige verletzten bei einem Turnier Bürger und nahmen sich unter dem Schutz der Narrenfreiheit Unziemliches gegen Bürgerinnen heraus. Die ohnehin unter dem Druck der habsburgischen Vormacht stehende Stadtbevölkerung reagierte daraufhin ganz unverhältnismäßig, nämlich indem sie Sturm läuten ließ und über die Adeligen herfiel. Das Ergebnis war die Verhängung der Reichsacht und die Unterwerfung der Stadt unter Österreich in einem demütigenden Vertrag. In Köln explodierten zu derselben Festzeit 1482 die Spannungen zwischen der Bevölkerung und dem Rat: Es kam zu einem als „Prozession“ bezeichneten Auflauf, das Rathaus wurde erstürmt und mit Radau die Auslieferung einiger Ratsherren gefordert; dieser Umsturzversuch scheiterte freilich. In den späteren Jahren reagierte der Rat damit, diese ‚Prozession' durch eine von ihm eingesetzte, offizielle zu ‚überlagern'[58].

Weiterführende Literatur

Alexandre-Bidon, Danièle, Lorcin, Marie-Thérèse, Le Quotidien au temps des fabliaux, Paris 2003.

Bertini, Ferruccio ed., La Vie quotidienne des femmes au Moyen âge, Paris 1991.

Carter, John, Medieval Games. Sports and Recreations in Feudal Society, New York (NY) 1992.

Dinzelbacher, Peter, Mittelalter: Ders., ed., Mensch und Tier in der Geschichte Europas, Stuttgart 2000.

Duby, Georges, Rural Economy and Country Life in the Medieval West, Philadelphia (PA) 1998.

Engel, Eva-Maria, Jacob, Frank-Dietrich, Städtisches Leben im Mittelalter, Köln 2006.

Kühnel, Harry ed., Alltag im Spätmittelalter, Graz ^{3}1984.

Husa, Václav, Der Mensch und seine Arbeit. Die Arbeitswelt in der bildenden Kunst des 11. bis 17. Jahrhunderts, Wiesbaden 1971.

Mane, Perrine, Le travail à la campagne au Moyen Age, Paris 2006.

Rohr, Christian, Festkultur des Mittelalters, Graz 2002.

Rueß, Karl-Heinz ed., Alltagsleben im Mittelalter, Göppingen 2005.

1 Dinzelbacher, Tier XII.

2 Bitterauf, T. ed., Die Traditionen des Hochstifts Freising, München 1905 ff., Nr. 1045.

3 Blume, E., Quellensätze zur Geschichte unseres Volkes, Cöthen 1898, III, 164 (gekürzt).

4 Nockert, Margareta, Bockstensmannen och hans dräkt, Varberg ^{2}1997.

5 Manresi, C. ed., Atti del Comune di Milano fino a. a. MCCXVI, Milano 1919, 6.

6 Hoffmann, H., Kirche und Sklaverei im frühen Mittelalter: Deutsches Ar-

chiv 42, 1986, 1-24.

7 Lea, Henry C., Studies in Medieval Church History, Philadelphia (PA) ^{2}1883 (= Badenweiler 2009), 524 ff.

8 Coulton, G. G., Medieval Village, Manor, and Monastery, Reprint New York (NY) 1960, 147 f., 321.

9 Coulton, Village 517.

10 Auge, Oliver, Zu Entstehung und Entwicklung der ländlichen Gemeinde im westlichen Tirol und angrenzenden Räumen bis zum Ausgang des Mittelalters: Loose, Rainer ed., Von der Via Claudia Augusta zum Oberen Weg. Leben an Inn und Etsch. Westtirol und angrenzende Räume von der Vorzeit bis heute, Innsbruck 2006, 193-211.

11 Gambini, E., Pasquali, E., I tori. La gran pesca del medioevo al Lago Trasimeno, Perugia 1996.

12 Reidinger, Erwin, Planung oder Zufall. Wiener Neustadt 1192, Wien 2001.

13 Henning, F.-W., Handbuch der Wirtschafts- und Sozialgeschichte Deutschlands I, Paderborn 1991, 286 f.

14 Puhle, M. ed., Erzbischof Wichmann (1152-1192) und Magdeburg im hohen Mittelalter, Magdeburg 1992, 74.

15 Schultz, A., Das häusliche Leben der europäischen Kulturvölker, München 1903, 406.

16 Franz, A., Drei deutsche Minoritenprediger aus dem XIII. und XIV. Jh., Freiburg i. Br. 1907, 154, 129.

17 Early Scholastic Colloquies, ed. Stevenson, W. H., Oxford 1929, 87 f.

18 Predigten, hg. v. Pfeiffer, F., Reprint Berlin 1965, I, 18 f.

19 Origo, I., Le marchand de Prato, Paris 1959, 134 f.

20 Maschek, H. ed., Deutsche Chroniken, Leipzig 1936, 307.

21 Dinzelbacher, Peter, Handbuch der Religionsgeschichte im deutschsprachigen Raum I, Paderborn 2010.

22 Richards, P., The Medieval Leper, Cambridge 1977, 54.

23 Pinto, G., I rapporti di lavoro nelle campagne senesi fra XIII e XIV secolo: Cultura e società nell'Italia medievale. Studi per P. Brezzi, Roma 1988, II, 683-695.

24 Eine technisch genaue Darstellung z. B. in einer französischen Boccaccio-Übersetzung, frühes 15. Jh. Paris, BN, ms. fr. 12420, f. 69.

25 Frugoni, Chiara (wie S. 360, Anm. 17).

26 Maschek, Chroniken 268.

27 Gurjewitsch, A., Das Weltbild des mittelalterlichen Menschen, München 1980, 303.

28 Freedman, P., Images of the Medieval Peasant, Stanford (CA) 1999, 357.

29 Rijkers, Fabian, Arbeit – ein Weg zum Heil? Vorstellungen und Bewertungen körperlicher Arbeit in der spätantiken und frühmittelalterlichen lateinischen Exegese der Schöpfungsgeschichte, Frankfurt a. M. 2009.

30 Dinzelbacher, P., Bernhard von Clairvaux, Darmstadt 1998, 24.

31 Janssen, J., Geschichte des deutschen Volkes seit dem Ausgang des Mittelal-

ters I, Freiburg i. Br. [8]1883, 329, 407 f. (gekürzt).
32 Petersohn, J., Mentalitäten im Widerstreit: Rödel, D. u. a. (Hg.), Strukturen des Gesellschaft im Mittelalter, Wiesbaden 1996, 349-357.
33 Origo, I., Bernardino da Siena e il suo tempo, Milano 1982, 190 f.
34 Dinzelbacher, Handbuch II, 243 ff.
35 Dinzelbacher, Handbuch II, 250.
36 Cassidy-Welch, Megan, Monastic Spaces and their Meanings, Turnhout 2001.
37 Klapper, J., Erzählungen des Mittelalters, Breslau 1914, 201.
38 Asendorf, O., Mittelalterliche Türme im Deutschordensland Preußen, Frankfurt a. M. 1998, 226 f.
39 Dinzelbacher, Europa 14 ff.
40 MGH SS 24, 590, 594, 596, 599 f.
41 Dinzelbacher, Europa 158.
42 Van Uytven, R., Showing off One's Rank: Blockmans, W. u. a., Showing Status, Turnhout 1999, 19-34, 21.
43 Siena, Dom, Kapitelsaal, 2. Dr. 15. Jh.
44 Dalarun, J., L'impossible sainteté, Paris 1985, 297.
45 Easting, R. ed., St Patrick's Purgatory, Oxford 1991, 6 f.
46 De rerum natura, ed. Boese, Helmut, Berlin 1973.
47 Dinzelbacher, P., Die Zeit in der urbanen Mentalität des Mittelalters: Katzinger, W. (Hg.), Zeitbegriff. Zeitmessung und Zeitverständnis im städtischen Kontext, Linz 2002, 21-38.
48 Sämtliche Werke II, ed. Bauer, G., Berlin 1991, 342.
49 Olivier de la Marche, Le Chevalier deliberé, ed. Caroll, C., Tempe (AZ) 1999, 110.
50 Boiadjiev, T., Die Nacht im Mittelalter, Würzburg 2003, 104 f.
51 Paul, J., Du monde et des hommes, Aix-en-Provence 2003, 95-114.
52 Cutts, E., Parish Priests and Their People in the Middle Ages in England, London 1898, 79 f.
53 Boswell, C. S., An Irish Precursor of Dante, London 1908, 161 f.
54 Lindahl, C. u. a. ed., Medieval Folklore I, Santa Barbara (CA) 2000, 84 ff.
55 Walter, Ph., La mémoire du temps, Paris 1989, 255 ff.
56 Scheler, D., Inszenierte Wirklichkeit: Lundt, Bea u. a. ed., Von Aufbruch und Utopie, Köln 1992, 119-129, 124.
57 Dinzelbacher, Mensch und Tier 206 ff.
58 Kühnel, Harry, Die städtische Fasnacht im 15. Jahrhundert: P. Dinzelbacher, H.-D. Mück ed., Volkskultur des europäischen Spätmittelalters, Stuttgart 1987, 109-127.

3. HERRSCHAFT UND RECHT

Herrschaft

Methoden und Formen von Herrschaft

Auf zwei Säulen beruht jeder moderne Staat, auf der Steuerhoheit und auf dem Gewaltmonopol. Im spätrömischen Imperium hatte ein gut organisiertes Steuerwesen noch die gigantischen Ausgaben für die Truppen und den Kaiserhof getragen. In den germanischen Nachfolgereichen verfiel diese Institution; zwar war es für den einzelnen Grundherrn leicht, seine Bauern zu den bestimmten Abgaben zu zwingen, aber die Könige und Fürsten hatten mit Versuchen, permanent flächendeckende Steuern einzuführen mangels entsprechender Organisation noch wenig Wirkung. Das zeigt etwa der mißglückte Versuch, 1495 einen ‚gemeinen Pfennig' im Deutschen Reich vorzuschreiben. Auch gelang es überall der Geistlichkeit und dem Adel, sich von Steuern befreien zu lassen. Es waren immer Einzelanlässe, die zu erfolgreichen Besteuerungskampagnen führten, namentlich Kriege oder die Heirat eines Königskindes. Doch selbst in Frankreich, das unter einer starken Monarchie stand, war das, wenigstens bis 1439, nur durch die Akzeptanz der Mitwirkung der Vertreter der Stände, also einer tendenziell demokratischen Einrichtung, möglich. Die Parlamente in England und Frankreich haben darin einen Ursprung, ihnen entsprachen im Reich die Landstände. Wo eine direkte Besteuerung jedoch gut funktionierte, war bei den Bürgern und den Juden in den Städten. Alltäglicher waren im späten Mittelalter indirekte Steuern auf die verkauften Güter und traditionell die Zölle auf den Handel.

Trotz mancher Versuche in der Gesetzgebung, etwa die Bauern generell vom Tragen von Waffen auszuschließen oder den Bürgern nur eine bestimmte Wehr zu erlauben, waren die Zentralgewalten des Mittelalters noch weit entfernt davon, ein Gewaltmonopol auszuüben. Die obrigkeitliche Kontrolle war noch viel zu wenig ausgebildet, als daß der Einzelne auf die Möglichkeit zur Selbstverteidigung hätte verzichten können. Deshalb sieht man die Männer aller Stände außer der Priesterschaft immer wieder mit dem Schwert an der Seite. Und Adel wie Ritterschaft lebten ohnehin für den Kampf und die Jagd. Ihre Fehden, also legalen Kleinkriege, wurden durch kirchlichen Einfluß im Zug der Gottesfriedensbewegung nur wenig eingedämmt. Aus religiösen Gründen an bestimmten Tagen nicht zu kämpfen und die waffenlosen Gruppen der Gesellschaft zu verschonen, blieb in der Praxis trotz entsprechender Kirchenstrafen eine nur selten geübte Zurückhaltung.

Es wäre trivial zu betonen, daß in letzter Instanz Brachialgewalt auch in jener Epoche das entscheidenden Mittel von Herrschaftsgewinn und -erhalt war. Gott war auch im Mittelalter auf Seiten der stärkeren Heere, auch wenn das die Zeitgenossen oft nicht geglaubt haben, sondern von anderen Gründen für Siege und Niederlagen wie Frömmigkeit oder Sündhaftigkeit ausgingen. Neben den Rittern und Fußsoldaten sowie den Knechten in ihrem Troß, die er aufbringen konnte, war es entscheidend, wo ein Herrscher über welche festen Plätze verfügte. Der Besitz von Städten und Burgen war wesentlich, oder wenigstens ein Bündnis mit ersteren. Dies bedeutete nicht nur etwa die Einnahme von Steuern und den Dienst spezialisierter Handwerker, sondern v. a. die Nutzung von Konzentrationspunkten militärischer Macht.

Was die Burgen betrifft, darf man nicht übersehen, daß die im Landesinneren gelegenen festen Plätze in der alltäglichen Praxis nicht zur Verteidigung gegen Angriffe von außen dienten, sondern dazu, die un- und halbfreien Untertanen niederzuhalten. Die mittelalterlichen Burgen waren i. d. R. immer (auch) Zwingburgen, seien sie vom Feudalherrn über seinen eigenen Bauern errichtet worden, seien es solche, die ein Eroberer (wie besonders eindrucksvoll Eduard I. in Wales) über ein unterworfenes Volk setzte. Das war auch Zeitgenossen durchaus bewußt; so schrieb um 1140 der Verfasser der Vita des hl. Altmann von Passau, zu seiner Zeit würden die Bischöfe, die ja auch weltliche Territorialherrn waren, mit dem Schweiß der Armen und dem Pfennig der Witwe Burgen auf den Bergspitzen anlegen lassen, nicht um böse Geister zu bannen, sondern um ihre Mitmenschen zu unterdrücken[1].

Harlech, eine der großen Zwingburgen, die der englische König Eduard I. im Zuge seiner Eroberung von Wales (1277-1283) zur Unterwerfung des Landes erbauen ließ.

Auch wenn ein Herrscher über genügend solcher Plätze verfügte, konnte er seine Pläne meistens nur im engeren Umkreis völlig durchsetzen, nämlich dort, wo er selbst mit seinem Heer auftauchte oder wo er wirklich zuverlässige Vasallen, Amtsträger oder Verbündete besaß. Für die französischen Könige etwa war dies im 12. Jahrhundert die Ile de France mit dem Zentrum Paris, von der aus sie die kleineren Herrschaftsträger im Umland systematisch ausschalteten. Damit legten die Kapetinger Grundlagen für einen tendenziell zentralistischen Staat. Am Beginn des 14. Jahrhunderts war das schon ein so gut funktionierender Beamtenstaat, daß es Philipp dem Schönen gelang, in seinem weiten Reich an ein und demselben Tag alle Ritter des mächtigen Templerordens durch seine Leute verhaften zu lassen. Dieser brutale Übergriff, den sein Kanzler, ein Jurist von bescheidener Herkunft, geplant hatte, war ein Meisterstück an Organisation. Er erfolgte am 13. Oktober 1307 aufgrund einer präzisen Vorbereitung, wie man sie sonst in dieser Epoche kaum je findet: Denn es waren ein Monat zuvor versiegelte Briefe des Monarchen an alle in den Krondomänen mit der Rechtspflege beauftragten Beamten, die Baillis und Seneschalle, ergangen, Briefe, die – bei Todesstrafe – erst am Morgen des genannten Tages geöffnet werden durften. Sie befahlen die Festnahme sämtlicher Tempelritter und die Erstellung einer Inventarliste ihrer Güter. Der Überraschungsschlag funktionierte, es gab keine Gegenwehr der sonst als Krieger gefürchteten Tempelherren, und innerhalb weniger Jahre war der Orden nach einem jeder Gerechtigkeit spottenden Prozeß ausgelöscht[2]. Dies ist vielleicht das beste, aber vereinzelte Beispiel für eine funktionierende staatliche Aktion aus dem Mittelalter.

Wie war Macht im hohen und späten Mittelalter verteilt? Jene Jahrhunderte konfrontieren den Betrachter mit einem kaum durchschaubaren Geflecht von vertikaler Herrschaft und horizontaler Genossenschaft. Ein Geflecht, welches sich keineswegs in Stillstand befand, sondern in einer steten Verschiebung der Schwerpunkte: Einzelne Herrscher konnten bei entsprechender Voraussetzung wie einer gut funktionierenden Beamtenschaft einen schon recht zentralistischen Staat leiten, wie im Hoch- und Spätmittelalter v. a. Frankreich, in anderen Ländern hielten sich territoriale Kräfte so sehr die Waage, daß dem König nicht mehr viel zu sagen blieb und er sich aus dem Reich nahezu zurückzog, so Deutschland in der 2. Hälfte des 15. Jahrhunderts. Besonders stark war die Neigung zur Unabhängigkeit bei den „reges christianissimi", den allerchristlichsten Königen Frankreichs. Dort formulierten Juristen wie Philippe de Beaumanoir (nach 1280) ein staatsrechtliches Konzept, daß darin kulminierte, was immer dem Herrscher gefalle, sei Gesetz, damit das Prinzip des Absolutismus vorwegnehmend. Doch in der Praxis blieb auch der französische Monarch in mancher Hinsicht von den Mächtigen unter seinen Untertanen abhängig, wenn auch weniger als der englische Eduard I., der dem Papst schrieb, er könne „nichts tun, das die Krone des Reiches berührt, ohne zuerst die Prälaten und Barone konsultiert zu haben."[3]

Wiewohl die Wirtschaft noch immer ganz überwiegend eine bäuerlich bestimmte war und mehr als vier Fünftel der Menschen Bauern, hatten gerade sie am wenigsten Macht, sondern gehörten überall zu den Minderberechtigten und Ausgebeuteten. Von verschwindenden Ausnahmen wie Island, der einzigen Demokratie des Mittelalters, kann man absehen (auch dieses Land wurde übrigens 1262/64 unfrei und Teil einer Monarchie, nämlich der norwegischen). Niederer und hoher Adel, weltliche und geistliche Fürsten beherrschten die Bauern und beuteten sie aus; Aufstände der Unterdrückten wurden regelmäßig mit Erfolg niedergeworfen. Wie bei aller feudaler Herrschaft lebte die Oberschicht von der erzwungenen Arbeit ihrer Untertanen und den Abgaben, die sie zu leisten hatten.
An der Spitze aller Reiche Europas stand im Mittelalter ein Monarch, nur in seltenen Fällen, z. B. wenn der Thronprinz noch zu jung war, eine Monarchin. Seit Karl d. Gr. im Jahre 800 das antike Kaisertum dem Anspruch nach wieder erneuert hatte, gab es zwar einem ‚Imperator' im Abendland neben dem in Byzanz, dem jedoch in der politischen Praxis außerhalb des deutschen Reiches nur ein Ehrenvorrang gezollt wurde.

Unter der Zentralgewalt regierten in verschiedener Abhängigkeit die großen und kleinen Beherrscher der einzelnen Länder und Städte aus dem hohen und niederen Adel bzw. der hohen Geistlichkeit. Seit dem Hochmittelalter wurde neben der Macht, die auf den persönlichen Beziehungen, die zwischen dem Lehnsherrn und seinen Vasallen oder dem König und seinen Amtsträgern wie den Grafen basierte, immer wichtiger die Macht über geschlossene Territorien. Um diese bemühten sich die einzelnen Dynastien genauso wie die Städte, indem sie durch Kauf, Tausch, Eroberung ihre Einflußgebiete abrundeten und von anderen Herrschern Rechtstitel erwarben, die diesen dort vielleicht noch zustanden. Diese Tendenz zur Herrschaftsverdichtung beruhte darauf, möglichst viele wirtschaftliche und juridische Rechte in einer Hand zu konzentrieren, wodurch geschlossene Herrschaftsterritorien entstanden, die die ältere Form der Machtausübung über einzelne verstreute Einflußbereiche zurückdrängten.

Gravensteen, Amtssitz der Grafen von Flandern in Gent,
1180 begonnen, bis ins 14. Jahrhundert umgebaut (restauriert)

Freilich war jeder weltliche Herrschaftsbereich schon seit dem frühen Mittelalter durchlöchert von einer Vielzahl von Orten, an denen die Vertreter des jeweiligen Herrschers, etwa die Grafen eines Königs, nicht amtieren konnten. Es waren dies geistliche Einrichtungen, v. a. Klöster und Bistümer, die sich vom jeweiligen Gebieter ein Dokument hatten ausstellen lassen, in dem er gegen das Versprechen von Gebeten seinen Beamten das Betreten dieses Orts einschließlich sämtlicher Besitzungen untersagte und auch auf Abgaben (Steuern) verzichtete, wodurch eigene Herrschaftsbereiche entstanden. Zwar hatten sie in der Regel schon einige Verpflichtungen, z. B. die, bei einem Heerzug eine bestimmte Anzahl von Kriegern aus ihren Untertanen zur Verfügung zu stellen, aber auf solchen Privilegien basierte die geistliche Herrschaft, die besonders im Deutschen Reich das Land bis zur napoleonischen Zeit in eine Vielzahl kleiner Territorien aufspaltete, die der Zentralgewalt nicht oder nur teilweise unterworfen waren. Freilich, auch die weltlichen Fürsten ließen sich vom König meist aus Anlaß bestimmter Dienste Privilegien ausstellen, z. B. das, daß ihre Untertanen von ihnen in letzter Instanz gerichtet wurden und keine Möglichkeit hatten, an den Monarchen zu appellieren. Eine solche Urkunde, die noch andere Besserstellungen enthielt, erwirkte z. B. der österreichische Herzog Heinrich II. 1156 von Kaiser Friedrich Barbarossa als Gegenleistung für seinen Verzicht auf Bayern. Damit hatte er einen Schritt zu einer geschlosseneren Landesherrschaft gemacht, konnte doch nun die königliche Justiz seine Gerichtsführung nicht mehr überprüfen und eventuell aufheben.

In der Praxis war schließlich jeder Herrscher jener Epoche auf die Unterstützung durch eine genügend große Anzahl von anderen Feudalherrn angewiesen, wie immer die ‚staatsrechtlichen' Gegebenheiten sich auch verhielten. Die absolute Monarchie der Barockzeit mit ihrem Berufsbeamtentum existierte noch nicht. Als beispielsweise im Investiturstreit der deutsche König, Kaiser Heinrich IV., vom Papst gebannt wurde, stellten sich rasch viele der wichtigsten Reichsfürsten gegen ihn, obwohl sie als seine Lehensträger eigentlich zur Treue verpflichtet gewesen wären, und wählten einen Gegenkönig.

Eine großer Veränderung vollzog sich über die 1000 Jahre, die wir als Mittelalter zusammenfassen, in der Weise, wie die Macht-strukturen aufgebaut waren. In der ersten Hälfte dieser Ära waren das Wesentliche, sehr vereinfacht gesagt, die persönlichen Beziehungen. Auf ihnen basierte der Feudalismus, der nach der Völkerwanderungszeit den römischen Beamtenstaat abgelöst hatte, wenn auch einzelne Titel und Funktionen in den ehemaligen Reichsgebieten weiterlebten. Ein Herrscher, sei es ein König oder ein Herzog oder ein Bischof, wurde primär von seinen Vasallen gestützt, die ihm persönlich den Lehnseid geschworen hatten und von ihm in einem persönlichen (mündlichen, später auch schriftlichen) Vertrag Güter zu Lehen genommen hatten, weswegen sie ihm mit Rat und Tat (vor allem militärisch) beistanden. Auch wer ‚verfassungsrechtlich' (ein für jene Epoche viel zu abstrakter Begriff) eigentlich Beamter war, wie die Grafen, war dem König durch solche persönlichen Beziehungen verpflichtet, nicht etwa durch ein Gehalt. Doch trat daneben im hohen Mittelalter mehr und mehr eine neue Schicht von Funktionären, zunächst am Hof selbst, mit denen sich wieder eine Beamtenschaft etablierte, also etwa Juristen oder Schreiber oder der Schatzmeister und seine Gehilfen. Im späten Mittelalter waren diese oft aus nichtadeligen Verhältnissen aufgestiegenen Personen zur Ausübung von Herrschaft vielfach schon wichtiger als die Adeligen, zu denen nach wie vor Lehensbeziehungen bestanden. Entscheidend blieben jedoch nicht die institutionellen Gegebenheiten, sondern die persönlichen Beziehungen, auch noch im Beamtenstaat des späten Mittelalters. Wenn der König jemandem seine ‚Gnade' verhieß oder seinen ‚Zorn' androhte, waren das keineswegs leere Formeln, sondern im ersten Fall ein Förderungs- und Schutzversprechen, im zweiten die Verheißung lebensbedrohender Gewalt.

Sowohl um Vasallen an sich binden als auch um Beamte bezahlen zu können war damals wie heute das Vermögen, über das ein Herrscher verfügte, ausschlaggebend. Im frühen und hohen Mittelalter waren es vorwiegend Landbesitzungen, mit denen die königlichen und anderen Funktionäre und Lehensleute entlohnt wurden. Diese Güter, d. h. die dort lebenden Bauern, konnten sie gemäß der jeweils lokalen Rechtstitel ausbeuten; davon lebten sie. Daneben waren auch Geschenke von Pretiosen und Geld nicht unwichtig. Gehalt in Form von Naturalien, aber v. a. Geld, bekamen dann die spätmittelalterlichen Beamten mehr oder weniger regelmäßig, ihre Spitze auch weiterhin Landbesitz.

Unter welchen Verhältnissen nun Herrschaft konkret ausgeübt wurde, das änderte sich im Laufe der 500 Jahre zwischen der Jahrtausendwende und der Reformation durchaus. Die frühen Monarchien funktionierten als sog. Reisekönigtümer, d. h. der König und sein Hof zogen durch das ganze Land und blieben bald in einer Stadt, einem Kloster, einer Burg für einige Wochen. Dann waren so viele der dort vorhandenen Lebensmittel vom Hof und dessen Pferden aufgezehrt, daß man weiterziehen mußte – ein sich stets wiederholendes, anstrengendes Spiel. Seine herrscherlichen Rechte in ganzer Fülle wahrzunehmen, gelang in jener Zeit eben oft nur bei persönlicher Anwesenheit. Weiter entfernte Teile eines Reiches durch Boten und Brief an die dortigen Machtträger, wie v. a. die Grafen, zu verwalten, dauerte lange und war unsicher, da sich die Verkehrsnetze in deutlich schlechterem Zustand befanden als in der Römerzeit.

Dieser wandernde Hof war keine feste Größe, sondern fluktuierte ständig in seiner Zusammensetzung. Bald waren diese oder jene Fürstgenossen anwesend, also die nächsten Verwandten des Herrn, diese oder jene Bischöfe (die nicht nur Ratgeber, sondern auch Reichsfürsten sein konnten), diese oder jene Lehensträger, diese oder jene Gelehrten und Künstler – usf. Die Zusammensetzung des Hofes veränderte sich auch im Lauf der Jahrhunderte: Zunächst dominierten adelige Vasallen und Geistliche, im späten Mittelalter kamen immer mehr Funktionsträger aus den nichtadeligen Schichten dazu, also eine vom Monarchen sehr weitgehend abhängige Beamtenschaft. Seit dem frühen 13. Jahrhundert, als die regelmäßige Beichtpflicht verschärft wurde, konnten auch die Beichtväter eine wichtige Rolle als dauernde Ratgeber und Seelenführer erhalten. Stets war weiterhin eine Anzahl von Rittern oder Söldnern in der Umgebung des Herrschers, um dessen Befehle durchzusetzen oder seine Urteile zu vollziehen.

Im späten Mittelalter fixierten sich dagegen die Höfe mehr und mehr auf eine bestimmte Stadt. Paris und London waren schon im 12. Jahrhundert unbestritten Residenzstädte, im deutschen Reich sah es im 14. Jahrhundert so aus, als ob Prag Hauptstadt werden sollte, dann setzte aber Wien sich durch. Die Territorien fanden in einigen Fällen rascher feste Mittelpunkte, so z. B. Sachsen, wo Braunschweig sich als fürstliche Residenzstadt etablierte. In Italien dagegen, das keine Zentralgewalt kannte (auch Rom bzw. der Kirchenstaat war dies nicht), bildeten die Stadtstaaten ohnehin die Kristallisationskerne von Territorialherrschaften. Die Republik Venedig z. B. unterwarf sich so große Teile Norditaliens und des Balkans, im Westen bis zum Gebiet der heutigen Schweiz und im Osten die an der Adria gelegenen Küstenstriche und Inseln.

Wie stark ein Herrscher war, hing von der Treue und Ehrlichkeit seiner Vasallen und Untertanen ab. Die Könige versuchten in diesem Sinn immer wieder, ihre Amtsträger zu kontrollieren. Von Ludwig dem Frommen, der das Frankenreich von 814 bis 840 regierte, ist überliefert: „Er schickte seine Abgesandten in alle seine Reiche, um nachzufragen und -forschen, ob man irgend jemandem ein Unrecht angetan hätte... Als sie ausschwärmten, fanden sie eine unzählige Menge Unterdrückter, denen man das Erbgut genommen oder die Freiheit entzogen hatte, das hatten schlechte Beamten, Grafen und Schultheisse in böser Absicht getan. Das alles ließ der genannte Fürst für ungültig erklären..., gab den Unterdrückten ihr Erbgut zurück und befreite die gegen das Recht zur Knechtschaft Hinabgedrückten.“[4] Ähnliche Aktionen gab es auch später, der französische König Ludwig IX. etwa setzte ab 1247 in seinem Reich Untersuchungskommissionen ein, die Ungerechtigkeiten gegen seine Untertanen ausforschen und abstellten sollten. Der bekannt fromme Kapetinger nahm sein Amt als höchster Richter damals besonders ernst, da er sein Land wegen des Kreuzzuges verlassen wollte. Den Hintergrund für solche Aktionen bildete ein nicht zu sondierendes Gemisch aus religiöser Verpflichtung vor Gott und dem realpolitischen Bestreben, Gewalt über die niedrigeren Machthaber zu demonstrieren. Freilich blieben die Fälle, wo die lokalen Gebieter nach Gutdünken schalteten und walteten, bei weitem in der Mehrzahl.

Gerechtigkeit war eines der königlichen Ideale, wie sie zur Prinzenerziehung in einer eigenen Literaturgattung, den Fürstenspiegeln, beschrieben wurden. Ebenso lag es sowohl im religiösen wie im innenpolitischen und wirtschaftlichen Interesse der obersten Herrschaftsträger, einem zweiten Ideal nachzustreben, das stets mit dem Königtum in Verbindung gebracht wurde: dem des Friedenswahrers. Die zahllosen kleineren Herrn bekämpften einander immer wieder in blutigen Fehden, in denen der Gegner vor allem durch Vernichtung seiner Bauern, Dörfer, Felder, Herden, Weinstöcke... geschädigt wurde. Dagegen dienten herrscherliche Gesetzgebung und Rechtsprechung. Der *Sächsische Landfriede* Kaiser Friedrichs II. von 1221 etwa beginnt mit der Bestimmung, „Geistliche, Mönche, Frauen, Nonnen, Bauern, rechtmäßige Jäger, Fischer und Juden sollen an jedem Tag und zu jeder Zeit an Leib und Gut sicheren Frieden haben. Kirchen, Friedhöfe, Pflugäcker, Mühlen und Dörfer sollen innerhalb ihrer Umzäunung denselben Frieden haben. Alle Straßen sowohl zu Lande als auch zu Wasser sollen denselben Frieden und das Recht haben, daß sie von Alters her hatten. Wer immer einen offenen Feind hat, darf ihn am Montag, Dienstag und Mittwoch außerhalb der genannten Stätten und Orte an seiner Person schädigen, doch nicht an seinen Gütern, so aber, daß er ihn nicht gefangennimmt. Am Donnerstag, Freitag, Samstag und Sonntag soll jeder Mensch einen sicheren Frieden haben, ausgenommen die Geächteten…"[5] Ebenso enthält das Gesetz die Bestimmung, daß jede Fehde unrechtmäßig sein sollte und vom Königsgericht zu ahnden, jeder Fehdeführende wird geächtet. Faktisch blieben diese Bestimmungen zwar wenig wirksam, zeigen aber deutlich die oben genannte Intention.

Vasallentum und Lehnswesen waren dominierenden Elemente sozialer Organisation und Herrschaft, sie machen das Wesen des Feudalismus aus (das schloß freilich die Existenz andere Modelle auf anderer Ebene daneben, wie genossenschaftliche Strukturen etwa in der Dorfgemeinschaft oder der Stadt nicht aus). Der Vasall war ein wehrfähiger Mann, der sich unter bestimmten Zeremonien und Eiden einem Mächtigen anschloß, zu dessen Gefolge er dann zählte. Er war ihm zu Hilfe, d. h. konkret Waffenhilfe, und Rat, d. h. konkret Mitwirkung an seiner Politik, verpflichtet. Dafür erhielt er Geschenke und vor allem Land, später auch Geld. War er am Herrenhof, wurde sein Lebensunterhalt dort übernommen, seine Kinder dort erzogen oder bei Verwaisung erhalten. Sowohl der Herr hatte seinen Mann gegebenenfalls zu rächen wie auch umgekehrt, gegenseitige Treue war das beschworene Ideal. Grund und Boden wurde mitsamt den darauf wohnenden Bauern als Lehen ausgetan, d. h. dem Vasallen zur Nutzung übertragen, i. d. R. auf Lebenszeit. Faktisch wurde ein Lehen sehr oft durch die Belehnung des Sohnes und dann wieder dessen Sohnes usf. erblich. Probleme ergaben sich u. a. dadurch, daß ein Ritter Vasall mehrerer Herren werden konnte – es ist u. a. ein Fall bekannt, wo ein Mann Lehnsträger und Vasall von zwanzig Großen war[6] – und dann natürlich in Konflikte kam, wenn eine Fehde zwischen zweien oder mehreren seiner Herren ausbrach. Alle Mächtigen, Könige, Herzöge, Grafen, Bischöfe, Äbte hatte im Mittelalter Vasallen, also faktisch Privatarmeen, wobei theoretisch der König als Oberlehnsherr zu respektieren war, in der Praxis aber jede Konstellation und ein Widerstandsrecht gegen den Monarchen möglich war.

Die Festung Hohensalzburg, ganz links das „Bürgermeister" genannte Rondell; die oberen Teile um 1500, die unteren sind im 17. Jahrhundert hinzugefügte Basteien.

Erzbischof Leonhard von Keutschach (reg. 1495-1519) auf seinem Monument, das über die Stadt blickend aufgestellt werden sollte. Marmorrelief, 1515, Hohensalzburg

Unter der monarchischen Oberhoheit entfalteten sich manche andere und zur Unabhängigkeit strebende Regierungsgewalten. Das waren nicht nur die Territorialfürsten wie Herzöge, Grafen geistliche Herren, sondern auch die Kommunen. Die Städte bildeten eigene Herrschaftszonen, deren Organisation sich von der auf Land basierenden des Feudalismus emanzipierte, als seit dem 11. Jahrhundert die urbane Kultur wieder aufblühte, die Städte sich wieder zu vergrößern begannen, der Handel ein gravierender Wirtschaftsfaktor wurde. Ursprünglich standen sie alle unter einem Stadtherren, vielfach dem Bischof oder dem Landesherrn. Von dessen Bevormundung suchten sie sich stückweise loszukaufen, indem sie für einzelne Privilegien gutes Geld boten, also z. B. für das Recht, die Justiz selbst zu verwalten, anstatt wie bisher von einem Vogt des Stadtherrn abhängig zu sein. Manche Städte erreichten eine sehr weitgehende Selbstverwaltung und Unabhängigkeit, wie in Deutschland z. B. Köln, Augsburg und Magdeburg, so daß ihr Herr, der Bischof, zeitweise nicht einmal mehr dort zu residieren wagte. Andere, wie z. B. Würzburg oder Salzburg, blieben bis in die Neuzeit fest in der Hand ihres Herrn, wieder des Bischofs, der im Krisenfall von seiner über der Stadt gelegenen Festung mit militärischer Macht gegen die Bürger vorging. Seit der Einführung der Pulvergeschütze lebten die Würzburger und Salzburger im Anblick der drohend auf sie gerichteten bischöflichen Feuerwaffen, weswegen ein spätmittelalterliches Befestigungswerk der erzbischöflichen Feste Hohensalzburg treffend ‚Bürgermeister' genannt wurde – von hier aus wurden die Untertanen von dem geistlichen Stadtherrn mit Kanonen ‚gemeistert'.

Alle Städte erlangten im späten Mittelalter ein gewisses, wenn eben auch von Fall zu Fall sehr unterschiedliches Maß an Selbstverwaltung, so daß zwei Herrschaftssysteme neben- (und gegeneinander) arbeiteten. Das bürgerliche zeigte eine genossenschaftliche Komponente, da die Bürger – d. h. faktisch das aus den reichsten und mächtigsten Familien bestehende Patriziat – Rat und Bürgermeister stellten. Damit entwickelte sich also aus der Praxis des städtischen Lebens heraus eine tendenziell demokratische (genauer: oligarchische) Struktur (ohne daß die Bürger Aristoteles gelesen hätten); baulich demonstrierte man diese Situation durch prächtige Rathäuser und hohe Stadttürme. Die Vollbürger – Angehörige der Unterschicht in minderer Rechtsstellung und

Außenseiter wie Juden oder Prostituierte blieben ausgegrenzt – waren einander durch einen Eid verpflichtet. Trotzdem kam es v. a. im 14. Jahrhundert immer wieder zu blutigen inneren Auseinandersetzungen zwischen Patriziern und Handwerkern, deren Zünfte an der Macht beteiligt sein wollten und diese auch zeitweise durch Aufstände übernahmen. Verfeindete Parteien – in Florenz etwa die Weißen und die Schwarzen – wechselten sich nicht selten in der Regierung ab; daß Teile des Patriziats auch gleichzeitig als Adelige mit auswärtigem Besitz in Vasallentum und Lehnswesen eingebunden waren, verkomplizierte oft die Lage.

Rathaus von S. Quentin (Pikardie), 1507 ff.

Legitimation

Herrschaftsträger streben stets nach Legitimation, die eine sicherere Stütze darstellt, als Gewalt allein. Im Mittelalter war die Herkunft aus einer möglichst alten und adeligen Familie ein wichtiges Element, um anerkannt zu werden. Daher das Interesse an Geschichte und Genealogien, vielfach geschönt, teilweise erdichtet, und an Herkunftsmythen. Die Abstammung eines Adelshauses bis ins graue Altertum zurückzuverfolgen, um den lebenden und künftigen Nachkommen noch mehr Ansehen zu verschaffen, war völlig üblich; die Linien wurden hier ganz willkürlich und sogar phantastisch gezogen, sei es als bewusste Fälschung, sei es aus gutem Glauben, aber mangelnder historischer Kompetenz. So konstruierte z. B. ein Zeitgenosse König Richards I. von England, der Geschichtsschreiber Radulf von Dicetum, für diesen einen Stammbaum, der über die angelsächsischen Könige von Wessex auf Alfred d. Gr. und den sagenhaften Reichsgründer Cerdic zurückführte, der von (dem ursprünglich germanischen Gott) Wodan abstamme, und dieser wiederum vom Patriarchen Noah des *Alten Testamentes.* Als Heinrich II. von England den Papst um die Kanonisation seines angelsächsischen Vorgängers Eduard ersuchte, vergaß er nicht zu betonen, daß er mit ihm blutsverwandt sei: Die Heiligkeit des toten Königs sollte auf den lebenden weiterwirken.

Die ganze Geschichte des Mittelalters ist durchzogen von Spannungen des Zusammengehörigkeitsgefühls der führenden Familien und den Rivalitäten ihrer einzelnen Mitglieder untereinander. Es ist ein bemerkenswertes Phänomen, daß es in nicht wenigen Dynastien zu mehrfach wiederholten Aufständen der jüngeren Generation gegen die herrschenden Eltern kam, die aber trotzdem immer wieder in Versöhnungen endeten. Die Situation Englands und Frankreichs in der zweiten Hälfte des 12. Jahrhunderts ist geprägt von den blutigen Kämpfen zwischen König Heinrich II. und seinen Kindern Heinrich, Richard Löwenherz, Gottfried und Johann Ohneland, dann vom Zwist der Brüder untereinander – und ihren Versöhnungen. Tatsächlich waren derartige Verhältnisse viel häufiger, als Auseinandersetzungen mit wirklich tödlichem Ausgang wie die zwischen Herzog Johann von Österreich und seinem Onkel König Albrecht I., bei der dieser 1308 von dem jüngeren Habsburger ermordet wurde. Die nach außen angeführten Gründe für solche Zerwürfnisse waren meist rechtlicher, speziell erbrechtlicher Natur.

Dem herrschaftsstabilisierenden Denken in festgefügten sozialen Wertkategorien entsprang auch die Bedeutung des in ‚rechtem Beilager', d. h. rechtlich vollgültiger Ehe gezeugten Nachfolgers, bei dem man sich der Herkunft aus adeligem Blute sicher sein konnte. Dies kann folgende Überlieferung illustrieren, mag sie auch faktisch kaum ganz exakt sein, so doch für die Mentalität der Zeit bezeichnend: Es verursachte unter den Einwohnern von Montpellier höchste Unruhe, als ihr Herrscher, König Peter II. von Aragon, seiner Gemahlin andere Damen so sehr vorzog, daß er seinen ehelichen Pflichten nicht nachkam. So verfielen sie auf den Trick, ihm vorzuspiegeln, seine Geliebte erwarte ihn in einem bestimmen verdunkelten Zimmer, obschon es sich in Wirklichkeit um seine Gattin handelte. Während der König, ohne den Unterschied zu merken, einen Nachkommen zeugte, beteten etwa 50 der Edlen der Stadt vor dem Schlafgemach, und die sonstige Bevölkerung tat ein Gleiches in den Kirchen. Somit war für einen legitimen Thronerben gesorgt, den künftigen Jakob den Eroberer (1208-1276)[7].

Seit Römerzeiten spielte die Heiratspolitik eine oft entscheidende Rolle in der europäischen Geschichte, garantierte sie doch nicht nur standesgemäße Ebenbürtigkeit, sondern wurden durch sie auch oft neue Länder erworben oder verfeindete Dynastien zum Frieden gebracht. Dementsprechend suchten die Könige auch die Ehen ihrer Vasallen zu kontrollieren: Heinrich II. von England ließ um 1185 die *Rotuli de dominabus, puellis et pueris* aufstellen, also Listen der Witwen, Jungfrauen und Knaben, die er verheiraten konnte, indem er einerseits sein Recht als oberster Lehnsherr ausübte und andererseits die Christenpflicht, für Witwen und Waisen zu sorgen. Dabei handelte es sich freilich i. d. R. vornehmlich um wohlhabende Frauen aus dem Adel, mit denen er seine treuen Gefolgsleute belohnen konnte, die zu den noch aufstrebenden jungen Rittern gehörten.

Beginn und Ende von Herrschaft

Das Alltagsleben der meisten Herrscher war zu einem höheren Maß von der Teilnahme an rituellen Akten bestimmt, als das eines sonstigen Laien. Nicht nur war ihre Anwesenheit bei feierlichen Anlässen so gefragt, wie noch immer die heutiger Politiker, sie fügten sich auch erziehungsbedingt dem höfischen Zeremoniell ein und präsidierten die in stark ritualisierten Formen ablaufende Gerichtsbarkeit. Natürlich gab es auch hier bedeutende Unterschiede; einen schon an den Barock erinnernden Höhepunkt eines von Zeremonien bestimmten Hofes stellte der des Herzogtums Burgund im 14. und v. a. 15. Jahrhundert dar, während manche deutsche Könige wie Rudolf von Habsburg wenig Interesse für dergleichen zeigten.

Besonders Beginn und Ende einer Herrschaft waren von Übergangsriten markiert, aber auch die feierlichen Anlässe sonst (wie die kirchlichen Hochfeste) waren von einer Fülle von Zeremonien umgeben. Sie bestanden aus Elementen von jahrhundertlanger Tradition, wurden aber auch immer wieder durch Innovationen verändert. Im 13. Jahrhundert und später beobachtet man, wie öfter und öfter Herrscher selbst zu ihrer Meinung nach wirksamen oder praktischen Neuformulierungen des Zeremoniells beitrugen. So legte etwa der ökonomisch veranlagte Kaiser Friedrich III. von Habsburg Kaiserkrönung und Hochzeitsfeier bei seinem Rombesuch 1452 innovativ zusammen.

Ein neuer Monarch gelangte i. d. R. durch Wahl oder Erbfolge auf den Königsthron, in seltenen Fällen auch nur durch militärische Gewalt. Während die Dynastien in Frankreich und England ein Erbkönigtum durchsetzen konnten, wozu u. a. der von den Getreuen und Untertanen verlangte Schwur auf den Prinzen noch bei Lebzeiten des amtierenden Vaters gehörte, war das Königtum in Deutschland von einem kleinen und anfänglich wechselnden Kreis von geistlichen und weltlichen Machthabern abhängig, die im Spätmittelalter als Kurfürsten bezeichnet wurden. Erst mit dem Reichsgesetz der *Goldenen Bulle* von 1356 war staatsrechtlich klar definiert, wer dazugehörte (z. B. der Erzbischof von Mainz und der König von Böhmen), wo die Wahl stattfinden mußte u. dgl. m. Eine ähnliche Machtkonzentration wie in

Frankreich oder auch in England gelang im Deutschen Reich nie, da hier eben keine automatische Erbfolge galt, sondern jedes Mal ein König gewählt werden mußte, wodurch die Dynastien wechselten: Ottonen, Salier, Staufer, Habsburger, Luxemburger, wieder Habsburger…

Unabhängig davon, wie ein König auf den Thron gelangt war, sein Amtsbeginn war stets von einer Fülle von ‚rites de passage', von Übergangsriten, begleitet, die Gottes Gnade herbeirufen und die Anfechtungen des Teufels abwehren sollten. Schon im frühen Mittelalter entwickelten sich langwierige liturgische Zeremonien, mit denen der neue Herrscher in der Krönungskirche unter den Schutz Gottes gestellt wurde. Die Weihe umfaßte, verschieden bei den einzelnen Völkern, neben der allgemein üblichen Krönung und Übernahme der Reichsinsignien eine Salbung, Einkleidung, Thronsetzung – ein durchaus theatralisches, heiliges Spiel. Die Salbung galt schließlich bis ins 13. Jahrhundert als Sakrament, auch wurden Könige zu Diakonen geweiht, womit sie neben der weltlichen auch eine geistliche Würde empfingen. Vorbildlich waren dabei weitgehend die Zeremonien, die im *Alten Testament* von den Königen Judas überliefert waren, wie auch die liturgischen Gesänge zu einem großen Teil aus Bibelzitaten bestanden. Doch erhöhten auch entsprechende Legenden die Heiligkeit des Vorgangs, so wenn das Chrisma, mit dem die französischen Monarchen seit Pippin III. gesalbt wurden, als jenes einst von einer Taube zur Taufe Clodwigs vom Himmel herabgebrachte identifiziert wurde. Nicht weniger wichtig war die weltliche Huldigung der Fürsten, bei der sie feierlich ihre Treue dem neuen Herrn gegenüber beschworen.

Die Einzelheiten unterschieden sich natürlich von Land zu Land; gelegentlich spielten auch noch vorchristliche Bräuche mit, so in Irland, Schottland und in Schweden; im Herzogtum Kärnten gab es bei Karnburg den Fürstenstein, wohin sich der künftige Herzog in ländlicher Kleidung zusammen mit einem Pferd und einem Stier begab. Nach einer Befragung durch einen auf diesem Thron sitzenden Bauern – ob er ein gerechter Richter und guter Christ sei – konnte er den Sitz einnehmen. Dann zückte er das Schwert, schwang es nach allen Himmelsrichtungen und beeidete, den Frieden zu wahren und am rechten Glauben festzuhalten. Erst danach erfolgte die Segnung in der Kirche. Bei Maria Saal steht noch heute auf dem Zollfeld der Herzogstuhl, ein massiger Doppelsitz aus Steinplatten. Auf ihm nahmen die Kärntner

Herzöge nach ihrer Inthronisierung Platz, um Rechte und Freiheiten zu bestätigen und sich von den Ständen huldigen zu lassen. Hier sprachen sie auch Recht und vergaben Lehen. Bei beiden Monumenten handelt es sich um römische Überreste, die wohl in der Zeit der slavischen Vorherrschaft für diese Zeremonien umfunktioniert worden waren[8]. Der irische König mußte bei der Krönung einen heiligen Stein, den Lia Fal, betreten, der der Sage nach in heidnischer Zeit so viele Schreie ausgestoßen habe, als ihm Jahre der Regentschaft bestimmt waren. Mit der Christianisierung sei er verstummt, und in Wirklichkeit handle es sich überhaupt um jenen Stein, auf dem Jakobs Haupt geruht, als er den Traum von der Himmelsleiter hatte. Ähnlich war der schottische Krönungsstein bei der Königserhebung unerläßlich, weswegen ihn Eduard I. nach seinen Siegen über die Schotten 1296 nach London entführte, wo er in Westminister Abbey unter dem Hochthron des Monarchen liegt. In Schweden wurde der Stein von Mora, wo regelmäßig die Königswahl auf einem Thing stattfand, bis 1457 gebraucht, eine Form der heidnischen Weihe, die neben der christlichen bestehen geblieben war[9].

Wie die Riten um die Herrscherweihe das Ende der alten und den Beginn einer neuen Existenz symbolisierten, so noch mehr die am Ende einer Herrschaft vollzogenen. Der Adel und auch die höhere Geistlichkeit, namentlich das Papsttum, hatten ein komplexes Zeremoniell entwickelt, das beim Tod eines Herrschers noch einmal seine Bedeutung repräsentierte. Spätmittelalterlicher Könige wurden nicht selten mit einem Ritus bestattet, welcher die Idee des Weiterbestehens des Staates trotz des Todes des Individuums zum Ausdruck brachte, wiewohl der Begriff ‚Staat' in unserem Sinn noch wenig entwickelt war. Bei den Totenfeiern für Kaiser Karl IV. von Luxemburg 1378 wurden nicht nur seine zur böhmischen Krone gehörigen Länder durch Ritter und Wappen versinnbildlicht, sondern das Reich selbst durch zwei Ritter mit Banner, einem gekrönten Helm, dem zum Boden gekehrten Reichsschwert und dem umgekehrten Reichswappen, während die königlichen und kaiserlichen Insignien unmittelbar neben der Totenbahre zu sehen waren[10]. In Frankreich und England wurde seit etwa 1300 der Leichnam des Herrschers bestattet, sein Bild jedoch zum Zeichen des Weiterlebens des Königtums feierlich durch die Straßen getragen. In der politischen Theorie spricht man u. a. deshalb von den ‚beiden

Körpern‘ des Königs. Freilich, schon der deutsche König Konrad II. (reg. 1024-1039) hatte geschrieben: „Wenn ein König gestorben ist, so bleibt doch das Königtum, wie ein Schiff bleibt, dessen Steuermann fällt!“[11]

Geistliche Herrschaft

Wie die weltlichen Großen den Klöstern Immunitäten verliehen, statteten die Bischöfe sie mit Exemptionen aus, also mit Privilegien, in denen sie darauf verzichteten, ihre Amtsgewalt dem Abt und den Mönchen gegenüber auszuüben. So konnten sich Mönchskonvente auch in dieser Hinsicht ungehindert zu mehr oder minder autarken Herrschaften eigener Verwaltung entwickeln. Dabei war die Exekutive üblicherweise Laien anvertraut, also Vögten oder Amtmänner, die die Herrschaft über die Bauern oder Bürger ausübten, die zum Besitz einer Abtei gehörten.

Das bedeutendste geistliche Territorium war natürlich der Kirchenstaat. Rom war seit den Anfängen des Mittelalters Haupt dieses Territoriums gewesen, und der Papst auch sein weltlicher Herr. Grundlage waren gefälschte Traditionen, so die von der angeblichen Schenkung des Westreiches durch Kaiser Konstantin an Papst Sylvester, und echte Urkunden, so die *Pippinsche Schenkung*, in der der Karolingerkönig 756 eroberte langobardische Gebiete Stephan II. übertrug.

Doch sind dies nur die weltlichen Aspekte geistlicher Herrschaft. Denn diese beruhte im religiös-ideologischen Sinn auf der vom Priesterstand beanspruchten Oberhoheit über die Laien. Da die Sakramente im Katholizismus i. d. R. nur vom geweihten Priester gespendet werden dürfen, waren allein sie die Mittler zu Gott, denn sie konnten etwa die Hostie beim Abendmahl darreichen oder versagen, konnten dem Sterbenden die letzte Ölung gewähren oder sie ihm verweigern – usf. Eine umfangreiche Predigt- und Exempelliteratur prägte dem Volk die Ehre, ja die Heiligkeit – Amtsheiligkeit – dieses Standes ein.

Wenigstens seit dem 14. Jahrhundert nannten sich auch die einfachen Pfarrer „domini“, „Herren“, und wurden so angesprochen; umgekehrt hießen sie ihre Pfarrkinder „Untertanen“ (in Frankreich schon im 12. Jahrhundert). „Wie die Sonne den Mond, so übertrifft der Priester den Laien“, so formulierte es ein Geistlicher 1474 in seinem Testament. Und das entsprach genau der üblichen Selbsteinschätzung dieses Standes.[12]

Natürlich war auch die Geistlichkeit nicht demokratisch, sondern hierarchisch aufgebaut, vom Papst über die Patriarchen, Erzbischöfe, Bischöfe, Priester bis hinunter zu den niederen Weihegraden wie Diakon, Exorzist oder Türsteher (teilweise nur mehr Titel). Ein umfangreicher Teil des Kirchenrechts regelte die Herrschaftsbefugnisse der Prälaten über die Masse der Geistlichen und formulierte die Strafkataloge bei Verfehlungen. Die härteste Waffe, die dem Priesterstand sowohl gegen Laien als auch gegen Standesgenossen zur Verfügung stand, war die Exkommunikation bzw. das feierlichere Anathema. Dies waren Fluchformeln, die den Betroffenen nicht nur von den meisten Kontakten mit den Mitmenschen ausschlossen, sondern vor allem dem Teufel und der Hölle überantworteten, sofern er sich nicht beugte und Buße tat. Nicht immer, aber sehr oft waren die Zeitgenossen so voll Furcht vor diesem Gebrauch der Binde- und Lösegewalt, daß sie über kurz oder lang einlenkten – am bekanntesten Heinrich IV., der sich in seiner Auseinandersetzung mit Papst Gregor VII. 1077 zum Canossa-Gang entschließen mußte, um vom Kirchenbann loszukommen. Freilich bedeutete dieses Herrschaftsinstrument auch die soziale Ächtung und konnte die Verfolgung durch die weltlichen Gewalten nach sich ziehen.

Geistliche und weltliche Herrschaft

Ein Thema, das die ganze Geschichte des Mittelalters durchzieht, ist das Verhältnis von geistlicher und weltlicher Herrschaft. Ein ganz wesentliches Charakteristikum der Geschichte des Mittelalters ist einerseits das Bestreben der beiden Mächte, einander zu unterstützen, um so Macht über die Untergeben zu festigen, und andererseits die Konkurrenz dieser beiden Instanzen, von denen eine jede der anderen ihren Willen aufzuzwingen suchte. Seit etwa der Mitte des 11. Jahrhunderts, als das Reformpapsttum namentlich unter Gregor VII. einen mit dem Kaiser konkurrierenden Weltherrschaftsanspruch entwickelt hatte, rissen die oft mit militärischer Gewalt ausgetragenen Auseinandersetzungen zwischen den beiden Häuptern der westlichen Christenheit nicht mehr ab. Besonders Deutschland und Italien waren im späten 11. und im 12. Jahrhundert von zahlreichen Kämpfen zwischen Königen und Päpsten heimgesucht. Der Ursprung dieser Spannungen lag in der Kirchenreform, die neben einer Anpassung der Geistlichkeit an aus dem Mönchtum übernommene asketische Ideale genauso die Befreiung aller kirchlichen Einrichtungen von laikalen Einflüssen anstrebte. Wer durfte einen Geistlichen mit einem Amt ausstatten, ihn ‚investieren'? Faktisch war es ja so, daß die Könige bis ins 11. Jahrhundert weitgehend bestimmten, wer in ihrem Reich Bischof werden sollte, wogegen das Kirchenrecht eine freie Wahl vorsah; ebenso bestimmten die lokalen Feudalherren, wer in ihren Eigenkirchen als Priester amtieren sollte, was eigentlich Sache nur der Bischöfe gewesen wäre. Natürlich gab es für den Ruf nach ‚Freiheit für die Kirche' („libertas ecclesiae") auch wichtige finanzielle Aspekte, da die Eigenkirchenherren regelmäßig einen großen Teil des von der Gemeinde an die Kirche gezahlten Zehntes für sich beanspruchten, obgleich er eigentlich nur der Kirche zugute kommen sollte.

Zwischen dem deutschen König Heinrich IV. und dem römischen Papst Gregor VII. erreichten diese unter dem Namen Investiturstreit bekannten Auseinandersetzungen ihren Höhepunkt, indem der Papst den Kaiser durch Exkommunikation aus der Kirche ausschloß, also in Hölle bannte, und der Kaiser den Papst absetzte und einen Gegenpapst aufstellte. In der Folge kam es in zahllosen Kirchen, von Erzbistümern über die Klöster bis zu Landpfarreien, dazu, daß sich auch hier bei einer Wahl zwei Kandidaten gegenüberstanden, jeder von ihnen einem der beiden Päpste gehorchend. Diese Konflikte wurden in der Regel keineswegs vor Gericht ausgetragen, sondern von den jeweiligen Anhängern aus dem Laienstand mit bewaffneter Hand – was einem Bürgerkrieg gleichkam. Da die deutschen Fürsten die Gelegenheit benutzten, einen Gegenkönig gegen Heinrich zu wählen, der zunächst erfolgreich schien, blieb diesem nichts übrig, als sich 1077 dem Papst in der Burg zu Canossa zu unterwerfen und demütig um Wiederaufnahme in die katholische Kirche zu bitten. Die Auseinandersetzung überdauerte die beiden Kontrahenten und führte zu einer immer deutlicheren Scheidung von Geistlichkeit und Laien und letztlich zum Heraustreten einer profanen Kultur und Lebensanschauung aus dem im Frühmittelalter ganz durch religiöse Kategorien interpretierten Weltbild. Noch deutlicher um die politische Vormacht v. a. in Italien sollte es dann unter den Staufern Friedrich I. Barbarossa und Friedrich II. gehen, bis das Problem im 14. Jahrhundert dadurch an Brisanz verlor, daß die deutschen Herrscher zu sehr mit den Problemen im eigenen Land beschäftigt waren, um weiterhin Heerzüge nach dem Süden zu planen.

In welch emotional erregter Stimmung die Frage nach der Begründung von Herrschaft diskutiert wurde, kann eine Szene illustrieren, die sich im Oktober 1157 auf dem Reichstag in Besançon abspielte. In dem Brief, den damals die päpstliche Gesandtschaft an Kaiser Friedrich Barbarossa überbrachte, sagte Papst Hadrian IV., die Mutter des Herrschers, die hochheilige römische Kirche, habe ihm „die Insignie der Kaiserkrone verliehen", die er überdies noch als „beneficium", d. h. Lehen, bezeichnete. Als das ins Deutsche übersetzt wurde, „waren die anwesenden Fürsten erbost", und einer der Legaten vergrößerte ihre Verärgerung noch, indem er fragte: „Von wem hat denn der Kaiser sein Reich, wenn nicht vom Herrn Papst?" Hätte Friedrich dies nicht verhindert, wäre der bayerische Pfalzgraf mit gezogenem Schwert auf die Kardinäle losgegangen. Sie wurden auf schnellstem Weg nach Italien zurückgeschickt, und der Kaiser erließ ein Rundschreiben, in dem er u. a. ausführte, nur die göttliche Allmacht und die Wahl der Fürsten begründe seine Stellung. „Wer immer sagt, wir hätten die Kaiserkrone als Lehen vom Herrn Papst empfangen, widersetzt sich der göttlichen

Gründung und der Lehre des Petrus und wird als Lügner angeklagt."[13] Nur mit Mühe konnte sich der Papst später entschuldigen, er habe mit „beneficium" nicht ‚Lehen', sondern ganz unverbindlich ‚Wohltat' gemeint (was sprachlich möglich ist). Der weltliche Herrscher beanspruchte also Gottunmittelbarkeit, der Heilige Vater dagegen versuchte auch lange nach dem Investiturstreit, dieses Amt als von seinen Gnaden abhängig zu interpretieren[14].

In abgeschwächter Form existierten ähnliche Spannungen auch in den anderen europäischen Ländern, der englische Kanzler und Erzbischof Thomas Becket war ihr berühmtestes Opfer. Und natürlich spielten sich analoge Kämpfe auch in kleinerem Maßstab ab, oft und oft namentlich in den Städten, wo die Bürger mit unterschiedlichem Erfolg versuchten, sich von ihren bischöflichen Stadtherrn zu befreien.

Wichtig für die intellektuelle Entwicklung Europas waren diese Konfrontationen, da beide Parteien sich genötigt sahen, ihre Rechtfertigungen in präziser Form und mit theologischen, philosophischen und historischen Begründungen vorzutragen, um unter den Gebildeten Anhänger zu werben. Parallel zu den kriegerischen liefen propagandistische Feldzüge, die vor allem mit der Berufung auf die jeweils der eigenen Sache günstigen Stellen der *Bibel* und der Kirchenväter argumentierten. Dies förderte den kausal-logischen, diskursiven Denkstil, der mehr und mehr das ältere assoziative Denken verdrängte. Die neue Methode sollte in der Theologie als Scholastik bekannt werden und durch ihre Lehre an den Universitäten bald die die europäische Intellektualität prägende Vorgangsweise werden.

Daß daneben mit allen anderen Mitteln vorgegangen wurde, bedarf keiner Betonung. Erwähnt sei zum Beispiel nur die Verbreitung der Silvester-Legende durch die päpstliche Seite. Danach hätte Silvester I. (reg. 314-335) Kaiser Konstantin auf wunderbare Weise von der Lepra geheilt, nachdem dieser darauf verzichtete, sich durch das Blut unschuldiger Kinder zu reinigen. Danach habe er ihn getauft, worauf der Kaiser dem Papst zum Dank das gesamte Westreich und die kaiserlichen Insignien geschenkt habe und seinen Primat über alle anderen Priester anerkannte. Diese schon frühmittelalterliche Legende wurde begierig von den Kirchenrechtlern Gregors VII. wie auch späteren aufgenommen und erst 1433/1440 als Fälschung entlarvt.

Ein besonders deutliches Beispiel des Zusammenspiels von Religion und Macht illustriert eine Altartafel des Simone Martini aus dem Jahre 1317. Ein heiliger Bischof wird da von Engeln gekrönt, und er selbst krönt einen Monarchen. Die Weitergabe des überirdischen Heils an den irdischen Herrscher durch den Heiligen ist sinnfällig. Bei dem Bischof handelt es sich um Ludwig von Toulouse († 1297), und bei dem König um seinen Bruder Robert von Anjou. Letzterer war der Auftraggeber des Bildes, der die Kanonisation Ludwigs dazu benützte, seine nicht unumstrittene Regierung auf diese demonstrative Art zu legitimieren[15].
Napoli, Museo Capodimonte

Diese Konkurrenz der geistlichen und der weltlichen Herrschaft ist heute wohl besser bekannt, kam es doch zu so aufsehenerregenden Szenen wie dem eben zitierten Gang des deutschen Königs nach Canossa; genauso gab es freilich ein einmütiges Zusammenwirken der beiden Instanzen, wenn es um die Disziplinierung des Volkes oder Kirchenvolkes ging – was man später den Bund zwischen Thron und Altar nennen sollte. Im Mittelalter wurde dieses Verhältnis meist mit der spätantiken Zweit-Schwerter-Theorie umschrieben, nachdem es ein weltliches und ein geistliches Schwert gäbe, in praxi die Gewalt der Waffen bzw. der Exkommunikation.

Die Geistlichkeit stilisierte sich bei der Königserhebung zur weltliche Macht und himmlischen Segen vermittelnden Instanz, obwohl die Wahl durch die Fürsten erfolgt war. Was sie vom König erwartete, drückte sie u. a. deutlich in den liturgischen Formeln aus, die bei der feierlichen Erhebung eines Königs in der Kirche in Gebrauch waren. Im deutschen Krönungsordo, der Anweisung für diese Zeremonie, heißt es u. a.: „Danach soll er [der Herrscher] von den Bischöfen das Schwert empfangen und wissen, daß ihm mit der Schwert das ganze Reich zu getreuer Regierung anvertraut ist…, wobei der Erzbischof spricht: «Empfange das Schwert aus den wenn auch unwürdigen Händen der Bischöfe, die jedoch an Stelle der heiligen Apostel und durch ihre Autorität geweiht sind. Es wird dir als König übergeben und ist von Gott durch unsere feierliche Segnung zur Verteidigung der heiligen Kirche Gottes bestimmt…, damit du die Wucht der Ungerechtigkeit mit Macht zerstörst und die heilige Kirche Gottes und seine Getreuen verteidigst und beschirmst und nicht weniger die falschen Feinde des Christennamens gläubig verbannst und vernichtest, Witwen und Waisen barmherzig hilfst und schützt, Verfallendes wiederaufrichtest, Wiederaufgerichtetes bewahrst, Unrecht rächst, Wohlgeordnetes bestätigst, auf daß du es durch solche Taten verdienst, glorreich durch den Triumph der Tugenden und als vortrefflicher Wahrer der Gerechtigkeit mit dem Heiland der Welt, dessen Vorbild du in deinem Namen trägst, ohne Ende zu herrschen!»“[16]

Was die Geistlichkeit von einem Herrscher wünschte, formulierte sie auch in den zahlreichen ‚Fürstenspiegeln‘, Lehrbücher, jeweils für einen bestimmten heranwachsenden Herrscher verfaßt. Freilich scheint sich kaum nachweisen zu lassen, daß irgend ein König tatsächlich seine Politik daran ausgerichtet hätte, lokale Traditionen und persönliche Ratgeber spielten wesentlich entscheidendere Rollen.

Gervasius von Tilbury über die höchste weltliche Macht in seinen *Otia Imperialia*, einem für Kaiser Otto IV. von Braunschweig um 1210 geschriebenen lateinischen Lehr- und Unterhaltungsbuch:

„Gott ist der Urheber des Reiches, und der Kaiser der Mehrer des päpstlichen Triumphes. Der Pontifex [Brückenbauer, der Papst] *ist nach Christus das Haupt der Seelen, der Kaiser nach Gott – nein, eher durch Gott – das der Leiber. Von diesem ward das Königsrecht eingesetzt, denn die Gewalt des Pilatus, die ihm über Christus gegeben wurde, erweist sich als von oben kommend. Wenn also jemand, der der Gewalt Widerstand leistet, der Anordnung Gottes Widerstand leistet, wenn man den Führern wie Gottgesandten gehorchen muß, wenn die Könige zu verehren sind, wenn, was dem Kaiser gehört, dem Kaiser zu geben ist … wer zweifelt dann daran, daß das Königtum durch göttliche Autorität feststeht, so lange es sich nicht von Christus, dem Felsen als dem Fundament der Treue scheidet?*“[17]

Ideologie

"Keine Macht für niemanden" lautet ein bekanntes Schlagwort der antiautoritären Bewegung der Gegenwart. Eine derartige Forderung wäre fast jedem Menschen des Mittelalters als absurd vorgekommen und wurde so gut wie nie erhoben. Denn Macht wurde nicht als etwas an sich Böses oder Bedenkliches, sondern als etwas selbstverständlich zum gesellschaftlichen Leben Gehöriges betrachtet; schon in der Familie dominierte die ganz klare und selbstverständliche Machtposition des Vaters. Auch daß es überall Herren und Knechte geben müsse, war genauso wenig umstritten wie in der Antike. Was diskutiert werden konnte, war höchstens, wie sich Herrschaft legitimierte. Dabei gibt es eine dominierende und das ganze Mittelalter durchlaufende Antwort: Es ist der nicht hinterfragbare Wille Gottes, daß Menschen über andere Menschen herrschen. Die christliche Religion, die mit dem Sündenfall Adams die Notwendigkeit von Herrschaft lehrte und die geburtsmäßige Ungleichheit der Menschen betonte (nur nach dem Tode, vor Gottes Gericht, würde es Gleichheit geben), besaß eine grundlegende Legitimierungsfunktion.

Alle Großen behaupteten, ihre Herrschaft nach christlichen Gesichtspunkten auszuüben, und nie fehlte es an dem entsprechenden Zeremoniell, d. h. priesterlicher Begleitung der Heere, mitgebrachten Reliquien und Kirchenfahnen, Messen und Gebeten vor der Schlacht usf. Trotzdem verschmähte es aber auch der Hochadel keineswegs, sich von Kräften unterstützen zu lassen, die das Gegenteil einer christlichen oder auch einer höfischen Gesellschaft verkörperten. Kaiser Friedrich II. z. B., wiewohl weltliches Oberhaupt der Christenheit und für die Einführung der Ketzerverbrennungen verantwortlich, bediente sich häufig sarazenischer Truppen als Leibwachen und Krieger, denen er freie Religionsausübung ermöglichte. Herzogin Margarete von Pommern-Wolgast versprach im späten 14. Jahrhundert allen, die Seeräuberei betreiben wollten, freien Aufenthalt in ihren Territorien und Burgen, wenn sie nur die Hälfte ihrer Beute an sie abgeben würden[18]. Aber schließlich scheuten sich selbst Päpste nicht, mit den islamischen Fürsten zu paktieren, gegen die sie offiziell zum Kreuzzug aufriefen, wie sich etwa 1494

Alexander VI. an den türkischen Sultan wandte, um dessen Hilfe gegen seine Italien angreifenden französischen Mitchristen zu erlangen, wofür er sogar den aufrührerischen Bruder des Osmanen vergiften ließ – mit einem Wort: Auch das ‚Zeitalter des Glaubens' bietet genug Beispiele für ein machtpolitisches Handeln gegen seine ideologischen Normen.

Sakralkönigtum

Wie gesagt, war es eine Funktion der christlichen Religion, den Herrscher mit einer übernatürlichen Aura zu umgeben, wobei auch noch vorchristliche Traditionen von der Heiligkeit des Königs mitspielen mochten. Der Glaube an die herrscherliche Amtsheiligkeit konnte sehr nützlich sein: Als König Johann Ohneland 1215 die Burg von Rochester belagerte, bat einer der Verteidiger seinen Vorgesetzten, mit seiner Armbrust auf ihn schießen zu dürfen. Doch dieser verbot den Versuch mit der Begründung, einen König zu töten, sei Gottes Sache, nicht die eines Menschen[19]. Diese Episode illustriert schlagend die im ganzen Mittelalter tief wurzelnde Vorstellung von der Sakralität des Königs.

Königsherrschaft war schon in den frühen Kulturen stets mit einer übernatürlichen Aura umgeben worden. Das ist besonders bekannt aus dem alten Ägypten, traf aber auch auf die römischen Caesaren und germanischen Herrscher zu. Als im 8. Jahrhundert die Karolinger die Dynastie der Merowinger entmachteten, die sich auf ein Meerungeheuer zurückführte und ihr Haar zum Zeichen ihres Vorrangs nicht schnitt, bedurften sie einer religiösen Legitimation. Diese bot sich in der christlichen Königsweihe, die im ganzen Mittelalter in der einen oder anderen Form aufgrund eines entsprechenden Selbstverständnisses der Monarchen und praktisch zur Stärkung des königlichen Ansehens vor seinen Getreuen vollzogen wurde. Salbung und Krönung nach alttestamentlichem Vorbild waren Riten, die den König dem Priester fast gleichstellten. Als das Reformpapsttum in der 2. Hälfte des 11.

Jahrhunderts die Heiligkeit des Königs leugnete, rief dies auf der Seite ihrer Gegner Schriftsteller auf den Plan, die die monarchische Sakralität verteidigten. Am schärfsten tat dies der sog. Normannische Anonymus, der um 1100 aufgrund entsprechend gedeuteter Bibelstellen schrieb, Christus sei in seiner göttlichen Natur König, in seiner menschlichen Priester gewesen. Deswegen sei das Königtum dem Priestertum übergeordnet, der König also heiliger als der Papst! Ja, ein christlicher König übe sogar göttliche Gewalt in der Herrschaft über sein Volk aus, da er Gott auf Erden vertritt. Heilig („sanctus") sei er aufgrund seiner Weihe, die als höherwertig als die Priesterweihe zu erachten ist![20]

Diese extreme Position konnte sich freilich nicht durchsetzen, aber gegen die Wünsche des Papsttums haben auch die späteren Herrscher ihre Gottunmittelbarkeit immer betont, wie schon die Worte „von Gottes Gnaden" im Titel zu erkennen geben oder die Symbolik ihrer Insignien und Festkleidung. Ein letztes Echo der Idee des mittelalterlichen Sakralherrschertums bilden die Phantasien Kaiser Maximilians I., der die päpstliche und die imperiale Würde in seiner Person vereinigen wollte. Seiner Tochter Margareta schrieb er am 18. September 1512: Es soll mit dem Papst ein Abkommen getroffen werden, „daß er uns als Koadjutor akzeptiert, damit wir nach seinem Tod sicher das Papsttum annehmen können, und Priester werden und heilig. So werdet Ihr nach meinem Tode notwendigerweise gezwungen sein, mich zu verehren, weil ich dann die Heiligenglorie besitzen werde."[21]

Ein wichtiges Moment, himmlische Autorisierung zu demonstrieren, war auch der Heiligenkult. Nicht nur hatten die einzelnen Nationen ihre von ihnen besonders verehrten Heiligen wie z. B. die Engländer den hl. Georg, auch die einzelnen Herrscher sahen sich unter dem Schutz ihres besonderen Patrons (wie andere Gläubige freilich auch). Das Herrschen mit den Heiligen drückte sich etwa in Kirchenstiftungen, Liturgie und religiöser Kunst aus, doch auch in den Wallfahrten, die viele der Großen unternahmen. Herzog Karl d. Kühne von Burgund ließ sich um 1470 von Gerard Loyet gleich in einer farbig gefaßten Edelmetalltreibarbeit darstellen, wie er die in einem Glasgefäß eingeschlossene Finger-Reliquie des hl. Georg trägt, der ihn den Himmelsbewohnern empfiehlt.

Theoretiker der Herrschaft

Was zu Zeiten Gregors VII., jedenfalls in der Auseinandersetzung, mit dem Reich noch nicht zur Diskussion stand, war eine rein innerweltlich Begründung von Macht, wie sie spätere Staatstheoretiker entwickeln sollten. Seit dem hohen Mittelalter begannen aber die Intellektuellen, auch über andere Begründungen als die religiöse nachzudenken. Nachdem nämlich im 13. Jahrhundert die politischen Theorien des Aristoteles auch im lateinischen Mittelalter bekannt geworden waren, haben manche Gelehrte versucht, dessen Auffassung vom Staat als naturgegebene Gemeinschaft der Bürger, die auch von diesen gelenkt werden sollte, zu verstehen. Dies widersprach natürlich dem Gottesgnadentum der Monarchen und hatte in der Praxis, vielleicht abgesehen vom Selbstverständnis der Kommunen und gelegentlich als Argument des Widerstands, wenig Bedeutung. Aber trotzdem sollten solche Überlegungen wichtig für die Ausbildung des Begriffes vom Bürger als einer am öffentlichen Leben aktiv teilhabenden Person werden, wie wir ihn noch heute verstehen.

Es war eine richtiggehende Innovation, als mit der intellektuellen Erneuerung seit dem 13. Jahrhundert auch die Schriften der antiken Staatstheoretiker den Zeitumständen angepaßt wurden. Denn ihr wichtigster Autor, Aristoteles (den man nun in Übersetzungen kennenlernte), hatte im Staat eine naturgesetzliche Organisationsform des Menschen gesehen, der sich durch seine Bestimmung als „ens sociale" vom Tierreich unterschied. Von einer alles beherrschenden und sich auf göttliche Gründung berufenden Kirche war in diesem im 4. Jahrhundert vor Christus entworfenen Konzept natürlich keine Rede, und die Übernahme stieß verständlicherweise auf heftigen Widerstand dieser Institution. Trotzdem gilt für das späte Mittelalter: „Der neue Leitbegriff ‚Staat' tritt neben die gängigen wie ‚Priestertum', ‚Königtum' oder ‚Christenheit'."[22] Das gilt schon für den einflußreichsten Kombinationsversuch zwischen griechischer und christlicher Philosophie, das Werk des Thomas von Aquin. Dieser sah wie Plato und Aristoteles eine aus Monarchie, Aristokratie und Demokratie gemischte Form als sinnvoll für den irdischen Staat an, wobei der Schwerpunkt auf der ersten Komponente liegt. Die Stellung des Herrschers im Staat gleicht der Gottes in Welt; sie ist jedoch ein Wahlamt zum Wohle der Gemeinschaft, von dem ein tyrannischer Herrscher entsetzt werden kann, der nötigenfalls auch von seinen Untertanten getötet werden darf.

Solche zunächst rein theoretischen Abhandlungen erhielten eine merkliche Brisanz, wenn sie auf die politische Realität angewandt wurden. Am besten greifbar ist dies vielleicht im Streit des deutschen Königs Ludwigs IV. (reg. 1314-1347) gegen die damals in Avignon residierende Kurie. Dieser Wittelsbacher bezahlte seine Versuche, in Deutschland und Italien politische Unabhängigkeit von dem eine allumfassende Kontrollfunktion beanspruchenden Papst Johannes XXII. zu erlangen, mit der Ausstoßung aus der Kirche, Absetzung und Bündnissen der Kurie mit seinen Feinden, ja sogar mit dem Kreuzzugsaufruf gegen ihn. Er seinerseits lud papstkritische und als Ketzer gebrandmarkte Denker an seinen Hof ein, um den seit dem Investiturstreit erhobenen theokratischen Ansprüchen des Papsttums auch theoretisch entgegentreten zu können. Der für die Politologie wichtigste war der Arzt und Jurist Marsilius von Padua († 1343). Sein Ludwig gewidmetes, für die Epoche ausgesprochen kühnes Werk *Defensor Pacis* (Verteidiger des Friedens) geht von einer auf die Volkssouveränität gegründeten Autorität des Kaisers aus, in die der nur für Geistliches zuständige oberste Kirchenfürst nicht hineinzureden habe. Dabei war die hier angenommene Grundlage der weltlichen Herrschaft freilich eine antiken Verhältnissen entlehnte Fiktion, nämlich die, daß die Bürger die Macht an eine Elite von Wahlmännern (d. h. konkret: Fürsten) delegieren würden und diese sie sodann auf den Monarchen. Nur von Gott würde dieser approbiert, aber von keinem Menschen, und sei es der Papst (wie auch Dante meinte). Die Kirche, die wie später im Protestantismus als Gemeinschaft von Klerikern und Laien definiert wird und deren Lehre nur auf der *Bibel* basieren soll, dürfe nur wirken, inwieweit ihr der Staat dies gestattet; das Konzil stände über dem Papst. In der Praxis ließ sich Ludwig, wiewohl persönlich durchaus fromm, entgegen aller Tradition in Rom von einem Vertreter des römischen Volkes zum Kaiser krönen und rief das Verhalten Johanns einen schon national gefärbten Widerstand der deutschen Fürsten und Stände sowie der italienischen Stadtstaaten gegen Avignon hervor. Durch Übersetzungen ins Französische und Italienisch fand das Werk des Marsilius Verbreitung durchaus auch über die reine Gelehrtensphäre hinaus. Der mit ihm in München weilende Franziskaner Wilhelm von Ockham, der bedeutendste Philosoph des Spätmittelalters, erkannte ebenso den Grund für das Unheil seiner Zeit in der weltlichen Macht des Papstes, für die es keine göttliche oder menschliche Rechtsgrundlage gäbe.

Die Vorstellungen des Marsilius von der Souveränität des Volkes oder von der Trennung der legislativen von der exekutiven Gewalt oder der Unterstellung des Herrschers unter die Gesetze sind heute allgemeines Gedankengut und Basis der europäischen Verfassungen. Im frühen 14. Jahrhundert waren sie Konzepte von erregender Neuheit und Radikalität, zumal sie dem Selbstverständnis der römischen Bischöfe, sie seien „Christus auf Erden" diametral entgegenliefen. Hier aber wurde der Staat als eigenständige, ja der Kirche übergeordnete Instanz projektiert! Diese Ideen sollten noch im endenden Mittelalter auch von jenen Gelehrten herangezogen werden, die gegen die monarchische Verfassung der Kirche das genossenschaftliche Element betonen wollten, also die Verfechter des Vorrangs von Konzils- über Papstentscheidungen.

[Es ist zu schließen, daß] „*der römische Bischof oder jeder andere kirchliche oder geistliche Funktionär gemäß göttlichem Recht nur durch einen gläubigen Gesetzgeber* [Herrscher] *oder einen mit seiner Autorität ausgestatteten Stellvertreter oder ein allgemeines Konzil der Gläubigen zu einem widerrufbaren kirchlichen Amt erhoben bzw. von diesem auch suspendiert und abgesetzt werden soll, wenn es ein Vergehen erfordert.*"

(Marsilius von Padua, *Defensor Pacis* 3, 41.)

Repräsentation und Symbolik

König Richard II. von England (reg. 1377-1399) mit den Staatsinsignien thronend: Krone, Szepter, Reichsapfel, Hermelinmantel; zeitgenössisches Tafelbild, London, Westminster Abtei

In einer vorzugsweise mündlich kommunizierenden Welt war die Verwendung von augenfälligen Symbolen in allen Lebensbereichen wichtig. Der Herrscher mußte schon den Antritt seiner Herrschaft nach außen sinnfällig machen, nicht durch eine nur wenigen lesbare Urkunde, sondern durch eine allen verständliche Zeremonie. Auch während seiner weiteren Regierungszeit pflegte er etwa bei Festen unter der Krone zu gehen und öffentlich auf seinem Thron zu sitzen, um Recht zu sprechen. Es war selbstverständlich, sich bei allen offiziellen Gelegenheiten im Ornat zu zeigen, der seinen Träger deutlichst über alle anderen hinaushob, wogegen die Mächtigen heute im Prinzip die allgemein übliche Kleidung tragen.

Die Wichtigkeit der Insignien ist heute kaum mehr nachzuvollziehen; ihr Besitz signalisierte rechtmäßige Gewalt, und bei Thronstreitigkeiten gab es für die Umgebung bisweilen den Ausschlag, in wessen Besitz sich Krone, Reichsapfel und Szepter befanden. Teilweise waren die Insignien auch Reliquien, also mit numinoser Macht aufgeladen. So zählten zu den Herrschaftszeichen des Heiligen Römischen Reiches u. a. ein Reliquiar mit dem Blut des hl. Stephanus, eine Lanze, in die ein Nagel Christi eingearbeitet war, die aber auch als jene Waffe interpretiert wurde, mit der dem Herrn am Kreuze die Seite geöffnet wurde; das Reichsschwert soll dem hl. Mauritius gehört haben[23]. Auch die übrigen Königreiche wurden durch ähnliche Insignien verkörpert, und man sprach deshalb seit dem Spätmittelalter von der ‚Krone', wenn man die Monarchie meinte.

Für die Herrschenden des Mittelalters, deren Untertanen zum allergrößten Teil nicht lesen konnten, war es bedeutsam, mit Symbolen deutlich zu signalisieren, wer wo die Gewalt innehatte. Dazu diente seit dem 12. Jahrhundert vor allem das Wappenwesen. Bauten, Schiffe, Menschen, Kunstwerke… alles konnte heraldisch markiert werden. Als im Zuge des Dritten Kreuzzugs König Richard Löwenherz die Stadt Messina einnahm, ließ er seine Banner über ihren Mauern und Türmen aufpflanzen. Sein mit ihm dort anwesender Lehnsherr, König Philipp II. von Frankreich, bekam einen Wutanfall, und verlangte, daß stattdessen seine Fahnen aufgezogen werden sollten. Etwas später kam es in Akkon zu einer ähnlichen Szene: Dort hatte der österreichische Herzog Leopold V. einen Turm erobert und mit seiner Fahne gekennzeichnet. Richard, der sich als Führer des ganzen Kreuzzugsheeres gerierte, ließ sie herabreißen und in den Schmutz werfen. Leopold hatte nicht die Position, sich dem König gegenüber Genugtuung zu verschaffen, und konnte sich erst später rächen, als es ihm gelang, Richard bei der Durchquerung seines eigenen Territoriums gefangen zu nehmen. Bei beiden Vorfällen ging es zweifellos um Ehre – aber auch konkret um Herrschaft: Wer konnte über den Bau, über die Stadt verfügen und dort Beute machen? Aber solche Markierungen waren auch in weniger dramatischen Zusammenhängen absolut üblich; eine spätmittelalterliche Kirche war von Wappen erfüllt, fast jeder Schlußstein, jedes Glasfenster, jedes Gewölbe usw. trug das Zeichen dessen, der dafür bezahlt hatte. Wenn es sich um einen der Mächtigen handelte, implizierte dies aber auch Herrschaftsansprüche: In seinem Testament 1503 setzte Erzbischof Ernst von Magdeburg fest, alles unter ihm Restaurierte mit seinem Wappen zu zeichnen: „Und was davon also gebessert und gemachet wirdet, das sal mit unser kirchen und unserm angebornen wappen verzeichnet werden." Anscheinend wollte er damit darauf hinweisen, daß auch die künftigen Bischöfe der Stadt aus seiner Dynastie kommen sollten[24].

Menschen wurden als unter bestimmter Herrschaft stehend gekennzeichnet, indem sie eine Kleidung in den Wappenfarben des Herrn trugen oder dessen Zeichen am Leib oder auf dem Schild. Es erfolgte also sozusagen eine visuelle Gleichschaltung der Untertanten. Als Richard Löwenherz die Insel Zypern erobert hatte, zwang er die Griechen dort, ihre Bärte abzurasieren und sich damit dem westlichen Erscheinungsbild zu unterwerfen[25].

Diese Bezeichnung war jedoch zugleich Symbol dafür, von diesem Herrn geschützt zu werden, weswegen etwa verfolgte Verbrecher, die in der Kirche und im Kloster von Durham Zuflucht gefunden hatten, „ein Kleid aus schwarzem Stoff angefertigt bekamen, das ein gelbes Kreuz auf der linken Schulter hatte, genannt St. Cuthbert's Kreuz. So konnten alle sehen, daß es hier eine Freistätte gab, die Gott und der heilige Cuthbert gewährt hatten…, bis sie der Prior und der Konvent sicher aus der Diözese bringen konnten."[26]

Auch die Landesfürsten suchten, mit ihren Insignien die königlichen und kaiserlichen Würdezeichen nachzuahmen, wie dieses zeitgenössische Porträt des österreichischen Herzogs Rudolf IV. von Habsburg (reg. 1339-1365) zeigt.
Tafelmalerei, Wien, Diözesanmuseum

Bemerkenswert war die weit über das Wappenwesen hinausgehende Beliebtheit der Tiersymbolik im Adel, die eine lange Tradition hatte: Schon die Römer kämpften unter ihrem Legionsadler, die Germanen unter dem Drachenbanner. Zweifellos waren es Raubtiere, wie Löwe, Panther und Adler, die Kraft und Kampfbereitschaft am besten zum Ausdruck brachten. Nicht nur in der Heraldik spielten sie eine hervorragende Rolle, auch andere Medien rühmten den Herrscher etwa als Löwen. Am bekanntesten ist die Freiplastik, die der sächsische Herzog Heinrich 1166 in Braunschweig vor seiner Burg aufstellen ließ; aber er verwendete auch Siegel mit dem Löwen und ließ Münzen mit diesem Symboltier prägen. Der 1133/34 gefertigte Krönungsmantel König Rogers II. von Sizilien zeigt zwei Leoparden, die Kamele schlagen, das Grabmal des englischen Königs Richard Löwenherz stand auf vier skulptierten Löwen, wie ein solcher auch zu seinen Füßen lag, usf. Der König der Tiere symbolisierte so den König der Menschen, und zahllos sind die Löwenvergleiche eines Herrschers in historischen Texten und Gedichten, aber auch Epen und höfischen Romanen. Von Heinrich I. von England hieß es etwa, er sei „der Löwe der Gerechtigkeit, weil er das Reich mit höchster Gerechtigkeit behandelte und große Furcht verbreitete, sowohl unter den Fürsten Frankreichs als auch den Kleinkönigen der Insel nach dem Wort des Propheten: «Der Löwe wird brüllen – wer wird sich da nicht fürchten?»“[27] Sein Nachfolger Heinrich II. dagegen ließ in seinem Palast zu Winchester ein Fresko malen, das vier Adlerjungen beim Angriff auf einen großen Adler zeigte – Allegorie der Revolten seiner Söhne gegen ihn[28] (Zeitgenossen erklärten dies damit, daß seine Gemahlin, die berühmte Eleonore von Aquitanien, früher mit seinem eigenen Vater ein Verhältnis gehabt habe).

Propaganda zur Unterstützung von Herrschaft

Zwar, der Begriff Propaganda existierte noch nicht, aber die Herrscher des Mittelalters kamen ohne sie genauso wenig aus, wie die der Antike oder der Neuzeit. Nicht nur die eben beschriebenen Repräsentationsformen hatten eine solche Funktion der Selbstdarstellung und Werbung, man bediente sich noch mancher weiterer Mittel. Die unscheinbarsten und am breitesten gestreuten waren die Münzen, die ja oft nicht nur christliche Symbole trugen, sondern auch Bilder des Münzherren. Freilich kannten das frühe und hohe Mittelalter nicht mehr jene ausführlichen Propagandafeldzüge, die römische Münzmeister für ihre jeweiligen Kaiser führten, indem das Geld mit entsprechenden programmatischen Aufschriften und Personifikationen versehen wurde. Immerhin verkündete etwa die Umschrift des in Neapel hergestellten Gigliato, den Karl von Anjou ab 1304 schlagen ließ, allen Lesekundigen, daß die Ehre des Königs das Gericht – also die Gerechtigkeit – liebe: „honor regis diligit judicium". Und die Analphabeten sahen auf der Rückseite das heraldische Lilienkreuz der Dynastie, zu der sie zu stehen hatten. Oder: Der von König Eduard III. nach der gewonnenen Seeschlacht von Sluys geprägte Nobel zeigt den Herrscher mit Schild und Schwert auf einem Schiff thronend. Ein um 1436 entstandenes mittelenglisches Gedicht beschreibt diese Goldmünze so: „Unser Nobel zeigt mir der Dinge vier / König, Schiff und Schwert und die Macht auf dem Meer". Da diese Prägung als wichtige Handelsmünze auch im Hansebereich verwendet (und gelegentlich nachgeahmt) wurde, diente der Nobel auch als Werbung für die Unterstützung der siegreichen englischen Seemacht im Hundertjährigen Krieg[29].

Auch die Monumentalmalerei und -plastik konnte zu diesem Zweck eingesetzt werden. So ließ z. B. Papst Innozenz II. im Lateran ein Wandbild malen, das den deutschen König Lothar von Süpplingenburg zeigt, wie er sein Vasall wurde. Denn am 30. April 1133 war der Papst unter dem Schutz von dessen Truppen in Rom eingezogen, während sich der Gegenpapst in der Engelsburg verschanzte. Dann empfingen Lothar und seine Gattin Richenza nach abgelegtem Treueschwur dem Papsttum gegenüber die kaiserlichen Insignien. Dies wurde im Fresko jedoch als Unterwerfungsszene gestaltet und mit entsprechender Inschrift versehen – zum Ausdruck der Herrschaft des Priestertums über das Königtum. Das Bild rief später sowohl bei Friedrich Barbarossa als auch den deutschen Bischöfen heftige Proteste hervor[30]. Während dieses Werk nicht mehr existiert, sieht man ein anderes Beispiel noch heute am Dom zu Ribe in Jütland: Da gibt es über dem Eingang ins Südquerhaus ein auffälliges Relief aus dem frühen 13. Jahrhundert, damals Dänemarks größte Steinplastik. Sie zeigt das Himmlische Jerusalem und darunter die königliche Familie, von der ein Mitglied in den Himmel aufgenommen wird – ein wahrscheinlich von Waldemar II. in Auftrag gegebenes Werk, das die göttliche Unterstützung für seine noch umstrittene Dynastie an einem Ort augenfällig machen sollte, an den jeder Stadtbürger und jeder Besucher kam[31].

Relief vom Südquerhaus des Doms in Ribe, A. 13. Jh.

Wohl noch wichtiger war die mündliche Propaganda, die in verschiedener Form umlief. Prediger beschränkten sich keineswegs auf überzeitliche religiöse Themen, sondern nahmen immer wieder gemäß der von ihren Ordensoberen oder sonstigen geistlichen Vorgesetzten verfolgten Politik für und gegen weltliche Herrscher Stellung; man kennt etwa das Engagement der Dominikaner gegen und der Franziskaner für Kaiser Ludwig den Bayern. Die berühmtesten Dichter des

Mittelalters haben Propaganda betrieben, die auf die wichtigste Zielgruppe des Adels und der Ritterschaft wirken sollte. Walther von der Vogelweide[32] etwa rühmte in Liedern nicht nur den Wiener Hof der Babenberger, sondern auch den staufischen König. Nach der Doppelwahl von 1198 hatte er diesen, Philipp von Schwaben, als Leitstern der Fürsten verherrlicht und die ungerechte weltliche Macht des mit ihm verfeindeten Papstes angeprangert. Nach Philipps Tod schrieb er rühmende Gedichte für dessen Gegner und Nachfolger, den Welfen Otto, um sich später wieder den Staufern in der Person Kaiser Friedrichs II. zuzuwenden. Diese Lieder wurden öffentlich an den Höfen vorgetragen und dienten zur Beeinflussung der versammelten Gäste, ähnlich auch viele Abschnitte in den genauso öffentlich vorgetragenen Epen und Romanen. Manche Dichtungen, wie z. B. das unter dem Namen Ambroise bekannte altfranzösische Epos vom Dritten Kreuzzug, sind eine einzige Hommage an einen Herrscher, hier an den englischen König Richard I. Löwenherz.

Eine zeittypische Propagandamethode war es, Wunder und Vorzeichen zu verbreiten, die Gottes Auserwählung einer bestimmten Person oder Partei beweisen sollten. So brachten z. B. im Investiturstreit die Anhänger des Papstes Gregor VII. im Umlauf, schon an dem jungen Mann seien häufig Feuer- und Funkenerscheinungen zu beobachten gewesen, was ihn dem Propheten Elias gleichstellte, Petrus habe ihm im Traum sein hohes Amt vorausgesagt, bei der Belagerung Roms habe er mit dem bloßen Kreuzzeichen ein Feuer gelöscht, man habe eine Taube über sein Haupt herabsteigen gesehen, u. dgl. m. Man kann davon ausgehen, daß viele, die solche Erfindungen verbreiteten, selbst von ihrer Wahrheit überzeugt waren. Aber eindeutig ist ihre Funktion zur Rechtfertigung und Stützung der gregorianischen Positionen, sie waren Mundpropaganda, die man später auch aufzeichnete[33].

Selbstverständlich wurde auch demonstratives Handeln, etwa strenge Rechtsprechung oder Gnadenerweise, in diesem Sinn vollzogen und verstanden. Die normannischen Herrscher in Süditalien waren bekannt dafür, jeden Widerstand auf das härteste zu bestrafen, weswegen es nicht viele Städte wagten, ihnen Widerstand zu leisten. Andere Machthaber setzten dagegen darauf, die Bedürfnisse der Unterworfenen zu befriedigen, seien es die nach Lebensmitteln oder nach Sensationen. Sie zeigten also „milte“ (Milde), d. h. im Mittelhochdeutschen

Freigebigkeit. Als z. B. König Matthias Corvinus von Ungarn 1485 Wien besetzte, „inszenierte [er] ein Schauspiel, das jede Erinnerung an die jahrelangen bewaffneten Auseinandersetzungen tilgte. Zunächst fuhren 32 Wagen ein, mit Lebensmitteln für die Wiener beladen, dann erst folgte das Heer, dessen Glanz durch die Präsenz von 24 Bischöfen samt Gefolge verstärkt war. Anschließend kam der König mit Schatz und reich geschmückten Reitern. Zusätzlich wurden 24 Kamele mitgeführt. Den Abschluß bildeten tausend Ochsen, um den Hunger in der Stadt zu bekämpfen."[34] Tatsächlich konnte sich Matthias daraufhin bis zu seinem Tode unangefochten in der Donaustadt halten, obwohl sie eigentlich zum habsburgischen Zentralbereich gehörte.

Nur die leitenden Schichten sprach auch eine andere, zunächst rein schriftliche Form der Propaganda an, die in der Versendung ausführlicher programmatischer Briefe durch die Kanzleien der jeweiligen Herrscher an die Mächtigen einer bestimmten Region, bisweilen auch an alle einflußreichen Herrscher, bestand. Besonders der Streit zwischen dem Staufer Friedrich II. und den Päpsten wurden so immer wieder durch lateinische Korrespondenzen propagandistisch untermauert, in denen die wirklichen oder erdichteten Verfehlungen des Gegner mit Genuß ausgebreitet wurden. Empfänger waren nicht nur die Fürsten, sondern auch speziell in Italien die Regierungen der relativ unabhängigen Kommunen. Durch Vergleiche der erhaltenen Exemplare ist gut zu sehen, wie sich die Aussteller der Mentalität der jeweils Angesprochenen anpaßten; in einem Manifest an ritterlicher Kreise betonte man etwa die Ehre und das Vorbild der Antike, was, wenn derselbe Text an die Städte versandt wurde, fast keine Rolle spielte. Wenn der Kaiser an den römischen Adel, die „Quirites", schrieb, waren seine Unternehmungen natürlich „res Romana", eine für Rom von ihrem „Imperator" unternommene Angelegenheit; wenn er an die deutschen Fürsten schrieb, so betonte er eher den ihm zuteil werdenden sichtbaren göttlichen Beistand – usf.[35] Durch die öffentliche Verlesung solcher Schreiben in Übersetzung konnten sie auch über den Kreis der Litteraten hinaus wirken. Auch Bild- und Bauwerke, Stiftungen und Almosen, Schauspiele und Festumzüge konnten propagandistische Elemente enthalten, wofür sich die Beispiele im späten Mittelalter mehren.

Weiterführende Literatur

Brunner, Otto, Land und Herrschaft, Darmstadt [5]1990.
Burns, J. H. ed., The Cambridge History of Medieval Political Thought, c. 350-c. 1450, Cambridge 1988.
Fetscher, Irvin, Münkler, Herfried ed., Pipers Handbuch der politischen Ideen II: Mittelalter, München 1993.
Hecker, H. (Hg.), Der Herrscher. Leitbild und Abbild in Mittelalter und Renaissance, Düsseldorf 1990.
Reitemeier, Arnd (Hg.), Die christliche Legitimation von Herrschaft im Mittelalter, Münster 2006.
Weiler, B., MacLean S. (Hg.), Representations of Power in Medieval Germany 800-1500, Turnhout 2006.

1 MGH SS 12, 231.
2 Dinzelbacher, P., Die Templer, Freiburg i. Br. 2002, 111.
3 Ullmann, W., A History of Political Thought. The Middle Ages, Harmondsworth 1965, 156, 153.
4 Thegan, Vita Hludowici 13.
5 MGH Const. II, 394 f.
6 Ganshof, F., Was ist das Lehnswesen? Darmstadt 1961, 108.
7 Herradón, Oscar, Jaime I el Conquistador, el rey cruzado: Historia de Iberia Vieja – revista de historia de España 39, 2008, 12.
8 Ostarrîchi – Österreich 996-1996. Katalog des Niederösterreichischen Landesmuseums N. F. 388, 1996, 143 ff.
9 Wolff-Windegg, Ph., Die Gekrönten, Stuttgart 1958, 34 ff.; Kulturhistorisk Leksikon f. nord. Middelalder XI, 689 f.
10 Meyer, R. J., Königs- und Kaiserbegräbnisse im Spätmittelalter, Köln 2000, 104 ff., 234 f.
11 Wipo, Gesta Chuonardi Secundi c. 7.
12 Dinzelbacher, Handbuch II, 342 ff.
13 Otto von Freising und Rahewin, Gesta Frederici 3, 11 ff.
14 Ullmann (wie Anm. 3).
15 Contini, G., Gozzoli, M., L'opera completa di Simone Martini, Milano 1970, 86 f.
16 Schramm, P., Kaiser, Könige und Päpste III, Stuttgart 1969, 99 f.
17 Zimmermann, H. ed., Die Otia Imperialia des Gervasius von Tilbury: Mediaevistik 15, 2002, 51-183, 82 ff.

18 Koppmann, K. ed., Die Recesse und anderen Akten der Hansetage 1256-1430, Leipzig 1870 ff., I/4, nr. 438, 5.
19 Bradbury, J., The Medieval Siege, Woodbridge 1992, 139.
20 Ullmann, W., Die Machtstellung des Papstes im Mittelalter, Graz 1960, 570 ff.
21 Tremayne, E., The First Governess of the Netherlands, Margaret of Austria, London 1908, 336.
22 Grabmayer, J., Europa im späten Mittelalter, Darmstadt 2004, 53.
23 Lexikon d. Mittelalters VII, 623 ff.
24 Wittek, G. ed., Concordia magna, Frankfurt a. M. 2006, 91.
25 Gillingham, John, Richard Löwenherz, Düsseldorf 1981, 180.
26 Dinzelbacher, Europa 158.
27 Jäckel, D., Der Herrscher als Löwe, Köln 2006, 271 Anm. 154.
28 Giraldus Cambrensis, De principis instructione, ed. Warner, G. (Rolls Series 21), London 1891, 26 f.
29 Suhle, A., Die Münze, Leipzig 1969, 123 bzw. 115 f.
30 Luckhardt, J., Niehoff, F. (Hg.), Heinrich der Löwe und seine Zeit I, München 1995, 144 ff.
31 Steinwarder, W., Romanische Kunst als politische Propaganda im Erzbistum Lund während der Waldemarzeit, Frankfurt a. M. 2003, 76 ff.
32 Maurer, F., Die politischen Lieder Walthers von der Vogelweide, Tübingen ^{2}1964.
33 Pauler, R., Visionen als Propagandamittel der Anhänger Gregors VII.: Mediaevistik 7, 1994, 155-179.
34 Koller, H., Kaiser Friedrich III., Darmstadt 2005, 215.
35 Vehse, O., Die amtliche Propaganda in der Staatskunst Kaiser Friedrichs II., München 1929.

Recht

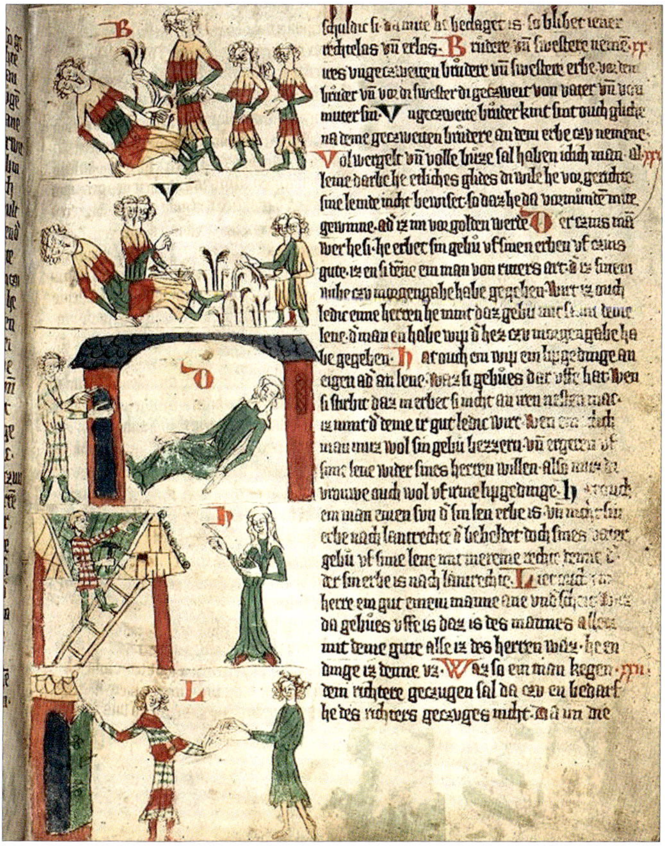

Der *Sachsenspiegel* des Eike von Repgow war das verbreitetste deutsche Rechtsbuch des Mittelalters; man benützte auch illustrierte Exemplare, hier das Heidelberger um 1300, Universitätsbibliothek, Cod. Pal. germ. 164, 7. Die Stelle (Landrecht 2, 19 f.) behandelt Erbfragen, bei denen „ungezweite" Söhne eine Rolle spielen (d. h. jene, welche dieselben Eltern haben). Sie sind in der sehr konkreten Illustration des Werkes mit zwei Köpfen gezeichnet.

Jede menschliche Kultur, so scheint es, entwickelt Regeln des Zusammenlebens, deren Einhaltung durch Sanktionen erzwungen werden soll. Dies können ungeschriebene Sitten und Bräuche sein, auf deren

Bruch die jeweilige Gruppe mit Formen kollektiver Kritik reagiert (Vertreibung, Mobbing, Rüge, Verachtung...), oder geschriebene Normen, die von bestimmten Funktionsträgern der Gruppe durchgesetzt werden (König, Priester, Richter...). Bestimmte Normen dürften allgemein menschlich sein, so daß bei der Verletzung oder Tötung eines ebenbürtigen Mitglieds der eigenen Gruppe Blutrache folgt oder Ersatz zu leisten ist, oder daß bei Beschädigung eines Gutes der alte Zustand wiederhergestellt werden oder Gleichwertiges angeboten werden muß usw. Diese weit verbreiteten Grundmuster interessieren uns hier, insofern ihre Gestaltung etwas Zeittypisches aufweist.

Zwischen Recht, Sitte und Brauch war auch am Beginn des Mittelalters außerhalb des römischen Rechtskreises kein Unterschied, explizite oder implizite Gebote regelten das soziale Zusammenleben und alle verlangten Sanktionen bei einer Übertretung. Die Überlieferung war zunächst rein mündlich, es handelte sich nicht um ein abstraktes Konstrukt, sondern um auf Personen und Einzelfälle bezogene Konfliktlösungen, die verallgemeinert zu Normen wurden.

Als im frühen Mittelalter ab etwa 500 diese Rechtsgebräuche der germanischen Stämme auf herrscherlichen und kirchlichen Wunsch hin aufgezeichnet wurden, geschah dies schon unter dem Einfluß des auf eine lange schriftliche Tradition zurückblickenden römischen Rechts und demgemäß in lateinischer Sprache. Nur in England kam es zu einer volkssprachlichen Fixierung der Gesetze. Damit war nun festgelegt, welche Normbrüche durch die Gemeinschaft bestraft werden sollten, wo der Herrscher eingriff, wie privatrechtliche Streitigkeiten geregelt werden mußten. Durch die Aufzeichnung des den offiziellen Bereich Betreffenden trennten sich Recht und Brauch. Künftighin sollte dieser Lebensbereich immer stärker durch geschriebene Vorschriften und den Willen der Obrigkeit gelenkt werden.

Die einzelnen Stämme und später Völker hatten jeweils eigene Bestimmungen, und ein Fremder mußte im Frühmittelalter theoretisch nach seinem eigenen Recht gerichtet werden, man nahm also sein Recht bei Reisen quasi mit sich wie seine Habe, was im Alltag freilich zu vielen Schwierigkeiten geführt haben muß, denn wieso sollte ein Richter z. B. in Bayern das friesische Volksrecht zur Verfügung haben? Wenn er eine Handschrift mit der *Lex Baiuwariorum* besaß, war er schon gut ausgestattet. Man wird also davon ausgehen müssen, daß ein solches Vorgehen in der Praxis fast nur bei Prozessen mit hochgestellten Parteien am Hofgericht zur Anwendung kam.

Auch verschiedene Orte hatten verschiedene Rechtsqualität, und das das ganze Mittelalter hindurch. Kirchliche Immunitäten verhinderten z. B., daß etwa im bischöflichen Gebiet die städtischen Beamten agieren konnten, königliche Bannbezirke implizierten, daß bestimmte Vergehen in ihnen verschärft bestraft wurden, Asylstätten boten dem Flüchtling Schutz vor den weltlichen Mächten, auch wenn er sich eines schweren Verbrechens schuldig gemacht hatte. Diese lokale Rechtsqualität kann quasi an dem „hängenbleiben", der ihren Bezirk betritt: Stadtluft macht frei, heißt ein bekanntes Rechtssprichwort, das darauf beruht, daß ein Unfreier, wenn er Jahr und Tag in einer Stadt gelebt hatte, nicht mehr von seinem Herrn zurückgeholt werden konnte.

Ab dem hohen Mittelalter dominierten zwar wie heute regional gültige Gesetze, doch spielte die alte Tradition immer wieder einmal noch ihre Rolle: Als 1208 der Pfalzgraf Otto von Wittelsbach den deutschen König Philipp von Schwaben ermordet hatte, weil er sich durch dessen Ehepolitik in seiner Ehre gekränkt fühlte, wurde er in Frankfurt vom Reichstag von den Fürsten einstimmig für geächtet erklärt. Da der Verurteilte Baier war, mußte aber auf einem anderen Reichstag in seiner Heimat das Urteil nochmals gefällt werden[1].

Durch die Entwicklung der Städte im hohen Mittelalter kam es dazu, daß die Rechtslandschaft noch weiter zersplitterte, denn jede deutsche Stadt hatte ihr eigenes Recht. Allerdings war das vielfach von einer anderen Stadt übernommen und nur modifiziert. Am weitesten reichte der Einfluß des aus dem 12. Jahrhundert datierenden Rechtes von Magdeburg, das man als das Stadtrecht in Mittel- und Osteuropa schlechthin ansprechen kann, und zwar bis in 18. Jahrhundert hinein. Denn immer wieder wurde es bei Stadtrechtsverleihungen als die paradigmatische Norm herangezogen, und die Schöffen Magdeburgs wurden das ganz Spätmittelalter hindurch bei strittigen juridischen Fragen immer wieder um ihre Weisung ersucht. Die eingehende Berücksichtigung des kaufmännischen Lebens machte das Magdeburger Recht tatsächlich besonders für diese Vorbildfunktion geeignet.

Da sich im hohen Mittelalter die vielfach noch heute existierenden Territorien bzw. Staaten zu etablieren begannen, versuchten deren

Herrscher durch Landrechte eine flächendeckende Vereinheitlichung zu erzielen, doch blieben faktisch die regionalen Rechte in Geltung. So erließ beispielsweise Kaiser Ludwig der Bayer 1346 das *Oberbayerische Landrecht*, beließ es aber im Westen seiner Herrschaft bei dem dort herkömmlichen schwäbischen Recht, und im Norden bei dem oberpfälzischen. Die vielen geistlichen Territorien, die zwischen den weltlichen lagen, hatten ihr jeweils eigenes Recht, nur Freising übernahm die Gesetze des Kaisers[2]. Nun war das Deutsche Reich besonders stark in einzelne Territorien zerspalten (Fürstentümer, Grafschaften, reichsstädtische Gebiete, bischöfliche und monastische Territorien usw. – man spricht von politischem und rechtlichem Partikularismus), aber auch zentralistischere Länder wie Frankreich hatten ihre regionalen, schriftlich fixierten „coutumes". 1454 befahl daher König Karl VII., diese überall in seinem Reich aufzuzeichnen und nach Paris zu schicken, wo sie der Rat und das Parlament durchsehen und vereinheitlichen sollten. Freilich langten die ersten der insgesamt mehr als 400 „coutumes" erst in den neunziger Jahren dort ein[3]. Doch war die Entwicklung eines in allen Landesteilen gleicherweise gültigen Rechts, wie wir es in Europa heute gewohnt sind, innerhalb dessen regionale Abweichungen höchstens im engen Rahmen der Staatsverfassung möglich sind, erst eine Sache der Neuzeit und steht unter dem Einfluß des römischen Rechts, welches seinerzeit gleichmäßig für alle römischen Bürger galt.

Hier ein konkretes Beispiel für ein nur lokal gültiges Privileg, das dem Inhaber eines bestimmten Lehens nach dem dortigen Hofrecht zukam:

„Und im genannten Lehen habe ich auch über meine und andere Leute das Recht, wenn sie sich auf meinem Gebiet verheiraten, sechs Sous von Tournai und eine Schweinsseite in der Länge vom Rückgrat bis zum Ohr zu nehmen, wobei der Schwanz in dieser Länge deutlich inbegriffen ist, plus eine Gallone jenes Getränks, das es zur Hochzeit gibt. Dort kann und will ich, wenn es mir gefällt, mit der Braut ins Bett gehen, falls ihr Gatte oder jemand statt seiner mir oder meinem Bevollmächtigten nicht eines der vorgenannten Dinge bezahlt."[4]

Aus der Liste der Rechte des Herrn Jehan de Hanforte in der Normandie (1419); daß das hier angesprochene „ius primae noctis" nie ausgeübt worden sei, ist verbreitete, wenn auch naive Forschungsmeinung.

Gänzlich eigenem Recht unterstanden die Angehörigen der Kirche. Für sie galten nicht die Landes- oder Stadtrechte, sondern das (im Wesentlichen) in ganz Europa einheitliche kanonische Recht. Dieses war nicht in mündlicher Tradition aus grauer Vorzeit überkommen, sondern rein schriftlich: Es bestand einerseits aus den Vorschriften, die der *Bibel* zu entnehmen waren, dann aus jenen Normen, die mehr oder weniger demokratisch auf den größeren und kleineren Kirchenversammlungen, den Synoden und Konzilien, festgelegt worden waren, und schließlich aus den Entscheidungen, die die Päpste namentlich in strittigen Fällen gegeben hatten. Da das Kirchenrecht seinerseits stark am Vorbild des römischen Rechts orientiert war, wurde es ausschließlich in lateinischer Sprache überliefert. Es war deutlich systematischer aufgebaut als die weltlichen Rechte, war auch im Strafrecht oft milder, da die religiöse Buße, konkret vor allem Fasten, oft Körperstrafen ersetzte. Auch kannte es intern die Todesstrafe nicht: Geistliche durften weder hingerichtet werden noch an einer Hinrichtung mitwirken, da damit das alttestamentliche Tabu verletzt worden wäre, nach dem Priester nicht mit Blut in Berührung kommen durften. Wollte man kirchlicherseits einen Menschen trotzdem töten, wie regelmäßig in Ketzer- und Hexenprozessen, verpflichtete man die weltliche Gewalt zur Ausführung. Dieses und zahlreiche andere Privilegien machten es im Mittelalter für viele erstrebenswert, Kleriker zu werden, und sei es auch nur pro forma: Wen die Tonsur auszeichnete, der konnte rechtmäßig von weltlichen Gerichten auch bei ganz manifesten Verbrechen nicht belangt werden.

Ein geistliches Gericht hat sich vor der Urteilsfällung zum Gebet an den Heiligen Geist auf die Knie niedergelassen, was den Anspruch göttlicher Inspiration verdeutlicht.
Aus einer kanonisch-rechtlichen Handschrift, italienisch, 15. Jh.

So war die Frage der Gerichtszuständigkeit verständlicherweise ein besonderer und permanenter Zankapfel zwischen Staat und Kirche. Das berühmteste Beispiel hierfür bietet wohl England unter König Heinrich II. Dieser Herrscher versuchte, die Rechte der Kirche in verschiedener Hinsicht zu beschneiden, etwa die Bestrafung verbrecherischer Geistlicher seinen königlichen Beamten zu übertragen oder die Appellation an den Papst zu erschweren. Sein enger Freund Thomas Becket, den er zwei Jahre zuvor zum Erzbischof von Canterbury gemacht hatte, widersetzte sich dieser Schwächung der geistlichen Gerichtsbarkeit, was dann 1170 zu seiner Ermordung durch Heinrichs Ritter führte. Letztlich konnte der Monarch die meisten seiner Forderungen nicht durchsetzen. Weiterhin blieb die Ahndung der von Klerikern begangenen Straftaten Sache kirchlicher Richter. Verständlich, daß sich manche nur deshalb weihen und eine Tonsur schneiden ließen, um sich der damit verbundenen Rechtsvorteile sicher zu sein.

Das Kirchenrecht drang allerdings auf vielfältige Weise in die weltlichen Rechte ein; das oben genannte *Oberbayerische Recht* etwa, das sich sonst nur mit weltlichen Materien beschäftigt, besagt im Artikel 177: „Wäre es, daß jemand freventlich mit der Waffe in der Hand in einen Friedhof oder eine Kirche eindringt und darin eine Übeltat begehen will oder begeht oder etwas beginnt, was zu einem Schaden führt, der ist dem Gericht fünf Pfund und sechzig Pfennige schuldig." Es ist also die Rechtsverletzung des Sakralraumes, für die der weltliche Richter hier eine hohe Buße einnimmt. Darüber hinaus wurde ein solcher Täter natürlich auch noch nach Kirchenrecht bestraft. Derselbe Tatbestand im Anwesen einer Privatperson wurde dagegen nur mit drei Pfund und 60 Pfennigen an den Kläger und anderthalb Pfund und 30 Pfennigen an das Gericht gebüßt (Art. 180).

Das Kirchenrecht war, wie bemerkt, in vielen Traditionen vom römischen Recht geprägt. Auch die Päpste zogen dieses heran, wenn es ihnen nützlich schien. So begründete z. B. der hervorragende Jurist Innozenz III. die (von den weltlichen Gewalten zu vollziehende) Todesstrafe für Ketzerei mit der Analogie, daß hier ein Majestätsverbrechen gegen Gott vorliege: „Da aber nach den [römischen] Gesetzen Majestätsverbrecher mit dem Tode bestraft, ihre Güter eingezogen, ihren Kindern nur aus Barmherzigkeit das Leben geschenkt wird, um wie viel mehr soll dies nicht der Fall sein bei denen, die durch Glaubensirrtum Gott und Gottes Sohn, Jesum Christum, beleidigen? Ist doch ein Verbrechen gegen die göttliche Majestät weit schwerer, als das gegen eine irdische!"[5]

Das heißt aber nicht, daß nicht seit dem Hochmittelalter durch die Rezeption des römischen Rechts auch profane Konzeptionen entwickelt worden wären. So schrieb Kaiser Friedrich II. über den Ursprung des Rechts: „Nicht ohne große Überlegung und gewichtige Abwägung haben die römischen Bürger das Recht der Gesetzgebung und die Befehlsgewalt in der Lex Regia auf den Princeps der Römer übertragen, auf daß von demselben der Ursprung der Gerechtigkeit ausgehe, der mit Hilfe des ihm anvertrauten Kaisertums machtvoll die Völkern regierte."[6] Hier wird also sowohl die Theorie einer innerweltlichen, vom Volk übertragenen Herrschaft formuliert, auf der das Recht basiert, letztlich eine aristotelische Konzeption, als auch das antike Staatsmodell als für die Gegenwart nach wie vor zutreffend betrachtet. Diese nützliche Rechtsfiktion hatte etwa schon 1165 Kaiser Friedrich Barbarossa so formuliert: „Wir also bleiben auf den Spuren unserer vergöttlichten Vorgänger, nämlich der Kaiser Konstantin d. Gr., Justinian, Valentinian sowie Karl und Ludwig, und verehren ihre geheiligten Gesetze wie göttliche Wahrsprüche."[7]

Freilich stieß die Rezeption des römischen Rechts und der Einfluß, den seine universitär ausgebildeten Spezialisten bald erlangten, bei jenen auf Widerstand, für die die einheimischen Rechtstraditionen günstiger waren. In der Auseinandersetzung mit dem Adel seiner Königreiche, die den Herrscher an die heimischen Gesetze gebunden wissen wollten, erklärte Jakob I. von Aragon 1265: „An allen Königshöfen ist es notwendig, daß sich da Dekretisten [Kirchenrechtler], Rechtsanwälte [für römisches Recht] und Gesetzeskundige der einheimischen Rechte befinden, denn es gibt immer Rechtsfälle, die in jede dieser Sparten fallen. Und wenn wir an unserem Hof niemand hätten, der sie lösen könnte, würde das unserem Hof zum Schaden gereichen. Weder wir noch sonst ein Laie könnte schließlich alle die Schriften kennen, die es in der Welt über das Recht gibt… Da in unseren Reichen nicht nur ein einziges Rechtssystem gilt, aus diesem Grunde nahmen wir sie [die Juristen] mit uns."[8]

Wiewohl immer wieder als gute Rechte die alten, herkömmlichen gepriesen wurden, wurde man sich auch dessen bewußt, daß veränderte Situationen eben auch neue Rechtsgestaltung erforderten. Friedrich II. betonte in seinem sizilianischen Gesetzbuch, daß es der Kaiserwürde zukomme, sogar täglich neue Maßregeln zu treffen, um die Guten zu belohnen und die Bösen „mit den ununterbrochenen Hammerschlägen der Strafen zu zermalmen“[9].

Eine Seite aus einer italienischen Handschrift der *Digesten* (2. V. 14. Jh.), eines Teils des *Corpus Iuris Civilis*, das Justinian im 6. Jahrhundert zusammenstellen ließ. Typisch ist die Aufteilung in den Gesetzestext in der Mitte, und die rund herum angeordneten Kommentare. Relativ viele Handschriften des römischen Rechts wurden von Buchmalern illustriert.

Der Wechsel vom privaten Rechtsvollzug zum staatlichen, der das ganze Mittelalter hindurch immer weiter fortschritt, zeigt sich gut etwa im Eherecht. Im Frühmittelalter war es ganz Sache des durch Ehebruch in seinem Besitzrecht beleidigten Mannes, die gesetzliche Strafe selbst oder mit Hilfe seiner Sippe an der untreuen Frau und ihrem Liebhaber zu vollziehen. Seit dem Hochmittelalter drängten kirchliches und profanes Recht sich mehr und mehr dazwischen. So verfügte König Roger II. von Sizilien, daß der Gatte seine Frau nicht mehr töten dürfe, sondern ihm ‚nur' eine Verstümmlung gestattet sei, das Abschneiden der Nase nämlich. „Falls ihr Mann aber nicht an ihr Vergeltung üben will, erlauben wir keineswegs, daß eine solche Übeltat ungestraft bleibe, sondern schreiben vor, daß sie öffentlich gegeißelt werde."[10] Der Staat hatte damit den Bürger entmachtet, der bisher selbst entscheiden konnte, ob und wie er auf eheliche Untreue reagierte. Man kann sich vorstellen, wie so schrittweise ein Prozeß der Verstaatlichung ablief, der bis zu der völligen Durchregelung aller Lebensbereiche in der Gegenwart führte.

Dagegen blieb die (dem Manne nach dem noch nicht christlich beeinflußten Rechtsverständnis des früheren Mittelalters leicht offenstehende) Scheidung vielfach bis ins 12. Jahrhundert hinein möglich, obgleich die Kirche sich schon seit ihrer Frühzeit um ihre Abschaffung bemühte, da Jesus sie verboten hatte (Mt 5, 32). Ihre faktische oder angebliche Untreue war wie ihre Unfruchtbarkeit des öfteren ein Grund, die Frau mit einem Scheidebrief zu verstoßen und die ihr bei der Hochzeit übergebenen Hausschlüsseln zurückzufordern. So trennte sich im 11. Jahrhundert z. B. Herzog Rudolf von Schwaben unter dem erfundenen Vorwand der Treulosigkeit von seiner Frau, während er zugleich drei Konkubinen besaß[11]. Im Hochadel waren Scheidungen aufgrund der Fiktion, die Ehe sei in Unkenntnis einer bestehenden nahen Verwandtschaft eingegangen worden, an der Tagesordnung, da Inzest einer der ganz wenigen von der Kirche anerkannten Scheidungsgründe war. Manche Päpste wie Urban II. oder Innozenz III. suchten ein solches trügerisches Vorgehen mit aller Härte, aber nur wechselnder Wirkung zu verhindern.

Auch der Übergang von einer Mentalität, die im wesentlichen auf den Erfolg einer Handlung achtete, zu einer solchen, welche die

Absicht der Handlung miteinbezieht, gehört zu den erheblichen Entwicklungen des Mittelalters in der Rechtssphäre. Die Erfolgshaftung war typisch für weltliches und geistliches Rechtsverständnis im frühen Mittelalter. Es kam darauf an, was faktisch geschehen war, nicht mit welcher innerlichen Absicht. Hatte sich z. B. ein Geistlicher durch Pollution ohne Willenszustimmung verunreinigt – wie bei dieser im Schlaf stattfindenden Ejakulation ja nicht anders möglich –, mußte er sieben Tagen Buße tun, dazu 50 *Psalmen* beten und mittwochs und freitags fasten[12]. Dies geht über bloße Reinigungsriten deutlich hinaus, ist Strafe, die trifft, weil eine Verunreinigung *geschehen* ist, unabhängig von der Zustimmung oder Abwehr des Betroffenen. Nach dem Aufkommen der Intentionalethik seit dem 12. Jahrhundert dagegen ging und geht man – bis heute – davon aus, daß eine durch eine Willensentscheidung entstandene Schuld vorliegen muß, ehe eine Strafe verhängt werden darf.

Dieser Wandel läßt sich etwa am Gesetzbuch Friedrichs II. († 1250) für Sizilien illustrieren: Darin wird eine ca. hundert Jahre ältere Bestimmung König Rogers II. († 1154) modifiziert, die lautete: „Wer sich von oben hinabstürzt und einen Menschen tötet und wer unvorsichtigerweise einen Ast oder Stein hinabwirft, ohne zu rufen, und einen Menschen tötet, soll der Todesstrafe verfallen sein.“ Roger interessiert es überhaupt nicht, warum es zu dem Vorfall kam: Ein Mensch wurde getötet, darum muß der Verursacher auch getötet werden. Sein Nachfolger dagegen ändert dieses Gesetz so, daß die Strafe auf ein Jahr Gefängnis abgemildert wird und bei eidlicher Versicherung der Unabsichtlichkeit überhaupt wegfällt, wenn sich die Sache nicht an einem frequentierten Ort, sondern in der freien Natur ereignete (wo mit einem solchen Zufall kaum zu rechnen ist). Sollte es nur zu einer Verletzung gekommen sein, so ist gar keine Strafe vorgesehen, sondern müssen nur die medizinischen Kosten ersetzt werden[13]. Damit war freilich die komplexe Diskussion noch keineswegs erreicht, den derselbe Fall im römischen Recht gefunden hatte (*Digesten* 9, 2, 31). Aber der neue und zukunftsweisende Trend zur Berücksichtigung der Intention kommt deutlich genug zum Ausdruck.

Gott selber ist das Recht

Christus ist der letzte und unerbittlichste Richter der Geschichte; zwei Schwerter ragen aus seinem Munde, seine Mutter Maria fleht vergebens für die Verdammten.
Wandmalerei, M. 14. Jh., Feistritz ob Grades (Kärnten), St. Andrä

Es gehört zu den hervorstechendsten Eigenheiten des früh- und hochmittelalterlichen Rechts, daß man erwartete, Gott müsse direkt in die gerichtlichen Verfahren eingreifen, wenn er mit der richtigen Liturgie dazu aufgefordert würde. Betrachten wir gleich ein konkretes Beispiel: Im Zuge der Kirchenreform des 11. Jahrhunderts wandte sich eine stets stärker werdende Partei innerhalb der Kirche gegen alle Prälaten, die ihr Amt von weltlichen Herrschern und oft gegen beachtliche Geldzahlungen erhalten hatten. So bezeichneten auch die Vallombrosaner Mönche den Bischof Petrus Mezzabarba von Florenz (reg. 1061/62-1068) als Simonisten (wie man solche Gesetzesbrecher nannte). Papst Alexander II. berief 1067 eine Synode zur Klärung dieser Dinge nach Rom ein. „Es wurde die Entscheidung getroffen, daß der heiligen Kirche die Wahrheit durch das Gericht der Feuerflammen eröffnet werden sollte. Da beide Seiten zustimmten, dies solle geschehen, erklärte einer der Mönche, er werde sich diesem Urteil mit Gott als Zeugen und Richter seiner Gerechtigkeit unterziehen. Und nachdem diese Entscheidung vom Papst verkündet worden war, kehrten sie nach Florenz zurück… Ein flammendes Feuer wurde im Vorhof der Kirche eifrig aus ganz trockenem Holz entzündet, Manneshöhe überragend und von 12 Fuß Länge, wobei der Abstand zwei Fuß betrug. Als Bischof Petrus von Florenz es nicht wagte, da mitten hineinzugehen, um sich und seine Genossen von der vorgeworfenen Beschuldigung zu reinigen und sich hinsichtlich seiner Absicht als unschuldig zu erweisen, beschuldigte der vorgenannte Mönch, nachdem er die Eucharistie zu sich genommen hatte und so angetan, wie er ebendort die Messe gelesen hatte, mit nackten Füßen und ein Kreuz in Händen unter Eid bei Christus zum Erweis der Gerechtigkeit und der Wahrheit, wobei die ganze Kirchengemeinde es hörte", den Bischof als Simonisten. „Daraufhin ging er schrittweise mitten in die Flammen und durchschritt sie ohne Verletzung durch Hitze und Brand vertrauensvoll im Namen des Herrn. Doch alles Volks zollte, als es dieses Urteil sah, Gott als dem höchsten und gerechten Richter einstimmig Dank und Lob."[14] Die irdische Konsequenz dieses Ordals war die Abdankung des Bischofs.

Aus diesem Bericht eines eindeutig propäpstlichen Chronisten ist zu entnehmen, daß dieses Gottesurteil unter ausdrücklicher Billigung des Papstes im geweihten Raum und zwischen Geistlichen stattfand. Die meisten anderen Päpste (wie auch Alexander selbst zu einem späteren Zeitpunkt) zeigten sich den Gottesurteilen freilich eher abgeneigt, da sie keine entsprechenden Bestimmungen im kanonischen Recht fanden. Die sonstigen Geistlichen beharrten dagegen darauf, daß in oder bei ihren Kirchen die üblichen Ordalien des siedenden Wassers und der glühenden Pflugscharen vollzogen wurden. Einerseits müssen die meisten von ihnen davon überzeugt gewesen sein, daß Gott bei dieser Form der Wahrheitsfindung das Recht durch ein Wunder offenbaren würde, und andererseits zogen sie aus den Gebühren für die Weihe des Wassers, des Eisens, auch der Waffen für Zweikämpfe, erheblichen Gewinn. Doch auch sonstige Rechtsstreitigkeiten zwischen Angehörigen des Klerus selbst wurden durch Gottesurteile entschieden. Freilich verwendeten sie fast stets harmlosere Proben, so die des Kreuzes oder der Eucharistie. In derselben Chronik unternimmt diese Probe etwa der

Bischof Embrikos von Augsburg zum Erweis der Rechtmäßigkeit der Herrschaft seines Königs, Heinrichs IV. Prompt erkrankte er und war binnen weniger Tage tot[15], stand dieser Herrscher doch in heftigem Kampf mit dem Papst.

Das bis etwa in die Mitte des 12. Jahrhunderts kaum angezweifelte Denkmodell, das die Existenz der gerichtlichen Ordalien[16] ermöglichte, basierte auf der Bildung einer Kausalkette in die Überwelt: Gott greift in den Naturablauf ein, um Schuldige oder Unschuldige anzuzeigen. Er stärkt den, der für die gerechte Sache kämpft, er verhindert, daß das glühende Eisen den Schuldlosen verbrennt oder das reine Wasser den Schuldigen untersinken läßt. Man könnte von einer Magie der Unschuld sprechen, die Gott geradezu zu einem Wunder zwingt.

Erst zögerlich mehrten sich Stimmen, die die Ordalien als Versuchung des Herrn ablehnten und ihre Manipulierbarkeit kritisierten. Es sollte jedoch bis 1215 dauern, als Papst Innozenz III. auf dem IV. Laterankonzil es den Geistlichen untersagte, an diesen übernatürlichen Proben mitzuwirken. Da es nun nicht mehr möglich war, von ihnen die Elemente oder Prüfgegenstände weihen zu lassen, war dies das Ende der Gottesurteile. Mit einer wichtigen Ausnahme freilich: Der gerichtliche Zweikampf blieb bis in die Neuzeit hinein als Gottesurteil bestehen, denn er bedurfte nicht unbedingt der priesterlichen Mitwirkung. Er wurde wie eine Analogie zur Entscheidung von Konflikten zwischen Herrschern und Völkern auf dem Schlachtfeld betrachtet, die man allgemein als Manifestation des himmlischen Willens erfaßte.

So ist das Mittelalter weithin durch ein grundsätzlich religiöses Verständnis des Rechts gekennzeichnet. Ein berühmter Satz im *Sachsenspiegel*, dem um 1225 von Eike von Repgow aufgezeichneten niederdeutschen Recht, lautet: „Gott ist selber Recht, darum ist ihm Recht lieb."[17] Und das wichtigste, fast gleichzeitig entstandene – weltliche – Gesetzeswerk eines ganz anderen Kulturkreises begann mit den Worten: „Gott ist Anfang, Mitte und Vollendung aller Dinge, und ohne ihn kann nichts existieren…" – „Dios es comienco, e medio, e acabamiento de todas las cosas, e sin el ninguna cosa puede ser…" So König Alfons X. von Kastilien-León am Beginn der *Siete Pardidas*, seines offiziellen Reichsgesetzbuches. Im selben Sinn beginnt auch der 1. Titel mit: „Zum Dienst an Gott und der Allgemeinheit der Völker haben wir dieses Buch verfaßt…" Aus diesen Beispielen erhellt deutlich genug, wie unterschiedlich die leitende Rechtsvorstellung des hohen Mittelalters sowohl von der der Antike als auch von der der Zeit nach der Aufklärung war.

Die Absicherung von Rechtsbeziehungen erfolgte primär auf der Basis des Glaubens an Gottes Kontrolle der Welt, nämlich durch einen Eid bei den *Evangelien* und den Heiligenreliquien, also eine Selbstverfluchung im Falle der Nichteinhaltung. Bürger schworen einen Eid, einander zu helfen und nicht zu schaden, Untertanen ihrem König Gehorsam, Lehnsträger versicherten ihren Lehnsherren eidlich ihres Rates und ihrer Hilfe, Amtsleute den Bürgermeistern ihre Korrektheit, Mönche ihrem Abt die Einhaltung der Klosterregel usf. Viele dieser Formeln waren durch jahrhundertelangen Gebrauch geheiligt, andere wurden auch je nach den Erfordernissen umformuliert und ergänzt.

Aber vielfach auch gleichzeitig durch Geiseln und Kautionen, also auf rein profane Weise. So schwor z. B. 1198 Graf Theobald III. von der Champagne König Philipp II. den Lehnseid, wobei er von elf Baronen als Eideshelfer durch deren Schwüre unterstützt wurde. Auch für den König beschworen elf von dessen Baronen, daß dieser seine Verpflichtungen, die er als Lehnsherr seinem Mann gegenüber einging, einhalten wolle. Wenn einer der beiden seinen Verpflichtungen nicht nachkommen sollte, würden sich seine Barone selbst dem Betrogenen als Gefangene übergeben, und dies bis zu Erledigung des Zwistes. Sollte der Graf mehr als ein Monat lang seine Leute nicht auslösen, würde die Geistlichkeit sein Territorium mit dem Interdikt belegen[18].

Ein mittelhochdeutsches Gedicht, das um 1140 für ein ungelehrtes Publikum geschrieben wurde, evoziert in fast beschwörendem Ton eine Vorstellung vom Recht, die diesem Begriff einen viel breiteren, auch religiösen Bedeutungsumfang zumißt als wir dies heute tun:

> „Niemand ist in Wahrheit so hehr,
> wie das Recht,
> denn Gott ist wahrlich
> ein gerechter Richter.
> Daher hieß er seinen Knecht
> das Recht ganz besonders lieben…"[19]

Die alltägliche Praxis spiegelte allerdings die Konzeption von der Göttlichkeit allen Rechts an sich kaum wider. Auch damals hatte das Recht, wer die Macht hatte, und der mißbrauchte es auch, wie zahllose willkürliche Satzungen und gesetzlich nicht vorgesehene Strafformen zeigen. Freilich dürften sich die meisten der Großen, die sich in ihren Urkunden regelmäßig als Herrscher „von Gottes Gnaden" bezeichneten, auch bei despotischer Ausübung ihres Richteramtes vorgestellt haben, damit den von Gott gewollten Zustand von Recht und Gerechtigkeit herzustellen. Es genüge an die in jeder Kirche präsente Weltgerichtsdarstellung zu erinnern, auf der Gott noch viel unbarmherziger straft, als es irgendeiner irdischen Instanz möglich ist – nämlich mit der Überantwortung der Sünder an die Teufel der Hölle, und das in alle Ewigkeit.

Für die Laien war der Ort, an dem sie sich befanden, entscheidend. Jedes Dorf hatte seine eigenen, mündlich überlieferten Rechtsbräuche, wie sie dann seit dem Spätmittelalter in Deutschland als ‚Weistümer' aufgezeichnet wurden. Jede Stadt hatte ein eigenes Stadtrecht, mochte es auch zu großen Teilen von dem einer älteren Stadt übernommen worden sein. Daher konnte es passieren, daß dieselbe Straftat an einem Ort mit dem Tode, ein paar Wegstunden weiter nur mit der Verbannung geahndet wurde. Diese topographische Unterschiedlichkeit der Rechtssphären wurde besonders deutlich im Asyl-Brauch. Gelang es einem von der weltlichen Obrigkeit Verfolgten, in eine Kirche, einen Friedhof oder ein Kloster zu flüchten, so hatte er den Schutz dieses Asyls gewonnen – der heilige Raum war vom weltlichen Recht ausgenommen. Weder durfte der Flüchtling angegriffen noch mit Gewalt von dort herausgeholt werden (s. oben S. 126).

Abgesehen von der bestimmten Orten und bestimmten Personen zukommenden Unterstellung unter das Recht der Kirche gab es aber noch weitere Differenzierungen, die in heutigen Gesetzen unbekannt sind, nämlich ständische. Ganz unterschiedlich nach der sozialen Position war das Wergeld abgestuft, das bei der Verletzung bzw. Tötung vom Täter zu bezahlen war. So bestimmt z. B. der *Sachsenspiegel* für freie, aber besitzlose Landsassen 15 Schillinge Buße und 10 Pfunde Wergeld, für Hörige 20 Schillinge, 6 Pfennige und einen Heller Buße und 9 Pfund Wergeld, für Taglöhner zwei Wollhandschuhe und eine

Mistgabel Buße und einen Haufen Weizen Wergeld[20]. Analog dazu fielen regelmäßig die Sühnen, welche die sozial Höherstehenden zu leisten hatten, glimpflicher aus als für die Niedrigstehenden, denen immer peinliche Strafen an ‚Haut und Haar' drohten.

Ein beliebiges Beispiel aus dem Kriminalrecht zeigt dieselbe Abstufung: Die als Beweismittel (nicht als Strafe!) eingesetzten Gottesurteile wurden sowohl geschlechts- als auch standesspezifisch gestaffelt: In der Hauptsache zum glühenden Eisen oder zum kalten Wasser gezwungen wurden offenbar unterprivilegierte bzw. ausgegrenzte Gruppen, nämlich Häresie- und Magieverdächtige, Fremde, Sklaven und Frauen. Für eine Verheiratete konnte schon die bloße Untreuevermutung des Gatten genügen, daß sie das Eisen tragen oder über die Pflugscharen schreiten mußte. So wurde die Probe der glühenden Pflugscharen anscheinend besonders von Frauen verlangt, wie bereits nach dem ältesten Beleg aus Nordthüringen von 802, dagegen hatten in Norwegen das glühende Eisen die Männer zu tragen, während der Kesselfang eine Frauenprobe war. In Mainz und Tribur gestatteten die Statuten dem Adeligen den Reinigungseid, wogegen der Unfreie das glühende Eisen tragen mußte. In Reims wurde 1119 das Gottesurteil für alle Angeklagten festgelegt, die nicht dem Wehrstand angehörten. Die Abendmahlsprobe war generell Geistlichen und weltlichen Großen vorbehalten – usw.

–>

Kaltwasserprobe: Der Angeklagte wird gefesselt an einer Kette ins Wasser gelassen, schwimmt er oben, ist er schuldig, taucht er tief unter, unschuldig. Links der Priester mit dem Ritualbuch, der gegen Bezahlung die nötigen magischen Formeln und Gebete spricht. Federzeichnung aus dem Ritualbuch des Klosters Lambach in Oberösterreich, E. 12. Jh., Cml LXXIII, f. 72r, Stiftsbibliothek

Auch was die Schandstrafen betraf, machte man genaue Unterschiede. So mußte im hochmittelalterlichen Franken und Schwaben bei Landfriedensbruch vor der Hinrichtung der Adelige einen Hund, der Ministeriale einen Sattel und der Bauer eine Pflugschar von einer Grafschaft zur nächsten tragen[21] – womit er und seine Familie zutiefst entehrt war.

Eine weitere Differenzierung, die nach der finanziellen Stellung eines Verurteilten, kennen wir dagegen noch heute, wenn auch in gemilderter Form, als ersatzweise Haft bei Zahlungsunfähigkeit. Im Mittelalter waren umgekehrt ziemlich oft auch schwere Körperstrafen in Geld ablösbar, wenn man es hatte. Der Gerichtsherr konnte als besonderen Gnadenerweis die Umwandlung zulassen und tat es natürlich auch, wo ihm das Geld lieber war als Rache. So heißt es z. B. im Wiener Neustädter Stadtrecht (13. Jh.): Wenn einer einem die Nase oder die ganze Zunge abgeschlagen hat, soll er dem Richter 10 Pfund Pfennige geben und seine Nase oder Zunge von dem Verletzten loskaufen, wie er es kann. Kann er das nicht [d. h. hat er nicht genügend Geld], so soll er nach dem von Gott gegebenen [alttestamentlichen] Gesetz gerichtet werden, d. h. der Richter soll befehlen, ihm die Nase für die Nase, die Zunge für die Zunge abzuschneiden... Wie der Text zeigt, war dem Strafrecht der Zeit die Herstellung des Rechtsfriedens wichtig, was durch Vergeltung, sei es finanzielle oder körperliche, erreicht wurde. Die Strafe stellte das gestörte Gleichgewicht wieder her. Sie diente aber auch als Abschreckung. Weitgehend fremd war der Zeit die Vorstellung von einer Resozialisierung des Verbrechers, weswegen auch Gefängnisstrafen zur Besserung kaum vorkommen. Vielmehr war es wichtig, die ‚anständigen Leute' vor einem Ganoven zu warnen, weswegen die Leibstrafen oft so vollzogen wurden, daß die Schuld des Betroffenen sogleich an seinem Körper abzulesen war: Verstümmeln und Brandmarken wurden deshalb seit der Zeit der Gottes- und dann der Landfrieden mehr und mehr angewandt und trafen nun nicht mehr nur Unfreie, sondern auch Freie[22].

Leibstrafen, auf einem Pranger des frühen 16. Jahrhunderts angedroht. Schloß Tirol

Freilich fehlte es im Spätmittelalter, nachdem die entsprechenden Theorien des Aristoteles rezipiert worden waren, auch nicht an Denkern, die die Gesetze als rein weltliche Schöpfung erkannten. So schrieb etwa der englische Gelehrte und Höfling Richard von Bury

1344: „Die Gesetze aber, da sie nur menschliche Vereinbarungen und Satzungen sind, um zivilisiert miteinander zu leben, oder Unterdrükkungsmaßnahmen, von den Fürsten den Nacken ihrer Untertanen auferlegt, können nicht auf die höchste Seelenkraft und den Ursprung der Gerechtigkeit zurückgeführt werden…“[23]. Das ist eine klare Absage an das mittelalterliche Weltbild, eine Einstellung, die sich in der Renaissance und der Frühneuzeit durchsetzen sollte, und die auch dem Verständnis des Wesens des Rechtes in der okzidentalen Kultur von heute entspricht.

So fremd wie der von den meisten freilich auch weiterhin geglaubte übernatürliche Ursprung des Rechts ist uns i. d. R. auch die Vorstellung, jemand könne ohne persönliche Schuld für die Tat eines anderen zur Verantwortung gezogen werden. Das war jedoch nicht nur nach frühmittelalterlichem Denken gegeben. Wie im biblischen Judentum und unter Einfluß des *Alten Testaments* erstreckte sich nach dieser Vorstellung eine bestimmte Schuld nicht nur auf den Täter, sondern auch seine Familienangehörigen, weshalb man von Sippenhaftung spricht. Es heißt ja *Exodus* 20, 5: „Ich bin Gott der Herr, der die Missetat der Väter bis ins dritte und vierte Glied heimsucht.“ Freilich liest man auch im selben *Alten Testament* bei *Ezechiel* 18, 20: „Der Sohn trägt nicht das Unrecht des Vaters und der Vater nicht das Unrecht des Sohnes.“ Man konnte sich also Gottes Wort je nach aktueller Brauchbarkeit aussuchen.

Es gab z. B. eine vermögensrechtliche „Sippenhaftung“ für Insolvenz. Sie beruht weitgehend auf einer allgemeinen, innerhalb der Sippe gesteigerten Solidaritätspflicht, dem Täter bei der Wiederherstellung des Friedens zu helfen. Das kam in weiten Teilen aus der Rezeption des kanonischen bzw. biblischen Rechts. Die Haftung bei Hochverrat wiederrum ist dem spätantiken römischen Recht entlehnt[24].

Jedenfalls wurde das Wergeld, also die Summe, die als Buße für einen Totschlag zu bezahlen war, der Sippe des Getöteten ausgefolgert. Andernfalls kam es zur Blutrache, bei der es darum ging, ein beliebiges Mitglied der feindlichen Sippe zu töten, unabhängig von dessen persönlicher Schuld. Das Motiv ist uns noch gut aus der schönen Literatur bekannt, etwa Shakespeares *Romeo und Julia*.

Die wesentliche religiöse Sanktion im Hintergrund lieferte dafür die katholische Erbsündendogmatik, nach der das Vergehen Adams und Evas in alle Zukunft jeden einzelnen ihrer Nachkommen durch Vererbung mit dem Makel dieser Sünde zeichnete. Analog dazu gibt es viele Beispiele aus dem Kirchenrecht, besonders wenn es sich gegen Ketzer richtete, daß man nicht nur den Abweichler, sondern auch seine Familie strafte. Dies speziell durch die Konfiskation seiner Güter und die Zerstörung seines Hauses, wodurch unzählige Frauen und Kinder zu Bettlern gemacht wurden. Doch auch das weltliche Recht wurde von demselben Grundsatz geleitet, speziell wo es um Verbrechen gegen den Monarchen ging, das „crimen laesae maiestatis". In solchen Fällen wurde wie schon im römischen Kaiserreich auch die Familie von der Strafe betroffen, was man gern als präventive oder ‚medizinische' Maßnahme rechtfertigte – Söhne eines Landesverräters würden sicherlich zur selben Untat neigen. Sie mußten also rechtzeitig ausgeschaltet bzw. durch die Strafe von dieser Neigung ‚geheilt' werden.

Der Herrscher als Richter sitzt mit verschränkten Beinen,
daneben sein Schwertträger.
Steinrelief, 12. Jh., Dom von Trient

Eine Eigenheit des mittelalterlichen Rechts war auch seine ausgedehnte Symbolik. Sowohl im weltlichen als auch im geistlichen Rechtsbereich genügten keineswegs mündliche oder schriftliche Festlegungen, sondern alles mußte auch noch zeichenhaft-konkret ausgedrückt werden. Ein Symbol, das von der Gemeinschaft gesehen wurde, sei es ein Ding oder eine Handlung, brachte in einer Zeit vorwiegend mündlicher Kommunikation und fehlender Lesekenntnisse ein Mehr an Rechtssicherheit. So sollte etwa der Richter beim Urteil mit verschränkten Beinen sitzen, also in einer Haltung, die Ruhe ausdrückt, da spontanes Aufstehen nicht möglich ist. Oder man schwur bei seinem Barte, ein auch aus dem deutschen (und spanischen) Mittelalter vielfach belegter Brauch[25].

Schwurgestus, Steinskulptur, A. 12. Jh., Modena, Dom

Im rechtlichen Bereich spielte z. B. der Handschuh eine große Rolle, er vertritt die Hand; allenthalben bekannt ist noch die Bedeutung des Fehdehandschuhs. Doch wurde dieses Kleidungsstück z. B. im langobardischen Rechtsbereich auch als bindendes Zeichen bei der Verlobung überreicht, im deutschen bei Übergabe eines Erbes oder sogar eines Bistums. Ehe der letzte Staufer Konradin 1268 auf dem Marktplatz von Neapel enthauptet wurde, „übertrug er alle seine Rechte, die er in Sizilien und Apulien besaß, seinem Blutsverwandten, dem König Peter von Aragon, und dankte öffentlich ab, indem er seinen Handschuh in die Luft warf."[26] Ein des Verrats angeklagter französischer oder englischer Ritter übergab seinen Handschuh zum Zeichen, daß er sich dem Gericht des Lehnsherrn nicht entziehen werde: „Und Mauritius faltete seinen Handschuh und gab ihn seinem Herrn, daß er an seinem Hofe über alles Rechenschaft ablegen werden, was er falsch gemacht habe. Genug geschätzte englische Vasallen bürgten für ihn." (12. Jh.)[27]

Auch das Strafrecht wurde von zahllosen symbolischen Handlungen geprägt. Nach Bracton's Kodifikation der englischen Rechte (3. V. 13. Jh.) wurde ein Vergewaltiger mit dem Tode bestraft, während seinem Pferd „zu seiner Schande" der Schweif so kurz wie möglich abgeschnitten wurde[28]. Die symbolische Gleichsetzung des Mannes mit seinem Roß und seines Penis mit dessen Schweif ist evident. Eine wichtige Funktion war die Kenntlichmachung des Übeltäters, die nicht nur die Erinnerung an ihn diffamieren sollte, sondern auch seine Nachkommen. Dies erreichte man z. B. dadurch, daß man den Missetäter oder die Missetäterin an den Pranger stellte, der in unterschiedlicher Form in wohl allen Ländern üblich war. Diese Exponierung vor der Gemeinschaft war im weltlichen wie im geistlichen Recht beliebt (Markt- und Rathaus- bzw. Kirchenpranger) und wurde durch das Tragen eines entehrenden Objekts verschärft. So wurde das richtige Hundetragen, eine Schandstrafe des hohen Mittelalters, durch das Tragen eines Steines in Hundeform abgelöst.

Auch war es üblich, den Verurteilten vor der Hinrichtung oder Ausweisung in entehrender Weise durch die Stadt zu führen oder zu karren, etwa auf einem Esel, verkehrt reitend, mit einer papierenen Mütze auf dem Kopf, auf der seine Vergehen aufgeschrieben und -gemalt waren. Die Inquisition bediente sich regelmäßig dieser Schandstrafe, auch Johanna von Orléans mußte bei ihrer Verbrennung eine solche Kopfbedeckung aufsetzten, auf der sie als Hexe und Götzendienerin beschimpft wurde[29]. Andere Delinquenten mußten die Mittel zu ihrem Vergehen um den Hals tragen, ein Quacksalber die Phiolen für seine Arzneien, eine Bierbrauerin ihren falschen Maßkrug usf. Dasselbe konnte man auch durch einen entsprechende Kleidung erreichen, wie sie für Häretiker vorgeschrieben war. Unübersehbar war Symbolik der Bestrafung der Ehebrecher im sächsischen Zwickau: Wie das Stadtrechtsbuch von 1348 zeigt, wurde der Mann auf die Frau gelegt, dann ein Pfahl durch beider Lenden getrieben, der sie in grausamer „Wiederholung" ihrer Tat unlösbar vereinte, worauf man das sterbende Paar lebendig begrub[30].

Formel für die Verurteilung von Personen, die eine Hostie zur Zauberei mißbraucht haben, aus dem Handbuch für Inquisitoren (3, 43) des Dominikaners Bernard Gui (1. V. 14. Jh.):

„Den N.N. verurteilen wir zu lebenslänglicher Gefangenschaft... Er hat immer auf der Oberseite aller seiner Kleidungsstücke das Bild einer runden, gelb gefärbten Hostie zu tragen, eine auf der Brust, die andere hinten zwischen den Schultern. Er darf sich weder innerhalb noch außerhalb des Hauses oder Gefängnisses ohne diese Zeichen bewegen zum Zeichen, welches Verbrechen er gegen eine konsekrierte Hostie begangen hat und damit ihn das beim Anblick an seine Schande erinnere und anderen zum abschreckenden Beispiel gereiche."

Da diese Konkretheit zeittypisch war, findet sie sich auch im gelehrten kirchlichen Recht. Wenn die geistliche Obrigkeit einen straffällig gewordenen Priester seiner Würde entkleiden wollte, so wurden ihm Stück für Stück die liturgischen Gewänder ausgezogen, seine Tonsur mit einem Messer skalpiert, seine Fingerspitzen abgeschnitten. An Haupt und Fingern war er nämlich zum Priester gesalbt worden, was somit rückgängig gemacht war[31].

Mit welchem bombastischen Formelapparat und welchem Ritual die geistlichen Strafen in fast allen beliebigen Streitigkeiten eingesetzt wurden, zeigt z. B. ein Auszug aus einer Urkunde von 1401, in der ein Propst gegen einen Priester, der seiner Meinung nach widerrechtlich in seinen Pfarreien amtierte, erneut den Kirchenbann verkündete. Dieser sollte öffentlich an allen Sonn- und Feiertagen von der Kanzel verkündet werden:

„Alldieweil wir nichts als Gott und dessen Gerechtigkeit vor Augen haben, verschärfen wir noch- und abermals (aggravamus et reaggravamus) mit dieser Schrift die oft genannten Verurteilungen der Exkommunikation und des Interdikts, wobei die Kerzen angezündet, dann ausgelöscht und zur Erde geworfen und die Glocken zum Zeichen ewiger Verfluchung geläutet wurden. Allen Christgläubigen und jedem einzeln verbieten wir gemäß der vorgehenden Bezeugungen, daß sich niemand das herausnimmt, künftig mit dem oft genannten Dankward von Greulensulz in Kontakt zu treten durch Gespräch, Verkauf, Kauf, Mehl Mahlen, Fischen, Kochen, Feuer oder Wasser Darreichen oder durch Gewährung von irgendetwas Geistlichem oder Weltlichem, was menschlichem Nutzen dient, falls sie die Verurteilung durch uns oder noch mehr durch den Apostolischen Stuhl und den Zorn des allmächtigen Gottes vermeiden wollen.“[32]

Es gab oft große Unsicherheit darüber, welches Gericht wofür zuständig war, da verschiedene Verfahrensweisen und Gerichtsherrn miteinander konkurrierten – bei jedem Prozeß waren ja Abgaben für diese fällig. In England kam es etwa im 12. und 13. Jahrhundert zu den Staat erschütternden Kämpfen um die Frage, inwieweit Geistliche bei Verbrechen auch vor die weltliche Justiz gezogen werden konnten, einer der Konfliktpunkte, die zum „Martyrium“ des Thomas Becket führten. Die Frage versuchte man andernorts friedlich mit jeweils örtlich gültigen Vereinbarungen zwischen den Mächtigen zu lösen. Das erhellt gut etwa aus einer Urkunde von 1198, die die Gerichtshoheit zwischen dem Konvent von Saint-Pierre in Troyes und Graf Theobald III. von der Champagne regelte: „Es wurde auch festgesetzt, daß dies die Freiheit unseres Klosters ist und der Häuser, in welchen auch immer wir uns befinden, sei es innerhalb, sei es außerhalb des Klosterbezirkes: Daß der Vogt des Grafen oder irgend jemand sonst dort weder einen Dieb festnehmen noch ein falsches Maß noch irgend etwas anderes einziehen noch irgendein Recht ausüben kann, auch niemand im Auftrag des Grafen. Auch alle unsere Diener, die von unseren Gütern in unseren Häusern leben, sind von allen Abgaben, Strafen und Diensten frei... Wird jemand von allen denen im Gerichtsbezirk des Grafen festgenommen oder bei einem akuten und manifesten Verbrechen ertappt, steht er unter der Gerichtsbarkeit des Grafen. Leugnet er aber das Delikt, werden der Graf und die Seinen den gefangenen Mann entlassen und das Delikt vor unserem Gericht beweisen; erst wenn die Wahrheit erwiesen ist, wird der Graf richten können."[33]

Ein gutes Beispiel für diese Konkurrenzsituation bietet auch die südfranzösische Stadt Albi im letzten Viertel des 13. Jahrhunderts: Hier existieren mehrere weltliche Gerichte in Konkurrenz, nämlich das des bischöflichen Stadtherrn und jenes des Vertreters des französischen Königs: Die Bürger versuchten, sich der verhaßten Jurisdiktion ihres auch die weltliche Gerichtsbarkeit ausübenden Bischofs zu entziehen, indem sie sich an die königliche wandten. So kam es etwa vor, daß Personen, die vom bischöflichen Justitiar verurteilt worden waren, auf dem Weg zur Hinrichtung lauthals an den König appellierten, worauf dann dessen Beamten eingriffen und die Delinquenten bis zur Entscheidung des Vertreters des Herrschers in die königliche Kurie aufnahmen – eine Konsequenz von Kompetenzstreitigkeiten, von der nicht nur Unschuldige profitierten. Gelegentlich drangen die Männer des Königs sogar in das bischöfliche Gefängnis ein, um Angeklagte ihrer Justiz zu unterstellen[34].

–>

Spätmittelalterliche öffentliche Gerichtssitzung mit 12 Schöffen
und 2 Gerichtsboten innerhalb der Schranken.
Buchmalerei aus der Volkacher Halsgerichtsordnung, 1504,
Salbuch f. 389^{v}, Volkach, Stadtarchiv

Es sei nochmals unterstrichen, daß es in ganz Europa je nach Region, Epoche und Rechtstellung der Beteiligten unzählige unterschiedliche Vorgangsweisen gab. Um wenigstens ein Beispiel von der Praxis des spätmittelalterlichen Prozeßwesens zu geben, sei kurz geschildert, wie sich ein Strafverfahren in Nordostdeutschland abspielen konnte, dort, wo der um 1230 das heimische Recht aufzeichnende *Sachsenspiegel* des Eike von Repgow Geltung hatte[35]: Wenn es zu einem Kapitalverbrechen gekommen war und der Täter gefaßt, so wurde Klage erhoben – sei es vor dem ordentlichen Richter des Territorialherrn, sei es vor einem vor Ort zusammengerufenen Notgericht. Dorthin wurde als konkreter Beweis der Untat bei einem Mord die Leiche oder ihre Hand gebracht (die man einem Ermordeten abschnitt, um nicht den ganzen Leib zum Gericht transportieren zu müssen). Konnte der Kläger sieben

Eideshelfer finden, die beschworen, daß er Recht habe, galt der Angeklagte als schuldig. War der Verdächtige jedoch entkommen, hatte er später die Möglichkeit, sich durch einen Reinigungseid oder den Zweikampf als schuldlos zu ‚erweisen'. Bei letzterem handelt es sich um das wohl häufigste der Gottesurteile, das freilich von der Kirche ab 1215 untersagt war, in der Praxis aber immer noch verwendet wurde.

Oftmals einigten sich Kläger und Beklagter, indem dieser ein Buße zahlte; sonst wurde eine peinliche Strafe, vielfach die Todesstrafe verhängt, aber auch eine Verstümmelung, je nach Schwere des Delikts. Angesichts dieser Wahlfreiheit des Klägers, ob er „peinlich" oder nur „bürgerlich" klagen wollte, setzte sich immer mehr die lokale Obrigkeit durch, die von Amts wegen, im Offizialprozeß, die Kapitalverbrechen zu verfolgen begann. Dazu kann man auch die Rüge zählen, die dem Bauermeister (dem Gemeinderichter auf dem Lande) zukam, wenn kein Verwandter des Geschädigten oder Getöteten Klage erhob, und die auch zur Todesstrafen führen konnte.

Um die Mitte des 14. Jahrhunderts war das spätantike römische und das darauf beruhende kanonische Recht so weit in das Landesrecht rezipiert worden, daß eine neue Methode der prozessualen Wahrheitsfindung Eid und Gottesurteil verdrängte, die Folter[36]. Diese hatte auf ausdrückliche päpstliche Anordnung auch ins Kirchenrecht Eingang gefunden: Innozenz IV. ermächtigt 1252 mit der Bulle „ad extirpanda" die weltlichen Gerichte, gegen potentielle Ketzer von der Folter Gebrauch zu machen. 1260 und 1262 wurde den Inquisitoren – also Geistlichen – gestattet, bei der Tortur anwesend zu sein, was neuerlich von Alexander IV. 1259, Klemens IV. 1265 und Pius V. 1569 bestätigt wurde. Theoretisch bestehende Beschränkungen (wie die Schonung von Leben und Unversehrtheit der Glieder des peinlich Befragten) blieben für die Praxis belanglos. Schließlich sagte der bedeutendste italienische Jurist des 14. Jahrhunderts, Baldus de Ubaldis: „Was aber bei der Folter Mäßigung ist oder was Übertreibung, muß dem Gewissen des Richters überlassen bleiben, auf dessen Tätigkeit und Gewissen das Gesetz baut, indem es nicht annimmt, daß er seines eigenen Heils und des Schwurs uneingedenk sei, den er Gott und dem Staat geleistet hat." (*Ad Cod.* VII, 59, 1, 9). Das nützten viele weltliche und geistliche Richter weidlich aus, und viele Verhörte starben unter der Tortur.

Zwei aus der Antike übernommene mittelalterliche und frühneuzeitliche Foltermethoden in korrekten Rekonstruktionen: Das „Pferdchen“ („eculeus“, Marterroß) und die Feuertortur.

Der wichtigste Wandel im Vergleich zum frühen Mittelalter war wohl die Einführung des Offizial- bzw. Inquisitionsverfahrens in das kirchliche und weltliche Recht. Währenddem vormals ein Prozeß nur zustande kam, wenn der Geschädigte vor dem Richter (in Deutschland meist die Grafen) klagte, begann nun die Obrigkeit von sich aus nachzuforschen, ob sie nicht strafbares Verhalten entdecken und ahnden könne. Dies diente der allgemeinen Sicherheit so gut wie den Finanzen der Herren, die die Gerichtshoheit besaßen, da an sie interessante Gebühren fielen. Im späten Mittelalter verkomplizierte sich mit der vor allem von Juristen vorangetriebenen Bürokratisierung der Rechtsgang ungemein, Prozesse dauerten schon – wie heute – nicht selten mehrere Jahre und konnten auch gegen schädliche Tiere vom Ochsen bis zum Insekt geführt werden[37]. Auch autorisierten die Kaiser öffentliche Notare, durch die die Ausbreitung des von ihnen auf einer i. d. R. italienischen Universität studierten römischen Rechts voranschritt. Sie mußten vor Amtsantritt sowohl dem Kaiser Treue schwören als dem Rat der Stadt, in der sie tätig waren.

Für das 13. Jahrhundert war es aber gewiß eine progressive Maßnahme, daß Kaiser Friedrich II. in Sizilien ein Register der Gebannten und Ehrlosen erstellen ließ, welches bei künftigen Verhandlungen konsultiert werden sollte (*Liber Augustalis* 2, 5), – also einen Vorläufer des Vorstrafenregisters, wenn auch beschränkt auf den kleinen Kreis der Gebannten.

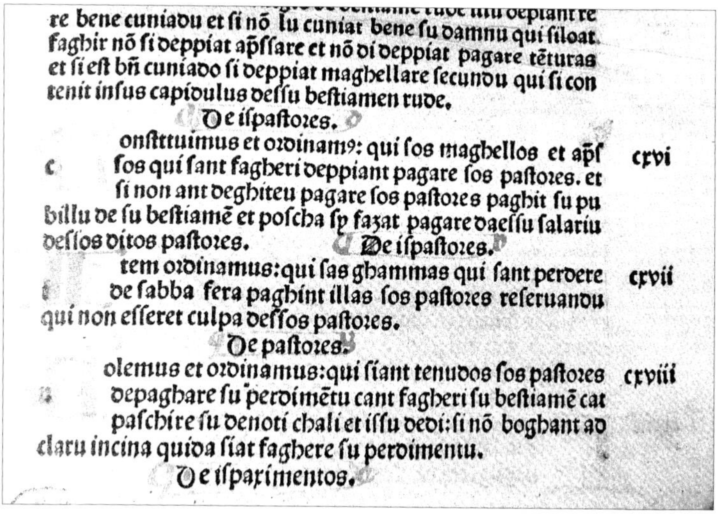
re bene cuniadu et si nō lu cuniat bene su damnu qui siloat
faghir nō si deppiat āpssare et nō di deppiat pagare tēturas
et si est bñ cuniado si deppiat maghellare secundu qui si con
tenit insus capidulus dessu bestiamen rude.

De ispastores.

onstituimus et ordinam9: qui sos maghellos et āps cxvi
sos qui sant fagheri deppiant pagare sos pastores. et
si non ant deghiteu pagare sos pastores paghit su pu
billu de su bestiamē et poscha sp fazat pagare daessu salariu
dessos ditos pastores. De ispastores.

tem ordinamus: qui sas ghammas qui sant perdere cxvii
de sabba fera paghint illas sos pastores reseruandu
qui non esseret culpa dessos pastores.

De pastores.

olemus et ordinamus: qui siant tenudos sos pastores cxviii
depaghare su perdimētu cant fagheri su bestiamē cat
paschire su denoti chali et issu dedi: si nō boghant ad
claru incina quida siat faghere su perdimentu.

De ispaximentos.

Ein wichtiges Mittel der Rechtssicherung war die Verschriftlichung und dann der Druck der Gesetze. Hier die *Carta de Logu*, das auf Sardinien seit dem 14. Jahrhundert bis in die Neuzeit geltende Recht. Der gezeigte Passus in lateinisch-sardinischer Mischsprache behandelt die Hirten betreffende Rechtsfragen. Inkunable, 2. H. 15. Jh., Cagliari, Biblioteca universitaria

Verglichen mit den heute in Europa gültigen Normen erscheinen auch die Strafen im Kriminalrecht besonders seit dem 12. Jahrhundert tatsächlich ‚mittelalterlich', da die Strenge der Vergeltung für unsere Maßstäbe extrem wirkt und zahlreiche dezidiert sadistische Strafformen existierten. So stand auf auch vergleichsweise geringfügige Diebstähle sehr häufig die Galgenstrafe; Frauen wurden aus Schicklichkeitsgründen lebendig begraben. Der Todesstrafe entsprach die Friedloslegung, d. h. die Bannung eines Verurteilten, die ihn vogelfrei machte. Eine im späten Mittelalter im Erzbistum Mainz dazu angewandte

Formel lautete: „Ich stehe heute hier und nehme dem Heinz oder Kunz sein Landrecht und erkläre seine Frau zur Witwe und seine Kinder zu Waisen und übertrage sein Gut dem Erben und die Lehen seinem rechten Herrn, seinen Hals dem Land, den Leib den Vögeln, und danach frevelt niemand an ihm"[38] [d. h. darf ihn jeder ungestraft töten].

Die Übernahme des Offizialverfahrens in den weltlichen Strafprozeß hat dann die grausame Tortur auch bei Vorgehen gegen andere als Religionsvergehen ganz alltäglich gemacht. Spielte sich das Verfahren allerdings in einem kleinen Ort ab, mußte man zur peinlichen Befragung aus der nächsten Stadt den Scharfrichter holen. Er hatte dann auch die Hinrichtung zu vollziehen, die zur Erbauung und Abschreckung der Gemeinde stets in aller Öffentlichkeit stattfand. Hatte ein Kläger jedoch nur die bürgerliche Klage angewandt, dann kam es zu einem Sühnevertrag, in dem die Bußzahlung festgeschrieben wurde, weiter die Messen, die der Schuldige für den Toten auf seine Kosten lesen lassen mußte, eine Wallfahrt, die er zu unternehmen hatte, und das Aufrichten eines steinernen Sühnekreuzes an der Stelle der Untat.

Die gegenwärtige Hauptstrafe, die Einkerkerung, kam im frühen und hohen Mittelalter im weltlichen Recht als Strafe kaum vor, dagegen wurde sie sehr wohl von den Äbten und Äbtissinnen gegen unbotmäßige Mönche und Nonnen verhängt. Notwendig waren aber Gefängnisse, in denen die Angeklagten während eines Prozesses an der Flucht gehindert werden konnten. Die Inquisition errichtete oft eigene Kerker für die der Häresie Verdächtigen, die nicht selten viele Jahre ohne Urteil festgehalten wurden. Ein Beispiel für die üblichen Zustände dokumentiert etwa ein 1286 von den Behörden der Stadt Carcassonne an König Phillip IV. gesandtes Protestschreiben über das von der Inquisition dort errichtet Gefängnis an der Stadtmauer. „In diese Mauer sind viele enge Zellen eingebaut, wo die Leute dort allen Arten von Torturen und Qualen unterworfen werden. Einige dieser Zellen sind so dunkel und luftlos, daß die in ihnen Festgehaltenen weder Tag noch Nacht unterscheiden können, keine frische Luft bekommen und kaum einen Lichtschimmer. Andere sind mit Holz- oder Eisenfesseln so eng gefesselt, daß sie sich nicht bewegen können, und in dieser Situation müssen sie defäkieren und urinieren. Sie liegen zur Ruhe auf dem kalten Boden. In diesen Qualen müssen sie endlos lange Tag und Nacht verharren… Was soll man mehr sagen? Das Leben wird zur Qual, der

Tod ein Trost. Die Leute bekennen Falsches als wahr und ziehen es vor, einmal zu sterben, als unablässig in Pein zu leben.“[39]

Andere Quellen erweisen allerdings, daß solches auch im Kerker der kirchlichen Behörde nicht für alle zutreffen mußte, sondern selbst hier die entscheidende Rolle das Geld spielte – denn nicht selten waren die Gefängniswärter bestechlich und ermöglichten den Zahlungsfähigen manche Erleichterung, akzeptable Verpflegung oder etwa das Würfelspiel zum Zeitvertreib. Trotzdem brachte es die oft über viele Jahre hinausgezögerte Prozeßführung aller spätmittelalterlichen Gerichte, und nicht zuletzt der Inquisition, mit sich, daß immer wieder Gefangene vor dem Urteil verschieden.

Ein Grundgedanke des Strafrechts war das Ius talionis, d. h. die Busse erfolgt an dem Glied, das gesündigt hatte. Als Richard Löwenherz 1190 zum Kreuzzug aufbrach, erließ er in Chinon Vorschriften für die Seeleute seiner Flotte, in denen u. a. bestimmt wurde, daß ein Mörder an den toten Mann gebunden und über Bord geworfen werden, oder, falls man sich an Land befand, lebend mit ihm begraben sollte. Wer gegen einen anderen sein Messer gezückt hatte, verlor die Hand usw.[40] Verleumdern wurde die Zunge abgeschnitten, Vergewaltiger kastriert, Meineidigen die Schwurfinger abgehackt usw.

Hinrichtung von Sir Hugo le Despenser 1326:

„*Zuerst wurde er auf einer Schleife unter Hörner- und Trompetenklang durch alle Straßen von Hereford gezogen, bis er den Hauptplatz der Stadt erreichte, wo das ganze Volk versammelt war. Dort wurde er an eine lange Leiter gebunden, so daß ihn jedermann sehen konnte. Ein großes Feuer war auf dem Platz entzündet worden. Nachdem er so angebunden worden war, schnitt man ihm zuerst sein Glied und seine Hoden ab, denn er war ein Häretiker und Sodomit* [Homosexueller] … *Danach wurden sie ins Feuer geworfen und verbrannt, dann wurde ihm das Herz aus dem Leib gerissen und ins Feuer geworfen, denn er war ein Verräter mit heimtückischem Herzen*…“

(Jean Froissart, *Chronique* 2, 1, 24)

Im Jenseits herrschte nach damaliger Vorstellung genau derselbe „contrapasso“ (wie Dante es nennt). Viele Visionen aus dem Fegefeuer und der Hölle führen die Sünder vor, die am Glied gepeinigt werden, mit dem sie sich verfehlten: Der irdische und der himmlische Richter gehorchten denselben Prinzipien.

Typisch für das späte Mittelalter war die Einordnung von Religionsvergehen in das von den weltlichen Gewalten ausgeübte Strafrecht. Zahllose Beispiele ließen sich erwähnen, so wurde eine Verletzung des kirchlichen Fastengebotes auch von der weltlichen Obrigkeit bestraft, und zwar lokal ungemein hart: In Perugia mußte nach dem Stadtrecht von 1342, wer einen der ca. 150 Fasttage des Jahres brach, 400 Lire zahlen; hatte er diese hohe Summe nicht, wurde er als Ketzer am Scheiterhaufen verbrannt![41]

Ebenso typisch war es, daß oftmals als Strafen religiöse Leistungen verlangt wurden, die nach unserem Verständnis nur als freiwillige Sühne einen Sinn machen würden. Dafür ein Beispiel: Die Erbstreitigkeiten in der Dynastie der bayerischen Wittelsbacher hatten so weit geführt, daß 1417 der König durch eine Verhandlung vor dem Fürstengericht zu schlichten versuchte. Dabei beleidigte Herzog Ludwig seinen Vetter Heinrich vor dem Monarchen tödlich, indem er ihn für einen Bastard erklärte. Dieser lauerte ihm daraufhin noch in derselben Nacht mit seinen Mannen auf und verwundete ihn lebensgefährlich. Aus politischen Gründen kam es erst 14 Jahre später zu einer wiederum vor dem König und den Fürsten verhandelten Anklage, bei der Ludwig forderte, sein Verwandter solle gemäß dem alttestamentlichen „Auge um Auge…“ ebenso verletzt werden, wie er damals, und eine Hand verlieren. Das Gericht entschied jedoch, der Täter habe drei ewige Messen zu stiften und fünf Wallfahrten zu verrichten, nämlich nach Jerusalem, Rom, Aachen, Einsiedeln und Wilsnack. So gingen als Stellvertreter für den Herzog ein Graf nach Aachen, ein anderer Graf ins Heilige Land, dessen Bruder nach Einsiedeln, ein weiterer Graf nach Wilsnack und ein anderer Adeliger nach Rom[42]. Damit war das Gericht, war auch die Gottheit versöhnt, der Vetter freilich nur nach außen.

Weiterführende Literatur

Brunner, Heinrich, Deutsche Rechtsgeschichte I/II, Berlin 1906/28 u. ö.

Cohen, Esther, The Crossroads of Justice, Leiden 1993.

Dinzelbacher, Peter, Das fremde Mittelalter. Gottesurteil und Tierprozeß, Essen 2006.

Grimm, Jacob, Deutsche Rechtsaltertümer, Leipzig [4]1899 = Darmstadt 1983.

His, R., Das Strafrecht des deutschen Mittelalters, Weimar 1920/35.

Janin, H., Medieval Justice. Cases and Laws in France, England and Germany, 500-1500, Jefferson (NC) 2004.

Kroeschell, Karl, Deutsche Rechtsgeschichte I/II, Köln [9]2008.

Planitz, Hans, Eckhardt, Karl, Deutsche Rechtsgeschichte, Graz [3]1971.

Rousset, P., La croyance en la justice immanente à l'époque féodale: Le Moyen Age 54/55, 1948/1949, 225-248.

1 Riezler, S., Geschichte Baierns II, Gotha 1880, 38.
2 Ebd. 541 f.
3 Dictionnaire des lettres français. Le Moyen Age, Paris 1992, 886.
4 Wettlaufer, J., Das Herrenrecht der ersten Nacht, Frankfurt a. M. 1999, 219.
5 Epistolae II, 1, übers. Hurter, Friedrich, Geschichte Papst Innocenz des Dritten II, Hamburg 1834, 252.
6 Liber Augustalis 1, 31.
7 MGH Const. 1, 322, nr. 227, 3.
8 Llibre des feits c. 376.
9 Liber Augustalis 1, 38, 1.
10 Ebd. 3, 74.
11 Kunze, J., Zur Kunde des deutschen Privatlebens in der Zeit der salischen Kaiser, Berlin 1902, 58.
12 Browe, Peter, Beiträge zur Sexualethik des Mittelalters, Breslau 1932, 95.
13 Liber Augustalis 3, 88 f.
14 Berthold von Reichenau, Chronicon a. a. 1067, MGH SS rer. Germ. NS 14, 204 ff.
15 Ebd. 280 f.
16 Dinzelbacher, Das fremde Mittelalter.
17 Prologus, ed. cit. 19.
18 Evergates, Th. ed., Litterae Baronum, Toronto 2003, 159 f.
19 Vom Rechte, ed. Händl, Claudia, Pisa 1998.

20 Landrecht III, 45, 6 ff.
21 Otto von Freising, Gesta Frederici 2, 48.
22 Dinzelbacher, Peter, Europa im Hochmittelalter, Darmstadt 2003, 156 ff.
23 Philobiblion c. 11.
24 Maihold, H., Die Sippenhaft. Begründete Zweifel an einem Grundsatz des „deutschen Rechts“: Mediaevistik 18, 2005, 117-144.
25 Kirch, Max, Deutsche Gebärdensprache, Hamburg 1995, 67.
26 Grimm, Jacob, Deutsche Rechtsaltertümer I, Leipzig [4]1899, 209 f.
27 The Deeds of the Normans in Ireland/*La Geste des Engleis en Yrlande*, ed. Mullally, Evelyn, Dublin 2002, 108.
28 Salisbury, Joyce, The Beast Within: Animals in the Middle Ages, New York (NY) 1994, 54.
29 Dinzelbacher, Peter, Heilige oder Hexen? Düsseldorf [5]2004, 21.
30 Schild, Wolfgang, Die Geschichte der Gerichtsbarkeit, Hamburg 1997, 100 f.
31 Schimmelpfennig, B., Die Degradation von Klerikern im späten Mittelalter: Zeitschrift für Religions- und Geistesgeschichte 34, 1982, 305 ff.
32 Hageneder, O., Peccatum ariolandi est non obedire: Ebert, K. (Hg.), Festschrift N. Grass, Innsbruck 1986, 221-243, 241 ff.
33 Evergates, Litterae 126.
34 Friedland, A., The Hammer of the Inquisitors, Brother Bernard Délicieux, Leiden 2000, 76 ff.
35 Lück, H., Beginn, Verlauf und Ergebnisse des „Strafverfahrens“ im Gebiet des sächsischen Rechts: Sachsen und Anhalt 21, 1998, 129-150.
36 Chevaillier, L., Torture: Dictionnaire de droit canonique 7, 1965, 1293-1314, 1299 f.; Schild, W., Folter: Lexikon d. Mittelalters 4, 614-616.
37 Dinzelbacher, Das fremde Mittelalter.
38 Grimm, Rechtsaltertümer I, 211.
39 Vidal, J.-M., Un inquisiteur jugé par ses ‚victimes‘. Jean Galand et les carcassonais, Paris 1903, 39 ff.
40 Gillingham, John, Richard Löwenherz, Düsseldorf 1981, 150.
41 Statuti di Perugia dell’anno 1342, ed. Degli Azzi, G., Roma 1916, II, 78; Statuto del comune e del popolo di Perugia del 1342 in volgare, ed. Salem Elsheikh, Mahmoud, Perugia 2000.
42 Riezler, Geschichte III 237 f., 296 f.

4. KRIEG UND FRIEDEN

Krieg und Kampf

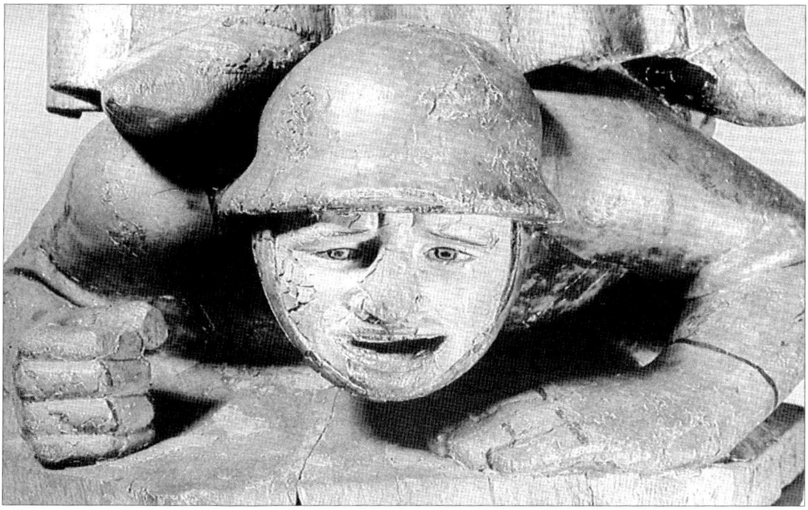

Unterworfener Krieger, Detail einer Holzskulptur des hl. Olav.
14. Jh., aus Frötuna kyrka (Schweden), Stockholm, Nationalmuseum

„*Veriedes tantas lanças premer e alçar,*
tanta adágara foradar e passar,
tanta loriga falssar e desmanchar,
tantos pendones blancons salir vermejos en sangre,
tantos buenos cavallos sin sos dueños andar."

(Da konnte man so viele Lanzen sehen, gesenkt und erhoben, so viele Schilde durchbohrt und zerbrochen, so viele Rüstungen zerschlagen und zerfallen, so viele weiße Wimpel aufragend rot von Blut, so viele gute Rösser ohne ihre Herren galoppieren…)

(Aus dem Abschnitt XXXVI des spanischen Nationalepos *Cantar del mio Cid* [um 1200 ?])

Krieg war eine den Europäern des Mittelalters wesentlich vertrautere Situation als er es für ihre heutigen Nachkommen ist, die (mit Ausnahme des Balkans) nunmehr seit sechzig Jahren in vollkommenem Frieden leben. Die Stadt Frankfurt am Main, um nur ein Beispiel zu nennen, war zwischen 1390 und 1490 nur elf Jahre nicht in kriegerische Auseinandersetzungen verwickelt. Krieg wurde in jener Zeit, mit Papst Pius II. formuliert, schlichtweg als Teil des Lebens begriffen[1].

Drei Formen bewaffneter Auseinandersetzungen waren es, die im hohen und späten Mittelalter das Kriegsgeschehen dominierten. Am häufigsten wurden bewaffnete Unternehmen zur Zerstörung der Lebensgrundlage des Feindes geführt, und zwar gegen dessen un- oder schlechtbewaffnete Bauern. An zweiter Stelle kamen Belagerungen gegnerischer Burgen und Städte, und erst an dritter die offene Feldschlacht, wobei zunächst die berittenen Kämpfer von ausschlaggebender Bedeutung waren, bis in der 2. Hälfte des 14. Jahrhunderts die Fußsoldaten mehr und mehr Gewicht erlangten.

Paul Dolnstein, einem Teilnehmer an den Kämpfen, die 1502 zwischen den Schweden und den Dänen unter König Hans geführt wurden, hat sich die Verschiedenheit der dominierenden Waffengattungen besonders eingeprägt. Links die dänischen Lanzenträger, die ihre Waffen nach Landsknechtsart handhaben, rechts die Schweden, die sich mit Armbrüsten verteidigen. Handzeichnung, A. 16. Jh., Göteborgs Stadsmuseum

Auch die Kriege des Mittelalters wurden, zahlenmäßig gesehen, vornehmlich vom ‚kleinen Mann' geführt, und vornehmlich diesen traf die üblichste Art der damaligen Kriegsführung, die in der Vernichtung der wirtschaftlichen Ressourcen des Gegners bestand. Eindringlich ist dies in einer Chanson aus den *Gestes des Lorraines* geschildert, einer altfranzösischen Ritterdichtung: „Der Marsch beginnt. Vorne an der Spitze sind Späher und Brandstifter. Nach ihnen kommen die Fourageure, deren Aufgabe es ist, die Beute einzuziehen und sie in dem großen Gepäcktroß mitzuführen. Bald ist alles in Aufruhr. Die Bauern, die gerade von den Feldern zurückgekommen sind, fliehen laut schreiend. Die Schäfer sammeln ihre Herden und treiben sie in die benachbarten Wälder in der Hoffnung, sie zu retten. Die Brandstifter legen Feuer an die Dörfer, und die Fourageure suchen sie heim und plündern sie. Die erschreckten Einwohner werden entweder verbrannt oder mit gebundene Händen weggeführt, um gegen Lösegeld gegangengehalten zu werden. Überall läuten Glocken Alarm; eine Woge der Furcht brandet über den Landstrich. Wohin man schaut, kann man in der Sonne blitzende Helme sehen, in der Brise flatternde Wimpel, die ganze von Reitern bedeckte Ebene. Geld, Vieh, Maultiere und Schafe, alles wird ergriffen. Der Rauch türmt sich auf und breitet sich aus, Flammen knistern. Bauern und Schäfer zerstreuen sich in alle Richtungen."[2]

Und zu dieser literarischen eine historische Quelle aus dem Jahre 1197: „Es wurde dem König Richard hinterbracht, daß Schiffe aus England bei Saint-Valéry (Somme) anzulegen pflegten, um dem französischen König und seinen anderen Feinden Lebensmittel zu bringen. Er ritt also dorthin, verbrannte den Ort, tötete die Mönche und brachte das Reliquiar des hl. Walericus mit dessen Gebeinen in die Normandie. Im Hafen dort fand er aber Schiffe aus England, die mit Getreide und Lebensmitteln beladen waren. Er ließ die Seeleute aufhängen und die Schiffe verbrennen; die Lebensmitteln verteilte er aber an seine Ritter."[3] In solchen Aktionen bestand die gewöhnlichste Weise, einen Krieg zu führen, dann erst kamen die Angriffe auf befestigte Plätze oder der Kampf in der Feldschlacht.

Zwei Burgbelagerungen – im Osten und Westen Europas:

Herzog Heinrich der Löwe 1163 vor der Slavenburg Werle:

„Sogleich befahl Heinrich, aus dem dichten Wald Holz herbeizuführen und für Kriegsmaschinen vorzubereiten, wie er sie vor Crema und Mailand aufgebaut gesehen hatte. Und er ließ äußerst wirksame Maschinen herstellen, eine aus Balken zusammengesetzte, um die Mauern zu brechen; eine zweite aber, die höher war, aufgerichtet nach Art eines Turmes, ragte über die Burg hinaus, von wo Pfeile abgeschossen wurden, um jene zu verjagen, die in den Brustwehren standen. Von dem Tag an aber, als diese Konstruktion errichtet war, wagte es keiner der Slaven mehr, den Kopf herauszustrecken oder an den Brustwehren zu erscheinen... Und bald begannen die Festungsmauern zu wanken, drohten einzustürzen und wegen der Unterminierung zusammenzubrechen."

(Helmold von Bosau, *Chronica Slavorum* c. 93)

König Jakob I. von Aragon bei der Belagerung von Lizana, 1220:

„Und wir bauten dort im Mai ein Schleudergeschütz auf, und als es fertig war, schleuderte es 500 Steine in der Nacht und 1000 am Tage. Als die Vesperzeit nahte, hatte das Geschütz einen so breiten Abschnitt der Mauer zerstört, daß sich eine große Lücke auftat. Und im Heer wurde ausgerufen, man solle sich zum Kampf bereiten, und sie bewaffneten sich und begannen die Schlacht. Und alle Männer des Heeres kämpften mit Schild und Lanze an der Seite aller Armbrustschützen des Heeres, die dort waren. Während der Schlacht hörte das Geschütz nicht auf zu feuern, und so heftig war die Schlacht und so genau traf das Geschütz, daß sehr viele von denen in der Stadt verwundet wurden, sowohl Knappen als auch Krieger."

(Jaime, *Llibre dels feits* c. 15)

Das typische Belagerungsgeschütz des hohen Mittelalters war das Katapult: Der Arm wird heruntergezogen, eine Schlaufe mit Steinen daran befestigt und plötzlich losgelassen. Das große Gewicht unten bewirkt eine starke Beschleunigung, die die Steine über Distanzen schleudert, die den Belagerern erlauben, die Maschine außerhalb der Reichweite der Armbrüste und Bogen der Verteidiger aufzustellen.

Hebelwurfgeschütz, Rekonstruktion, Burg Caerphilly (Wales)

Wenn auch die einfache Bevölkerung am meisten zu leiden hatte, so blieben es doch, von wenigen Ausnahmen wie den Bauernaufständen abgesehen, nicht anders als bis in die Gegenwart die Regierenden, die die Kriege anzettelten. Freilich war es – im Unterschied zur Neuzeit – bis ins Spätmittelalter hinein keine Seltenheit, daß Könige und Fürsten, auch Kirchenfürsten, selbst mit Speer und Schwert mitfochten. Manche Herrscher, wie Richard Löwenherz waren sogar als versierte und kühne Krieger berühmter denn als Politiker, und mancher von ihnen, wie der eben genannte englische Herrscher oder der nicht minder berühmte, schon erblindete König Johann von Böhmen oder der burgundische Herzog Karl der Kühne, fielen im Kampf oder erlagen einer dabei empfangenen Verwundung.

Warum führten die Mächtigen der Zeit ununerbrochen Fehden und Kriege? Natürlich ging es wie in allen Epochen zumeist um Macht, Reichtümer oder Rache... Aber im Selbstverständnis des Adel ging es zunächst meist um Recht, Religion und Ruhm. Die Eroberung Mallorcas durch Aragon 1229 erfolgte nicht so spontan und ohne wirtschaftliche Interessen, wie es König Jakob I. in seiner Autobiographie darstellte. Aber aus seiner Sicht handelte es sich ganz primär um ein Unternehmen, das als ritterliche Waffentat und Sieg des Christengottes über den Islam unternommen wurde, und so sahen es auch seine Vasallen. Dies ist als ihre Rede an den Monarchen überliefert: „«Was Gott will, kann niemand verhindern oder aufhalten, daher sollte es euch gefallen – und wir halten das für eine gute Tat –, daß ihr diese Insel aus zwei Gründen erobert: Ersten, weil ihr und wir dadurch an Wert gewinnen, zweitens, weil es allen, die von dieser Eroberung hören werden, als ein wunderbares Werk erscheinen wird, denn ihr werdet ein Land und Königreich im Meer einnehmen, dort, wo Gott es zu gewähren wünscht.» Und wir hörten ihren Worten zu und waren sehr erfreut.“[4]

Eine Episode aus dem Kampf Kaiser Heinrichs IV. gegen seinen Rivalen Rudolf von Rheinfelden (1078):

„Die Kirchen, zu deren Schutz die Einwohner des Landes mit ihren Habseligkeiten Zuflucht genommen hatten, steckten sie, wehe, frevlerisch wütend in Brand und plünderten sie; die in ihr heiliges Gewand gekleideten Priester verprügelten sie heftigst und traten sie halbnackt zu Boden, aus den Altären raubten sie die heiligen Reliquien und zerstörten jene; sie schissen auf sie – was man nicht einmal von Heiden hört – und besudelten sie mit blutigem Fleisch aus ihrer Beute, das sie darauf warfen. Die Frauen, die sie in den Kirchen fingen, schändeten sie dort schamlos wie in einem Bordell; für ihre Pferde und Tiere richteten sie dort Ställe und sogar Latrinen ein…“

So der gegen den Salier-König eingestellte zeitgenössische Chronist Berthold von Reichenau[5].

Angelsächsische Krieger mit Rundschild, Schwert und Axt kämpfen bei Hastings 1066 gegen normannische Lanzenreiter, Ausschnitt aus dem zeitgenössischen sog. Teppich von Bayeux, Centre Guillaume le Conquérant

Es wäre ein Irrtum anzunehmen, daß alle Kriege in der Geschichte, so schrecklich sie alle sind, mit der gleichen Grausamkeit geführt worden wären. Besonders aus den Kriegen, die die europäischen Nationen im 19. Jahrhundert untereinander führten, ist viel seltener ein gezielt sadistisches Verhalten überliefert als aus dem 20. Jahrhundert – oder aus dem Mittelalter. Zahllose Beispiele ließen sich für die Grausamkeit bringen, mit denen auf allen Seiten die Auseinandersetzungen geführt wurden. Sehen wir etwa, was der Freisinger Geistliche Rahewin von der Belagerung der lombardischen Stadt Crema 1160 durch den ob seiner ‚Ritterlichkeit' in so vielen Geschichtswerken gerühmten Friedrich Barbarossa berichtet: Wie zur Garantie einer Gehorsamsverpflichtung üblich, hatte der Staufer von den Bürgern zahlreiche ihrer Kinder als Geiseln erhalten; dessen ungeachtet, ergriff die Kommune gegen ihn Partei, worauf er sie ächtete und mit seinen Truppen einschloß: „Der Kaiser aber befahl, ihre Geiseln an die Belagerungsmaschinen anzubinden und ihren Wurfmaschinen, die man Mangen [große Schleudergeschütze] nennt und von denen es in der Stadt neun gab, entgegenzuhalten. Die Empörer [die Verteidiger Cremas] bekämpften jedoch die Belagerungstürme, was sogar bei Barbaren unbekannt und auch nur zu sagen scheußlich ist, mit nicht weniger häufigen Steinwürfen. Es bewegte sie weder die gemeinsame Blutsverwandtschaft noch Mitleid mit dem Alter [der Geiseln], und daher gingen manche der Knaben, von den Steinen getroffen, elend zugrunde, andere blieben noch elender am Leben und erwarteten so im Ungewissen den grausamsten Tod und den Schrecken finstern Unheils. Oh Untat! Da konnte man sehen, wie die an die Belagerungsmaschinen angebundenen Kinder ihre Eltern anflehten und ihnen durch Worte oder Gesten Grausamkeit und Brutalität vorwarfen, und wie dagegen die unglücklichen Eltern um ihre unseligen Nachkommen klagten und sich höchst bemitleidenswert nannten – und doch nicht damit aufhörten, [auf sie] zu schießen… Nur wenige wollten der Vernunft nachgeben und für ihre Kinder sorgen, die anderen aber ergriff die Leidenschaft, diese hinzuschlachten." (*Gesta Frederici*, Die Taten Friedrichs 4, 57).

Der springende Punkt ist nun nicht der, daß solche Unmenschlichkeiten etwa typisch ‚mittelalterlich' wären – sie geschahen ja nicht minder in der ‚klassischen' Antike oder in der jüngsten Vergangenheit. Zeittypisch ist vielmehr, daß der Autor, der Barbarossa persönlich kannte und auch nach Italien begleitet hatte, dies in einem Werk tut, das der Glorifizierung des Kaisers diente und diesem mit seinen devoten Wünschen überreicht wurde. Diese Art der Kriegsführung schien also auch dem Kleriker so angemessen wie dem Herrscher, wenn auch Bedauern mitschwingt, daß so etwas nötig war, und die Schuld daran völlig einseitig den Belagerten zugeschrieben wird. Aber es gibt keinen Tadel am Herrscher, und es wird nichts von seiner ‚Taktik' verschwiegen, wogegen eine solche Vorgangsweise heute sogar in diktatorisch geführten Staaten nicht in einer Lobschrift aufscheinen würde.

Auch in religiös motivierten Auseinandersetzungen ließ man allen sadistischen Phantasien die Zügel schießen, egal, ob es gegen die als „ungläubige Hunde" bezeichneten Muslime ging oder gegen Christen, die sich von der römischen Kirche trennen wollten. Als während der Albigenserkriege die Burg Brom von den katholischen Truppen eingenommen wurde, „rissen die Kreuzfahrer mehr als einhundert der Verteidiger die Augen aus und schnitten ihnen die Nasen ab, ließen aber einem einzigen der Besatzung ein Auge, damit er den ganzen Rest zum Spott für unsere Feinde nach Cabaret führen könne. Das tat der [katholische] Heerführer nicht, weil ihm solche Verstümmelung von Menschen zusagte, sondern weil seine Gegner dasselbe zuerst auch getan hatten."[6] Da diese Nachricht aus einem Brief des dabei anwesenden päpstlichen Legaten an seinen Herrn stammt, ist die Historizität der Untat sicher und die apologetische Bemerkung über den Heerführer verständlich.

Es gibt auch viele Nachrichten darüber, daß man bereits besiegte und gefangene Gegner abschlachtete, besonders wenn es sich nicht um Adelige oder Ritter handelte, von denen man Lösegeld erwarten durfte. Bei den Iren war es noch im 12. Jahrhundert üblich, besiegten Feinden den Kopf abzuschneiden und als Trophäe vorzuweisen, ein altkeltischer Brauch. Wollte man dort Gefangene besonders schmählich hinrichten, ließ man sie durch eine Frau enthaupten[7].

Kreuzritter in der typischen Ausrüstung des hohen Mittelalters (Kettenhemden, tropfenförmiger Schild am Trageriemen, konischer Helm mit Nasal, Lanze). Buchmalerei im *Codex Calixtinus*, M. 12. Jh., Bibliothek der Kathedrale von Santiago de Compostela

Wie aber stand es mit der viel berufenen Ritterlichkeit der Kämpfer von Stand, die in den höfischen Romanen eine so große Rolle spielt? Zunächst sind die Helden der höfischen Epik von einer unverzagten Kampfesbegeisterung erfüllt; so z. B. im *Bel Innconu* des Renaut de Beaujeu (um 1200): „Darauf griffen sie zu den Schwertern und warfen sich wieder in den Kampf. Da konnte man die Helme klingen hören, wie der eine vordrang, der andere wich, die Vasallen zuschlugen und die Rosse schwitzten. Jeder wußte das Schwert trefflich zu führen! Sehr hart ist ihr Treffen, gute Krieger sind sie, die einen wilden Streit ausfechten. Ihre Helme sind ganz verbeult und ihre Schilde ganz zerhauen. Sie waren beide sehr ermüdet, erschöpfen sich doch auch die Stärksten einmal, und als sie nicht mehr weiterkonnten, ergriffen sie einander sogleich an den Armen und ließen die Schwerter aus Vienne fahren. Jeder hielt den anderen fest im Griff…“ (vs. 1422 ff.). Und im vielleicht eine Generation älteren *Roman de Thèbes* drückt einer der jugendlichen Kämpfer seine Begeisterung darüber aus, daß er von der Hand des trefflichen Ritters Tydeus zu Tode komme: „durch jenen verliere ich mein Leben, der die Blüte der Ritterschaft ist." (C, vs. 5847 f.). Das mag Ideologie und Übertreibung gewesen sein, aber hat sie nicht auch auf die tatsächlichen Einstellungen der Kriegerkaste eingewirkt?

Andererseits holte die kreatürlich Angst natürlich auch die Kampfbegierigen wieder ein, wie viele Fluchtberichte in historischen Quellen zeigen. In dem anonymen Gedicht *Voeux de héron* (1341) sagt ein Ritter treffend: „Wenn wir in den Tavernen sind und den starken Wein trinken, und die Damen an unserer Seite uns anschauen..., dann besiegen einige von uns sogar Oliver und Roland [die größten Helden der französischen Epik]. Aber wenn wir im Feld auf unseren schnellen Rossen sind, unsere Schilde am Hals und unsere Lanzen eingelegt, und die große Kälte uns ganz erstarren läßt... und unsere Feinde gegen uns heranziehen, dann wären wir gern in einem so großen Keller, daß man nie auch nur einen Zipfel von uns sähe." (vs. 354 ff.)

Im Ritterroman werden ja besiegte Feinde in der Regel weder abgeschlachtet noch zur Erpressung von Lösegeld ins Gefängnis geworfen, sondern nur gegen ihr Wort an den Hof des Königs geschickt; so endet auch der oben geschilderte Kampf. Es gibt durchaus Belege dafür, daß diese Ideologie von einigen Rittern auch in der Realität praktiziert wurde, ja sogar, daß es Schlachten mit nur wenigen Toten gab – freilich nur unter den Standesgenossen oder Höhergestellten. Solche Schonung galt nicht etwa im Kampf gegen Bürger oder Bauern und schon gar nicht im Kampf gegen Ketzer oder Muslime. Folgende Episode, die der König Jakob I. von Aragon selbst berichtet, möge das illustrieren: Während des Feldzugs zur Eroberung von Mallorca stieß er mit drei seiner Ritter auf einen versprengten islamischen Ritter, der sein Pferd verloren hatte. Im wird kein fairer Kampf angeboten, vielmehr befiehlt der König seinen Vasallen folgendes: „Umzingeln wir ihn alle zusammen, und wenn er mit seiner Lanze einen angreift, soll einer der anderen kommen und ihn in den Rücken stoßen, und so werfen wir ihn zu Boden, ohne daß er jemanden verletzen kann!" Der König selbst berichtet das ganz unverfroren in seinem *Llibre dels feits* c. 60, betrachtete sein Verhalten also als vollkommen korrekt. Hinterhältig verfuhr noch Herzog Karl der Kühne von Burgund 1476 mit der über vierhundertköpfigen Besatzung von Grandson, die allsamt ertränkt oder erhängt wurde, obschon sie die Feste gegen Zusicherung ihres Lebens übergeben hatte.

Die meisten Städten waren durch ihre Mauern wichtige Wehrbauten und öfter Brennpunkte kriegerischer Handlungen als Feldschlachten; hier Camerino in den Marken auf einer Altartafel von Carlo Crivelli, 1482, Mailand, Brera

Einige unter Christen ausgefochtene Schlachten des hohen Mittelalters blieben jedoch deswegen fast ohne Opfer unter den Rittern, da man lieber Gefangene machte, was ein Lösegeld versprach und die Verwandten des Gegners nicht zur Blutrache verpflichtete. Im späten Mittelalter, als immer mehr ausgehobene Fußtruppen aus den unteren Ständen sowie Söldner verwendet wurden, kam es dagegen zu mehr Blutvergießen. Der verstärkte Einsatz von Bogen- und Armbrustschützen führte ebenso zu höheren Verlusten als der ritterliche Kampf. Söldner, wie die Schweizer Landsknechte, waren dafür bekannt, keine Gefangenen zu machen.

Schweizerische Landsknechte vor den Mauern.
Fresko, um 1515, Stein am Rhein, St. Georgen

Was die als Kreuzzüge bekannten Kriege gegen Nichtchristen betrifft, ist zu sagen: Wiewohl es in der Praxis durchaus Toleranz für Juden und Muslime unter christlicher Herrschaft und umgekehrt Christen in den islamischen Reichen gab, so lange sich das als wirtschaftlich vorteilhaft erwies, war eine Anerkennung anderer religiöser Einstellungen als der eigenen, für allein seligmachend gehaltenen, von ganz wenigen, vernachlässigbaren Ausnahmen abgesehen, unbekannt. Die Grundüberzeugung der Christen war es ja, daß Gott ohnehin alle Heiden und Ketzer für die Hölle vorausbestimmt hatte. Warum hätte man sie da nicht so rasch wie möglich dorthin befördern sollen? Die Kreuzzüge gegen die Slaven (Wenden) in der Mitte des 12. Jahrhunderts etwa standen unter dem Motto ‚Bekehrung oder Ausrottung', das so wörtlich der wichtigste Prediger der Zeit, der hl. Bernhard von Clairvaux, ausgegeben hatte[8]. Alle Teilnehmer an einem Kreuzzug waren aufgrund der päpstlichen Ablaßversprechen überzeugt, ein gottgefälliges und ihr eigenes Heil beförderndes Werk zu unternehmen.

Und als ganz paradigmatisch dafür, was die Geistlichkeit vom Heidenkampf dachte, kann folgendes Werbelied für den Zweiten Kreuzzug gelten:

„beatus est, qui parvulos
petre collidit tuos…
Beati sunt mucrones,
quos portant Christi milites…"

(Gesegnet ist, wer deine kleinen Kinder
an Steinen zerschmettert…
gesegnet die Dolche,
die die Ritter Christi führen…)

Dies verspricht der unbekannte Verfasser mit einem Bibel-Zitat (Ps 136, 8), indem er die Heidenschaft unter dem Bild der Stadt Babylon anspricht. Daß genau dieser Umgang mit den Heidenkindern die Praxis der Kreuzfahrer war, berichten nicht nur die muslimischen, sondern selbst die christlichen Chronisten zum Ersten Kreuzzug.[9] Nicht daß Slaven, Araber oder Türken mit den besiegten Christen oft humaner umgegangen wären, nur behaupteten sie nicht, das Gebot der Feindesliebe stände im Zentrum ihrer Religion. Faktisch hatte das mittelalterliche Christentum das in der *Bibel* ziemlich eindeutig formulierte generelle Tötungsverbot durch ein Tötungsgebot in bestimmten häufigen Situationen ersetzt.

Was Bernhard von Clairvaux in seiner Werbeschrift für den jungen Templerorden lehrte, ist später oft wiederholt worden und gibt genau das Denken der Abertausenden wieder, die auf eine ‚bewaffnete Pilgerfahrt' (wie man im Mittelalter die Kreuzzüge nannte) in Spanien, im Orient oder in Preußen gingen. Für sie galt, sie „fürchten niemals weder eine Sünde, weil sie Feinde erschlagen, noch die eigene Todesgefahr. Denn der Tod, den man für Christus erleidet oder verursacht, trägt keine Schuld an sich und verdient größten Ruhm… Ein Ritter Christi, sage ich, tötet in Sicherheit, und in noch größerer Sicherheit stirbt er. Wenn er stirbt, nützt er sich selber; wenn er tötet, nützt er Christus… Ja, wenn er einen Übeltäter umbringt, ist er nicht ein Menschenmörder, sondern sozusagen ein Mörder der Bosheit, und mit Recht wird er als Christi Rächer gegen die Missetäter und als Verteidiger der Christen angesehen. Wenn er aber selbst umgebracht wird, ist es klar, daß er nicht zugrundegegangen, sondern ans Ziel [in den Himmel] gelangt ist. Der Tod also, den er verursacht, ist Christi Gewinn; der, den er empfängt, sein eigener. Der Christ rühmt sich, wenn er einen Ungläubigen tötet, weil Christus zu Ehren kommt…“[10] Das Ideal des tötenden Märtyrers, so verschieden von dem der Alten Kirche, sollte bis in die Frühneuzeit hin lebendig bleiben.

Ein wesentlicher Unterschied zur Gegenwart besteht eben darin, daß wie das ganze Leben so auch der Krieg vielfach prinzipiell in religiösen Kategorien verstanden wurde. Wie selbstverständlich das blutige Handwerk als von Gott und den Heiligen gefördert betrachtet wurde, zeigt z. B. die Wahl eines bestimmten Heiligenfestes für eine Schlacht, da man da die Hilfe dieser Himmlischen erwartete, oder die Verlesung von Berichten über siegreiche Schlachten zum Dank an Gott in der Kirche, wie es etwa im spätmittelalterlichen Berner Münster üblich war[11].

Den schweren Plattenharnisch des späten Mittelalters allein anzuziehen, war den Rittern kaum möglich, ein oder mehrere Pagen wurden benötigt. Die Beinlinge wurde zuerst angelegt, dann folgten Brustplatte, Armschienen, Schulterschutz mit Schwebscheibe, Eisenhandschuhe und Helm.
Der hl. Eustachius in zeitgemäßer Kampfausrüstung, Fresko, 2. H. 15. Jh., Squinzano (Apulien), St.a Maria di Cerrate

Was die Kampftechnik selbst betraf, so erlebte das Mittelalter große Veränderungen. Eine besonders markante bestand im Aufsteigen des Reiterkriegertums. Die antike Legionen, die Horden der Völkerwanderung, die Aufgebote im Merowinger- und Karolingerreich hatten zum größten Teil aus Fußkämpfern bestanden; eine Kavallerie existierte, hatte aber weniger taktische Bedeutung. Im Frühmittelalter waren es die Bauern, die vom Grafen zu den Waffen gerufen wurden. Langsam vermehrte sich jedoch die Zahl der berittenen Kämpfer und damit wurde das blutige Handwerk mehr und mehr Sache der Spezialisten, die wir unter dem Namen Ritter kennen. Ihrem eng geballten, mit langen Lanzen vorgetragen Ansturm war ein bäuerliches Heer nicht gewachsen. Im hohen Mittelalter gab es ein Volksaufgebot meist nicht mehr, dafür jedoch neben den von einem Feudalherrn abhängigen Reiterkriegern Söldner aus den sozial untersten Schichten. Die Kreuzzüge brachten die Europäer mit anderen Taktiken als den ihnen geläufigen in Kontakt, v. a. den berittenen Bogenschützen, und führten zu einer Intensivierung der Waffenherstellung. Mit dem Aufschwung des urbanen Lebens wurden die Bürger zum Wehrdienst verpflichtet; die Stadt war in Viertel eingeteilt, deren jedes einen Abschnitt der Mauer zu bewachen hatte; oder ein bestimmtes Handwerk war für einen solchen Abschnitt zuständig. Freilich zogen die Bürger ungern ins Feld und verließen sich wenigstens teilweise auf Söldner. Die aus Rittern bestehenden Heere verloren im 14. und 15. Jahrhundert wieder gegenüber den Fußtruppen an Bedeutung; der Höhepunkt der letzteren lag bei den v. a. schweizerischen Landsknechten, die manches berittene Heer besiegten. Auch zeigten sich die ersten Ansätze zu stehenden Heeren, namentlich unter der Valois-Dynastie in Frankreich. Die seit etwa 1280 entwickelten Feuerwaffen spielten vor dem 16. Jahrhundert in der Feldschlacht kaum eine Rolle, dagegen entschieden sie bereits seit etwa 1400 die meisten Belagerungen.

Diese Skizze gibt natürlich keinen Eindruck von den zahllosen lokalen und zeitlichen Divergenzen. In eher zentralistisch regierten Ländern wie dem spätmittelalterlichen England stützen sich die Könige sowohl im Hundertjährigen Krieg als auch in den Rosenkriegen mehr auf aus der bäuerlichen Bevölkerung ausgehobene Heere als etwa in Deutschland. In England war, im Gegensatz zu den kontinentalen Ländern, eine bestimmte Waffe von überragender Bedeutung, der v. a. aus Eibenholz gefertigte Langbogen. Sein mehrfach entscheidender Einsatz mußte, so eine Anordnung König Eduards IV., von allen Engländern und Iren regelmäßig an jedem Feiertag geübt werden, wozu in jedem Bezirk Schießstände angelegt wurden. Wer nicht übte, hatte eine Geldstrafe zu erlegen[12]. In manchen Regionen, wie Norddeutschland mit seinen zahlreichen Hansestädten, war die Seekriegsführung von besonderer Bedeutung; umgekehrt blieb in Skandinavien die Bedeutung der sonst allenthalben so wichtigen Burgen ziemlich bescheiden – usf.

Der berühmte Humanist Francesco Petrarca (1304-1374) reagierte mit folgenden Zeilen auf die von ihm beobachtete Ausbreitung der Feuerwaffen:

„Dem Menschlein genügt nicht der Zorn der vom Himmel donnernden unsterblichen Gottheit, wenn es nicht – oh mit Hochmut gepaarter Stolz! – auch von der Erde donnert. Den (wie Vergil sagt) unnachahmlichen Blitz hat menschliche Raserei nachgeahmt, und was aus den Wolken geschleudert zu werden pflegt, wird aus einem zwar hölzernen, aber höllischen Instrument geschleudert… Und diese Pest war bis vor kurzem noch selten, so daß sie mit dem größten Erstaunen wahrgenommen wurde, jetzt aber, da ja der Geist sich an die schlimmsten Sachen gewöhnt, ist sie so üblich wie irgend eine andere Art von Waffen.“

(*De remediis utriusque fortunae* c. 99)

<–

Kanonen auf Lafetten und Handfeuerwaffen gehörten ab dem 14. Jahrhundert zu den üblichen Angriffswaffen bei Belagerungen. Holzschnitt aus der 1486 in Ulm gedruckten Chronik des Thomas Lirer

Was nur die für jene Epoche so typischen Burgen betrifft, so wandelten sich auch diese im Lauf der 1000 Jahre des Mittelalters recht deutlich. Neben die staatlichen Legionslager und Kleinfestungen („burgi") waren in der Spätantike bereits private Wehrbauten getreten, nämlich mit Türmen befestigte Landgüter. Nach der Völkerwanderungszeit bis ins 12. Jahrhundert dominierten dann aber Holzbefestigungen in nördlicher Blockbau- oder Fachwerktechnik. Diese auf künstlichen Hügeln errichteten kleinen Anlagen, sog. Motten, wurden im Hochmittelalter durch Steinbauten ersetzt, zunächst den großen, würfelförmigen Donjon in Frankreich und England, während sonst unregelmäßige Anlagen mit eckigen Türmen vorherrschten. Die Kontakte mit dem Orient und den dortigen Stadtbefestigungen führten dann auch in Europa zu einer Welle neuer, massiver und regelmäßiger Bauten, zu denen etwa die zahlreichen von den Engländern zur Unterdrückung der Waliser errichteten Burgen des 13. Jahrhunderts Zeugnis ablegen. Hier berücksichtigte man in besonderer Weise die Verteidigung gegen Unterminierung und die neue Belagerungs-Artillerie, die mit Katapulten arbeitete, die durch Gegengewichte bewegt wurden und in schneller Folge große Steinkugeln verschießen konnten. Erhöhte Mauern und runde Türme, von denen die Geschosse eher abprallten, sollten Schutz dagegen bieten. Als man jedoch in der 2. Hälfte des 14. Jahrhunderts mehr und mehr die neuen Pulvergeschütze zum Einsatz brachte, reagierten die Baumeister damit, die Mauern wieder zu erniedrigen und durch Erdbastionen zu verstärken; zunächst in Italien entstanden die ersten frühneuzeitlichen Festungen. Diese waren ihrerseits Träger von Kanonen, für die schon um 1500 eigene Türme errichtet wurden, wofür u. a. Dürer Pläne lieferte (verwirklicht im Schaffhausener Munot). Freilich blieben daneben stets (heute kaum mehr nachweisbare) Holzpalisaden, Landwehre, Verhaue u. dgl. m. in Gebrauch, sei es als Vorwerke vor der Burg, sei es als Straßensperren.

<–

Die Reaktion auf die Feuerwaffen bestand im Burgenbau in der Konstruktion niedriger Wehrbauten mit dickeren, teilweise geschrägten Mauern, wie z. B. Lindisfarne Castle (Northumberland), das in der ersten Hälfte des 16. Jahrhunderts gegen schottische und französische Angriffe errichtet wurde.

Die Turmhügelburg, aus Holz auf einer künstlichen Anhöhe errichtet, mit unter ihr liegenden Wirtschaftsgebäuden, war bis ins 12. Jahrhundert die typische Wehranlage.
Modell einer solchen Burg im 11. Jahrhundert, Bayeux, Museum

Die heute als typisch geltende Stein- oder Ziegelanlage ist eine Entwicklung des hohen und v. a. späten Mittelalters, die im Kirchenbau erprobte architektonische Methoden übernimmt.
Die Wasserburg Muiderslot (Niederlande), spätes 13. Jh.

Städte hatten in der Regel einen größeren fortifikatorischen Wert als die viel kleineren Burgen, und manche von ihnen trotzten jahrelangen Belagerungen. In den Einzelheiten der Befestigungstechnik wie Zugbrücken oder Schießscharten kamen bei beiden Wehrbauten dieselben Formen zur Anwendung. Viele Stadtmauern waren bereits in der Antike errichtet worden und wurden im Mittelalter so lange weiterbenutzt, bis die bebaute Fläche ihren Umfang sprengte und sie durch neue ersetzt werden mußten, wie es das Wachstum der Städte seit dem 12. Jahrhundert so oft mit sich brachte.

Nur wenige Stadtmauern sind noch in etwa unverändert erhalten, z. B. Visby auf Gotland oder Carcassonne in der Provence. Hier die in regelmäßigen Abständen mit Türmen bewehrte Stadtmauer von Rothenburg ob der Tauber, 14. Jh.

Friedensbestrebungen

Von den meisten Menschen der Epoche wurden Kampf und Krieg als ganz normale Erscheinungen der menschlichen Befindlichkeit auf Erden hingenommen. Sieht man von den natürlich immer wieder vorkommenden konkreten Friedensmediationen ab, die vor allem geistliche, aber auch weltliche Herrn immer wieder zwischen verfeindeten Parteien unternahmen, so setzten globalere Friedensbewegungen nur zögerlich ein. Ein solcher, letztlich nur wenig erfolgreicher Versuch war die sog. Gottesfriedensbewegung in Frankreich (11. Jh.). Sie hatte zum Ziel, gegenüber bestimmten Personen (u. a. Geistliche, Frauen, Unbewaffnete) und zu bestimmten Zeiten (u. a. Sonntage, Ostern) jeden Waffengebrauch zu unterbinden. Dies sollte durch Versammlungen erreicht werden, bei denen die lokalen Feudalherrn eine solche ‚Pax Dei' beschwören sollten. Freilich konnte die Einhaltung dieser Eide letztlich auch nur wieder mit Waffengewalt gegen die Friedensbrecher erfolgen. In summa scheinen die Erfolge nur bescheiden gewesen zu sein, obwohl Friedensbestimmungen im 12. und 13. Jahrhundert auch in die Landrechte eingingen.

Ein auch für dieses Thema wichtiger Faktor im ‚Prozeß der Zivilisierung' war die Urbanisierung Europas seit der Jahrtausendwende. Denn in der Stadt zwang das enge Zusammenleben vieler Menschen dazu, Friedensordnungen einzuhalten, gleichviel ob sie vom Stadtherrn diktiert oder von den Bürgern selbst gefunden wurden. Die Stadtrechte sind die Verschriftlichung dieser Bemühungen, sie garantieren den Bürgern ausdrücklich Frieden innerhalb des zur Stadt gehörigen Rechtsbezirkes. Fehden, also Privatkriege, wie sie zwischen Adeligen, Rittern und Städten andauernd herrschten, sollten daher verboten werden, und Konflikte durch die Rechtssprechung der Obrigkeit gelöst. Wesentlich war dafür nicht nur die Schaffung entsprechender Einrichtungen wie Stadtgericht oder Stadtknechte (die Vorläufer der Polizei), sondern auch die Monopolisierung des Gewaltgebrauchs: Keine Privatrache sollte geübt werden, sondern die kommunale Obrigkeit sollte richten. Kein Bürger darf einen Mitbürger entweder zum Kampf fordern oder vor ein auswärtiges Gericht ziehen, ehe das Urteil ergangen ist, heißt es etwa im Lippstädter Stadtrecht um 1220[13].

Im 13. Jahrhundert waren es besonders die Franziskaner, die Friedensstiftung auf ihr Banner geschrieben hatten. Hier gibt es sicherlich einen Zusammenhang mit den persönlichen Erfahrungen des Ordensstifters: Der Kaufmannssohn Franziskus (1182-1226) hatte als junger Mann als Soldat mit den Truppen seiner Heimatstadt Assisi am Kriegsgeschehen teilgenommen, war verwundet und gefangen worden und krank heimgekehrt. Nach seiner Bekehrung schlug er einen radikal neuen Lebensweg ein, bei dem ihm nicht nur evangeliengemäße Armut, sondern auch allseitiger Friede ein Anliegen war: Stets begann er seine Predigten mit dem Wunsch, der Herr möge Friede schenken, so grüßte er auch die Leute unterwegs, was oft auf Unverständnis stieß. Franziskus unternahm eine (freilich erfolglose) Missionsreise nach Ägypten, um die Muslime friedlich für das Christentum zu gewinnen, anstatt sie mit einem Kreuzzug zu unterwerfen, wie es ein zeitgenössischer Heiliger, König Ludwig IX. von Frankreich, für richtig hielt und auch (ebenfalls erfolglos) versuchte. Die Friedensstiftung begann für Franziskus schon in seiner eigenen Gemeinschaft, jeder der Brüder sollte Friede im Herzen tragen und im Zusammenleben mit den anderen verwirklichen. Wunden zu heilen, sei ihre Berufung[14]. So dichtete er auch im *Sonnengesang*:

> „Lautdato si, mi signore,
> per quelli ke perdonano per lo tuo amore,
> et sostengo[no] infirmitate et tribulatione.
> Beati quelli ke 'l sosterrano in pace,
> ka da te, altissimo, sirano incoronati!“
>
> (Sei gelobt, meine Herr,
> für jene, die aus Liebe zu Dir vergeben
> und Schwäche und Bedrängnis ertragen.
> Selig jene, die sie in Frieden tragen,
> denn sie werden von Dir, Allerhöchster, gekrönt werden!)

Auch nach seinem Tode verbreiteten sich mit den Franziskanern pazifistische Ideale. Es waren v. a. die in der Welt verbleibenden

Drittordensmitglieder, die Terziaren, die gelobten, für Friedenserhaltung und -vermittlung einzutreten und keine Waffen zu tragen. Wiewohl diese Bußbewegung primär in Italien Anhänger fand, war sie auch in manchen Städten nördlich der Alpen vertreten.

Nachdenken über Krieg und Frieden

Wohl die allermeisten weltlichen und geistlichen Herrn der Epoche führten ihre Kriege in der Überzeugung, ihr Streit sei ein ‚gerechter Krieg'. Fast stets wurden kämpferische Aktionen auch religiöse motiviert, weil man es wirklich so empfand, oder weil es einen bequemen Vorwand lieferte. Wer siegte, schrieb dies regelmäßig einem Heiligen oder Gott selbst zu. Allerdings gab es im Frühmittelalter Theologen wie u. a. den Mainzer Erzbischof Hrabanus Maurus († 856), die gemäß dem *Neuen Testament* die Meinung vertraten, jede Tötung eines Menschen, auch die in einem als gerecht angesehenen Krieg, sei sündhaft und müsse gebüßt werden. So kam es etwa, daß tatsächlich Graf Fulco Nerra nach dem Sieg über Conan von Rennes 992 Buße „wegen der zahlreichen erschlagenen Christen" leistetet und später eine Pilgerfahrt nach Jerusalem unternahm, „aus Furcht vor der Hölle", wie er selbst sagte[15]. Nach der Eroberung Englands durch die Normannen unter der Führung Herzog Wilhelms im Jahre 1066 verfügten seine Bischöfe eine Bußordnung, welche für alle Krieger Gültigkeit hatte, die an der Seite des inzwischen zum König gekrönten Siegers gekämpft hatten. Sie wurde vom päpstlichen Legaten gutgeheißen, obwohl die Normannen doch mit dem ausdrücklichen Segen des Heiligen Vaters und unter der päpstlichen Fahne gefochten hatten, also nach ihrem Selbstverständnis in einem völlig gerechten Krieg. Die Bußleistungen waren je nach ‚Schuld' gestaffelt: „Wer in der großen Schlacht [von Hastings] seines Wissens einen Menschen getötet hat, soll je nach der Zahl der Männer für jeden ein Jahr Buße tun. Für einen jeden, den er getroffen hat, ohne zu wissen, ob dieser daran starb, soll er pro Mann vierzig Tage am Stück oder mit Unterbrechungen büßen, wenn er sich an die Zahl erinnert. Falls er aber die Zahl der Getroffenen oder Getöteten nicht weiß, soll er nach dem Urteil seine Bischofs das ganze Leben hindurch einen Tag in der Woche büßen oder, wenn möglich, durch Stiftung oder Ausstattung einer Kirche ein ewiges Almosen erbringen... Die Bogenschützen, die, ohne es zu wissen, manche töteten oder ohne Todesfolge verwundeten, sollen dreimal vierzig Tage büßen... Wer aber ohne Notwendigkeit, Lebensmittel zu besorgen, sondern um Beute zu machen, plünderte und jemanden tötete, soll drei Jahre büßen..."[16] Außerdem errichtete Wilhelm auf dem Schlachtfeld an der Stelle eine Abtei für das Seelenheil aller Gefallenen, wo der Gegner seine Banner in den Boden gepflanzt hatte. So hatte er es schon vor dem Kampf gelobt: Battle Abbey. Das Kloster wurde mit Benediktinermönchen aus Marmoutier besiedelt, die für die Seelen der toten Kämpfer zu beten hatten.

Bemerkenswert ist hier einerseits, daß die manifeste Frömmigkeit der Normannen für sie keineswegs ein Grund gewesen war, den Eroberungszug zu unterlassen, sie aber andererseits die Notwendigkeit empfanden, diesen zuerst vom Papst absegnen zu lassen und danach durch entsprechende Bussen etwaigen schlimmen Folgen in der anderen Welt vorzubauen. Diese Einstellung ist sehr typisch für das katholische Mittelalter überhaupt.

Freilich ebenso typisch war es, daß die Päpste als oberste Geistliche einerseits bei Auseinandersetzungen zwischen einzelnen Monarchen und Ländern oft und oft um Friedensstiftung bemüht waren, andererseits selbst aber immer wieder Kriege förderten. Hatte das Konzil von Narbonne 1054 erklärt, jeder Christ, der Christenblut vergieße, sei ein Mörder, forderte 1102 Papst Pascal II. den Grafen Robert von Flandern dazu auf, gegen Kaiser Heinrich IV. die Waffen zu ergreifen. „Wo immer auch Du kannst, sollst Du Heinrich, das Haupt der Ketzer, und seine Parteigänger verfolgen! Kein Gott lieberes Opfer wirst Du nämlich bringen können, als ihn zu bekämpfen..., der von den heiligen Apostelfürsten Gottes und ihren Stellvertretern [den Päpsten] durch das Urteil des Heiligen Geistes aus dem Haus der Kirche ausgestoßen wurde. Dies befehlen wir Dir und Deinen Rittern zur Vergebung der Sünden und zur Freundschaft mit dem Heiligen Stuhl!"[17] Hier wird zum ersten Mal in der Geschichte vom Papst – gegen einen Christen (und zweifelsohne frommen König) – zum Kreuzzug aufgerufen. Zahlreiche weitere ‚Ketzerkreuzzüge' sollten folgen. Und einer der führenden Intellektuellen des 13. Jahrhunderts, der Pariser Bischof Wilhelm von Auvergne (reg. 1228-1249) sagte über solche Ketzerkriege: „Wenn Bestien im eigentlichen Wortsinn, also Wölfe und Löwen, Schlangen und Drachen, mit Feuer und Schwert und jeder Kampfesweise ausgerottet werden müssen wegen der Sicherheit der Körper der Menschen, die sie töten und verschlingen, um wie viel mehr müssen dann die geistigen Bestien mit jeder Schwert- und Kriegsgewalt ausgelöscht werden, um die Seelen jener zu retten, die sie geistlich töten und verschlingen, indem sie sie verführen und pervertieren, womit sie sie von Gott trennen, der das Leben der Seele ist?"[18]

Auch das brutale Verhalten des Siegers wurde damit gerechtfertigt, daß Gott eben durch ihn sein Strafgericht halte. In diesem Sinne schrieb z. B. Papst Innozenz III. nach der Einnahme von Konstantinopel an den griechischen Kaiser Laskaris: „Du beklagst Dich über die Lateiner, die in Konstantinopel wohnen, … daß sie nach der gewaltsamen Eroberung der königlichen Stadt die heiligen Kirchen nicht verschonten, sondern Christen erschlugen, Jungfrauen vergewaltigten, sogar verheiratete Frauen entehrten… Mögen diese Männer auch nicht ganz [!] schuldlos sein, glauben wir doch, daß die Griechen durch ihre Hände nach dem gerechten Urteil Gottes bestraft wurden [weil sie sich von Rom trennten]."[19]

Wiewohl das alltägliche Leben immer aufs Neue das Gegenteil bewies, war es sowohl in der allgemeine Mentalität als auch in der theologisch-philosophischen Reflexion fest verankert, daß eine Instanz vor allem als konkreter Friedenswahrer fungieren sollte: Das Königtum. Tatsächlich übernahmen auch die Könige schon im eigenen Interesse diese Aufgabe, indem sie in ihren Reichen Landfrieden erließen, dann auch die Herzöge in ihren Territorien. Der zehnjährige Friede z. B., den König Ludwig VII. 1155 für Frankreich ausrufen ließ, beruft sich nicht mehr auf religiöse Sanktionen, sondern auf den Schutz der Waffenlosen durch die herrscherliche Gewalt – der Gottesfriede war zum Königsfrieden geworden[20].

Auch die Kreuzzüge hatten, so widersprüchlich dies zunächst auch klingt, innerhalb Europas die Funktion, Frieden zu stiften, da einerseits auf diese Weise gerade die aggressivsten Gruppen der Gesellschaft den Kontinent verließen und andererseits zu Hause die Familien und Güter der Kreuzfahrer unter besonderen kirchlichen Schutz genommen wurden. Dessen waren sich die zu diesen ‚bewaffneten Pilgerfahrten' aufrufenden Geistlichen wie Papst Urban II. oder Abt Bernhard von Clairvaux durchaus bewußt, da sie ausdrücklich die besonders durch Blutschuld belasteten Ritter dazu einluden, Europa zu verlassen und ihre Aggressionen an den ‚Heiden' jenseits des Meeres auszutoben.

Auffallend selten im Vergleich zu den unzähligen sonstigen Allegorien hat das Mittelalter Krieg und Frieden personifiziert; am bekanntest ist die Pax, die Ambrogio Lorenzetti um 1339 als Gegenbild zum Krieg gemalt hat: Eine sorglose Frauengestalt, die sich auf nicht mehr benötigte Rüstungsteile stützt, ausgestattet mit den antiken Friedenssymbolen des Lorbeerkranzes und -zweiges.
Siena, Palazzo Pubblico

Nur wenige Denker – v. a. des 15. Jahrhunderts, also schon der Zeit des Frühhumanismus – beschäftigten sich explizit mit dem Frieden als Thema der praktischen Philosophie. So hat der berühmte Cusanus, der Kardinal Nikolaus von Kues, 1453 unter dem Schock der Eroberung Konstantinopels durch die Türken in seiner utopischen Abhandlung *De pace fidei* Vertreter von 17 verschiedenen Religionen und Völkern zu einem Konzil im Himmel versammelt, um allen Glaubenskriegen ein Ende zu bereiten. Die verschiedenen Völker, sagt er dort, verwechseln die von ihren jeweiligen Propheten aufgestellten Gesetze mit der Wahrheit selbst, daraus entsteht Konkurrenz und Krieg. Der Wahrheit entspricht jedoch die *eine* Religion, auch wenn es eine Vielzahl an Kulten gibt. Nur meinte Cusanus mit der einen Religion eindeutig die katholische, und die Versammlung dient eben dazu, alle belehren zu lassen, daß der christliche der von allen zu erstrebende Glaube sei! Denn Christus sei auch in den anderen Religionen impliziert, ihre Anhänger würde dies bloß nicht verstehen. Immerhin finden sich für das Mittelalter recht ungewöhnliche Überlegungen: Moses habe einen Weg zur Erkenntnis des Guten, also zu Gott, beschrieben, Jesus ihn vervollkommnet, und Mohammed schilderte denselben, aber in vereinfachter Form. In diesem zu Recht als Traumvision gestalteten Traktat liest man, es könne eine Vielfalt an Riten geben, doch nur eine zugrundeliegende Religion. Diese „eine Religion bei einer Vielfalt von Riten" mag als endzeitliche Utopie verstanden werden, sie existiert freilich schon im Christentum, muß aber noch von allen anderen anerkannt werden. Dann wird Friede einkehren. Gestorben ist Cusanus 1464 freilich beschäftigt mit der Vorbereitung eines Kreuzzugs gegen die Türken[21].

Weiterführende Literatur

Contamine, Philippe, La Guerre au Moyen Age, Paris 1980.

DeVries, Kelly, A Cumulative Bibliography of Medieval Military History and Technology, Leiden 2003/06.

Dinzelbacher, Peter, Burgen und Belagerungen. Ein Forschungsüberblick: Mediaevistik 19, 2006, 51-104.

Prietzel, Malte, Krieg im Mittelalter, Darmstadt 2006.

McGuire, Brian ed., War and Peace in the Middle Ages, Copenhagen 1987.

Prutz, Hans, Die Friedensidee im Mittelalter, München 1915.

Settia, Aldo, Rapine, assedi, battaglie. La guerra nel Medioevo, Roma 2002.

Verbruggen, Jan, The Art of Warfare in Western Europe during the Middle Ages, Woodbridge 1997.

1 Himmelsbach, G., Die Renaissance des Krieges. Kriegsmonographien und das Bild des Krieges in der spätmittelalterlichen Chronistik am Beispiel der Burgunderkriege, Zürich 1999, 212 Anm.

2 Gillingham, J., Richard Löwenherz, Düsseldorf 1981, 125.

3 Roger von Wendover, Flores historiarum, ed. Hewlett, G. (Rolls Series 84/1), London 1886, 269.

4 Llibre dels feits c. 47.

5 MGH SS rer Germ. 14, 337.

6 PL 213, 583.

7 The Deeds of the Normans in Ireland, ed. Mullally, E., Dublin 2002, 72, 91.

8 Dinzelbacher, Peter, Bernhard von Clairvaux, Darmstadt 1998, 301 ff.

9 Ebd. 305.

10 Ebd. 116 ff.

11 Himmelsbach, Renaissance 214.

12 Fiorato, V. u. a., Blood Red Roses. The Archaeology of a Mass Grave from the Battle of Towton AD 1461, Oxford 2000, 132.

13 Dinzelbacher, Peter, Europa im hohen Mittelalter, Darmstadt 2003, 152.

14 Kinsella, S., „The Lord Give You Peace“: Mediaevistik 16, 2003, 51-99.

15 Bachrach, B., Warfare and Military Organization in Pre-Crusade Europe, Aldershot 2002, XI, 66.

16 Cowdrey, H., Bishop Ermenfrid of Sion and the Penitential Ordinance following the Battle of Hastings: Journal of Ecclesiastical History 20, 1969, 225-242.

17 PL 163, 108.

18 Zit. Coulton, G. G., The Death-Penalty for Heresy from 1184 to 1921 A. D., London 1924, 14.

19 PL 215, 712 B, 1373 D.

20 Vauchez, André ed., Encyclopedia of the Middle Ages, Cambridge 2000, II, 1104.

21 Dinzelbacher, Peter, Kritische Bemerkungen zur Geschichte der religiösen Toleranz und zur Tradition der Lessing'schen Ringparabel: Numen 55, 2008, 1-26.

Höflinge und Damen ergehen sich vor der Burg.
Tafelgemälde, Kopie nach einem verlorenen Original aus dem Umkreis der Brüder van Eyck, Dijon, Musée des Beaux-Arts, um 1425 (Original)

5. DIE HÖFISCHE WELT

Wenn wir heute von ‚höfischer Kultur' des Mittelalters sprechen, denken wir vor allem an die Epoche von etwa 1100 bis 1500. In der Tat gab es auch im Frühmittelalter herrscherliche Höfe, die jedoch rein personal wesentlich kleiner waren und kaum die Vorbildfunktion für andere Gruppen der Gesellschaft besaßen, wie ihre Nachfolger im hohen und späten Mittelalter. Auch blieb die literarische oder künstlerische Produktion, die an oder für die frühmittelalterlichen Höfe entstand, eher gering. Hervorstechend war gewiß im Frankenreich der Kreis von Gelehrten und Dichtern, den Karl d. Gr. (reg. 768-814) um sich versammelte, so daß man von einer ‚karolingischen Hofschule' sprechen kann. In England bemühte sich Alfred d. Gr. (reg. 871-899) in ähnlicher Weise darum, Gelehrte an seinen Hof zu ziehen, wobei er noch selbst als Übersetzer aus dem Lateinischen ins Altenglische tätig war. Doch für die gesamte Kulturentwicklung Europas wichtiger wurden die erst späteren Höfe, nicht nur die königlichen, sondern auch die von Landesherrn; von diesen wird im Folgenden berichtet. Es geht somit um den Hof als Lebensform im hohen und späten Mittelalter, nicht um seine Herrschaftspraktiken oder seine Funktion als oberster Gerichtshof.

Wer bildete den Hof? Die Monarchen natürlich als Mittelpunkt zuvörderst. Sie darf man sich nicht nach dem Vorbild der Märchen nur als bejahrtes Paar vorstellen, viele gelangten jung auf den Thron, mehr noch heirateten jünger als in anderen Gesellschaftsschichten. Z. B. vermerkt die *Klosterneuburger Chronik*: „anno 1411 hat Herzog Albrecht von Österreich die Jungfrau Elisabeth, die Tochter des Königs Sigmund von Ungarn, zur Ehefrau genommen; damals war er dreizehn und sie drei Jahre alt."[1] Nach dem weltlichen oder geistlichen Herrscher und seinen Verwandten kamen alle, die sich als Inhaber von Ämtern, als Ratgeber, Diener usw. um ihn scharten. Nähe zum Herrn war das entscheidende Kriterium, ob es sich nun um Kanzler, Beichtväter, Almosenverteiler, Krieger, Leibärzte, Köche oder Hofnarren handelte – wobei die sozialen Differenzen natürlich streng gewahrt wurden. Doch auch die höhergestellten Höflinge setzten sich keineswegs nur aus Adeligen zusammen, schon Zeitgenossen mokierten sich im 12. Jahrhundert darüber, daß sogar abhängige Bauern sich darum bemühen würden, ihre Kinder durch eine Ausbildung in den freien Künsten (s. S. 347) in den Hofdienst zu bringen, und dadurch ihren sozialen und finanziellen Aufstieg zu ermöglichen[2]. Übrigens ging es wirklich um haptische Nähe: Es sind einige Vorfälle bekannt, wo mit Gewalt bis zum Blutergießen um den ehrenvolleren Sitzplatz in der Nähe des Fürsten gekämpft wurde, oder um die Ehre, ihm bei Tisch das Wasser zur Händewaschung zu reichen. Geistliche waren von diesem Verhalten keineswegs ausgenommen[3].

Da nur ein engerer Kreis von Höflingen stets um den Herrscher war, fluktuierte die personelle Zusammensetzung eines Hofes stark: Immer wieder war der eine oder andere Große eines Reiches eine Zeit lang am Hofe, um dann wieder auf seine Güter zurückzukehren. Wohin der Herrscher auch zog, die Leute drängten sich an ihn, sei es um Recht zu suchen, oder Protektion, oder eine Stelle. Allerdings zeigte es sich auch, wer ihn nicht unterstützte, wenn ein Lehnsmann einem gebotenen Hoftag mit fadenscheiniger Entschuldigung fernblieb, was gut ein Warnsignal für einen bevorstehenden Aufstand sein konnte.

Von den vermutlich oft nicht sehr viele Leute zählenden Höfen des Frühmittelalters stieg die Zahl der Höflinge im späten Mittelalter sogar auf über 1000, wobei man noch deren Diener mitrechnen muß. Warum? Die Antwort möge Enea Silvio Piccolomini geben, seit 1442 Sekretär des Kaisers Friedrich III. Als er eine hofkritische Abhandlung veröffentlichte, bemerkte er: „Es ist nicht zu befürchten, daß meine Schrift die Konsequenz hat, daß die Höfe der Könige verwaisen – denn stets wird es eine unzählige Schar Dummer geben, die glauben, ein gutes Leben lasse sich nur in der Gegenwart der Könige finden.“[4] Dieser Humanist, der bald unter dem Namen Pius II. Papst werden sollte, erkannte in Macht, Ruhm und Reichtum die Attraktionen des Hofes, wobei dessen Laster und die Zahl der an ihm ruinierten Existenzen übersehen würden.

Der Tiroler Adelige Oswald von Wolkenstein († 1445) über den ihm wohlbekannten Hofdienst:

„*Kain ermer vich*
under allen tieren kund ich nie ervaren,
neur aines, haisst ain hofeman,
der geit sich gar für aigen
dem herren sein umb klainen sold.
Das tet ain esel nicht, und wer er frei.“ (11, 37 ff.)

(Kein ärmeres Vieh
unter allen Tieren habe ich je kennengelernt,
als eines, das heißt Höfling.
Der gibt sich seinem Herrn
um geringen Sold zu eigen.
Ein Esel täte das nicht, wäre er frei!)

Eine Hauptfunktionen der höfischen Kultur bestand für die Herrschenden darin, sie durch Repräsentation von den ländlichen und städtischen Untertanen abzuheben. Dies nicht nur durch Bauwerke, Kleidung und Ernährung, sondern auch durch eine ‚höfliche' Sondersprache, ihrerseits der verbale Ausdruck der vornehmen Verhaltensformen. All diese Formen wurden aber nach und nach vom Bürgertum, später auch auf dem Land, nachgeahmt (sog. gesunkenes Kulturgut, oder, wie man heute lieber formuliert: Kulturdiffusion mit Überschreitung der Standesschranken). Es gab also etwa in der Mode einen deutlichen Trend von oben nach unten, wiewohl Kleidervorschriften dafür sorgten, daß die Standeszugehörigkeiten sichtbar blieben. Dabei war aber die umgekehrte Rezeptionsrichtung nicht prinzipiell ausgeschlossen: Volksläufige Stoffe und Melodien z. B. konnten am Hof zu Balladen umgeformt und aufgezeichnet werden.

Die Personifikation des Geizes, eine Karikatur auf die höfische Damenmode um 1400 in einer Handschrift des *Renners*, eines moralisch-belehrenden Gedichtes von Hugo von Trimberg.
Buchmalerei um 1400, Stockholm, Kungl. Biblioteket

Ein deutlicher Wandel in der Sozialstruktur der Höfe ergab sich dadurch, daß die Verwaltung und Rechtssprechung des frühen und hohen Mittelalters vor allem auf Geistlichen und Vasallen basierte, also auf Herrn, die aus dem Erbadel stammten und in persönlicher Beziehung zum Herrscher standen, der sie mit der lebenslänglichen Nutzung von Lehen belohnte. Dagegen wurden diese Aufgaben im späten Mittelalter mehr und mehr von nichtadeligen Beamten aus dem Laienstand erledigt, die ein regelmäßiges Gehalt erhielten und jederzeit entlassen werden konnten. Damit traten institutionalisierte bürokratische Behörden an die Stelle der in ihrer Zusammensetzung wechselnden Gruppen von oft miteinander verwandten Feudalherrn.

Im Gegensatz zum frühen Mittelalter erweiterte sich der Kreis der dem Herrscher Nahestehenden seit dem 12. Jahrhundert: Damals begannen ‚Fachleute', sich neben die aufgrund ihres Adels oder ihrer geistlichen Position im Rat des Königs oder Fürsten Sitzenden zu drängen. Dies zeigt nicht nur die Zusammensetzung v. a. der westeuropäischen Höfe, sondern auch eine spezielle Literaturgattung, die von solchen Höflingen verfaßt wurde, die der Fürstenspiegel. Die intellektuelle Elite versucht also mehr und mehr, Einfluß auf die Elite der Macht zu erringen, indem sie, auf antike und christliche Morallehren gestützt, letzterer Verhaltensnormen vorzugeben versuchte. Dies hatten im Frühmittelalter v. a. Bischöfe und Äbte mit ähnlichen biblisch und kirchenrechtlich begründeten Schriften versucht, nun kamen Gelehrte hinzu, die die antiken Staatstheorien für ihre Zeit adaptierten. Ab dem 14. Jahrhundert geschah dies in der Muttersprache der Herrscher, wobei auch das römische Recht und dann der Humanismus rezipiert wurden. So haben wir einen Fürstenspiegel z. B. von einem Kaplan des Kardinals Hannibal Cajetani, Jean d'Anneux († 1329) oder vom Kanzler von Kastilien, Pero López de Ayala (1332-1407). Aber auch Außenstehende, wie ein unterbezahlter Funktionär in der Londoner Siegelbehörde, Thomas Hoccleve (um 1411), versuchten mit diesem Genus, einen Kontakt zum Hof herzustellen.

Nicht unüblich war es für Fürsten und Ritter, ihre Kinder an einen anderen Hof zur Erziehung zu schicken. Damit wurden Verbindungen geknüpft und schon früh die Unabhängigkeit zukünftiger Herrscher von ihrer Herkunftsfamilie gestärkt. Als Pagen bzw. Hoffräulein bildeten sie eigene Gruppen, die sich an den Verhaltensweisen der erwachsenen Herren und Damen orientierten und ein entsprechendes soziales Bewußtsein entwickelten. In die elterliche Burg kamen sie dauerhaft meist nur dann zurück, falls es für sie ein Erbe anzutreten gab, sonst blieben sie auch als Erwachsene im Gefolge des Herrn, der sie aufgezogen hatte, gingen an einen anderen Hof oder wurden verheiratetet. So kam z. B. im 12. Jahrhundert der Sohn Graf Balduins V. von Hennegau an den deutschen Kaiserhof, um neben höfischer Gesittung die deutsche Sprache zu erlernen, und der junge Graf Arnald von Guines mit demselben Ziel an den flandrischen Grafenhof[5].

Aber nicht nur, weil sie eine standesgemäße Ausbildung dort bekommen konnten, wurden viele Kinder weggegeben; nicht selten handelte es sich faktisch um die Stellung von Geiseln, auch wenn sie nicht schlecht behandelt wurden, so lange die Beziehungen zwischen ihren Eltern und ihrem Herrn gut blieben, sondern gern mit den am Hof einheimischen Kindern zusammen aufwuchsen. So ließ sich z. B. König Philipp II. von Frankreich 1209 den Sohn und Nachfolger der Gräfin der Champagne, den neunjährigen Theobald, an seinen Hof nach Paris überstellen, wobei es in dem entsprechenden Vertrag heißt, der König werde ihn „festhalten (tenebit)“ – dasselbe Wort wird dann im nächsten Satz für die dem König übergebenen Burgen der Gräfin verwendet. Ziel dieser Aktion war ausdrücklich, wie die Gräfin schreibt, daß „sowohl ich wie auch mein Sohn getreulich zu seinen [des Königs] Diensten sein werden“[6].

Die Erziehungsziele eines jungen Herrn skizzierte John Hardynge († um 1465), der selbst mit zwölf Jahren an einen anderen Hof gekommen war, in seiner Chronik folgendermaßen: Mit vier Jahren bekommt er Unterricht im Lesen, ab sechs in der Sprache und Benehmen, mit zehn bis zwölf in Tanz und Gesang und feiner Ausdrucksweise, mit vierzehn müssen sie hinaus auf die Jagd, denn Tiere erschlagen und bluten zu sehen sorgt für Abhärtung, Mut und Gewandtheit. Mit sechzehn beginnt der Kriegsdienst, Turniere, Belagerungen, Kämpfe, Nachtwachen…[7] Das darf man für den Adel und die Ritterschaft verallgemeinern, wenn auch manche nicht Lesen und Schreiben lernten.

Im späten Mittelalter wurde auch der Übergang vom Knappen zum Ritter sichtlich ritualisiert; das Zeremoniell des Ritterschlags zählte zu den eindrucksvollsten Rites de passage der Hofgesellschaft. Wiewohl in vieler Hinsicht schon von de Kirche „kolonisiert“ (z. B. durch die obligatorische Nachtwache in einer Kirche), konnte diese soziale Auszeichnung nur von den weltlichen Spitzen der Gesellschaft gespendet werden. Seit dem 14. Jahrhundert war es Brauch, daß die deutschen Kaiser auf der Tiberbrücke in Rom zahlreiche neue Ritter kreierten; freilich wurde dies so sehr zu einem Titel, daß auch kampfunfähige, z. B. entsprechend hochgeborene Wickelkinder, durch die dreimalige Berührung mit dem Zeremonialschwert in den Ritterstand aufgenommen wurden[8].

Wo residierten die mittelalterlichen Höfe? Im Unterschied noch zur späten Antike, wo Rom, Konstantinopel, Ravenna feste Residenzen bildeten, war der mittelalterliche Hof lange Zeit mobil. Bis ins späte Mittelalter hinein ritten und fuhren seine Mitglieder allsamt in großen Trossen von einer Burg oder Pfalz zur nächsten, blieben auch eine Zeit lang in diesem Kloster oder jener Stadt, bis die Vorräte vor Ort aufgezehrt waren, um dann weiterzuziehen. Alles Wichtige, Schätze, Urkunden, Kanzleipersonal usw. kam mit. Während sich in Westeuropa Residenzen schon im 12. Jahrhundert als feste Sitze der königlichen Höfe etabliert hatten, Paris und London vor allem, war die Entwicklung im Deutschen Reich zögerlicher, was mit dem Wechsel der Dynastien zu tun hat: Der Luxemburger Karl IV., der auch König von Böhmen war, residierte am liebsten in Prag, die folgenden Habsburger machten Wien zum Zentrum.

Demonstration nach außen war im höfischen Leben besonders wichtig, das läßt sich in jedem beliebigen Lebensbereich verfolgen, über die Kleidung und die Bauten bis zu den Ritualen und Grablegen. Es ist nicht nur aus wehrtechnischen Gründen geschehen, daß sich etwa ab der Jahrtausendwende viele ritterliche und adelige Familien hoch über dem Dorf ansiedelten, in dem ihre Vorfahren noch in der Nähe ihrer Bauern gehaust hatten. Die Entstehung der Höhenburg ist vielleicht mehr eine soziale Rangdemonstration, durch die die Mächtigen sich deutlich von ihren Untertanen absetzen, als eine militärtechnische Errungenschaft, denn was auf der einen Seite an Unangreifbarkeit gewonnen wurde, ging auf der anderen wieder durch die schwierigere Versorgung mit Wasser und Lebensmitteln verloren.

Die Reiseausstattung eines Gentleman am Ausgang des Mittelalters nach Fitzherbert's *Book of Husbandry* (Buch der Haushaltsführung, gedruckt 1534):

„Dies ist eine Lehre für den Diener eines Gentleman's, die ihn in englischen Versen unterrichten soll. Sie ist jedes Mal zur Erinnerung aufzusagen, wenn er sein Pferd holt, damit er nicht seine Sachen in seinem Gasthof vergißt: Börse, Dolch, Mantel, Nachtmütze, Taschentuch, Schuhlöffel, Ranzen und Schuhe. Speer, Rüstung, Kapuze, Halfter, Satteldecke, Sporen, Hut und deinen Pferdekamm. Bogen, Pfeile, Schwert, Schild, Horn, Zaum, Handschuhe, Sehne, und deinen Armschutz (zum Bogenschießen). Feder, Papier, Tinte, Pergament, Siegelwachs, Bimsstein (zum Ausradieren), Bücher, denke daran! Federmesser, Kamm, Fingerhut, Nadel, Faden, Ahle, damit nicht dein Sattelgut reißt. Pfriem, Messer, Schuhmacherzwirn. Gib deinem Pferd zu fressen und schau', daß die Hufeisen in Ordnung sind.
Sei fröhlich, singe nach Herzenslust,
paß' auf deine Sachen auf, damit du keine vertust!"[9]

Höhenburg Freundsberg über Schwatz (Tirol), Stammsitz der gleichnamigen Ministerialen, 12. Jh.

Das Ende der hier besprochenen Epoche sah dann auch schon den Übergang von der Burg zum Schloß, indem im ausgehenden Mittelalter bei Umbauten oder Neubauten oft die Gewichtung der Wohnqualität mehr und mehr berücksichtigt wurde, andererseits die Wehrhaftigkeit zurücktrat. So vergrößerte man die Wohntrakte und die Fenster, baute zierliche Aussichtserker, offene Loggien und Treppentürmchen an, und bisweilen verwendete man Zinnen schon nicht mehr als echte Verteidigungselemente, sondern nur mehr als Dekoration mit ‚Imponiergehabe' (wie sich u. a. aus solchen Bauelementen ergibt, hinter denen kein Wehrgang angelegt ist, z. B. bei dem Palas der Burg Eisenberg im Allgäu). Schon im späten Mittelalter wurden mehr und mehr ‚echte' Burgen aufgegeben, weil ihre Besitzer lieber in der Bequemlichkeit einer Stadt wohnten oder sich neben dem Wehrbau ein nur mehr leicht befestigtes Wohnhaus anlegten. In England scheint in der ersten Hälfte des 14. Jahrhunderts bereits die Hälfte der seit der normannischen Eroberung errichteten ca. 1500 Burgen nicht mehr bewohnt worden zu sein[10].

Die höfische Kultur, die im hohen Mittelalter entsteht, erscheint, sozialgeschichtlich betrachtet, als Manifestation der Laienschaft in Emanzipation von der bisher weitgehend dominierenden kirchlichen Kultur. Obwohl auch die Bischöfe ihre Höfe hatten und diese auf Grund des Kirchenrechts ortsfest waren, nahmen sie nur sehr bescheidenen Anteil an einer höfischen Kultur. Sieht man von der Ausnahme des Bischofs von Rom ab, der auch weltlicher Stadtherr war, so gelangten nur wenige geistliche Höfe zu nennenswerter kultureller Bedeutung, die über die Schaffung von kirchlichen Bauten hinausging, etwa Passau in Bayern, wo das *Nibelungenlied* aufgezeichnet wurde.

Kulturgeographisch betrachtet, waren und blieben ohne Zweifel vom 12. bis ins 15. Jahrhundert die Adelshöfe der französischsprechenden Territorien die für das restliche Europa vorbildlichen Zentren der höfischen Lebensformen. Dies trifft freilich auch für andere kulturelle Strömungen zu: Es genüge an die Verbreitung des gotischen Stils von der Ile de France aus zu erinnern oder an die zahllosen Übersetzungen, durch die die französische Literatur in ganz Europa rezipiert wurde, wogegen aus den anderen Volkssprachen so gut wie nichts ins Französische übertragen wurde.

Dieser kulturellen Vorreiterrolle war man sich vor Ort durchaus bewußt: So liest man in dem Roman *Cleomadès* aus der Feder des Adenet le Roi (König, d. h. erster der Spielleute am Hof der Grafen von Flandern, 2. H. 13. Jh.):

„Car en anciens escris
Trueve on que tousjours a esté
France la flours et la purté
D'armes, d'onnour, de gentillece,
De courtoisie et da largece…" (237)

(Denn in alten Schriften
findet man, daß Frankreich stets
die Blume und reine Verkörperung
der Kriegskunst, der Ehre, des Anstands,
der Höfischkeit und der Freigebigkeit gewesen ist…)

Allein die Vielfalt sprachlicher Ausdrücke, die in der hoch- und spätmittelalterlichen profanen Dichtung mit dem Hof zusammenhängen, erweist ihn als Zentrum gedanklicher Beschäftigung. Nimmt man bloß das eine Beispiel des mittelhochdeutschen Tristan-Romans Gottfrieds von Straßburg (um 1210), so findet man unter anderem: „hofgesinde", „hoveliute", „hoveman" (Hofleute), „hovebaere" (der Hofsitte angemessen), „hovediet" (Hofgesinde), „hovemaere" (höfische Rede), „hovespil" (höfisches Spiel), „hovesch" (höfisch/höflich), „hovischeit" (höfische Sitte), „hoveschliche" (dem Hofe gemäß), „hoveschen" (sich höfisch verhalten), was zu den modernen Wortbildungen der Sippe „höflich" führen sollte. Diese deutschen Bezeichnungen gehen auf die entsprechenden Wortbildungen des Provenzalischen und Französischen zurück, woher auch der Hauptbegriff selbst kommt („cortes", „courtois", von lateinisch „curtis", Hof). Diese entwickelten sich wiederum aus mittellateinischen Begriffen: „curialitas" ist seit der Mitte des 11. Jahrhunderts nachweisbar und wurde bald ins Französische übernommen; das teilweise deckungsgleiche „elegantia" dagegen kam erst spät in die Volkssprache.

Folgt man der bekannten These von Norbert Elias über den *Prozeß der Zivilisation*, so hat die Kultur der frühneuzeitlichen Adelshöfe mit ihren immer detaillierteren Verhaltensregeln einen entscheidenden Einfluß auf die ‚zivilisierten' Umgangsformen gehabt, die bis heute Normen des sozialen Lebens darstellen. Diese Umgangsformen lassen sich freilich teilweise in die Antike zurückverfolgen oder wurden aus Anregungen jener Epoche weiterentwickelt. Die ‚barbarischen' Völker, die seit dem 5. und 6. Jahrhundert statt der Römer an der Macht waren, erlernten solche Formen zunächst aber weniger in der Umgebung ihrer Herrscher, sondern vor allem in den Klöstern. In diesen war Zurückhaltung aller spontanen Triebbefriedigungen Teil des asketischen Programms und diente dazu, das lebenslange Zusammenleben von Männern oder Frauen auf engem Raum in Bahnen zu lenken, die möglichst wenig konfliktanfällig sein sollten. Daher bestimmten die für einen ganzen Orden verbindlichen Mönchsregeln (oder die für ein einzelnes Klosters gültigen Ausführungsbestimmungen dazu, die Consuetudines) genau, welche Sitzreihenfolge im Kirchenchor gelten sollte, wie die Brüder oder Schwestern miteinander zu reden hatten, wie sie im Schlafsaal liegen mußten, wer täglich welche Aufgaben zu erledigen hatte usf. Diese schriftlich niedergelegten Normen wurden v. a. im hohen Mittelalter im Zuge der sich verselbständigenden Laienkultur auch an den Höfen der Fürsten rezipiert, an denen ja stets Geistliche und Mönche als Berater anwesend waren. Freilich erfolgte diese Übernahme nicht durch die Texte, sondern durch das konkrete Vorbild der Religiosen. Zudem hatte jede adelige Familie einige ihrer Mitglieder als Äbte oder Äbtissinnen in Konventen, womit ebenso ein permanenter Einfluß aus dieser Sphäre gegeben war. Dann, ab dem 13. Jahrhundert, wurden auch den Consuetudines vergleichbare Hofordnungen aufgezeichnet, die Organisation und Repräsentation des Lebens dort normierten.

Eine französische Boccaccio-Übersetzung wird dem Herzog Johann von Berry im Empfangssaal in Anwesenheit von Mitgliedern des Hofstaates überreicht; ein Hofnarr und ein gepeitschter Affe sorgen für Amüsement.
Miniatur um 1470, London, British Library, Roy 14 EV

Als wesentliches Kennzeichen des höfischen Umgangs galt und gilt Höflichkeit. Das Wort kommt von höfisch, von dem, was zu Hofe üblich war. Im ersten Teil des *Rosenromans* (vor 1215), der wohl der am meisten gelesene höfische Text Frankreichs war (wie über 300 erhaltene Handschriften bezeugen), finden wir das genannte Ideal in aller Klarheit formuliert. Es ist Amor, der Gott der Liebe selbst, der die Normen des am Hofe gültigen Verhaltens verkündet. Der zentralen Begriffe wegen sei der Text zunächst im altfranzösischen Original zitiert:

> „Vilenie premierement,
> Ce dist Amors, vueil et commant
> Que tu guerpisses sans reprendre ;
> Cortoisie t'estuet apprendre.
> Si maudi et escommenie
> Tous ceus qui aiment Vilonnie.
> Vilonnie fait les vilains,
> Por ce n'est pas drois que ja l'ains.
> Vilains est fel et sans pitié,
> Sans servise et sans amitié…" (2077 ff.)

> (Ungehobeltheit, so sagte Amor, das will und befehle ich zuerst, sollst du ohne Rückfall lassen! Höflichkeit zu lernen sollst du dich bemühen! Sie verdammt und verbannt alle, die Ungehobeltheit lieben. Ungehobeltheit macht bäurisch, daher ist es nicht recht, würde ich sie mögen. Der Bauer ist treu- und mitleidlos, ohne Hilfsbereitschaft und Freundestreue…)

Höfisches Verhalten definiert sich also zuvörderst im Kontrast zu „villenie". Damit ist alles gemeint, was Lebensweise und Benehmen der werktätigen Unterschicht, genauer des Bauernstandes, kennzeichnet: Untreue („fel" gehört zu „felonie", der ‚Todsünde' des Vasallen, nämlich Verrat an seinem Lehnsherren), Mitleidlosigkeit (wie sie der harter Lebenskampf oft am Existenzminimum in der Tat förderte), mangelnde Bereitschaft, „service" zu leisten, d. h. das zu erbringen, was der Vasall dem Herrn schuldig war, nämlich Hilfe und Rat; fehlende Liebenswürdigkeit („amitié"). Danach fährt der Gott fort: Sei umgänglich Hohen und Niedrigen gegenüber, grüße du zuerst die Leute, halte deine Rede in Zaum – kein schmutziges Wort darf über deine Lippen kommen... Umgänglichkeit und verbindliche Sprache, „paroles dous" werden also empfohlen, die später zu den ziselierten Unverbindlichkeiten des typischen Hofmannes werden sollten. Keiner der unter Rittern üblichen Kraftausdrücke darf fallen: Sprachliche Askese sollte zu einer bis in die Gegenwart wirkenden Tabuisierung ganzer Bereiche führen, speziell was die Schilderung von Körperfunktionen betrifft. Das alles soll sich auch nach außen spiegeln, in Kleidung, Schmuck, Schuhwerk – nichts vergißt der Gott der Liebe.

Es ist nicht schwer, in solchen Verhaltenskodizes säkularisierte Varianten dessen zu erkennen, was in den Klöstern bereits viel früher von Novizen und Mönchen gefordert worden war: dort freilich zur asketischen Bannung von allem, was von der Konzentration auf das Religiöse ablenken konnte. Es waren jedoch erst die Normen des Hofes, nicht des Klosters, die später auch vom Bürgertum nachgeahmt wurden und dann die ganze westliche Gesellschaft formten, Teil des ‚Prozesses der Zivilisierung'. Im *Rosenroman* bezieht sich das alles primär – keineswegs ausschließlich – auf den Umgang mit den Damen des Hofes, und davon kommt jene Zuvorkommenheit des wohlerzogenen Mannes diesem Geschlecht gegenüber, die bis vor einigen Jahrzehnten noch eine geschätzte gesellschaftliche Konvention darstellte.

Allerdings handelte es sich auch im Mittelalter hier um Ideale, die selbst von hochstehenden Gliedern der höfischen Gesellschaft nicht grundsätzlich befolgt, sondern situationsabhängig auch mißachtet wurden. Das bezeugen nicht nur historische Quellen, auch die höfische Literatur schildert solche Faux pas. Wer wissen will, auf welch soldatesk-grobianische Weise selbst Herzöge und Grafen miteinander umgehen konnten, wenn sie zusammen in enger Herberge übernachteten, lese das autobiographische Lied, das der zitierte Oswald von Wolkenstein über seinen Aufenthalt in Perpignan 1415 verfaßte (Kl. 19). Durch die Luft fliegende Schuhe sind da noch das Harmloseste; skatologische Scherze blieben nicht immer auf das ‚einfache Volk' beschränkt.

Der tatsächlich existierende „vilain", der ungehobelte Bauer und dann jeder sich unhöfisch Verhaltende, genügte aber dem höfischen ‚Hochmut' (ursprünglich positiv: hoher Mut) nicht als Gegenentwurf, er schuf sich auch noch eine Phantasiegestalt, die er als das gerade

Gegenteil zum höfischen Menschen formulierte, den Wilden Mann. An ihm kann man sozusagen negativ alles ablesen, was der Höfling und Ritter nicht sein sollte. Grundlage waren wohl volksläufige Traditionen über im Walde hausende, primitive und ganz behaarte, aber doch menschliche Wesen, die in der höfischen Literatur seit dem 12., in der höfischen Kunst und den höfischen Maskenfesten seit dem 13. Jahrhundert ihr Unwesen trieben. Mit riesenhaften Kräften ausgestattet, trachten sie vor allem danach, dem Ritter die Dame zu entführen. Man kann sie meist als Repräsentanten der wilden, tierischen Natur deuten, bisweilen nehmen sie aber auch schon in Verkehrung ihrer ursprünglichen Art Züge des ‚edlen Wilden' an. In beiden Versionen sollten sie im 16. Jahrhundert das Bild mitprägen, das man sich von den Völkern in der Neuen Welt machte.

Mehrfach werden die Helden der höfischen Romane mit solchen Figuren konfrontiert, die mit altertümlichen Keulen und Stökken kämpfen, Alexander d. Gr., Wolfdietrich, Dietrich von Bern… Hier die Kampfszene dieses Helden mit einem Wilden Mann aus der jüngeren Fassung des mittelhochdeutschen Epos *Sigenot* (2. H. 13. Jh.), die den Gegensatz zwischen einem ehrenvollen Gefecht gegen einen gleichwertigen, ritterlich ausgerüsteten Gegner und einem Kampf gegen ein in jeder Hinsicht darunterstehendes, nacktes Unwesen verdeutlicht (vs. 31, 1 ff.):

"Da sah er dann auf der Heide dort einen Wilden Mann laufen, der trug ein von ihm gefangenes Zwerglein, das war nett. Das wollte der Wilde verderben: Er trug es an seiner Stange." Der von ihm um Hilfe angerufene Held greift auch sogleich ein und an: „Herr Dietrich band sich den Helm um, sein Schwert nahm er zur Hand und trat wirklich an den Wilden heran. Der hatte keine Rüstung…, nur mit Haar war er allenthalben bedeckt, fadengroß… Er schlug auf den Wilden ein, das Schwert glitt über das Haar und konnte nicht haften. Herr Dietrich bemühte sich mit aller Macht, der Wilde saumte auch nicht, er schlug den löblichen Fürsten so kräftig, daß er vor ihm auf den Anger stürzte. Herr Dietrich, der kühne Mann, zauderte nicht lange: Beide rannten sie wieder gegeneinander an… Dietrich schlug ihn zu Boden… Der Rauhe sprang wieder auf und zückte seine Stange, abermals schlug er den Berner nieder. Der Fürst, der Berner, wartete nicht lange, bis er aufsprang. Er konnte ihn jedoch nie verletzen, als ob es sich um eine Steinwand handelte..." Dietrichs Hauptsorge ist es dabei, sein Nachruhm könnte dadurch befleckt werden, von so einem Wilden erschlagen worden zu sein, der nicht einmal über eine Rüstung verfügte. „Hätte er doch ein Waffenkleid an, und würde ich dann von ihm hier erschlagen, das wäre wenigsten ein wenig ehrenhaft..." Erst eine Zauberwurzel, die Dietrich von dem Zwerglein bekommt, macht den Unhold verwundbar, und der Held zerschneidet ihn, wie es sich gehört, in Stücke.

Aber die Wilden Leute konnten auch domestiziert werden, nicht weniger als 263 adelige Familien führten sie in der einen oder anderen Form im Wappen[11], und noch öfter erscheinen sie als Wappenhalter. Selbst in einigen Kirchenbauten der ausgehenden Gotik tauchen sie auf, anscheinend, um Dämonen abzuschrecken, so in der Johanneskirche zu 's-Hertogenbosch oder der Marienkirche zu Pirna.

Familie Wilder Leute.
Bildteppich um 1400, Boston, Museum of Fine Arts

Man könnte auch im Hofnarren, der seit dem 12. Jahrhundert bis in die Neuzeit in vielen Ländern in der Umgebung der Herrschenden belegt ist, ein Gegenbild zum höfischen Menschen sehen. Er hatte wohl auch warnende Funktion, erinnerte an die Hinfälligkeit des Menschen. Manche Gestalten aus der biblischen Tradition wie Kain, Nimrod, Nebukadnezar (aber auch die Sünderin Magdalena) oder aus der Artuswelt wie Merlin verwandeln sich schließlich zeitweise in Wilde Männer oder Wahnsinnige. Selbst dem herrlichen Ritter Iwein geschieht dies aus Liebesleid, und auch Tristan tritt so auf, freilich in absichtlicher Verstellung. Die Kapuze des Narren mit den Tierohren zeigt, daß er gar nicht so weit vom Wilden Mann entfernt war. Freilich handelt es sich bei den Hofnarren um tatsächliche Personen, teilweise psychisch gestörte, teilweise auch sich absichtlich so gebende Komiker. Sie wurden wie andere Höflinge bezahlt und gehörten zum Gefolge. Übrigens gründeten manche Fürsten auch Narrengesellschaften mit adeligen Teilnehmern, etwa die Grafen von Kleve und Meurs 1381, die freilich wohl eher den Zeitgenossen moralisch einen Spiegel vorhalten wollten wie die spätere Narrenliteratur à la Sebastian Brant (*Narrenschiff*).

Es wäre freilich zu einfach, das Höfische bloß mit dem Streben nach Abgrenzung gegen die Außen- und Untenstehenden zu erklären. Es existierten durchaus auch echte ästhetische und intellektuelle Ansprüche. Schon wenn Karl d. Gr., nachdem er sich monatelang dem blutigen Kriegshandwerk gewidmet hatte, sich mit den Mitgliedern seiner Hofschule in Aachen versammelte, wurde bewußt Kultur gepflegt, lateinische Dichtung gelesen, wissenschaftliche Fragen diskutiert. Seit dem 12. Jahrhundert ist verfeinertes höfisches Leben in allen Königreichen greifbar und auch in den Burgen mancher Fürsten. Der Zeitgenosse Peter von Blois, mit verschiedenen Versionen des Hoflebens wohl vertraut, schrieb in einem Brief über Heinrich II. (reg. 1154-1189): „Mit dem König von England ist man jeden Tag in der Schule, begriffen in einer dauernden Konversation mit den besten Gelehrten und in einer Diskussion intellektueller Probleme“ (Ep. 66). 1328 ließ Kaiser Ludwig der Bayer den Traktat *Defensor pacis* (Verteidiger des Friedens) des Marsilius von Padua öffentlich vor seinem Hof verlesen – das war damals die allerneueste politische Theorie (s. oben S. 191). Natürlich wollte der Herrscher damit seinen Standpunkt im Kampf mit dem

Papst entsprechend untermauern, denn der *Defensor* argumentierte gegen die irdische Macht der Kirche und für die auf Volkssouveränität gebaute Monarchie. Aber trotzdem, da wurde den Höflingen eine beachtliche intellektuelle Verständnisleistung abverlangt, denn die Schrift des ehemaligen Pariser Universitätsrektors verlangte die Kenntnis der aristotelischen Philosophie.

Die meisten der neuen volkssprachlichen, heute eben „höfisch" genannten Dichtungen entstanden als Auftragsarbeit eines oder einer Adeligen, bisweilen auch eines Bischofs. Wer wüßte nicht, daß die Werke des größten französischen Romanautors des Mittelalters, Chrétiens de Troyes, für die Gräfin der Champagne und den Grafen von Flandern geschrieben wurden oder die des größten deutschen Lyrikers, Walthers von der Vogelweide, für den Herzog von Österreich oder den Kaiser selbst? Analoges gilt für so viele Werke der bildenden Kunst und der Musik. Ohne Mäzen konnte ein Dichter, der nicht von Haus aus vermögend war, seiner Berufung nicht folgen, und Mäzene gab es nur an den Höfen. Aber auch ein Publikum fand sich zunächst nur dort, das durch den öffentlichen Vortrag von (stets vorgesungener) Dichtung zu fesseln war – private Lektüre spielte dagegen eine geringere Rolle. Erst im 14. und 15. Jahrhundert tritt auch das Bürgertum als Rezipient, dann auch Produzent, von Liebesgedichten und Abenteuerromanen hinzu.

Einen schlaglichtartigen Einblick in dieser Form der Produktionsbedingungen erlaubt die außergewöhnliche Entstehungsgeschichte des Äneas-Romas von Heinrich von Veldeke im späten 12. Jahrhundert: Sehr wahrscheinlich im Auftrag einer Gräfin von Loon schuf der Dichter aufgrund der lateinischen *Aeneis* des Vergil und der darauf basierenden altfranzösischen Übertragung eine deutsche Fassung des antiken Stoffes, für den damals das Interesse im Zuge der ‚Renaissance des 12. Jahrhunderts' stark angewachsen war. Zu vier Fünftel war das umfangreiche Werk schon fertiggestellt, als Heinrich nach Kleve ritt, wohl um während der Hochzeitsfeier der Gräfin Margareta mit Landgraf Ludwig III. von Thüringen 1174 seine Minnelieder zum Besten zu geben. Bei dieser Gelegenheit vertraute er der Adeligen sein unfertiges Manuskript zum Lesen an, diese wiederum vertraute es einer Dame aus ihrem Gefolge an – und damit war es verschwunden. Es war gestohlen worden, und zwar vom Bruder des Bräutigams, natürlich ebenfalls ein Graf aus thüringischem Geschlecht. Neun Jahre später kam Heinrich von Veldeke nach Thüringen, und Pfalzgraf Hermann gab ihm sein Werk zurück mit der Bitte, das „meisterliche Gedicht" zu vollenden. Hermann war von höfischer Lyrik und Epik begeistert und zählte u. a. so berühmte Poeten wie Heinrich von Morungen, Wolfram von Eschenbach (den Dichter des *Parzival*) oder Walther von der Vogelweide unter seine Gefolgschaft auf der Wartburg. Wahrscheinlich nahm Heinrich von Veldeke als Begleiter seines sächsischen Gönners 1184 am großen Hoffest Kaiser Friedrich Barbarossas in Mainz teil, was ihn zu seiner unten S. 296 zitierten Beschreibung einer solchen Veranstaltung anregte[12].

Aber die kulturschaffende Rolle des Hofes wird noch deutlicher, wenn man an die zahlreichen volkssprachlichen Dichter denkt, die selbst dem Adelsstand angehörten. Schon der erste uns bekannte Troubadour war keine Geringerer als Herzog Wilhelm IX. von Aquitanien, und mancher erlauchte Name gesellt sich ihm zu, Jaufre Rudel, Prinz von Blaya, Wilhelm IV., Prinz von Beaux, Herzog Johann I. von Brabant, Herzog Heinrich III. von Brabant, Richard I., König von England, Denis, König von Portugal, die Kaiser Heinrich VI. und Friedrich II.

König Jakob I. von Schottland ist als begabter Dichter, Musiker und Maler bekannt, ähnlich König René von Neapel. Blättert man das wichtigste Buch des deutschsprachigen Minnesangs durch, die im frühen 14. Jahrhundert zusammengestellte *Manessische Liederhandschrift*, so stößt man andauernd auf Lyrik, die von Adeligen gedichtet und komponiert wurden, sei es aus der Feder der genannten Staufer stammend, sei es von König Wenzel II. von Böhmen, Herzog Heinrich von Breslau, Herzog Heinrich I. von Anhalt, von Grafen und Markgrafen und zahlreiche Herrn.

Aus *The King's Quair* (des Königs Buch) von König Jakob I. von Schottland († 1436/37), über das Rad der Glücksgöttin Fortuna:

„*For sothe it is yat on hir tolter quhele*
Euery wight cleuerith in his stage,
And failying foting oft quhen hir lest rele
Sum vp, sum doun. Is non estate nor age
Ensured more the prynce than the page,
So vncouthly hir werdes sche deuidith
Namly in youth, that seldin ought providith." (Strophe 9)

(Denn wahrlich, auf ihrem wandelbaren Rad hängt sich ein jeder fest an seinen Platz und verliert doch oft den festen Stand, wenn ihr Wille schwankt, manche nach oben, manche nach unten. Es gibt keinen Stand, kein Alter, die sicher wären, der Prinz nicht mehr als der Page. So sonderbar verteilt sie ihre Lose, namentlich in der Jugend, die selten etwas voraussieht.)

Dieser Trend zur aktiven Teilnahme an kulturellen Prozessen bleibt vom 12. bis ins 15. Jahrhundert bestehen und unterscheidet den mittelalterlichen vom modernen Adel. Noch im 15. Jahrhundert verfaßten die genannten Könige Jakob I. und René von Anjou längere allegorische Traumdichtungen. Auch der ‚letzte Ritter', Kaiser Maximilian, ließ nach seinen Angaben zwei großartig illustrierte autobiographische Dichtungen herstellen. König Eduard (Duarte) von Portugal profilierte sich geradezu als Vielschreiber über unterschiedlichste theoretische und praktische Themen von der Fechtkunst bis zum Exorzismus, wovon sein *Leal Conselheiro* (Ratgeber für moralisch legitimes Handeln) am bekanntesten wurde.

Keineswegs brachten die hohen Herren immer weniger Bedeutsames hervor als die Berufsdichter. Der hervorragendste deutschsprachige Dichter des 15. Jahrhunderts war ein Adeliger, der Tiroler Reichsritter Oswald von Wolkenstein (1376/77-1445). Trotz eines unglaublich ereignisreichen Lebens, in dem er ganz Europa und einen Teil des Nahen Ostens kennenlernte, die Höfe und Schlachtfelder, die Kirchen und Handelszentren, fand er die Zeit, seine Gedichte und Kompositionen selbst zu edieren, und das hieß damals: in Sammelhandschriften herauszugeben.

Hier seine Skizze des Hofzeremoniells vor Königin Elisabeth (Isabeau) von Frankreich, der Gattin Karls VI., aus dem Jahre 1416, als sich der Dichter im Gefolge Kaiser Sigismunds in Paris befand. Der Monarchin näherte man sich nur kniend, sie zeichnete Günstlinge mit einem Edelstein aus, der in diesem Falle in Oswalds in der Tat auffälligem Bart befestigt wurde – ein Vorläufer der heutigen Ordensvergabe bei Staatsbesuchen.

„Auf baiden knien so lernt ich gän
in meinen alten tagen,
zu fussen torst ich nicht gestän,
wolt ich ir nahen pagen:
ich mein frau Elst von Frankereich,
ain künigin gar wirdiklich,
die mir den bart von handen
verkrönt mit aim diamanden.“ (19, 185 ff.)

(Auf beiden Knien, so lernt ich gehen
In meinen alten Tagen,
zu Fuße durfte ich nicht stehn,
wollt ich ihr zu nahen wagen:
Ich meine Frau Elst von Frankreich,
eine sehr würdige Königin,
die mir den Bart mit eigner Hand
schmückte mit einem Diamant.)

Hier hatte sich im Laufe des Mittelalters viel geändert: Waren die spätantiken Herrscher ihren Untertanen weit entrückt und von pompösem Zeremoniell umgeben gewesen, wie es in Byzanz weitertradiert wurde, war der Zugang zu den Königen und Fürsten im Westen ziemlich wenig durch Höflinge und Rituale behindert. Der deutsche König Rudolf I. (reg. 1273-1291) etwa wurde wegen seiner Leutseligkeit gelobt und wohl auch belächelt. Aber im frühen 15. Jahrhundert durfte auch ein Höfling mit dem englischen König nur mehr gesenkten Hauptes sprechen, durfte man sich wenig später dem Herzog von

Burgund nur mehr auf Knien nähern. Über das Zeremoniell am Hofe Philipps des Guten sagte ein Zeitgenosse: „Kurz, wenn Gott vom Himmel herabgestiegen wäre, ich weiß nicht, ob man ihm so viel oder noch mehr Ehre erwiesen hätte wie dem genannten Herzog."[13]

Schließlich sei noch darauf hingewiesen, daß neben dem Kloster auch der Hof Frauen die Chance bot, literarisch tätig zu sein. Da gab es in der hochmittelalterlichen Provence an einigen Höfen sowohl ‚trobairitz', also weibliche Minnersängerinnen, als auch ‚joglaressas', also Spielfrauen. Da gab es Dichterinnen wie Marie de France in England, Christine de Pizan in Frankreich, Übersetzerinnen wie Elisabeth von Nassau-Saarbrücken und Eleonore von Österreich im deutschsprachigen Bereich. In Skandinavien finden wir die ‚skáldkonur', weibliche Skalden, deren Publikum ebenfalls der herrschaftliche Hof gewesen sein muß[14].

Ein ähnliches Mäzenatentum wie das oben für die unterhaltenden Dichtung angesprochene läßt sich natürlich auch für andere literarische Bereich aufzeigen, etwa die Geschichtsschreibung. Während im hohen Mittelalter auch im Interesse einer bestimmten Dynastie verfaßte historische Werke in lateinischer Sprache in den Klöstern und an den Bischofssitzen entstanden, und im späten ebendort auch in der Volkssprache, beschäftigten spätmittelalterliche Herrscher auch Hofhistoriographen. Als ein Beispiel sei bloß der kaiserliche Rat Jakob Mennel genannt, den Maximilian I. dafür bezahlte, in einer Reimchronik des Hauses Habsburg (gedruckt 1507) die trojanische Herkunft dieses Geschlechts darzulegen. In den Haus- und Familienchroniken nimmt überhaupt die Darstellung des wahren oder öfter fiktiven, bis in die Antike zurückgeführten Stammbaums eine wichtige Rolle ein. Höfischer Ideale von galanter Minne und ritterlicher Bewährung im ‚Abenteuer' wurden auch auf die in früheren Zeiten lebenden Vorfahren zurückprojiziert, denen solches noch ganz fremd gewesen war.

Höfisches Mäzenatentum läßt sich ebenso im Bereich der bildenden Kunst aufzeigen, und zwar sowohl der weltlichen wie der religiösen. Zahllose, oft sehr berühmte Werke gehen auf Bestellung eines Hofes zurück, z. B. die epochemachenden Skulpturen Claus Sluters in der Kartause von Champmolle (um 1400) auf den Herzog von Burgund, oder das Jüngste Gerichte von Rogier van der Weyden (1446) auf einen Kanzler dieses Herzogtums. Manche kunstliebende Fürsten gliederten Maler oder Musiker, die sie besonders schätzten, ihrem Hofstaat ein – das bescherte diesen ein fixes Gehalt und eine sozial angesehene Stelle. So beschäftigte etwa Philipp III. von Burgund den für seine Zeit revolutionären Jan van Eyck seit 1425 als Hofmaler und Kammerdiener „mit allen entsprechenden Ehren, Vorrechten, Privilegien, Freiheiten, Rechten, Einkünften und Vergütungen“, wie es in einem Dokument heißt[15]. Damit war wahrscheinlich auch die Unterbringung am Hof gemeint, Steuerbefreiung, Dienstboten… Der Maler wurde auch tatsächlich gelegentlich mit anderen Aufgaben betraut, so mehreren geheimen diplomatischen Missionen.

Die mittelalterlichen Großen hatten aber noch weitere, nicht unbedingt ästhetische Attraktionen an ihren Residenzen zu bieten; ein beliebte Mittel, Eindruck auf Besucher zu machen, war etwa die Präsentation wilder oder exotischer Tiere. Höfische Menagerien konnten erstaunliche Ausmaße annehmen: Für die Löwen der Herzöge von Geldern in Rosendal wurden Ende des 14. Jahrhunderts angeblich ca. 300 Schafe jährlich geschlachtet. Auch Päpste verschmähten es nicht, sich einen Tiergarten zu halten; Petrarca berichtet von einem Löwen, der im Palast des Pontifex Maximus hinter Gittern saß, und der Cortile del Pappagallo im Vatikan hat seinen Namen von der Papageienmenagerie der Heiligen Väter. Natürlich hielten sich da die weltlichen Herrn auch nicht zurück. Die englischen Könige erfreuten sich in Woodstock u. a. an Straußen, Löwen und Kamelen. Der Stauferkaiser Friedrich II. war berühmt für seine Tiergärten in Italien und dafür, er sich von orientalischen Monarchen gern edle oder seltene Tiere schenken ließ (Elefanten, Giraffen, Kamele) und auch an befreundete Monarchen weiterschenkte, so Leoparden (das Wappentier dieses Herrschers) an Heinrich III. von England. Sogar der nüchterne Rudolf I. von Habsburg führte zeitweise ein Kamel im Gefolge mit sich; für den eben genannten englischen König brachte sein französischer Amtsgenosse Ludwig IX. 1255 einen Elefanten vom Kreuzzug mit, und Herzog René von Lothringen erschien mit einem gezähmten Bären. Im Spätmittelalter ahmten dann die Städte den Brauch nach, gefangene Tiere zur Belustigung zu halten; die Hauptstadt der Schweiz hat ihren Namen davon[16].

Von großer Wichtigkeit für die Welt des Hofes waren die zu den bedeutenden kirchlichen Feiertagen oder familiären Ereignissen abgehaltenen Feste, zu denen viele Menschen zusammenströmten und die somit die herrschaftsstabilisierende Funktion erhielten, Gleichrangige und Untertanen durch glanzvolle Repräsentation zu beeindrukken; Zeitgenossen hätten etwa von einer Hebung der Ehre durch eine gelungene Veranstaltung gesprochen. Ein besonders krasses, aber in seiner Tendenz nicht singuläres Beispiel gibt der Hoftag von 1177, der von den provenzalischen Fürsten zur Feier der Versöhnung zwischen Raymund von Narbonne und Alphons von Aragon in Beaucaire an der Rhône gefeiert wurde: Da schenkte der Graf von Toulouse einem Ritter die riesige Geldsumme von 100.000 Sous, der diese zum Beweis seiner Großzügigkeit an hundert Ritter weiterverteilte; ein anderer Edler ließ den Boden vor der Burg mit seinen Ochsen aufackern und säte 30.000 Sous hinein; Willhelm Gros ließ die Speisen für seine 300 Ritter nicht wie üblich auf Holzfeuern, sondern mit teueren Kerzen kochen, und Raimond von Venoul ließ dreißig seiner Pferde verbrennen, um seinen Reichtum zu zeigen[17]. Das erinnert durchaus an das Imponiergehabe, das man von sog. Naturvölkern her kennt, besonders an das Potlach der Indianer der amerikanischen Nordwestküste, bei dem ebenso Preziosen vernichtet und sogar Sklaven getötet wurden.

Und ein derartiges Verhalten wurde, wenn auch nicht in dieser extremem Form, wieder und wieder von den ‚Inhabern' der damaligen Kommunikationsmittel, den Dichtern und Spielleuten eingefordert. Immer wieder mahnten sie die Herren der Höfe, an denen sie vortrugen, dazu, an ihnen ihre „largeté" oder „milte" zu erweisen, ihre verschwenderische Großzügigkeit, – diesbezüglich gab es kaum Unterschiede zwischen bloß vortragenden Mimen und genialen Dichtern. Und immer wieder reagierten die Herrschenden positiv auf solche Ansinnen, denn das Lob dieser Bittstellenden waren damals das wichtigste Mittel, den eigenen Ruhm auch an anderen Höfe ertönen zu lassen.

Der Archipoet, einer der begabtesten mittellateinischen Autoren etwa, wandte sich mit folgenden Heische-Strophen an den Erzkanzler Friedrich Barbarossas, Rainald von Dassel († 1167):

„Vir pie, qui numquam bursam pro paupere nodas,
Quantum sis largus, largo michi munere prodas!

Inde poeta tuus tibi scribam carmen et odas,
Sit finis verbi verbum laudabile: do, das!" (III, 39 ff.)

(Der Du für den Armen nie den Beutel zuschnürst, lieber Herr,
Zeig, wie freigebig Du bist: Reich' eine große Gabe mir her,
Dann schreib ich als Dein Dichter Dir Lied, Sang und noch mehr,
‚Ich gebe, Du gibst' – das sei das Schlußwort, und es ist löblich gar sehr!)

Es ist schwer, sich wirklich bewußt zu machen, welche logistische Leistung damals die Organisatoren einer größeren Veranstaltung zu erbringen hatten. Aus dem Spätmittelalter sind nicht nur zahlreiche Berichte von solchen Festen erhalten, sondern auch unzählige Rechnungen und anderes Archivmaterial, womit man dieser Frage nachgehen kann. Als ein Beispiel sei die Hochzeit Graf Eberhards V. von Württemberg mit der Markgräfin Barbara Gonzaga im Juli 1474 herausgegriffen, die in dem kleinen Residenzstädtchen Urach gefeiert wurde[18]. Der Markplatz mußte mit Tribünen zu einem Turnierplatz umgebaut werden, neben der Burg wurden ein hölzernes Tanzhaus errichtet. Auf die etwa 120 zinspflichtigen Häuser des Ortes sowie die Nachbarschaft waren für vier Tage 1500 bis 2000 Gäste zu verteilen, darunter etwa 650 Adelige; Hafer und Heu für 4280 Pferde war heranzuschaffen; den Hufschmieden wurde ein Höchstpreis für Eisen und Beschlag verordnet. Für die Tafelfreuden hatten 52 teilweise von anderen Höfen ausgeliehene Köche in drei Küchen zu sorgen. Etwa 150.000 Liter Wein wurden vertrunken, wozu u. a. ein Tag und Nacht sprudelnder Weinbrunnen einlud. Die Vorbereitungen dazu nahmen etwa drei Monate in Anspruch. Der enorme Aufwand entsprang nicht nur politischem Kalkül des auf die Herzogswürde hoffenden Grafen, der seinen Primat unter den schwäbischen Standesgenossen dadurch zeigen konnte, daß theoretisch gleichgestellte Grafen das Ehrengeleit für die Braut bildeten und dem Paar sogar Tischdienste leisteten. Er brachte auch jenen eher irrationalen Teil höfischer Mentalität zum Ausdruck, der darin bestand, wenigsten zeitweise ein Schlaraffenland für eine ständisch abgehobene Gruppe zu verwirklichen.

Heinrich von Veldeke, ein maasländischer Dichter des späten 12. Jahrhunderts, beschreibt ein großes Hoffest in seinem *Eneasroman* (vs. 1313 ff.). Es spielt sich zwar in der Antike ab, ist aber ganz nach dem Usus seiner eigenen Zeit gestaltet:

„*Groß war das Fest, und weit und breit Bänke und Tische; herrlich war es ausgerichtet. Der König und die edlen Fürsten gingen da zu Tisch, jeder an seinen Platz, Arme und Reiche. Überaus vortrefflich wurden sie da mit Eifer bedient, und an der Speise wurde nicht gespart… Als sie sich da hingesetzt und fröhlich und reichlich nach Wunsch gegessen hatten, gab es keine Ruhe: Vielmehr war der Lärm so laut, daß es die Neider verdroß: Da gab es Spiel und Gesang, Kampfspiele und Trubel, Pfeifen und Springen, Fiedeln und Singen, Orgelmusik und Saitenspiel – die verschiedensten Vergnügungen.*“

Schauspielartige Aufzüge mit religiösen, allegorischen oder antiken Themen gehörten im Spätmittelalter besonders in West- und Nordwesteuropa, aber auch in Italien, zu den allseits beliebten höfischen Darbietungen. Der Anlässe gab es genug, sei es ein persönlicher Feiertag des Herrschers, sei es der Einzug in seine Residenz etwa nach einem Feldzug, sei es ein kirchlicher Feiertag… In England wird für 1377 ein solcher Aufzug der Londoner vor dem Hof König Richards II. zu Maria Lichtmeß beschrieben: Die Vermummten stellten den Kaiser und den Papst mit ihrem Gefolge dar, forderten den Monarchen und die Lords zum Würfelspiel auf, tranken und tanzten zu den Klängen der Spielleute und Trompeter. Als König Eduard III. 1347 in Guildford Weihnachten feierte, traten in den „Spielen des Herrn Königs“ sechs kostümierte Gruppen auf: Männer, Frauen, Engel, Drachen, Pfauen und Schwäne[19].

Zwischen Spiel und Schauspiel stand die Belagerung der Liebesburg, die u. a. an Höfen in Italien und England seit dem 13. Jahrhundert bezeugt ist. Daran beteiligten sich sowohl die Herrn in der Rolle der Angreifer als auch die Damen in der der Verteidigerinnen – eine durchsichtige Verkleidung der erotischen Beziehungen zwischen den Geschlechtern. Freilich geregelt: Waffen durften nicht verwendet werden, sondern Blumen oder Süßigkeiten, und das Ende war vorbestimmt: Die Damen hatte sich zu ergeben. 1214 veranstaltete der Podestà von Padua eine derartige Veranstaltung in Tarvis: Eine hölzerne Minneburg wurde errichtet, mit edlen Pelzen, Purpur- und Seidenstoffen verziert, von der aus die Damen kostbare Gewürze, Obst, Kuchen als Wurfgeschosse gegen die Ritter einsetzten, auch statt siedenden Öls Rosenwasser und Ambra über sie ausgossen. Allerdings erhob sich zwischen den anstürmenden Paduanern und Venezianern ein Streit, wer denn zuerst eindringen dürfe, der in einen regelrechten Krieg ausartete[20]. Das Motiv der Minneburg wurde aber nicht selten in der höfischen Dichtung und in der Kunst behandelt, wobei es sinnigerweise besonders auf Minnegaben des Verehrers an seine Dame auftritt, namentlich auf elfenbeinernen Spiegelkapseln und Schmuckkästchen.

Belagerung einer mit Blumen von den Damen verteidigten Minneburg, über der Gott Amor seine Pfeile verschießt. Elfenbeinrelief auf der Rückseite eines Spiegels, 14. Jh., London, Victoria & Albert Museum

Spielerisch-theatralische Elemente fanden sich aber auch in anderen Zusammenhängen. Wie dann in der Gartenkunst des Manierismus gab es schon im 15. Jahrhundert am burgundischen Hof plötzlich den Nichtsahnenden mit Wasser besprengende Statuen, Fallen, die ihn auf einen Berg Federn stürzen ließen, Maschinen, die den Neugierigen beim Öffnen eines Buches bekleckerten u. ä. m.[21]

Zu vielen, wenn nicht allen von einem weltlichen Herrn veranstalteten Festen gehörte seit dem 12. Jahrhundert die Veranstaltung eines Turniers. Dieser Usus stieß auf heftige und oft wiederholte Kritik durch die Kirche, doch trotz Exkommunikationsdrohung ohne Erfolg. Noch bis in den Barock wurden Adelsturniere veranstaltet, dann auch von Bürgerlichen nachgeahmt.

Von diesen Kampfspielen berichten zahlreiche Texte seit dem hohen Mittelalter, sowohl historische Darstellungen als auch Romane. Meist fochten Gruppen zu Pferd oder zu Fuß gegeneinander, wobei verschiedene Waffen zum Einsatz kamen, bisweilen nur die Schilde oder Keulen, am häufigsten jedoch Lanzen und Schwerter. Erstere wurden meist durch ein ‚Krönlein' abgestumpft, letztere nicht scharf geschliffen, aber trotzdem waren Unfälle, oft auch tödliche, an der Tagesordnung. Aber es gab auch Treffen einzelner Ritter, ebenso Schaureiten ohne Waffen.

Warum waren diese gefährlichen Veranstaltungen so beliebt? Vor allem, da sie eine Chance für materiellen Gewinn und sozialen Aufstieg boten, nicht anders als heute der Spitzensport. Gewinn lockte, da es üblich war, Pferd und Rüstung des besiegten Gegners zu behalten oder ihn selbst gefangen zu nehmen und erst gegen Lösegeld freizulassen. Aufstieg war möglich, wenn ein Ritter durch seine Kampfesweise einem Herrscher auffiel und er ihn in seine Dienste nahm. Schließlich kämpften auch viele Ritter, um eine Dame zu beeindrucken, und widmeten der Geliebten ihre Siege.

Turnier mit stumpfen Schwertern.
Wandmalerei, 14. Jh., Augsburg, Schaezler-Palais

Bericht über ein spanisches Turnier zwischen 400 Rittern im Jahre 1287:

„Und da wurde das schönste Fest veranstaltet und die besten Waffentaten vollbracht, die es je in einem Turnier seit den Zeiten König Arturs gegeben hatte. Und sobald dies vorbei war, kehrte der König nach Barcelona zurück. Jeden Tag konnte man da Tafelrunden sehen und Turniere und Kampfübungen und Tjoste und andere Unterhaltungen, so daß alle im Lande von Vergnügen zu Vergnügen und von einem Ball zum nächsten eilten.“[22]

Keulenführende Hand als Wappen auf einem Turnierschild, von einem Turnierhelm bekrönt, um 1500, Grabplatte, Braunau (Oberösterreich), Pfarrkirche

Die Turniere hatten jedoch durchaus auch Festcharakter, es gab Musik, es gab Verkleidungen, es gab Tafelfreuden und Tanzveranstaltungen. Wie alle anderen Lebensgebiete wurden freilich auch diese Veranstaltungen im Spätmittelalter bürokratisiert, d. h. hier durch Turnierordnungen geregelt, der Kreis der Teilnehmer durch Adelsproben eingeschränkt und die Organisation in spezieller Fachliteratur diskutiert. König René von Neapel z. B. verfaßte selbst 1445/50 ein Werk für seinen jüngeren Bruder, *Traictié de la forme et devis d'un tournoy* (Traktat über die Gestalt und Plan eines Turniers), in dem er über die von ihm oft praktisch verwirklichten Turniere handelt. Noch Kaiser Maximilian I. ließ seine eigenen Turniere in einem Buch, dem *Freydal*, beschreiben, wozu u. a. Albrecht Dürer Holzschnitte schuf.

Selbstredend gab es noch ein großes Reservoir harmloserer Unterhaltungen, wie etwa Tänze, Gaukler, Schach, Ballspiele, Schneeballschlachten u. ä. m., vielfach auch heute üblich. Manche höfische Unterhaltungen sind aber nach dem Mittelalter in Vergessen geraten, so etwa der „König, der nicht lügt". Es handelte sich um eine Art Ratespiel für die jungen Leute beiderlei Geschlechts, das v. a. im 13. und 14. Jahrhundert in Frankreich und England beliebt war: Ein König oder eine Königin wurde gewählt, der den in Jünglinge und Mädchen getrennten TeilnehmerInnen Fragen stellt und selbst gefragt wird, wobei es sich meist um Fragen der höfischen Liebe und eigene Vorlieben handelte. Dabei gab es auch verfängliche Erkundigungen: „Wenn ihr euere Dame ganz oberhalb oder unterhalb der Gürtellinie besitzen könntet – welchen Teil würdet ihr wählen?" Eine Funktion des Spiels war es sicher, die sonst ja fast stets getrennten Geschlechter in (kontrollierten) Kontakt miteinander zu bringen[23].

Den Hof im Spiegel des Schachspiels beschreibt folgende Passage aus dem *Goldenen Spiel* des Meisters Ingold aus Straßburg von 1432, einer moralisierenden Auslegung der damals üblichen Spiele. Tatsächlich waren auch die Vertreter der höheren und niedereren Hofämter im Kriegsfall oft als Kämpfer bei den Armeen:

„*Alles in allem sind es 32 Figuren, von denen acht den Adel bedeuten und acht die Dienstleute. Die erste Figur ist der König, die zweite die Königin, der dritte ist der Alte* [Läufer], *und davon gibt es zwei, an jeder Seite einer, und bei den vierten sind es Ritter, auch an jeder Seite einer, die fünften sind die Türme. Die Ritter sind Fechter, die Türme sind Richter… Und es gibt bei dem Spiel acht Bauern, die bedeuten uns die Dienstleute oder Amtleute, die alle mit dem König ins Feld ziehen. Der erste ist der Pförtner, der zweite der Arzt. Und er hat bei ihm Jäger, Bäcker, Köche und ebenso Fischer und Apotheker. Der dritte ist der Kanzler und mit ihm die Schreiber, der vierte ist der Beichtvater, der fünfte der Kaplan und der Almosengeber, der sechste der Bannerherr, der Hauptmann ist der König selber, und der Rittmeister, der siebte ist der Weinschenk, der Kellermeister und der Mundschenk, der achte ist der Marschall und der Wagenaufseher und der Läufer: Die alle gehören zum König, wenn er ins Feld zieht.*"[24]

Auch ein Picknick im Freien gehörte zu den Vergnügungen des Adels, wenn man in einer geschäftigen Stadt wie etwa Mailand lebte[25], und nicht umsonst florierte seit dem Hochmittelalter, also der Zeit des urbanen Aufschwungs, ein eigenes, der Antike entlehntes dichterisches Genus wieder, die Bukolik. Während man den realen Hirten und sonstigen Landleuten nur mit Verachtung gegenüberstand, erfreute man sich an ‚Zurück-zur-Natur'-Gedichten und entsprechenden Liedern, wie sie im 14. Jahrhundert die italienischen Madrigale darstellten.

Das gemeinsame Mahl stellte überhaupt, wie in allen Kulturen, eine ganz wesentliche Komponente des höfischen Lebens dar. Sich auch durch die Güte und Exklusivität des Essens von den unteren Schichten abzuheben, war selbstverständlich. Die Verhaltensregeln für diese Situation bildeten einen wesentlichen Ausgangspunkt für den Prozeß der Zivilisierung. Seit dem 13. Jahrhundert wurden entsprechende schriftliche Benimmbücher verbreitet, die Tischzuchten, mit denen die Erwachsenen bei Hof jene Dinge erlernten, die man heute den Kindern beibringt, etwa nicht mit ungewaschenen Fingern nach den Speisen zu greifen oder sich nicht ins Tischtuch zu schnäuzen u. ä. m. Die Wertigkeit dieser sozialen Situation wurde nicht nur durch die Bedienung manifest, wobei bei bestimmten Anlässen hochrangige Mitglieder des Adels ihrem Herrn oder dem Ersten ihres Standes aufwarteten, sondern auch durch die wohl selten fehlende Tafelmusik. Wie es in dem epischen Roman *Brun de la Montagne* aus dem 14. Jahrhundert heißt: „Butor ließ befehlen, daß das Mahl beginne und er dinieren wolle. Dann rief man nach dem Gedeck und ließ das Signal für das Waschwasser blasen. Nach dem Händewaschen setzte man sich zum Mahl. Und da begannen die Spielleute zu trompeten, Fiedeln und andere Instrumente zu ertönen…"[26]

Eine im Vergleich zu den angesprochenen Spielen, ja selbst zum Turnier, noch wesentlich größere Rolle als Unterhaltung in der Natur spielte die Jagd. Sie galt, da Kriegsvorbereitung, als für den Adel besonders adäquat, und zahlreiche Könige und Kaiser, von den anderen Fürsten ganz zu schweigen, sahen Teil ihrer persönlichen Ehre in ihrem Jagdgeschick. Dabei war es einerseits die Hetzjagd zu Pferde, die Herrscher und Höflinge begeisterte, andererseits die Beizjagd mit verschiedenen Raubvögeln, an der sich auch die Damen beteiligen durften. Der höfische Charakter dieser Betätigung zeigte sich einerseits darin, daß dem gemeinen Volk in fast ganz Europa die Jagd auf die meisten Tiere, speziell das Großwild, bei strengen Strafen untersagt war, andererseits darin, daß man genaue Regeln zu beachten hatte, wollte man standesgemäß jagen. Gottfried von Straßburg spiegelt die Hochschätzung entsprechenden standestypischen Wissens wider, wenn er in seinem *Tristan* den Helden eine Gruppe von Jägern beobachten läßt, die eben einen erlegten Hirschen abhäuten und zerteilen wollen. Tristan kann es nicht mitansehen, daß das edle Tier unzeremoniell „wie ein Schwein" zerlegt werden soll:

> „wie nu, meister, waz sol diz sein?
> Sprach aber der hövesche Tristán:
> Lât stèn! Durch got, waz gât ir an?" (2790 ff.)

> (Nun aber, Meister, was soll das geben? Sprach aber der höfische Tristan: Laßt das bleiben! Um Gotteswillen, was fangt ihr an?)

Das Fürstenkind Tristan, das nicht zufällig hier als „höfisch" qualifiziert wird, zeigt dann den Jägern – in einer seitenlangen Beschreibung – ausführlich, wie man gehörig mit dieser Beute umgeht, wobei er ihnen zugleich auch die entsprechende hochspezialisierte Terminologie beibringt. Zum Dank dafür wird er am Hof von König Marke eingeführt, und da er mit diesem gleich auf Französisch parlieren kann, wird er von ihm unverzüglich zu seinem Jägermeister erhoben.

In der Realität hat schließlich etwa um die gleiche Zeit ein Kaiser, Friedrich II. (1194-1250), sogar ein illuminiertes Handbuch über die Falkenbeize verfaßt: *De arte venandi cum avibus* (Über die Kunst mit Vögeln zu jagen), in dem er detailliert Zähmung, Abrichtung und Einsatzweise der Falken beschrieb. Er war geradezu von einer Leidenschaft für diesen ‚Sport' besessen: 1248 verlor er bei der Belagerung von Parma seinen Kriegsschatz inklusive Krone, Szepter und Siegel, weil er sich der Beize hingab, statt bei seinen Truppen zu bleiben. Friedrichs Regierungsakten enthalten zahlreiche Dokumente über Falkner und Falken, die er sogar von Grönland und aus dem Orient zu erhalten suchte. Doch war er kein Einzelfall; König Eduard I. von England (reg.

1272-1307) schickte Wachsvotive in Gestalt seiner Falken, wenn sie krank waren, zu den Reliquien der Heiligen, ja, schickte die kranken Vögel selbst auf Wallfahrt.

Andere Adelige folgten Friedrichs Beispiel: Ein volkssprachliches, besonders auf die Jagdhunde eingehendes und weit verbreitetes Lehrbuch des Waidwerks wurde 1387/91 von Graf Gaston III. Phébus von Foix für den burgundischen Herzog Philipp den Kühnen verfaßt. Aus Erfahrung behandelt der leidenschaftliche Jäger Aussehen und Verhalten des Wildes, Methoden der Jagd, Pflege der Jagdhunde, Arten von Fallen etc. Epochentypisch ist der Rekurs auf die Religion, meint der Autor doch wirklich, die Jagd sei auch gleichzeitig ein ausgezeichneter Weg zu Gott, da man dann keine Zeit habe, eine Todsünde zu begehen (eine Argumentation, die sich auch bei jagdbegeisterten kirchlichen Schriftstellern findet), und überhaupt sei sie Ursprung aller guter Sitten und Bräuche.

Mit den kostbaren Jagdhunden wurde dementsprechend großer Aufwand getrieben. In seinem genannten Werk beschrieb Gaston, in wie gut ausgestatteten Zwingern sie zu halten seien, und verlangte die sorgfältigste Ausbildung der Hundeführer, die schon ab ihrem siebten Lebensjahr beginnen sollte. Der Wert dieser Tiere war so groß, daß sie, wie edle Pferde, oft als fürstliche Geschenke vergeben wurden. So erhielt z. B. König Philipp IV. von Frankreich 1299 vom deutschen König Albrecht I. zweihundert ausgesuchte Jagdhunde samt Wärtern zum Präsent[27]. Ähnliches gilt für die Jagdvögel. Natürlich hatten der Habicht bei der Beizjagd wie der Hund bei der Hetzjagd eine ganz praktische Funktion, aber sie waren gleichzeitig Statussymbole der Leisured Class. Nicht umsonst ließen sich Adelige gern mit einem edlen Falken auf der behandschuhten Hand malen (z. B. um 1400 im Trienter Adlerturm), ja sogar auf Grabmälern darstellen. Auch wurde der Monat Mai durch einen vornehmen Reiter mit seinem Beizfalken verkörpert (z. B. Glasfenster der Kathedrale von Lausanne, 13. Jh.).

Die höfische Jagd als erotische Metapher[18]: Zwischen der nackten Frau mit Kranz und Spruchband: „non differo c[er]te“ (lat.: ich schiebe es gewiß nicht auf) und dem modisch extravagant bekleideten Mann mit Warzenbecher, der sagt: „junchfraewlein ich beger der minne dein“, bewegen sich ein Hirsch und ein Hund auf erstere zu. Buchmalerei in einem Kodex des *Oberbayerischen Landrechts* Kaiser Ludwigs d. Bayern, ca. 1350; Innsbruck, Tiroler Landesmuseum Ferdinandeum, FB 2699, Bl. 63, f. 5r

Kein Wunder, daß die Jagd auch als Motiv der allegorischen Literatur fungierte: So verfaßte der in enger Verbindung mit dem Hof Kaiser Ludwigs des Bayern stehende Adelige Hadamar III. von Laber (um 1340) eine derartige Liebesdichtung, genauer eine sog. Minnerede: Mit einer Koppel allegorischer Hunde („Herze", „Freude", „Trost", „Treue" etc.) spürt der Jagdherr dem edlen Wild, der Minne, nach. Da er nach vielen Wirrnissen zögert, zum Schluß den Hund „Ende", die Sinnlichkeit, loszulassen, verläuft sich die Geschichte erfolglos – wogegen ihre Rezeption angesichts ihrer Schwächen erstaunlich erfolgreich war. Sogar im religiösen Gewand war die Jagdallegorie in Text und Bild beliebt (s. unten).

Desgleichen fand die Jagd auch in die höfische Musik Eingang: Im 14. Jahrhundert entstand in Frankreich die Chasse oder Chace, ein dreistimmiger Kanon, der Flucht und Verfolgung der Vokalstimmen evoziert. In Italien wurde er als Caccia gepflegt, in England in der Frühneuzeit als Catch. Zahlreich waren im Spätmittelalter die Signale der Jagdhörner und die rhythmische Musikbegleitung bei der Falkenjagd. Im 15. Jahrhundert versuchte man sich auch an einer musikalischen Nachahmung von verschiedenem Hundegebell.

Ein besonders auffallendes, ebenfalls bis heute nachwirkendes Element des höfischen Daseins bestand in der symbolischen Identifikation von Individuum und Familie mit einem Bildzeichen: Wiewohl erst in der Epoche der Kreuzzüge entstanden, sollte das Wappenwesen ein wichtiger und fester Bestandteil vornehmen Selbstverständnisses werden. Als seit dem 11. Jahrhundert die große Zahl der ritterlichen und adeligen Teilnehmer die Heere ins Unübersichtliche aufschwellen ließ, entwickelt man ein System von Kennzeichnungen, das auch bei den seit dem späten 12. Jahrhundert geschlossenen Helmen hilfreich war: Die auf dem Schild, dem Waffenrock, dem Helm, der Fahne, der Schabracke angebrachten Wappen. Waren dies zunächst relativ einfache Zeichen, so sollte sich bis ins späte Mittelalter eine komplizierte Wissenschaft, die Heraldik, herausbilden, die von am Hof beamteten Spezialisten, den Wappenherolden, verwaltet wurde. Wappen tauchten bald überall als Besitzzeichen auf: An Stadt- und Burgtoren, auf den Schlußsteinen und Kapitellen zahlloser Kirchen und Schlösser, auf Taufsteinen, Grabstätten, Siegeln, Münzen, religiösen und weltlichen Kunstwerken, in Büchern usf. Es entstand eine eigene heraldische Fachliteratur, teilweise in Gedichtform, desgleichen Wappenrollen, also Bildverzeichnisse dieser Symbole. Das war angesichts der immer komplexer werdenden Wappen auch nötig, da verschiedene Familien bei Heirat oder Erbantritt ihre Wappen zu sog. Allianzwappen vereinigten. Ein Kaiser wie Friedrich III. aus dem Hause Habsburg konnte in seiner Residenz in Wiener Neustadt eine ganze hohe Außenwand seiner Schloßkirche nur mit bemalten Reliefs der ihm zukommenden Wappen ausfüllen lassen.

Man kann sagen, daß – eine im Frühmittelalter noch unbekannte Einstellung – jeder Hochgeborenen sich mit seinem Wappen, an dem er bei Turnieren und in der Schlacht zu erkennen war, geradezu identifizierte. Einer der blutigsten Kriege der 2. Hälfte des 15. Jahrhunderts, der zwischen den Häusern York und Lancaster in England, hat den Namen Rosenkrieg nach den heraldischen Zeichen der Kontrahenten erhalten, der weißen und der roten Rose. Die letztlich siegreiche Dynastie der Tudor sollte beide Farben in ihrer Wappenrose vereinigen.

Angesichts dieser Identifikation konnte man ein Wappen auch ‚kränken', d. h. verkehrt herum abbilden, was als Schmach für den Besitzer galt. Man praktizierte dies z. B. bei den sog. Schandbildern, wo das umgekehrte Wappen neben dem an den Füßen aufgehängten Träger erscheint, darüber eine schriftliche Darstellung der Vorwürfe, ein sog. Scheltbrief. Es war dies eine aggressive Form politischer Propaganda, die sich des Bildmediums bediente.

Das Wappenwesen gehört wie so vieles andere zu jenen Elementen der höfischen Kultur, die ins Bürgertum diffundiert wurden. Wenigstens seit der Mitte des 14. Jahrhunderts beanspruchten die Kaiser das Vorrecht, diese Zeichen mittels eines Wappenbriefes zu verleihen, was freilich eine entsprechende finanzielle Gegenleistung implizierte. Aber nicht nur bedeutende Kaufmannsfamilien führten im Spätmittelalter ein Wappen, auch andere Patrizier, Universitätsgelehrte, kirchliche Würdenträger und Gemeinschaften wie Städte oder Zünfte. Auch für Personen, die nie dergleichen gehabt hatten, wie Jesus Christus, und sogar für Personifikationen wie den Tod, wurden im ausgehenden Mittelalter Wappen entworfen. In der Kunst versah man negative Figuren, wie die Häscher, die Jesus am Ölberg gefangen nehmen, mit in ihrer Bedeutung leicht zu erratenden Wappenfiguren wie dem Skorpion.

Kindergrabmal eines 1437 verstorbenen
sächsischen Prinzen mit Wappenschilden.
Tonskulptur um 1440, Pfarrkirche Weikersheim (Baden-Württemberg)

‚Amour courtois‘, ursprünglich ‚fin'amor‘, die ‚hohe Minne‘, bildete unbedingt einen zentralen Baustein der höfischen Mentalität (über ihre mentalitätsgeschichtliche Bedeutung haben wir schon oben, S. 36 ff., gesprochen). Doch in der Phantasiewelt der Dichtung oder in der Realität des Hoflebens? Handelte es sich um ein bloßes literarisches Spiel, oder hatte wenigstens ein Teil der Lieder tatsächlich die Funktion der Kommunikation mit einer bestimmten Frau, etwa im Sinne einer Werbung? Das ist gut möglich, da es heute sicher ist, daß sich nur ein kleiner Teil der Minnelyrik an verheiratete Frauen richtete, so daß durchaus die noch unverheirateten Töchter eines Herrn Empfängerinnen solcher Lieder sein konnten. Bemerkenswerter Weise bleibt in so gut wie allen diesen Werken der Name der Angebeteten ungenannt – sie hätten sich, auf eine wirkliche Dame bezogen, nicht öffentlich vortragen lassen, wozu aber jedenfalls die Mehrzahl der Gedichte geschrieben war. Eines ihrer Hauptmotive ist nicht die Erhörung, obwohl es eine Gattung unter ihnen gibt, die davon handelt, die sog. Taglieder, sondern die Entbehrung. Die Dame ist oft und oft in unerreichbare Ferne gerückt – wohl weil sie verehelicht war oder höheren Standes als der Sänger, der freilich meist schlichtweg über ihr Desinteresse, die weite Entfernung oder die Konkurrenz von Neidern klagt. Ein anderes Hauptmotiv stellt das Dienen dar: Der Mann dient seiner hohen Frau wie er einem Lehnsherrn dient – vor allem im Provenzalischen ist die Liebeslyrik der Zeit mit feudal-rechtlichen Ausdrücken durchsetzt (so wird die Geliebte z. B. oft als „domna", Herrin, angesprochen). Diese – für Männer damals im realen Leben ganz ungewöhnliche Unterordnung – wird regelmäßig als veredelnd geschildert, den Wert des Liebenden für sich selbst und vor der Gesellschaft steigernd.

Als ein Beispiel für höfische Minnelyrik und das Klagemotiv sei ein Lied des Edelfreien Gottfried von Neifen (1. H. 13. Jh.) zitiert, der zum Hof des deutschen Königs gehörte.

„Frouwe, frouwe, saelic frouwe,
herzen trut, ir sit mir liep für elliu wip –
des ich selten han genozzen!
Da von ich niht mere fürbaz singen will.
Ez duht iuch vil gar ein spil?
Iuch hat dicke min verdrozzen:
Des ich mich viel truric schouwe,
vor beslozzen ist mir fröide und iuwer lip."[29]

(Herrin, Herrin, holde Herrin,
Herzensliebe, Ihr seid mir lieb vor jeder Frau –
Davon habe ich kaum etwas gehabt!
Daher will ich nicht mehr weiter singen.
Es deucht Euch wohl sehr nur ein Spiel?
Ihr seid meiner recht überdrüssig,
weswegen ich mich sehr traurig fühle.
Weggeschlossen ist mir Freude und Euer Leib.)

Ein berühmtes Porträt des niederländischen Malers Petrus Christus wirkt wie das Idealbild der fernen, unerreichbaren Dame der poetischen Phantasien:

Junge Dame mit hohem Hut (Hennin) und Geschmeide.
Tafelgemälde von Petrus Christus, um 1446, Berlin-Dahlem, Gemäldegalerie

Nicht nur die Lyrik, auch der Roman des hohen Mittelalters handelte vorrangig von Liebe. Freilich mit anderen Schwerpunkten: Hier war eher von gelingenden Beziehungen die Rede, stand häufig eine Vermählung am Ende der Geschichte. Sicher schrieb und las man in der Spätantike, der hellenistischen Literatur, bereits Liebesromane, aber ein breites und bis in die Gegenwart begeistert gepflegtes Genus gibt es erst seit dem 12. Jahrhundert. Vor allem die (freilich höchst mittelalterlich geschilderte) Antike wurde als Schauplatz bevorzugt, wo Paare wie Aeneas und Lavinia oder Pyramus und Thispe von ihrer Liebe sprechen. Ein anderer Hintergrund basierte auf keltischen Sagen und war noch beliebter, die Artuswelt. Denn die höfische Kultur brachte auch eine ihr eigne Legendentradition hervor, die in Romanen und Bildern Form annahm. Gewiß spielten auch antike Stoffe wie der vom Untergang Trojas eine Rolle, oder Sagen aus der Völkerwanderungszeit und dem frühen Mittelalter wie die Erzählungen um Dietrich von Bern oder Roland, aber der eigentliche höfische Mythos war die Geschichte von Artus und der Tafelrunde.

Hier ging es um ritterliche Bewährung, höfische Minne und christliche Erlösung. In zeittypischer Weise folgten auf Kampfschilderungen Liebesbegegnungen und auf diese die Heilssuche. Wenn man glauben darf, was William Caxton, dem England die Einführung des Buchdrucks verdankt, 1485 im Vorwort eines Sammelsuriums von fast unzähligen Geschichten um die Ritter des Königs Artus schrieb, dann handelte es sich hier um den Lieblingslesestoff der höfischen Welt. In seinem Vorwort zu dem Werk, das Sir Thomas Malory unter dem Titel *Morte Darthur* (Arturs Tod) aus dem Französischen kompiliert hatte, liest man, daß „viele Adelige und viele Gentlemen dieses Königreichs England oft und oft zu mir kamen und nachfragten, warum ich nicht die Geschichte des heiligen Grals drucken lasse, und die des berühmtesten christlichen Königs“, also Arturs. Der Drucker, Verleger und Buchhändler ließ sich bald ‚erweichen‘ und gab das Werk in Druck, „mit der Absicht, daß adelige Männer von den vornehmen Rittertaten, den edlen und tugendhaften Taten, die manche Ritter in jenen Zeiten vollbrachten, wodurch sie zu Ehren kamen, erfahren und lernen könnten… Darin werden die Leser und Leserinnen viele erfreuliche und angenehme Geschichten finden, noble und berühmte Taten der Menschheit, Vornehmheit und Ritterlichkeit. Denn darin sieht man vornehmes Ritterwesen, Höflichkeit, Bildung, Freundlichkeit, Kühnheit, Liebe, Freundschaft, [aber auch] Feigheit, Mord, Haß – Tugend und Sünde…" Und tatsächlich stellt die arturische Welt einen Kosmos von ritterlichen Idealen dar, dem die stets zum Scheitern verdammten Unhöfischen einschließlich von Riesen, Zwergen und Drachen gegenüberstehen, aber auch eine Märchenwelt von Zauberschlössern und Wundertieren. Darin fanden schließlich auch die christlichen Werte Aufnahme, namentlich in Form jenes magischen Kelchs, der als der heilige Gral seit dem 12. Jahrhundert die Phantasie so zahlreicher Schriftsteller (und dann auch Forscher) bewegt hat.

Der heilige Gral erscheint den Rittern der Tafelrunde, *Quête du Saint Gral.* Buchmalerei, Paris, Bibliothèque Nationale, 15. Jh.

Es ist ein wesentliches Charakteristikum der gesamten Epoche des Mittelalters, daß sämtliche Lebensbereiche auch religiös durchformt wurden. So war der Hof auch Ort einer ‚Christianisierung' des Wehrstandes. Seit dem 10. Jahrhundert sind solche Bestrebungen von Seiten der Kirche greifbar, die die Aggressionen des Kriegerstandes durch ‚Gottesfrieden' in geregelte Bahnen leiten wollten, wozu u. a. an bestimmten Tagen keine Kampfhandlungen stattfinden oder Waffenlose geschont werden sollten. Gleichzeitig wurde den Rittern regelmäßig gepredigt, Witwen und Waisen und natürlich vor allem Geistliche zu beschützen.

Die Ritterweihe geht zurück auf ursprünglich rein weltliche Zeremonien der Wehrhaftmachung und Waffenübergabe durch den Gefolgsherrn. Im Lauf des hohen und späten Mittelalters unterwarf die Kirche jedoch diese Riten ihrer Interpretation – genauso ging es mit der ursprünglich rein weltlichen Eheschließung. Während in den ältesten Texten noch wenig von religiösen Komponenten die Rede ist, mit Ausnahme der Schwertsegnung, wird es später ganz üblich, daß die Aspiranten zunächst eine Nacht in einer Kirche im Gebet durchwachen, am Morgen die Messe hören, daß Sporen und Schwert unter priesterlichem Segen angelegt werden, daß der junge Ritter am Altar Gehorsam gelobt und die Kommunion empfängt. Mit der Schwertleite wurde er so zu einem „miles christianus", einem den christlichen Normen verpflichteten Krieger.

Aus einem liturgischen Formular zur Ritterweihe durch einen Bischof (13. Jh.?):

„Lasset uns beten! Neige, Herr Jesus, Erretter aller und Heiland der Seelen, freundlich deine Ohren unseren demütigen Bitten und verleihe durch die Vermittlung des seligen Michael, deines Erzengels, und aller himmlischer Kräfte diesem Mann die Hilfe deiner Rechten. Und so wie du den triumphierenden Abraham gegen die fünf Könige gesegnet hast [Gen 14, 9; 14, 17] *und den König David, der zum Lob deines Namens im kriegerischen Treffen triumphiert hat, lasse dich herab, auch diesen gegen die Wut der Feinde zu segnen und zu heiligen, der begehrt, zur Verteidigung der heiligen Kirchen dieses Banner zu führen, auf daß sich in deinem Namen die Gläubigen und Verteidiger des Gottesvolkes freuen können, durch die Kraft des heiligen Kreuzes Triumph und Sieg über die Feinde erlangt zu haben, wenn sie ihm folgen…*

Nimm an dieses Schwert, das dir mit Gottes Segen dargebracht wird, mit dem du durch die Kraft des Heiligen Geistes allen deinen Feinden und allen Gegnern der heiligen Kirche Gottes mit der Hilfe unseres Herren Jesus Christus widerstehen und sie vertreiben kannst... Nimm an den Schild heilvoller Ritterschaft, ein Hindernis für die Feinde, im Namen des Vaters, des Sohnes und des heiligen Geistes, damit du, von der Macht der höchsten Hilfe beschützt, nicht das dich zu Tausenden umzingelnde Heer fürchtest..."[30]

Ein noch deutlicherer Ausdruck dieser Christianisierung des Kriegerstandes ist die Schaffung der geistlichen Ritterorden im Zeitalter der Kreuzzüge, die selbst auf der Vorstellung eines ‚heiligen Krieges' gegen den Islam basieren. Johanniter, Tempelherrn und Deutschordensritter waren einerseits Mönche, andererseits Ritter – eine vordem ganz unbekannte Verschmelzung zweier konträrer Lebensformen. In der Idealvorstellung der Geistlichen, wie sie vorbildlich von Bernhard von Clairvaux in seiner Werbeschrift für die Templer formuliert worden war, haben die Ritter Christi freilich alles Höfische verloren: Sie kleiden sich einfach, kämmen sich nicht, gehen nicht auf die Jagd, verabscheuen Schach- und Würfelspiel und halten sich keine Spielleute, da sie nur der Kampf gegen die ‚Heiden', die Wartung ihrer Waffen und das Gebet interessieren. Faktisch entwickelten sich freilich auch die Residenzen der Ordensgroßmeister zu adeligen Höfen.

Ein Blick auf die geistliche Literatur des Spätmittelalters zeigt, wie oft die Situationen eines weltlichen Hofes als Vorbilder zur Schilderung religiöser Vorstellungen fungierten. Eine direkte Projektion des irdischen Hofes ins Jenseits verkörpert das Motiv vom ‚Himmlischen Hof': Das Reich Gottes und seiner Heiligen wird in der frommen Phantasie so organisiert wie eine königliche Residenz, und die Himmlischen geben sich auch den entsprechenden Beschäftigungen hin. Von den entsprechenden Texten in verschiedenen Sprachen sei hier aus der *Cour de Paradis* zitiert, einer anonymen altfranzösischen Dichtung aus dem späten 13. Jahrhundert[31]. Zu Allerheiligen will der Herrgott Hof halten und schickt die Heiligen Simon und Judas durch die Schlafgemächer, Säle und Speisezimmer des himmlischen Klosterpalastes. Mit einer Ratsche ausgerüstet, versammeln sie die Stände des Jenseits: Engel, Patriarchen, Apostel, Märtyrer, Konfessoren, unschuldige Kinder, Jungfrauen und Witwen. Alle kommen sie mit frommen Freudengesängen, die deutlich Elemente der weltlichen Minnelyrik aufnehmen („Ensi doit dame aler / A son ami…“: so soll eine Dame zu ihrem Freund gehen…, vs. 359 f.). Alle sind schön geschmückt, die Jungfrauen und Witwen etwa mit leuchtenden Kronen. Ein höfischer Tanz beginnt zur Musik der Evangelisten, wobei Jesus und seine Mutter den Reigen anführen, gefolgt von Maria Magdalena, dann den genannten Gruppen. Der „Herr und Gott, König der Erde und König der Himmel“ (638 f.) läßt sich bei dieser Gelegenheit rühren und gewährt den Seelen im Fegefeuer eine Strafmilderung – wie ein irdischer Herr zu besondern Feiertagen gelegentlich Gefangene freiließ.

Man kann diese Projektion irdischer Hofwirklichkeit in die überirdische auch gut an zwei Miniaturen des Jean Fouquet zeigen, wohl der berühmteste französische Maler in der 2. Hälfte des 15. Jahrhunderts. In den fünfziger Jahren malte er einmal eine Gerichtssitzung des französischen Hofes unter der Leitung Karls VII. Über allen anderen thront der Herrscher unter seinem Baldachin, auf ihn laufen die Sitzreihen der durch unterschiedliche Kleidung gekennzeichneten Gruppen der Höflinge und Gelehrten und damit die Fluchtlinien des Bildes zu. Boden und Hintergrund sind von der Lilie, dem Wappen der Dynastie der Valois dominiert. Ganz analog ist der himmlische Hof aufgebaut: Hier ist es, wie im Stundenbuch des Étienne Chevalier von Jean Fouquet, die Dreifaltigkeit, die unter einem nun geschnitzten Baldachin thront. Auch auf sie als dem Zentrum laufen die Reihen der sitzenden Heiligen zu, die ebenso durch Attribute in unterschiedliche Stände gegliedert werden (hier haben auch weibliche Heilige ihre Plätze, freilich in starker Minderzahl, wogegen bei einem irdischen Prozeß Frauen meist nur als Angeklagte anwesend sein konnten). Den Hintergrund bilden hier die Chöre der Engel, quasi die Wappenzeichen der Himmelsherrn.

Aber auch das ganze Gebaren der Überirdischen wurde ‚verhöflicht‘. Man betrachte etwa die Figuren der Heiligen Georg und Magdalena, die als Teile eines Altarretabels von Herzog Philipp dem Kuhnen von Burgund bestellt worden waren. Sie zeichnen sich durch höchste Eleganz aus, die nicht nur eben ein Kennzeichen des weichen Stils der internationalen Gotik um 1400 darstellt, sondern auch beide Figuren zu höfischen Erscheinungen macht. Der Ritterheilige scheut sich nicht, modische Accessoires wie den schweren, tiefsitzenden Schmuckgürtel anzulegen und dazu eine auf dem neuesten Stand der Harnischfegerei befindliche Rüstung, während die biblische Heilige sich in madonnenähnlicher Attitüde ergeht.

Heilige Georg und Magdalena.
Holzskulpturen von Jacques de Baerze, E. 14. Jh., Dijon, Palais Ducal

In einigen spätmittelalterlichen Werken wie den nicht seltenen (bes. lateinischen, französischen und englischen) Predigtexempla bzw. Lehrdichtungen, sieht man sogar den Gottessohn als verliebten Ritter gestaltet, der sich gemäß den Idealen der höfischen Minne geriert. Er stirbt auch aus Liebe für seine „Dame" – die Seele. Die Allegorisierungssucht geht so weit, daß die Annahme der Menschennatur durch den Herrn im Leib Mariens als Bewaffnung eines Ritters mit Hilfe einer Jungfrau gezeichnet wird. William Herebert (frühes 14. Jh.) fragt in *The Knight Stained from Battle* (Der von der Schlacht blutbefleckte Ritter):

„What is he, this lordling, that cometh from the fight?
With blod-rede wede so grisliche idight,
So faire icoyntised, so semlich in sight,
So stifliche yongeth, so doughty a knight."

(Wer ist dieser Junker, der vom Kampfe kommt, in blutrote Kleidung so schrecklich gehüllt, so schön geschmückt, so hübsch anzuschauen, ein Junge so tüchtig, ein Ritter so tapfer?)

Der Kämpe der Menschheit, der die Feinde allein besiegt hat, lautet die Antwort – es ist Jesus Christus.

Der Ritter Christus ist selbst den Mystikerinnen nicht fremd. Douceline von Digne († 1274), Gründerin zweier südfranzösischer Beginengemeinschaften, spricht vom Ritter, der mit den Kreuzesnägeln seinen Todfeind besiegte und mit der Lanze des Longinus durchbohrte. Katharina von Siena apostrophiert den Erlöser als süßen Minneritter und militärischen Führer im Lebenskampf, der, ohne auf Tod oder Schande zu achten, auf dem Kreuz gegen die Sünde gestritten hat: „Oh dolce e amoroso cavaliere, tu non ragguardi né a tua morte, né a tua vita, né a tuo vituperio; anzi giochi in su la Croce alle braccia con la morte del peccato..." (Ep. 204)[32]. Schließlich tritt sogar Maria bisweilen als geharnischte Ritterfigur auf, so als Herrin über den Engelschor der Mächte[33].

Auch indem man auf Muster weltlicher Dichtung aus dem Bereich der höfischen Minne zurückgriff und sie entsprechend umformte, ließ sich eine religiöse Botschaft vermitteln. So kontrastierte man etwa die höchste Dame, Maria, mit der irdischen Geliebten: Die Himmelsherrin enttäuscht den, der in ihre Dienste tritt nie, ganz im Gegensatz zu den irdischen Frauen, wie so viele Minnesänger zu klagen hatten. Ein anglonormannisches Lied, das um 1300 aufgezeichnet wurde, bezieht sich ganz so wie zahlreiche weltliche Liebeslieder auf die „leal amie", die ehrliche Geliebte, um dann die irdische Freude, die mit dem typisch höfischen Begriff „joye" angesprochen wird, durch die religiöse, nämlich die Freude Marias aus dem Rosenkranz zu ersetzen.

„Ky eyme leal amie bon guerdun avera:
La duce Marie, ke le Fiz Deu porta.
Ne est pas femme fere ;
A lui mustre sa chere
Envers ky amurs ad.
Lessum foles veies,
Si chantum de sinc joyes
Ke Deu en lui mustra."[34]

(Wer eine treue Freundin liebt, wird schönen Lohn erhalten:
Die süße Maria, die den Gottessohn trug.
Sie ist keine harte Frau;
Dem zeigt sie ihre Zuneigung,
dem gegenüber sie Liebe hat.
Lassen wir die verkehrten Wege,
Singen wir doch von den fünf Freuden,
die Gott an ihr aufzeigte!)

Das hinderte jedoch nicht, daß Christentum und innerweltliche Werte am Hof in eine bewußte und ausformulierte Konkurrenz treten konnten (in unbewußter standen sie ohnehin andauernd). Dies vor allem im teils spielerischen, teils ernst gemeinten Frauendienst. Wie ernst gemeint waren aber Verse wie die folgenden des Vizegrafen und Troubadours Raimon Jordan (2. H. 12. Jh.) in seinem Gedicht *Lo clar temps*?

„Que tan la am e la volh
que s'era cochatz de mort
non querri' a Dieu tant fort

que lai sus en Paradis
m'acollis
com que m des lezer
d'una noitz ab lei jazer."[35]

(Denn sosehr liebe und begehre ich sie, daß, wenn ich vom Tode bedroht wäre, ich von Gott nicht so sehr erbitten würde, daß er mich dort oben im Paradies aufnehmen möge, als mich eine Nacht bei ihr liegen zu lassen.)

War das und ähnliche Stellen in der Troubadourlyrik wörtlich gemeint, dann war hier tatsächlich eine höchst innerweltliche Gegenreligion entstanden. Für einige wenige höfische Dichter mag dies zutreffen. Doch ist unabweisbar, schon das bloße „Spielen" mit solchen Positionen verweist darauf, wie hier eine in jener Epoche mögliche und offenbar von manchen eingenommene Gegenhaltung zur offiziellen Ideologie formuliert ist. Es gab satirische Streitgespräche, die von einer so krassen Respektlosigkeit Gott gegenüber zeugen, daß man sich fragt, wie dies mit christlichem Glauben vereinbar war. Solche sind vom adeligen Mönch von Montaudon (E. 12. Jh.) überliefert, der sich in frecher Weise mit Gott u. a. über das tiefsinnige Thema weiblicher Schminksucht unterhält.

Doch das blieben Ausnahmen. Von ihnen abgesehen, war wohl kaum einer der höfischen Sänger wirklich areligiös oder sogar antichristlich eingestellt. So wurde vielen von ihnen die Vereinbarkeit der höfischen Ideale mit ihrer Religion ein Problem, über das sie reflektierten, vor allem im deutschen Minnesang. Walther von der Vogelweide hat sich damit um 1200 genauso beschäftigt wie Oswald von Wolkenstein im 15. Jahrhundert. Stets wurde die Drohung gefühlt, die irdische Liebe würde nach dem Tode teuer zu bezahlen sein, da sie auf Kosten der Gottesliebe gehen mußte.

„Liep, süsser hort
wie hastu mich unlieplichen geplendet,
das ich mit lieb dem nie vergalt,
der seinen tod volendet

durch mich und mangen sünder kalt;
des wart ich hie in grosser sorgen rost.
Hett ich mein lieb mit halbem füg
Got nutzlich nach verzert,
die ich der frauen zärtlich trüg,
die mir ist also hert,
so für ich wol an alle sünd.
O wertlich lieb, wie swer sind deine pünt."

(Oswald von Wolkenstein 1, V)

(Liebe, süßer Hort,
wie hast du lieblos mich geblendet,
daß ich mit Liebe dem [Christus] es nie vergalt,
der seinen Tod für mich
und manchen kalten Sünder hat vollbracht.
Deshalb warte ich hier auf dem Feuerrost großer Sorgen!
Hätte ich meine Liebe mit halbem Fug
Gott zunutze denn verbraucht,
die Liebe, die ich zärtlich der Frau zutrug,
die gegen mich so hart ist,
so befände ich mich wohl, von allen Sünden frei.
Oh Weltliebe, wie schwer sind deine Bande!)

Weiterführende Literatur

Biller, Thomas, Die Adelsburg in Deutschland. Entstehung, Gestalt, Bedeutung, München ²1998.

Bumke, Joachim, Höfische Kultur. Literatur und Gesellschaft im hohen Mittelalter I-II, München 1986.

Busby, Keith, Kooper, Erik ed., Courtly Literature: Culture and Context, Amsterdam 1990.

Cartellieri, Otto, Am Hof der Herzöge von Burgund. Kulturhistorische Bilder, Basel 1926.

Ehrismann, Otfrid (Hg.), Ehre und Mut, Aventiure und Minne. Höfische Wortgeschichten aus dem Mittelalter, München 1995.

Fleckenstein, Josef (Hg.), Curialitas. Studien zu Grundfragen der höfisch-ritterlichen Kultur, Göttingen 1990.

Jaeger, Stephen, Die Entstehung höfischer Kultur. Vom höfischen Bischof zum höfischen Ritter, Berlin 2001.

Kaiser, Gert, Müller, Jan-Dirk (Hg.), Höfische Literatur, Hofgesellschaft, Höfische Lebensformen um 1200, Düsseldorf 1986.

Keen, Maurice, Das Rittertum, Düsseldorf 1999 u. ö.

Paravicini, Werner, Die ritterlich-höfische Kultur des Mittelalters, München 1994.

Schultz, Alwin, Das höfische Leben zur Zeit der Minnesinger I-II, Leipzig ²1889 u. ö.

Schweikle, Günther, Minnesang, Stuttgart ²1995.

1 Maschek, Hermann ed., Deutsche Chroniken, Leipzig 1936, 301.

2 Walter Map, De nugis curialium 1, 10.

3 Ebd. 5, 6; Dinzelbacher, P., Das hohe Mittelalter, Darmstadt 2003, 104.

4 De curialium miseriis, ed. Mustard, W., Oxford 1928, 21.

5 Bumke, Höfische Kultur 434.

6 Littere baronum. The earliest cartulary of the counts of Champagne, éd. Theodore Evergates, Toronto 2003, 163.

7 Couton, G. G., Social Life in Britain, Cambridge 1919, 283.

8 Hack, Achim, Der Ritterschlag Friedrichs III. auf der Tiberbrücke 1452: Staubach, N. ed., Rom und das Reich vor der Reformation, Frankfurt a. M. 2004, 197-236.

9 Coulton, Social Life 423.
10 Pounds, N., The Medieval Castle in England and Wales, Cambridge 1990, 256.
11 Lindahl, C. u. a. ed., Medieval Folklore, Santa Barbara (CA) 2000, 1038.
12 Sanders, W., Heinric van Veldeken, Bonn ^{2}1976, 11 ff.
13 Commeaux, Ch., La vie quotidienne en Bourgogne au temps des ducs Valois, Paris 1979, 227.
14 Classen, A., Dinzelbacher, P., Weltliche Literatur von Frauen des Mittelalters: Mediaevistik 8, 1995, 55-73.
15 Brignetti, R., Faggin, G., L'opera completa dei Van Eyck, Milano 1968, 83.
16 Dinzelbacher, P., Mensch und Tier in der Geschichte Europas, Stuttgart 2000, 205 f.
17 Flori, J., Noblesse, chevalerie et idéologie aristocratique en France: Renovación Intelectual del Occidente Europeo (s. XII), Pamplona 1998, 349-382, 375.
18 Zeilinger, G., Die Uracher Hochzeit 1474: Mitteilungen der Residenzen-Kommission der Akademie der Wissenschaften zu Göttingen Sonderheft 6, 2003, 55-63.
19 Chambers, E., The Medieval Stage, London 1903, I, 392 ff.
20 Dinzelbacher, P., Die Burg als erotische Metapher: Wagener, Olaf u. a. ed., Die imaginäre Burg, Frankfurt a. M. 2009, 93-107.
21 Commeaux, Charles, La vie quotidienne en Bourgogne au temps des ducs Valois, Paris 1979, 213 f.
22 The Chronicle of Muntaner II, tr. Goodenough, L., London 1921, 398.
23 Green, R., Le Roi Qui Ne Ment and Aristocratic Courtship: Busby, K., Kooper, E. edd., Courtly Literature, Culture and Context, Amsterdam 1990, 211-225.
24 Massmann, H., Geschichte des mittelalterlichen, vorzugsweise deutschen Schachspiels, Quedlinburg 1839 u. ö., 112, 114.
25 Vgl. die Miniatur: Ludovico Moro aus der Dynastie der Mailänder Sforza mit seiner Familie beim Picknick, Mailand, Trivulziana, Ms. 2167, f. 26^{r}, E. 15. Jh.
26 Schulz, A., Das höfische Leben zur Zeit der Minnesinger, ^{2}1889, I, 427 Anm. 2.
27 Dinzelbacher, Mensch und Tier 209 f.
28 Dinzelbacher, Peter, in: Hörmann-Thurn und Taxis, J. ed., Margarete Gräfin von Tirol [Katalog], Schloß Tirol 2007, 54 f.
29 Bergner, H. ed., Lyrik des Mittelalters II, Stuttgart 1983, 70.
30 Franz, Adolf, Die kirchlichen Benediktionen im Mittelalter, Freiburg i. Br. 1909, II, 296 f.
31 Ed. Vilamo-Pentti, E., Helsinki 1953.
32 Dinzelbacher, P., Mentalität und Religiosität des Mittelalters, Klagenfurt 2003, 294 f.
33 Tafel des Meisters des Albrechtsaltars in Klosterneuburg, um 1439 (Abb.:

Baldass, P. v. u. a., Gotik in Österreich, Wien [3]1964, T. XI).
34 Jeffrey, D., Levy, D. edd., The Anglo-Norman Lyric, Toronto 1990, 192.
35 Il trovatore Raimon Jordan, ed. Asperti, Stefano, Modena 1990.

6. DIE GELEHRTE WELT

Den idealen Gelehrten verkörperte im Spätmittelalter der Kirchenvater Hieronymus, auf den die lateinische Standard-Bibel, die *Vulgata*, zurückgeht. Auf diesem Wandgemälde von Domenico Ghirlandaio meditiert er inmitten vieler für einen wissenschaftlichen Autor nötiger Geräte. 1480, Florenz, Ognissanti

Wissen und Gelehrsamkeit sind keine austauschbaren Begriffe. Wissen muß sich ja nicht auf Bildung im elitären Sinn beziehen, sondern kann ebensogut das für praktische Tätigkeiten nötige Wissen meinen, wie es das ganze Mittelalter hindurch (und vielfach noch heute) allein oder vorzugsweise mündlich und handelnd überliefert wurde. Was der Bauer auf dem Feld und der Knappe im Kampf wissen mußte, lernte er nachahmend von seinem Vater oder Dienstherrn. Gelehrte Bildung dagegen kann als über das für die Bewältigung des Alltagslebens hinausgehendes Wissen definiert werden, das nicht praxisorientiert zu sein braucht. Fachsprachen wurden und werden auch mündlich überliefert, jedes Handwerk hatte und hat seine speziellen Begriffe in der jeweiligen Volkssprache, die auch der Gebildete kaum kennt. Die elitäre Bildungssprache des Mittelalters war dagegen eine tote Sprache, das Latein. Man kann sagen, daß trotz aller seit dem 12. Jahrhundert einsetzenden Übersetzungstätigkeit diese Sprache – und damit auch ihre Denkstrukturen – die unbedingt wichtigste Vermittlerin gelehrten Wissens blieb. Und in ihr wurde Wissen nicht nur mündlich, sondern v. a. schriftlich tradiert und war allen Gebildeten verständlich, egal, welches ihre Muttersprache war.

Die Wichtigkeit der geschriebenen Aufzeichnung:

„*Da wir ja sowohl durch die Einwirkung des Teufels als auch die Mitwirkung des Menschen bedauerlich vom ewigen Quell der Weisheit abgefallen sind und daher in dieses Tal der Tränen und der Trauer geworfen wurden* [d. h. wegen der Erbsünde], *ward uns unter den sonstigen Mängeln der menschlichen Natur auch das Übel der Vergeßlichkeit beschieden. Kaum können wir uns das ins Gedächtnis zurückrufen, was zuletzt oder vor Kurzem geschah, so daß wir schon gar nicht lange Vergangenes und weit Zurückliegendes im Gedächtnis behalten könnten. Aber die Güte des allmächtigen Gottes, die uns, wo immer nötig, mitleidig berät, sorgte endlich für ein gutes und bewundernswürdiges Hilfsmittel für unsere Hilflosigkeit, nämlich daß wir die Vereinbarungen und Wohltaten, die von den Gläubigen in der heiligen Kirche zum Nachlaß der Sünden gespendet werden, der Niederschrift und damit der Erinnerung anvertrauen sollten. Damit soll, was durch die Schwäche des Vergessens zugrundegehen könnte, mit lebenden Buchstaben bewahrt werden.*“[1]

(Aus einer Schenkungsurkunde des Dänenkönigs Erik Lam (reg. 1137-1146) für das Peterskloster in Næstved)

Schriftkundig waren aber im frühen Mittelalter fast nur Mönche und Geistliche. Daher blieb es ihrer Auswahl unterworfen, was sie aufschrieben. Wenn so wenige volkssprachliche Texte aus der Zeit vor dem 12. Jahrhundert, etwa aus dem Althochdeutschen, bekannt sind, dann weil es für die kirchlichen Schreiber keinen Grund gab, die in dieser Sprache gesungenen profanen Lieder und Epen niederzuschreiben. Selbst im Altenglischen, das von allen Volkssprachen am besten überliefert ist, sind die berühmtesten Texte wie das *Beowulf-Epos* oder die Elegien rein zufällig, in bloß einer Handschrift, in die Neuzeit gekommen. Seit dem hohen Mittelalter erhöhte sich die Zahl der lese- und schreibkundigen Laien wohl, und im späten Mittelalter gab es deren in den Städten viele, da Handel und Verwaltung nicht mehr ohne Bürokratie auskommen konnten. Sie benützten ihre Muttersprache. Aber die akademische Gelehrsamkeit blieb dem Lateinischen bis ins 19. Jahrhundert verhaftet. In keiner mittelalterlichen Universität gab es Vorlesungen in einer Volkssprache. Daher war auch zum Besuch jeder hohen Schule eine gute Kenntnis der Sprache der Römer unerläßlich, zumal sie auch die Verkehrssprache innerhalb der Kirche war. Das Universitätsstudium begann deswegen regelmäßig mit dem Trivium, d. h. mit lateinischer Grammatik, Rhetorik und Dialektik.

Es gab dabei Schwierigkeiten, die heutige Studierende nicht mehr kennen: Man muß z. B. bedenken, daß (trotz des einen oder anderen Versuchs einzelner Gelehrter, eine bestimmte Weise zu fördern) weder im Mittelalter noch in der Frühneuzeit eine genormte Rechtschreibung existierte. Es gab nur regional Übliches, wobei die lateinischen Texte am einheitlichsten waren, da den antiken Traditionen und Grammatiken verpflichtet. Aber manche Wörter trifft man in den unterschiedlichsten Graphien, z. B. „hiems" (Winter) als „hyemps" oder „os" (Mund) als „hos" oder „diabolus" als „zabulus" (Teufel) usf. Ein hochgebildeter Dichter und Historiker des 12. Jahrhunderts wie Rahewin von Freising erscheint in von ihm selbst autorisierten Dokumenten und zeitgenössischen Texten als Ragewinus, Radewicus, Radewinus, Rahew, Reguinus, Rachweinus, Rachuwinus, Radwinus, Rahewinus, Rahuwinus, Rechwinus, Rawinus, Ravinus, Rahwinus, Rachwynus[2]. Wesentlich chaotischer noch ging es bei der Notierung von volkssprachlichen Texten zu, wo jeder Schreiber versuchte, die gesprochene Sprache nach seinem Gehör und diesem oder jenem Vorbild zu Pergament zu bringen.

Neben der Aufzeichnung wurde auch die rein visuelle Wissensvermittlung, also das lehrhafte Bild, benutzt, wenngleich wesentlich weniger als heute. Vor allem waren Diagramme und schematische Zeichnungen beliebt, etwa die Anordnung der theologischen Tugenden und Laster in Form von Bäumen, doch finden sich auch nicht wenige mit detaillierten Bildern illustrierte didaktische Handschriften und Frühdrucke.

In der Theorie galt: Alles, was wirklich des Wissens wert war, wußte man bereits, da Gott dies dem Menschen in seiner Güte geoffenbart hatte. Tausendfach waren die Verdammungen unnützer Neugier. Noch zu Ausgang des 15. Jahrhunderts reimte Sebastian Brant in seinem so erfolgreichen *Narrenschiff* (66):

„Ich halt auch den gar nicht für weis',
den all sein Sinnen und sein Fleiß
anleitet zu erkunden alle Städt' und Land.
Er nimmt den Zirkel in die Hand
daß er so unterrichtet werd,
wie breit, wie lang, wie weit die Erd,
wie tief und weit sich zieht das Meer
und was enthält die letzte Sphär'…"

Hätten die konsequent und streng denkenden Hierarchen des Christentums in der Absolutheit herrschen können, die sie stets anstrebten, hätte es vielleicht nur eine Wissenschaft gegeben, die Theologie. Sie befaßte sich mit dem einzigen, was dem Menschen für seinen kurzen Erdenweg zu wissen nötig war, nämlich mit der Verkündigung, Auslegung und praktischen Anwendung des einmal für immer geoffenbarten Gotteswortes. Angesichts der Kürze des Erdendaseins und der Ewigkeit des folgenden Lebens in der jenseitigen Welt waren die weltlichen Wissenschaften eigentlich belanglos. Außerdem, so waren die Gottesgelehrten, allen voran ihr einflußreichster, Thomas von Aquin, überzeugt, ließ sich wahres, also ewiges Glück nur als Gnadengeschenk Gottes erwerben, nicht durch Wissen. Dies war dagegen die Ansicht der antiken Philosophen gewesen, denen ihr Metier als praktische Wissenschaft galt, die lehrte, wie Glück zu erringen sei. Auch antike Religionsströmungen, wie die Gnosis, waren davon ausgegangen, daß die Seele durch Erkenntnis aus dem Leib erlöst werden könne – eine Tradition, der im Mittelalter wenig Bedeutung zukam, die sogar als häretisch beurteilt wurde. Die Deutungsmacht über die Welt beanspruchte (theoretisch unangefochten) die katholische Kirche, oder, wie man damals sagte: Unsere Heilige Mutter Kirche. Wie Mütter die Kinder, so belehrte die Kirche ihre Schafe (eine durchaus offizielle Metapher für die Gläubigen) in allen Lebensbereichen darüber, wo es langgeht und was Sache ist.

„Die Sterne und anderes Wissen zu kennen, diese Kenntnisse kommen vom Studium. Aber sich selbst zu erkennen, das kommt von keiner Schulung, nicht von der Bildung und nicht vom Buchwissen. Denn Doktoren des Rechts und der Theologie und Magister in anderen Wissenschaften kennen zum Teil bisweilen sich selbst nicht und wollen sich selbst auch gar nicht kennen, um sich von der Sünde zur Gerechtigkeit zu lenken.“[3]

(Aus *Jacob's Well*, einer englischen Predigt des frühen 15. Jahrhunderts)

Da der Mensch aber von seiner anthropologischen Konstitution her ein ‚Neugierdewesen' ist – nicht zuletzt deshalb konnte er die anderen Primaten so weit überflügeln –, finden wir immer wieder einzelne Intellektuelle, die den geschlossenen Kosmos des christlichen Weltbilds mit neuen Fragen aufzubrechen wagten. Dabei gehörten fast alle von ihnen i. d. R. selbst der Kirche an, da im Früh- und Hochmittelalter diese eben das Bildungsmonopol innehatte. Diese Neugierigen blieben mit wenigen Ausnahmen (denen ein böses Ende beschieden war) innerhalb des Systems, stellen dieses selbst nicht in frage, auch wenn sie zu Erkenntnissen kamen, die es falsifizierten. Dann versuchten sie lieber, sich durch komplizierte Konstruktionen konsequenten Schlüssen zu entziehen, und sei es um den Preis, die logisch absurde Koexistenz von zwei nebeneinander bestehenden Wahrheiten annehmen zu müssen – einer des religiösen Glaubens und einer des rationalen Denkens. Dieser intellektuelle Salto mortale ist als ‚doppelte Wahrheit' in die Geschichte der Philosophie eingegangen.

Daher präsentiert sich uns das Mittelalter als eine Epoche, in der bestimmte Bildungsgüter durchgehend und unangefochten weitertradiert wurden, wogegen man andere ausschied oder uminterpretierte. Da war vor allem die *Bibel*, die das grundlegende Buch des Wissens darstellte – jedes Wissens, auch in für uns profanen Bereichen wie dem des Rechts oder der Naturkunde. Da waren zweitens die antiken Autoren – oder besser Autoritäten –, denn selbst was in der Philosophie ein Aristoteles oder in den Naturwissenschaften ein Plinius oder in der Medizin ein Galen gelehrt hatte, wurde i. d. R. unerschütterlich weiter gelehrt, auch wo es eigener Erfahrung widersprach.

Akademischer Unterricht.
Relief des Jacopo und Pier Paolo dalle Masegne,
1386, Bologna, Museo Civico

Zahllose mittelalterliche Gelehrte beanspruchten, in ihren Schriften nur Exzerpte aus den alten Autoritäten zu bieten, und oft taten sie dies auch. Selbst das, was wir heute als fiktionale Literatur bezeichnen würden, wurde oft als Quelle für wissenschaftliche Erkenntnis benutzt. So erwähnt z. B. noch der *Hexenhammer* von 1487, ein einflußreiches kirchenrechtliches Handbuch, mehrfach die aus Homer bekannte Zauberin Kirke als historische Figur, als reales Beispiel dafür, daß Hexen mit dämonischer Hilfe Wahnbilder zu erzeugen vermögen: Daher hätte Odysseus geglaubt, seine Männer seien in Schweine verwandelt worden. Aber auch für uns rein naturwissenschaftliche Fragen wurden durch die Autoritäten blockiert: So waren sich z. B. schon im 12. und 13. Jahrhundert Astronomen darüber im Klaren, daß der Julianische Kalender bereits um Tage falsch ging, aber nicht einmal die größten Kirchenversammlungen, wie das Basler Konzil, wagten etwas zu ändern, da dies mit der Autorität eines spätantiken Konzils unvereinbar schien; das korrigierte erst 1582 ein päpstliches Machtwort[4].

Selbst innovative Ideen mußten sich oft unter diesem Mantel verbergen, wie der Gelehrte Adelard von Bath um die Mitte des 12. Jahrhunderts am Beginn seiner *Naturkundlichen Fragen* beklagte: „Unsere Generation besitzt nämlich ein angeborenes Laster, nämlich daß sie meint, man dürfe nichts annehmen, was von Zeitgenossen herausgefunden wird. So kommt es, daß, wenn ich eine eigene Entdeckung bekannt machen möchte, ich dies einer anderen Person zuschreiben und sagen muß: »Jemand – nicht ich – hat gesagt…«". Nicht zuletzt daher finden sich in den Handschriften der mittellateinischen Literatur so viele absichtliche und unabsichtliche falsche Autorenzuordnungen.

Trotzdem gab es die Wenigen, die sich über das schon Gesagte hinauswagten, etwa indem sie auf die Widersprüche unter den Autoritäten hinwiesen, wie Petrus Abaelardus in seiner berühmten Schrift *Sic et Non*, oder indem sie sich auf rationale Erklärungen der natürlichen Phänomene beschränkten, wie sein Zeitgenosse Willhelm von Conches. In Glaubens- und Sittenfragen betonte derselbe freilich ausdrücklich, daß jeder Widerspruch gegen die Kirchenväter verboten sei. Die Ära Abaelards und Willhelms, das 12. Jahrhundert, war überhaupt durch einen Innovationsschub auf allen Gebieten gekennzeichnet, wie ihn das späte Mittelalter höchstens auf technischem Gebiet erreichte.

Durch den kritischen Vergleich entwickelte sich die Methode der Scholastik, welche die universitäre Lehre bestimmen sollte.

Aber es war nicht Sache dieser Epoche, ein Weltbild zu verändern, damit setzten erst Renaissance und Reformation ein. Viel üblicher als radikale Ansätze, die meist zur Verketzerung führten, waren Bemühungen, neu hinzugekommenes Wissen harmonisch mit der traditionellen Bildung zu vereinen – was freilich den kommenden Weltbildwandel vorbereitete. So war z. B. das hauptsächliche Bemühen des Thomas von Aquin darauf gerichtet, die durch Übersetzungen aus dem Arabischen bekannt gewordenen philosophischen Theorien des Aristoteles mit den Setzungen der *Bibel* zu vereinbaren. Das gleiche Ziel verfolgte sein Lehrer Albert der Große hinsichtlich der naturwissenschaftlichen Schriften desselben griechischen Denkers.

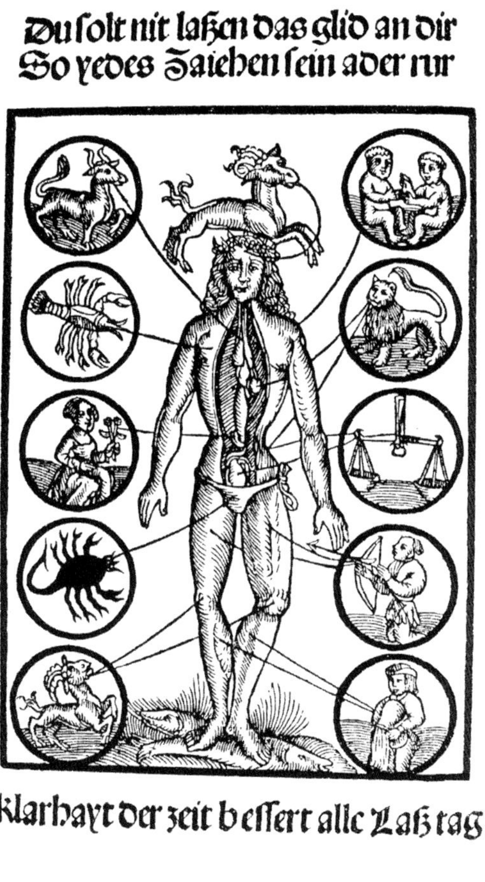

Als seit dem Hochmittelalter die ebenfalls zumeist aus dem Osten importierte Astrologie begann, als seriöse Wissenschaft behandelt zu werden, war der gemeinsame Tenor, auch die als ganz real genommenen Wirkungen der Sterne auf den Menschen nur als Zwischeninstanz zur sie letztendlich leitenden Vorsehung Gottes zu betrachten. Im Spätmittelalter galt die Astrologie ja den meisten Intellektuellen als glaubhaft, Dichter wie Dante oder Chaucer basierten ihre Werke auf dieser Konzeption, Fürsten ließen sich Horoskope erstellen. Einige Universitäten wie Bologna oder Krakau besaßen sogar offizielle Lehrstühle für Astrologie. Man war sich freilich bewußt, daß es auch Scharlatane unter den Vertretern dieser Wissenschaft gab.

Die genannte Tendenz, weltliches und religiöses Wissen zu kombinieren, ließe sich an zahllosen Beispielen demonstrieren. In den seit ca. 1200 zahlreichen Enzyklopädien z. B., die über das Leben der Tiere handeln, werden Informationen aus der *Bibel*, den Kirchenvätern, den antiken Schriftstellern mehr oder weniger unverbunden nebeneinandergesetzt. Dagegen blieb es eine ausgesprochene Ausnahme, wenn sich jemand auf eigene Beobachtungen berief, wie der genannte Kölner Dominikaner Albert d. Gr. Aber auch er betonte den unanfechtbaren Vorrang der Kirchenväter für theologische Fragen: „Dem Augustinus muß man mehr als den Philosophen glauben, wenn es um den Glauben und die Ethik geht, falls es da Differenzen gibt. Wenn aber von der Medizin die Rede ist, würde ich eher dem Galen oder dem Hippokrates glauben, und wenn man von der Natur der Dinge spricht, glaube ich dem Aristoteles oder einem anderen Fachmann für Naturwissenschaften mehr.“ (*Super libros sententiarum* II, 13, 2)

<–

Auch die Medizin ging in antiker Tradition vom Einfluß der Gestirne auf Gesundheit und Krankheit aus; besonders verbreitet waren Figuren, an denen man lernen konnte, welches Sternzeichen über welches Körperteil „regierte“, um den Aderlaß zur rechten Zeit durchführen zu lassen.
Aderlaßmännchen im Holzschnitt-Kalender des Regiomontanus (1512)

Die Erfindung von Allegorien besonders auf dem religiösen Gebiet gehörte zur zünftigen Beschäftigung der Gelehrten im ganzen Mittelalter. Hier die in Wort und Bild vielfach variierte ‚mystische Mühle'[5]: Ein Prophet leert Getreide in den Mühltrichter, ein Apostel nimmt das Mehl in Empfang.
Bedeutet: Durch den von den Propheten angekündigten Messias Christus (Mühlrad) als Erfüller des Alten Testamentes entsteht das Neue (Mehl), das von den Aposteln den Völkern zur Speise geboten wird.
Kapitellplastik, um 1130, Vézeley, Abteikirche

Hier müssen wir kurz einen schwierigen, aber wichtigen Punkt berühren, den der Denkweisen. Denn nicht nur die Denkinhalte, das, worüber, nachgedacht wird, variieren in der Geschichte, sondern auch die Art, in der man sich mit diesen Inhalten auseinandersetzt. Im frühen Mittelalter war die dominierende Methode zur Interpretation der Welt die Assoziation. Die theologischen Werke bis ins 12. Jahrhundert sind ganz wesentlich von ihr bestimmt, aber auch die der Naturerklärung usw. Ein Beispiel: Ein wichtiger Beitrag zur Unterrichtung des Klerus war von der Karolingerzeit bis etwa 1200 das Werk des Mainzer Erzbischofs Hrabanus Maurus († 856) *De institutione clericorum*. Dort bespricht er (1, 22) u. a. die liturgische Gewandung. Über die Sandalen führt er aus, sie seien durch das *Markus-Evangelium* vorgeschrieben und zitiert dann den heiligen Beda († 736): „Dieses Schuhwerk hat die mystische Bedeutung, daß der Fuß weder bedeckt sei, noch nackt die Erde berühre. Das bedeutet, daß das Evangelium weder verborgen werde, noch sich irdischer Bequemlichkeit anpasse." Unter Verweis auf *Epheser* 6, 15, wo es heißt, die Christen sollen sich beschuhen zur Verbreitung des Evangeliums, führt Hraban nun aus: „So wie also die Sandalen einen Teil des Fußes bedecken, einen anderen jedoch unbedeckt lassen, so sollen auch die Lehrer das Evangelium zum Teil verbergen und zum Teil aufdecken, so nämlich, daß der Gläubige und Fromme genügend Lehre erhält, der Ungläubige und Verächter aber keinen Anlaß zur Lästerung findet. Diese Art Schuhwerk ermahnt uns auch, für die Notwendigkeiten unseres Fleisches und unseres Leibes Sorge zu tragen, aber nicht in Mutwillen und Lust zu entarten", wofür entsprechende Bibelstellen angeführt werden. – Wie funktioniert diese Denkweise? Es wird von einer Realie, der Konstruktion bestimmter Fußbekleidung, ein wesentliches Kennzeichen isoliert: Diese Schuhe sind halb offen, halb geschlossen. Daran werden nun ganz willkürlich zwei religiöse Themen assoziiert, bei denen ebenfalls Offenlegen und Verdecken, aber in sehr weitem, übertragenem Sinn eine Rolle spielen: Der Priester soll das Evangelium zum Teil verbreiten, zum Teil aber geheim halten, und er soll für seinen Körper sorgen (ihn mit dem Notwendigen kleiden), aber mit Maßen (ihn also nicht verwöhnen). Das Tertium comparationis lautet also Offen/Bedeckt, aber der Sprung vom Materiellen zum Geistig/Geistlichen wirkt für uns kraß, die Gemeinsamkeit der drei Themen: Konstruktion der Sandale, Verkündigung der *Bibel* und Sorge für den Körper unlogisch und gezwungen. Trotzdem basiert ein sehr großer Teil der früh- und hochmittelalterlichen Theologie auf eben solchen Assoziationen.

Die assoziative Denkweise am Beispiel der bildlichen Deutung (Allegorese) der Taube nach dem Priester Hugo von Fouilloy (M. 12. Jh.), *De tribus columbis*:

Die Taube entspricht der Kirche, ihre roten Füße sind die Märtyrer, die beim Betreten der Erde, d. h. durch die Grausamkeit des Irdischen, verwundet wurden. Ihre Brust zeigt die Farbe des aufgewühlten Meeres, was die Verwirrung des Herzens symbolisiert. Die Oberseite der zwei Flügel, die der aktiven und der betrachtenden Lebensweise entsprechen, ist saphirfarben, da der Geist des Beschauenden dem Himmel gleicht. Das linke Auge bleibt auf sich selbst zurückgerichtet und beweint das Vergangene, das rechte betrachtet das Zukünftige – usf.

Seit dem 12. Jahrhundert tritt neben das assoziative Verfahren die Logik der Scholastik; ihr sollte die Zukunft gehören. Hier wird vor allem diskursiv argumentiert, d. h. es werden Gründe und Gegengründe vorgestellt, nach logischen Kategorien beurteilt und daraus Schlußfolgerungen gezogen. Damit erhob sich das Problem, wie die hier eingesetzte eigene Vernunft, die zu neuen Denkergebnissen kommen konnte, gegenüber den traditionellen Autoritäten zu gewichten war. Diese Frage beschäftigte die größten Köpfe des Hochmittelalters, einen Bernhard von Clairvaux, Petrus Abaelard, Adelard von Bath u. v. m. Als der Benediktiner Wilhelm von Malmesbury um 1120 seine Geschichte der englischen Könige schrieb, legte er die folgenden, durchaus zeittypischen Überlegungen seinem älteren Standesgenossen Stephan Harding in den Mund, als dieser mit anderen Mönchen über die klösterlichen Lebensformen diskutierte: „Mittels der Vernunft hat der höchste Weltschöpfer alles gemacht, mittels der Vernunft regiert er alles, gemäß der Vernunft dreht sich das Weltgebäude – sogar die sogenannten Wandelsterne [Planeten] kreisen nach der Vernunft –, von der Vernunft werden die Elemente bewegt; in Vernunft und Ausgewogenheit soll unsere Natur sich gründen. Da sie jedoch aus Trägheit oft von der Vernunft abweicht, wurden einst viele Gesetze erlassen; zuletzt kam von Gott durch den seligen Benedikt die Mönchsregel, um den natürlichen Verlauf zur Vernunft zurückzurufen. Wenn es in dieser Regel auch einiges gibt, wovon ich die Vernünftigkeit nicht zu verstehen vermag, meine ich doch, der Autorität zustimmen zu müssen. Die Vernunft und die Autorität der göttlichen Schriften sind ein und dasselbe, wie sehr sie auch nicht übereinzustimmen scheinen. Weil Gott nämlich nichts ohne Vernunft geschaffen oder neu geschaffen hat, wer könnte es dazu bringen, daß ich glaubte, die heiligen Väter, die ja Gott folgten, hätten irgendetwas wider die Vernunft verfügt, als ob wir bloß ihrer Autorität glauben schenken sollten?“ (*De gestis regum Anglorum* 334, 11 ff.).

Grund und Gegengrund werden in der wissenschaftlichen Disputation einander entgegengesetzt:
Der linke Gelehrte behauptet: „So ist es!“, der rechte: „So ist es nicht!“
Miniatur, 2. H. 12. Jh., Chorherrnstift
Klosterneuburg (Niederösterreich), Cod. 311

Die ganze scholastische Theologie (aber auch die Naturkunde u. a. m.) beschäftigten sich zu einem Großteil mit der Frage nach der Vereinbarkeit von logischem Denken und biblischen (oder antiken) Autoritäten. Wie das vor sich geht, soll ein (gekürztes!) Beispiel aus dem wichtigsten Werk der katholischen Theologie zeigen, der *Summa Theologica* des Thomas von Aquin (1225-1274). Behandelt werden darin v. a. von der *Bibel* vorgegebene Themen, somit auch die Lehre von der leiblichen Auferstehung der Toten am Ende der Zeiten. In diesem Rahmen geht es im Supplement, Quaestio 81, Articulus 3 um die Frage: „Ob alle Menschen bei der Auferstehung das männliche Geschlecht haben werden?" Zunächst wird die eine Position vorgestellt: „Es scheint, daß alle Menschen bei der Auferstehung männliches Geschlecht haben werden. Denn es heißt im *Epheserbrief* 4, 13, daß «wir alle zu einem vollkommenen Mann werden»". Wie im ganzen westlichen Mittelalter üblich, legte auch Thomas die lateinische Übersetzung der *Bibel*, die *Vulgata*, der Diskussion zu Grunde, ohne den Originaltext (in diesem Fall in Griechisch) zu berücksichtigen. Man war überzeugt, der heilige Hieronymus, von dem die *Vulgata* stammt, habe damit eine völlig authentische Übersetzung geschaffen. Was aber von Paulus metaphorisch gemeint war, wird nun so betrachtet, als ob es wörtlich zu verstehen sei, d. h. als Geschlechtsumwandlung bei der Auferstehung. „Also wird es dort nur das männliche Geschlecht geben. Außerdem wird in der Zukunft ‚jede Obrigkeit enden' (1 Kor 15, 24). Die Frau aber ist nach der natürlichen Ordnung dem Manne unterworfen. Also werden die Frauen nicht mit weiblichem Geschlecht auferstehen, sondern mit männlichem." Damit sind zwei Bibelstellen genannt, nach denen der Schluß zu ziehen wäre, die Toten würden allesamt nur als Männer auferstehen.

Diese Position konfrontiert der Gelehrte nun aber mit der gegenteiligen: „Doch dagegen spricht, daß Augustinus im *Gottesstaat* 22, 17 sagt: «Besser scheinen es jene zu wissen, die nicht daran zweifeln, daß beide Geschlechter auferstehen werden.» Außerdem wird Gott bei der Auferstehung das wiederherstellen, was er hinsichtlich des Menschen am Anbeginn schuf. Er erschuf aber die Frau aus der Rippe des Mannes, wie aus Genesis 2, 22 ersichtlich. Also wird er bei der Auferstehung das weibliche Geschlecht wiederherstellen."

Und nach dieser Aufstellung von Argumenten und Gegenargumenten, die beide aus der Bibel genommen sind, bietet Thomas seine eigene Lösung: „Ich antworte, man muß sagen, daß, wie angesichts der Natur des Individuums den unterschiedlichen Menschen eine unterschiedliche Körpergröße zukommt, so kommt auch angesichts der Natur des Individuums den unterschiedlichen Menschen ein unterschiedliches Geschlecht zu…" Nun sind noch die angesprochenen Gegengründe ausdrücklich zu widerlegen: Zum ersten Argument ist zu sagen, daß bei Paulus nicht das Geschlecht des Mannes (vir) gemeint war, sondern die Tugend (virtus), zum zweiten, daß nach der Auferstehung die Unterschiede der Kraft und des Verstandes, die im irdischen Leben die Herrschaft des Mannes über die Frau begründeten, irrelevant sein werden, sondern es nur um die unterschiedlichen religiösen Verdienste gehen wird.

Wie also löste Thomas die Widersprüche auf? Nicht, indem er eine weitere, ‚salomonische' Bibelstelle zitiert hätte, sondern indem er auf den von der Scholastik unter Heranziehung der griechischen und arabischen Philosophie entwickelten Begriff der Individualität rekurrierte: Ein Mensch als Vernunftwesen kann nur jeweils aus sich selbst verstanden werden, wie auch Gott, nach dessen Abbild er geschaffen ist, eine individuelle Person ist. Die Seele ist die Form des Leibes, der daher in seiner Individualität auch bei der Auferstehung erhalten werden muß.

In dieser Anwendung der Vernunftprinzipien auf Glaubensfragen liegt die Leistung der Scholastik, die eben damit, ohne es zu wollen, die säkularisierte Mentalität der Neuzeit vorbereitete, die gerade durch die strikte Anwendung der Logik zum Verzicht der zum Weltverständnis überflüssigen Erklärungshypothese Gott gelangte. Heute kennen und verwenden wir immer noch beide Denkweisen, die assoziative und die kausallogische, im wissenschaftlichen Bereich aber praktisch nur mehr die vernunftgemäße Logik, und aufgrund der Prägung unseres Weltbildes durch die Wissenschaften letztere vorzugsweise auch im praktischen Leben.

Eigenständige Denkoperationen durchzuführen, die vielleicht in neuen Ergebnissen münden, ist etwas anderes, als einfach vorgegebene Positionen zu wiederholen. Deshalb begann man auch erst nach der Wende des 12. Jahrhunderts damit, die Aussagen der antiken Gelehrten durch Experimente zu überprüfen. Wenn einzelne Wissenschaftler wie Albertus Magnus oder Roger Bacon im 13. Jahrhundert Tiere beobachteten oder physikalische Experimente anstellten, blieben sie noch ohne Nachfolger, legten aber doch Grundsteine für die Forscher der Renaissance. Der Widerstand der Amtskirche gegen solche Methoden, ja gegen naturwissenschaftliche Forschungen überhaupt, blockierte vielfach eine raschere Entwicklung. Um nur ein Beispiel zu erwähnen: 1210 verbot das Konzil von Sens Vorlesungen über die naturphilosophischen Werke des Aristoteles in Paris, 1215 wiederholte der Papstlegat dieses Verbot, 1228 und 1231 der Papst selbst (die Konsequenz war, daß die Studenten nach Südfrankreich oder England auswichen, wo dieses Verbot nicht galt)[7]. Doch gab es neben solchen direkten Interventionen eine breite antiwissenschaftliche Propaganda, die v. a. durch die Predigt und Morallehre in Wort und Schrift verbreitet wurde, wofür u. a. die Legende vom Magister Serlo von Wilton († 1181 ?) ein Beispiel abgibt. Dieser Engländer war Professor in Paris gewesen und hatte sich daneben als virtuoser Verfasser lateinischer Gedichte sehr weltlichen Inhalts betätigt. Doch erlebte er eine religiöse Bekehrung und wurde Mönch, stieg bis zum Abt einer Zisterze auf. In Predigthandbüchern wurde über ihn seit dem 13. folgende Geschichte zur Abschreckung der Zuhörer von weltlichen Studien empfohlen: „Magister Serlo verpflichtete einen gewissen kranken Kommilitonen, ihm nach seinem Tod seinen Zustand kundzutun. Wirklich erschien ihm dieser einige Tage nach seinem Tode mit einem Mantel aus Pergament, der innen und außen mit Sophistereien vollgeschrieben war... Er sagte, den Mantel trage er wegen des Ruhmes, den er bei spitzfindigen Disputationen errungen habe, er wiege aber mehr als ein Turm, und schwer werde er vom Fegefeuer gequält. Magister Serlo aber nahm die Strafe nicht ernst und meinte, das sei bloß ein leichtes Feuer. Da sagte der Tote, er solle die Hand ausstrecken, um das leichte Feuer spüren zu können, und ließ einen Tropfen fallen, der sich sofort durch die Hand des Magisters brannte. Und der Schüler sagte: «So bin ich ganz!» Der Magister aber verließ aus Schreck sogleich die Welt und ging ins Kloster.“[8]

Wie wurde das gelehrte Wissen, also das in lateinischer Sprache schriftlich festgehaltene Bildungsgut, weitervermittelt? Mit dem 6. Jahrhundert waren die letzten Reste des antiken Schulwesens verschwunden; die klassische Bildungstradition hatte sich gänzlich in die Klöster zurückgezogen. Nicht aus Liebe zur antiken, d. h. heidnischen

Kultur wurde sie dort bewahrt, sondern weil die Kenntnis der Sprache der *Vulgata*, der Kirchenväter und der Liturgie den Priestern und Mönchen unerläßlich für die Praxis ihrer religiösen Verpflichtungen war. Die Klöster boten jedoch nicht nur dem eigenen Nachwuchs, den Novizen, sondern auch einer kleinen Zahl von Kindern aus vornehmen Familien die Möglichkeit, sich mit dem gelehrten Wissensgut vertraut zu machen. Sie lernten in der sog. ‚äußeren Schule', nicht wenige wurden allerdings auch von Hauslehrern unterrichtet.

Ob zu Hause, ob in der Schule, ob im Kloster, Kinder wurden prinzipiell mit Schlägen unterrichtet (s. oben S. 59), um sie „bescheiden“ (d. h. Bescheid wissend, gebildet) zu machen.
Holzschnitt von Albrecht Dürer, 1510

Auch an Bischofskirchen richtete man Schulen ein, um Priester heranzubilden. Zu manchen, wie Chartres, Laon oder Paris, auch Lüttich, Hildesheim oder Magdeburg, kamen junge Männer, die eine Karriere in der Kirche anstrebten, sogar von weit her. Nicht nur Bildungsdrang, sondern auch das Verlangen nach sozialem Aufstieg wirkte motivierend. Johannes von Salisbury (ca. 1115-1180) ist ein gutes Beispiel dafür, daß nun auch Männer aus unteren Schichten gesellschaftlich hoch aufsteigen konnten: Er stammte zwar aus einer nichtadeligen Familie, konnte aber in Paris und Chartres studieren und fand Aufnahme im Gefolge Papst Eugens III., trat dann in die Dienste des Erzbischofs Theobald von Canterbury und von dessen Nachfolger Thomas Becket. Während seines Exils in Frankreich entschloß sich König Ludwig VII., den durch seine Schriften u. a. zur Staatsphilosopie bekannten Gelehrten 1176 zum Bischof von Chartres wählen zu lassen, ein Amt, das er bis zu seinem Lebensende bekleidete. Es war also der Dienst am Hofe des Papstes und des wichtigsten englischen Bischofs, der sich als entscheidend für die Karriere dieses Klerikers erwiesen hatte. Die Grundlagen dieses Lebensweges bildeten hier aber nicht wie sonst zumeist familiäre Herkunft bzw. Beziehungen, sondern gelehrte Bildung.

Verse eines Schülers auf Fulbert, den bedeutendsten Lehrer der Domschule von Chartres im frühen 11. Jahrhundert:

„*Eheu! Quanta dignitate moralis industriae,*
Quanta rerum gravitate, verborum dulcedine,
Explicabat altioris archana scientiae!“[9]

(Weh, mit welch Würde und Fleiß im Sittlichen, mit welcher Gediegenheit im Sachlichen, mit welch freundlichen Worten erklärte er die Geheimnisse höheren Wissens!)

Nicht selten bezogen die Studenten mehrere Schulen hintereinander, um verschiedene Lehrer zu hören. Diese ‚fahrenden Schüler‘, die Vaganten, nahmen es freilich oft keineswegs ernst mit den moralischen Normen, die ebenfalls an diesen Schulen vermittelt werden sollten, sondern präsentieren sich in ihren Gedichten als der Welt durchaus zugewandt. Ihr freier Lebensstil brachte verschiedene Probleme mit sich: Studentisches Fehlverhalten und Kriminalität waren in den mittelalterlichen Universitätsstädten eher häufig, immer wieder gab es bis zum Blutvergießen gehende Auseinandersetzungen mit den Bürgern. Ihnen war vor allem die Immunität der Universitätsangehörigen vom weltlichen Recht ein Dorn im Auge, denn sie unterstanden nur dem Kirchenrecht, und die geistlichen Behörden kümmerten sich oft wenig um die Rechtsaufsicht, die eigentlich ihre Pflicht war. Ein Wort der Entschuldigung lautete: „Gott hat in der Zahl der zwölf Apostel einen bösen und üblen gehabt [Judas] – um wieviel weniger vermag da ein Rektor alle Studenten zu erziehen und zu beherrschen, von denen es zwei- bis dreitausend gibt!“[10]

Der Gelehrtenstand mit seiner teils weltlichen, teils geistlichen Lebensweise brachte dann andere soziologische Probleme mit sich. Schon in der antiken Philosophie und bei den Kirchenvätern wurde immer wieder darauf hingewiesen, daß der Gelehrte des Alleinseins bedürfe. So heißt es in einem dem griechischen Philosophen Theophrast zugeschriebenen, wahrscheinlich aber von dem Kirchenvater Hieronymus verfaßten Traktat: Der Gelehrte kann ohnehin nie allein sein, er hat alle bei sich, die es gibt und die jemals gut waren, und wohin er will, schickt er seinen freien Geist. Was er mit dem Körper nicht vermag, ergreift er mit dem Denken. Und wenn es keine Menschen gibt, spricht er mit Gott. Nie wird er also weniger allein sein, als wenn er allein ist.[11] In einer auf die antike Philosophie zurückgreifenden Argumentation, die aber doch genauso auf die Lebenswirklichkeit bezogen war, beschrieb Heloise, warum sie Abaelard von der Idee, sie zu heiraten, abzubringen versuchte: „Bedenke die Verfaßtheit einer ehrbaren Lebensform! Wie passen denn Scholaren und Mägde, Gelehrtenstuben und Wiegen, Bücher oder Schreibtafeln zu Spinnrocken? Wie Schreibgriffeln oder Federn zu Spindeln? Wer, der sich auf religiöse oder philosophische Meditationen konzentriert, wird schließlich Kindergeschrei, den dieses beschwichtigenden Ammengesang, die geräuschvolle Schar der Hausbewohner mit ihren Männern und Frauen ertragen können? Welches Leben sogar ohne Ehre wird jenen dauernden Schmutz der kleinen Kinder aushalten können?“[12]

Genau daraus aber entstanden bisweilen tragische Spannungen: Abaelard wurde vom Onkel Heloises kastriert, weil er die Verehelichung mit ihr verheimlichte, um als Gelehrter in Paris weiterwirken zu können – für einen Kleriker war Ehelosigkeit vorgeschrieben. Und natürlich stellten auch andere Professoren und Studenten den Bürgerstöchtern nach, priesen sich selbst in Gedichten als ideale Liebhaber – und ließen die Mädchen sitzen.

Erst das Aufblühen der Städte erweckte auch einen bürgerlichen Bedarf an Schulen, in denen gegen Entgelt die lateinische Sprache und das praktische Rechnen von Kindern und Erwachsenen erlernt werden konnten. In England sind für das 12. Jahrhundert etwa 30, für das 13. Jahrhundert 67, für das 14. und 15. Jahrhundert um 110 Grammatikschulen belegt[13]. Sie waren teils private Unternehmen, teils von der städtischen Obrigkeit oder der Kirche getragen. Auch hier blieb, wie sonst im Mittelalter, die in Lesen und Schreiben bestehende Bildung sehr weitgehend ein Privileg der Männer.

Dialoge zwischen Schüler und Lehrer:

„*Ehrwürdiger Magister, ich bitte euch demütig, ihr möget mich als Schüler annehmen. – Willst du mir und meinen Mitarbeitern oder Mithelfern gehorsam sein? – Ich will gehorsam sein. – Gelobst und versprichst du Zutrauen? – Ja, ich verspreche es. – Du sollst tüchtig und fleißig sein! – Ich will, mit euerer Erlaubnis. –*
Warum hast du die Lektion nicht gelernt? Doch, ich bin fleißig gewesen, kann aber so viel auf einmal nicht lernen. Der Stoff ist mir viel zu schwer. Ich habe keine Zeit zum Lernen gehabt. Ich bin durch eine andere Aufgabe gehindert worden. –
Warum bist du nachmittags nicht in der Schule gewesen? – Wir haben Arbeiter gehabt; ich mußte den Arbeitern zu essen bringen. Ich habe im Haus zu tun gehabt. Auf dem Acker. In der Wiese. Im Weingarten.“

(Aus einem lateinisch-deutschen Übungsgespräch im weitverbreiteten Lehrbuch *Es tu scolaris*[14] [spätes 15. Jh.])

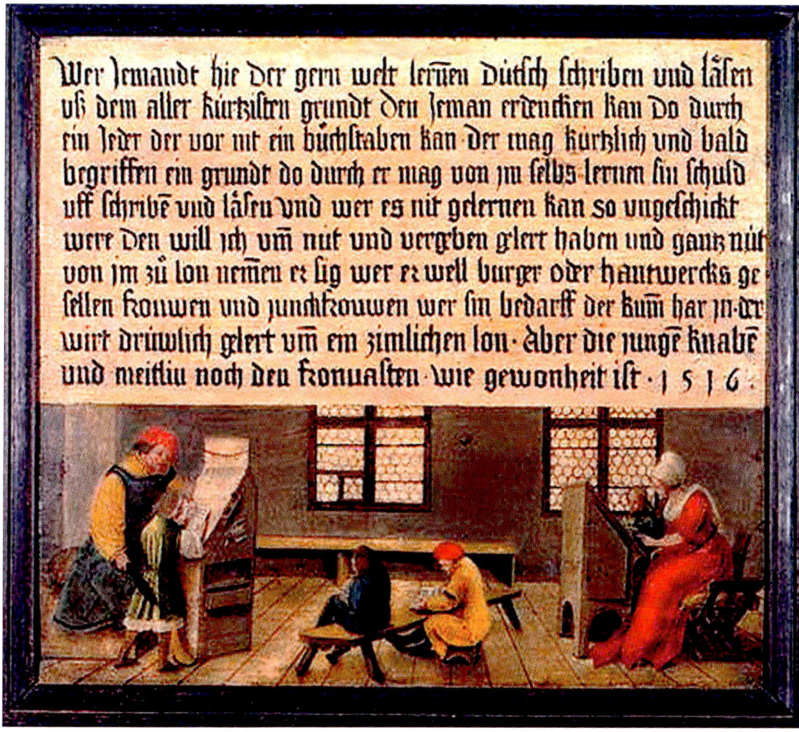

Werbetafel einer deutschen Privatschule, in der wie üblich zugleich Knaben, Jünglinge und Männer, hier aber auch noch Mädchen und Frauen unterrichtet wurden.

„Gibt es jemanden, der gern auf die allerkürzeste denkbare Weise auf Deutsch das Schreiben und Lesen erlernen möchte, wodurch ein jeder, der zuvor keinen Buchstaben konnte, kurz und rasch die Grundlagen begreifen mag, womit er selbst lernen kann, seine Schulden aufzuschreiben und zu lesen [, dann komme er hierher]. Und wäre jemand so ungeschickt, daß er es nicht lernen kann, dann will ich ihn völlig kostenlos unterrichtet haben und von ihm keinen Lohn nehmen. Wer auch immer es sei, Bürger, Handwerksgesellen, Frauen oder Jungfrauen, wer dessen bedarf, der komme her, er wird getreulich gegen angemessenen Lohn unterrichtet, die jungen Knaben und Mädchen nach Fronfasten, wie üblich. 1516."

Tafelmalerei von Hans Holbein d. J., 1516, Basel, Öffentl. Kunstsammlung

Die Grundlage des Unterrichts in diesen Schulen bildete das wörtliche Auswendig-Lernen. Ob im Kloster die *Psalmen*, ob in der Lateinschule der *Donat* (eine Grammatik aus dem 4. Jh.) – vor dem eigentlichen Verständnis kam immer das mechanische Reproduzieren. Erst die Humanisten wandten sich gegen diese „Zerfleischung des Verstandes" und förderten die Muttersprache auch bei der Erklärung der lateinischen Grammatik. Das Gelernte wurde im „Verhör" überprüft und jeder Fehler mit Prügel und Schandstrafen geahndet. Auch untereinander durften die Kinder nur Latein sprechen, ein ‚Wolf' genannter Schüler mußte jeden Verstoß dem Lehrer melden[15]. Das Gleiche galt noch für die Stipendiaten in den universitären Kollegien.
Lesen und Schreiben wurden nicht zugleich erlernt, sondern letzteres folgte als eigene ‚Kunst' erst später; es gab mache – für jene Epoche – Gebildete, die wie Karl d. Gr. zwar lesen, nicht aber schreiben konnten. Für die Übung dienten Wachstäfelchen; erst wenn man hier etwas richtig eingraben konnte, wurde es dann auch auf Pergament oder Papier nachgeahmt.

Zu den bis in die Gegenwart dauernden ‚Erfindungen' des Mittelalters zählen die Universitäten, von denen Bologna und Paris als die ältesten gelten. Als Institutionen entwickelten sie sich zunächst seit dem späten 11. Jahrhundert aus Zusammenschlüssen von mehr oder minder auf eigene Faust Lehrenden und Lernenden. Nicht in die Domschulen integriert, bildeten sie also Korporationen ähnlich wie die Bruderschaften im religiösen Bereich, die Hansen und Zünfte im wirtschaftlichen. Als Fachbereiche konstituierten sich Theologie (hier war Paris führend), Recht (mit dem Zentrum Bologna) und Medizin (am wichtigsten: Salerno) sowie die Artes liberales als Grundlagenstudium. Später gründeten v. a. Könige und Fürsten solche Schulen, um Verwaltungspersonal zu bekommen und ihre Untertanen daran zu hindern, ins Ausland zu gehen und dort ihr Geld auszugeben. In der Regel standen die Universitäten unter der Aufsicht des Ortsbischofs, dessen Hand in Paris oder Oxford schwer auf ihnen lastete. Manche dieser Institutionen waren jedoch ziemlich selbstständig, so Bologna, andere wiederum von ihren fürstlichen Gründern und deren Nachfolgern abhängig, wie etwa Neapel.

Im altfranzösischen Roman *Dolophates* aus der 1. Hälfte des 13. Jahrhunderts wird ein Musterschüler namens Lucinius beschrieben – unterrichtet freilich von Vergil mit Hilfe eines Handbuchs über die Artes Liberales (die Grundlagenbildung für die Intellektuellen der Epoche). Im Prinzip blieben es das ganze Mittelalter hindurch diese gleichen Kategorien lateinischer Bildung, die beim Unterricht der ‚freien Künste' vermittelt wurden, auch an den Universitäten:

„*Jeder, der dieses kleine Buch hatte, konnte die Sieben Freien Künste leicht binnen drei Jahren lernen. Aber niemand konnte sie auch in einem ganzen Leben lernen, wenn ihm nicht der Herrgott half... Zuerst lehrte er ihn Grammatik, das ist die Mutter, das Haupt und das Wesentliche aller Freien Künste. Und der Knabe war fein und treu und hatte sie in so kurzer Zeit gelernt, daß Vergil erstaunte und ihn zur Dialektik führte. Er hielt sich damit so gut, daß er die Lüge mit der Wahrheit prüfte und die Wahrheit mit Macht widerlegte. Es gab keinen so scharfen Dialektiker wie Lucinius, daß er so schön geantwortet und argumentiert hätte, und keinen Meister, den er nicht besiegt hätte – er ist ein guter Kleriker und Dialektiker. Danach lehrte er ihn Rhetorik, durch diese Kunst wurde er brillant, für wert gehalten und geehrt; so lernte er vollkommen, wie man schön und höfisch spricht...*" (vs. 1400 ff.).

Nach diesem Trivium folgte das Quadrivium, nämlich Mathematik, Geometrie, Musik und Astronomie. Danach erst wandte man sich i. d. R. den spezielleren Fachrichtungen wie Theologie oder Medizin zu.

Betrachten wir ein Beispiel für eine Universitätsgründung: Bayern gehörte zu den wichtigsten Territorien des Heiligen Römischen Reiches, besaß aber noch in der Mitte des 15. Jahrhunderts keine Universität. Höhere Bildung war den Landeskindern nur in Italien, Frankreich, Böhmen oder einigen deutschsprachigen Ländern wie Österreich zugänglich. 1458 beschloß Herzog Ludwig der Reiche, in Ingolstadt eine Landesuniversität zu errichten. Zur Ehre Gottes und des Glaubens, aber auch zur Beförderung des Glückes seiner Untertanen, so schrieb in diesem Jahr an den Papst, wünsche er eine Hochschule mit allen Fakultäten zu stiften. Pius II. unterstützte das Vorhaben und verlieh dem neuen Studium generale dieselben Vorrechte wie Wien. Finanziert wurde es v. a. durch die Umwandlung ursprünglich für andere fromme Zwecke gestifteter Pfründe und das Klostergut der städtischen Franziskaner, geleitet wurde es vom als Kanzler amtierenden Bischof. Als die Universität Ingolstadt nach manchen Verzögerungen 1472 eröffnet wurde, zählte sie 489 Studenten. Die Promotionen in Theologie, Jura und Medizin wurden vom Herzog selbst vollzogen, der ‚seinen' Studenten im ganzen Herzogtum Zoll- und Mautfreiheit gewährte[16].

Die Studenten waren zumeist nach Nationen zusammengeschlossen, die den Rektor wählten; in Paris unterschied man Gallikaner (Franzosen, Italiener, Spanier), Pikarden, Normannen und Engländer (zu denen auch die Deutschen und Skandinavier zählten). Die älteren hatten gewisse Befehlsgewalt über die jüngeren, die erst nach einem schmerzhaften und kostspieligen Initiationsritus integriert wurden. Die Masse der Hörer bestand aus Artes-Studenten im Alter zwischen 14 und 20 Jahren; sie strebten einen Abschluß als Magister, Doktor, Bakkalaureus, Lizentiat an. Je nach Vermögen lebten sie in privaten Unterkünften oder in einem Kollegium. Diese Einrichtung könnte man als Studentenheim bezeichnen, das armen Stipendiaten kostenlose Unterkunft gewährte; solche Kollegien wurden (wie früher Klöster) von Reichen um ihres Seelenheils willen gestiftet. Am bekanntesten ist hier die 1253/57 errichtete Sorbonne in Paris, benannt nach ihrem Gründer Robert von Sorbonne, Kaplan König Ludwigs IX. Hier kamen arme Theologiestudenten für maximal sieben Jahre unter, wobei von ihnen entsprechende Frömmigkeitsbezeugungen und ein vorbildliches Leben erwartet wurden. Eine eigene Bibliothek erleichterte ihnen ihre Tätigkeit.

Im Spätmittelalter, als an die achtzig Städte hohe Schulen besaßen und sich das humanistische Ideal des Universalgelehrten verbreitete, war es keineswegs unüblich, sein Studium an einer Reihe von Universitäten durchzuführen, auch nicht, mehrere Fakultäten zu frequentieren – beides heute kaum mehr möglich. Der aus Thorn gebürtige Nikolaus Kopernikus etwa bezog 1491 die Universität Krakau und hörte dort Theologie, Medizin, Mathematik und Astronomie. Fünf Jahre später begann er in Bologna mit Rechtswissenschaften, führte aber 1501 sein

Medizinstudium in Padua weiter. 1503 wurde er in Ferrara zum Doktor des Kirchenrechts promoviert.

Der studierte Mediziner bei der Harnschau, einem der wichtigsten Diagnosemittel des Mittelalters. Die praktische Heiltätigkeit war oft unter seiner Würde, sie wurde wie auch hier von dem nicht studierten Chirurgen ausgeführt.
Holzschnitt aus Rodericus, *Der Spiegel des menschlichen lebens*, Augsburg 1479

Seit dem 13. Jahrhundert bezeichnete man diese Institutionen als „studia generalia", d. h. Bildungsstätten für Studenten jeder Nationalität mit dem Privileg, daß die an einem Ort erworbene Lehrbefähigung auch an allen anderen Universitäten anerkannt wurde. Wie teilweise noch heute, hielten die Professoren Vorlesungen, die manche Studenten mitschrieben; diese Nachschriften wurden auch, wie nunmehr Vorlesungs-Skripten, vervielfältigt. Was etwa Albertus Magnus über die Lehre des spätantiken Theologen Pseudo-Dionysius Areopagita vortrug, ist noch heute in einer originalen Vorlesungsmitschrift des Thomas von Aquin erhalten. Doch entwickelte sich auch ein kommerzieller Kopierdienst von Lohnschreibern.

„Bücher machen Freude, wenn Wohlstand und Glück lachen, sie trösten besonders, wenn des Geschickes Wolken dräuen. Sie verleihen den menschlichen Vereinbarungen Kraft, und ohne sie werden keine bedeutenden Urteile gefällt. Die Künste und Wissenschaften, deren Fortschritte darzulegen kein Denken ausreicht, haben in den Büchern Bestand. Wie hoch ist doch die wunderbare Macht der Bücher zu schätzen, erkennen wir ja durch sie sowohl die Grenzen der Welt wie der Zeit und betrachten wir wie in einem Spiegel der Ewigkeit das, was nicht existiert, so wie das, was existiert. Wir besteigen Berge, erforschen Tiefen der Abgründe und sehen in den Kodizes Fischarten, die die normale Luft keineswegs heil erhält. Wir analysieren die Eigenschaften der Flüsse und Quellen verschiedener Länder, graben die Sorten der Metalle und Edelsteine und Stoffe aller Mineralien aus Büchern aus, lernen auch die Kräfte der Kräuter, Bäume und Planeten und werden nach Belieben über die ganze Nachkommenschaft des Neptun, der Ceres und des Pluto unterrichtet."

(Der englische Diplomat und Bischof Richard von Bury, *Philobiblion* c. 15 [aus dem Jahre 1344])

Die Universitäten waren nicht nur von der Verfassung her religiöse Körperschaften, sie wurden vielfach, namentlich in den Disziplinen Theologie, Philosophie und Recht, auch von Geistlichen oder Mönchen geprägt, die die Leitungs- und Professorenstellen innehatten. Besonders die für ganz Europa so wichtige hohe Schule von Paris hatte an ihrer theologischen Fakultät schon seit 1229 Professoren aus dem Dominikanerorden. Der bedeutendste mittelalterliche Gottesgelehrte, Thomas von Aquin, war an dieser Universität tätig, desgleichen der bedeutendste deutsche Vertreter der theoretischen Mystik, Meister Eckhard. Beide waren Angehörige des Predigerordens. Besonders dieser Bettelorden legte schon seit seiner Gründung durch Dominikus großen Wert auf eine wissenschaftliche Ausbildung seiner Mitglieder, da sein ursprünglicher Zweck ja die Bekämpfung der Ketzer war. Das implizierte auch, intellektuelle Überzeugungsarbeit gegen diese zu leisten, sie vielleicht durch Diskussionen zur ‚einzig seligmachenden katholischen Kirche' zu bekehren. Dazu wurde ein eigener, ordensinterner Studiengang organisiert, der mindestens vier Jahre dauerte. Bologna, Köln,

Barcelona und Montpellier waren die wichtigsten Ausbildungszentren. Nicht zuletzt, da auch ausgewählten Laien der Zugang zu solchen ‚Ordensuniversitäten' ermöglicht wurde – Dante war ein Schüler des Florentiner Konvents – strahlte die qualitätsvolle Gelehrsamkeit der Dominikaner weit über die Welt der Religiosen hinaus.

„Heute gibt es so viele Lehrende, so viele Prediger, die ganzen Städte sind voll von ihnen, so gute und wahrheitsliebende. Schulen sind in allen Konventen, das sind gut Tausend, wo man täglich die Weisheit sucht, erklärt und meistert... Die Orden, die Bettelmönche machen jeden Tag Bücher, und in Paris macht man täglich Bücher...“

(Der Dominikaner Jordan von Pisa,
Anfang des 14. Jahrhunderts)[17]

Ein praktisches Problem vieler Gelehrter wurde erst um 1300 durch die Erfindung der Brille gelöst; sie wurde in der Kunst auch antiken Weisen als Attribut beigegeben. Diese stammt aus dem norddeutschen Kloster Wienhausen, zusammen mit Schreibtafeln- und Griffeln, alles aus der Zeit um 1320.

Bisher war von der Bildung der Geistlichen und Fachgelehrten, die als Studenten und Professoren zu den Kleriker zählten, die Rede. Wie stand es um die Bildung der Laien? Mit der beginnenden Emanzipation der Laienkultur, wie wir sie auch im Leben der Adelshöfe beobachteten, ging das Bedürfnis der Oberschicht dieses Standes einher, sich in vereinfachtem Latein oder häufiger in ihrer eigenen Sprache Bildung zu erwerben. Dazu wurde Laien vielfach ein gekürzter oder vereinfachter Auszug aus dem Fachschrifttum angeboten. So überreichte der in Oxford tätige Augustiner Robert von Cricklade seinem König Heinrich II. (reg. 1154-1189) einen auf neun Bücher zusammengeschrumpften Auszug aus der als Standardwerk geltenden *Naturgeschichte* des Plinius (1. Jh. n. Chr.). Im Widmungsbrief führte er dazu aus: „Dir, Heinrich, erhabenster König der Engländer, habe ich, Dein Diener Robert, dieses Werk gewidmet, das ich aus den 37 Büchern der Naturgeschichte des Plinius Secundus wie aus einem unendlichen Meer mittels des Netzes meines geringen Talents ausgezogen habe, da ich bei mir meinte, es sei ganz unhaltbar, wenn Du, Herr und Lenker so vieler und so bedeutender Länder, die Teile des Erdkreises nicht kenntest, von denen Du einen nicht geringen Teil beherrscht. Es ist ja bekannt, daß Du, während Du in Kriegsangelegenheiten völlig unbesiegbar bist, nicht weniger Eifer für die wissenschaftliche Bildung hast, wenn sich eine Mußstunde ergibt. Falls Du dieses kleine Werk der Lektüre würdigst, wirst Du das Fluten und Zurückfluten des die Erde umkreisenden und auf sie einstürmenden Ozeans erkennen, die Unterschiede der Völker und ihrer Bräuche, die Wildheit der Tiere und das Ungestüm der Bestien, die Natur der Landtiere, der Vögel, Fische, Reptilien und anderes Wundersame, was gemäß der Natur oder gegen sie im Himmel oben oder auf der Erde unten und auch in den einzelnen Elementen geschieht, dann auch die Kräfte der Bäume und Kräuter usw., was vom Belebten als Heilmittel für Krankheiten dient, auch die Namen und Kräfte sehr vieler Steine und Edelsteine."[18]

Der Übergang von einer primär monastischen zu einer mehr und mehr weltlichen Leserschaft, die Anhäufung von Wissen, die auch zur Erstellung der großen enzyklopädischen Summen führte, die Aufgaben in Wirtschaft und Handel usf. brachten ein seit dem 12. Jahrhundert stets anwachsendes Schrifttum in den Volkssprachen mit sich. Es führte im Spätmittelalter auch zur Beschleunigung des Schreibvorgangs und wohl auch zum stillen Lesen – üblich war es vorher stets gewesen, sich die Texte halblaut vorzulesen. Es kam weiter zur Entwicklung einer Schrift, bei der die Buchstaben nicht einzeln gesetzt, sondern miteinander verbunden wurden, einer Schrift, die nicht so viel Druck auf die Schreibfeder und ihren häufigen Haltungswechsel erforderte, wie die älteren Formen. Die rascher niederzuschreibenden kursiven Lettern, namentlich die (landschaftlich unterschiedlich ausgestaltete) Bastarde, gelangten auch in wertvollen Büchern mehr und mehr zum Einsatz.

Wiewohl die mittelalterliche Laienbildung auch das Bürgertum betraft, läßt sie sich überlieferungsmäßig am besten für Personen an der Spitze der Gesellschaftspyramide beobachten. Bildung wurde nämlich von vielen der Herrschenden als Wert anerkannt und aus persönlicher Neigung gepflogen. Im frühen Mittelalter bemühte sich Karl d. Gr. nicht nur durch entsprechende Gesetzgebung um eine Hebung der christlichen Erziehung, sondern mühte sich auch selbst noch im Alter damit ab, das Schreiben zu erlernen. Im 9. Jahrhundert wirkte ähnlich König Alfred von Wessex. Im späten Mittelalter häuften sich dann Herrscher, die nicht nur selbst musisch tätig waren, sondern auch Kunst, Literatur und Musik förderten. Man kann ohne Übertreibung sagen, daß ohne ihr Engagement das kulturelle Erbe des Mittelalters spürbar ärmer wäre. Die bekanntesten Namen sind in Spanien Alfons X., in Deutschland und Böhmen Karl IV., in Frankreich Karl V. Dem Humanisten Petrarca galt als gelehrtester Herrscher Robert von Anjou, König von Sizilien (1278-1343), dessen Urteil er sich unterstellte.

Mancher König hat volkssprachliche Dichtungen hinterlassen, Richard Löwenherz von England in seiner französischen Muttersprache, Friedrich II. von Deutschland und Sizilien sowie sein Sohn Enzo in Italienisch. König Peter IV. von Aragón (1319-1387) diktierte die autobiographisch gefärbte Chronik seiner Zeit, verfaßte Gedichte in Katalanisch und Provenzalisch, letzteres im Interesse, die Trobador-Lyrik wiederzubeleben. Sein Sohn Johann I. (1350-1396) komponierte nicht nur die Musik zu französischen Rondeaus und Balladen, sondern beschäftigte sich auch mit antiker Philosophie und protegierte den bekanntesten katalanischen Dichter seiner Zeit, Bernat Metge, der ihm dafür nach seinem Tode einen ehrenvollen Auftritt in seinem Hauptwerk *Der Traum* gönnte. Johann heiratet eine französische Adelige, Violante von Bar, die ihre eigenen Spielleute und Musiker mitbrachte, was entsprechende Auswirkungen auf das kulturelle Leben Spaniens hatte. Erwähnen wir noch König Jakob I. von Schottland (reg. 1406-1437), der eine Traumvision im Stile Chaucer's verfaßte.

Doch war der Adel auch durch die Förderung von Dichtern und Künstlern wichtig. Im hohen Mittelalter zogen die Höfe der Babenberger (in Wien) oder der Thüringer Landgrafen (die Wartburg) viele Sänger an, nicht zuletzt einen Walther von der Vogelweide. Ähnliche Funktionen hatten im späten Mittelalter viele oberitalienische Dynastien, am bekanntesten die Medici in Florenz. Es fiele so nicht schwer, ein Buch mit den Namen auch von nicht königlichen Herrschern und Herrscherinnen zu füllen, die auf das kulturelle Leben ihrer Zeit großen Einfluß ausübten.

Dabei waren es in erster Linie die Dichter, die in antiker Tradition Bildungsgut horteten, um Gelehrsamkeit zu demonstrieren. Als berühmtester und wohl auch gelehrtester Dichter der Epoche wird der Florentiner Dante Alighieri (1265-1321) angesehen. Sein Hauptwerk, die *Göttliche Komödie*, ist zwar nach dem Vorbild einer Jenseitsvision angelegt, also dem Bericht einer Nah-Tod-Erfahrung, einer im Mittelalter sehr beliebten religiösen Textsorte, in der man nachlesen konnte, wie es konkret in der anderen Welt aussah. Aber das Werk ist gleichzeitig eine freilich oft verschlüsselte Enzyklopädie theologischen und historischen Wissens, und folgt in seinem Aufbau komplizierten astrologischen Theorien. Dantes Weltbild war allerdings im Prinzip das jedes Gelehrten der Zeit: Die kugelförmige Erde wird von der Sonne (unten) und dem Mond (oben) auf ihren Bahnen umkreist. In den Tiefen der Erde liegt die von Luzifer beherrschte Hölle, irgendwo im Osten (unten) der Paradiesesberg.

Das geozentrische Weltbild: Terra inmitten der Sphären, die sie wie Kugeln umgeben, vom Mond („luna") angefangen bis zum Saturn, außen die Tierkreiszeichen; das Ganze von Personifikationen gehalten. Aus einer Macrobius-Handschrift, M. 12. Jh.

Eine andere Kategorie Gelehrter, die von manchen Fürsten besonders unterstützt wurden, waren die Geschichtsschreiber. Natürlich ging es dabei oft um die Verherrlichung der lokalen Dynastie. Doch wurde diese Aufgabe noch bis ins ausgehende Mittelalter üblicherweise von Mönchen wahrgenommen. Der berühmteste deutsche Historiker der Epoche, Otto von Freising, war Angehöriger des Zisterzienserordens und schieb als Onkel Friedrich Barbarossas seine Werke natürlich in für die Staufer durchaus positiver Sicht; er zeichnete sie als Beförderer des Friedens im Reich. Im späten Mittelalter hielten sich dann einzelne Herrscher Hofhistoriographen, zunächst in den romanischen Ländern. Als Beispiel sei nur der Portugiese Frei Joao Álveres genannt, der als Sekretär dieses Prinzen zwischen 1451 und 1460 den Traktat über das Leben und die Taten des sehr tugendsamen Herrn Infanten Don Fernando verfaßte und damit den Ruf der Heiligkeit des von den Muslimen gefangenen und in Tanger verstorbenen Bruders König Heinrichs des Seefahrers legte.

Auch an den Werken der mittelalterlichen Geschichtsschreibung kann man jene Spannung zwischen der heidnischen und der christlichen Tradition erkennen. Einerseits wollte man die antiken Geschichten weiter überliefern, andererseits verursachte aber die andere religiöse Welt Probleme. Das Heidentum erforderte eine besondere Behandlung, da nach der christlichen Dogmatik die in den Quellen jener Zeit andauernd vorkommenden Götter in Wirklichkeit nur Dämonen gewesen wären. Es gab jedoch einen Erklärungsmodus, mit dem man sie ohne Rückgriff auf das Übernatürliche ins Geschichtsbild integrieren konnte, den Euhemerismus. Diese Erklärung der Götterwelt, auf Euhemeros von Messene (um 300 v. Chr.) zurückgehend und schon den Kirchenvätern wohlbekannt, besagt, die alten Götter seien nur besonders hervorragende Menschen gewesen, die man nach ihrem Tode vergöttlicht und verehrt hätte. Jupiter z. B. wurde so zum Gründer Athens und Stammvater der Könige von Troja, so daß sich in langer und fiktiver Genealogie sogar christliche Herrscher wie Kaiser Heinrich VI. als Nachfahre dieses Gottes verstehen konnten. Jupiters Vater Saturn wurde als wahnsinniger Zauberer gesehen, der seine Kinder auffraß und von seinem Sohn entmannt wurde, nach Italien floh und dort herrschte.

Eine bildungsgeschichtlich große Innovation des Hochmittelalters lag darin, daß man nun unglaublich viel breiter als im Frühmittelalter Wissen auch der Muttersprache anvertraute, anstatt nur dem elitären Idiom des Lateinischen. Ein wesentliches Element der Laienbildung bestand dabei in der Übersetzungsliteratur aus dem Lateinischen und – für die anderen Nationen – aus dem Französischen, das in der Dichtung seit dem 12. Jahrhundert tonangebend für alle übrigen Sprachbereiche zwischen Sizilien und Island war. Die zugrundeliegende Intention wurde auch ausgesprochen, so von dem Dichter Wace in seinem Leben des hl. Nikolaus (3. V. 12. Jh.): „Ich möchte auf Französisch ein wenig von dem sagen, was uns das Lateinische sagt, damit auch die Laien das lernen können, die kein Latein verstehen können." (vs. 41 ff.) In der Regel handelt es sich bei Übersetzungen aber nicht um wörtliche Wiedergaben, sondern um Paraphrasen oder Nachdichtungen. Dies teilweise aus bewußtem Gestaltungswillen, teilweise aus Inkompetenz. Benoit de Sainte-Maure, der seine Chronik der Normannischen Herzoge um 1175 in der Volkssprache verfaßte und dabei natürlich auf Quellen der gelehrten Sprache zurückgreifen mußte, klagte: „Ich, der ich Tag und Nacht keine Ruhe finde, der ich Latein so anstrengend finde – wenn ich mich irre, ist das kein Wunder, denn außer Gott gibt mir dazu niemand einen Rat!“ (vs. 28723 ff.)

Was die Naturwissenschaften und die Philosophie betrifft, so gab es in Spanien und Süditalien eine rege Übersetzungstätigkeit aus dem Arabischen, wobei speziell antike Texte, die in diese Sprache übertragen worden waren (wie v. a. die Werke des Aristoteles) besonders gefragt waren. Doch gab es auch Hindernisse: Auf der einen Seite entwickelte sich Widerstand gegen diesen Kulturtransfer bei den Muslimen: Zu Anfang des 12. Jahrhundert meinte der Dichter Ibn'Abdun von Sevilla: „Wir dürfen weder Juden noch Christen wissenschaftliche Bücher verkaufen, außer denen, die sich mit ihrem Gesetz beschäftigen, denn dann übersetzen sie die wissenschaftlichen Bücher und schreiben sie sich selbst und ihren Bischöfen zu, wiewohl es sich um muselmanische Werke handelt!“[19] Andererseits versuchte die Amtskirche, die Beschäftigung mit der heidnischen Wissenschaft und den islamischen oder jüdischen Kommentaren dazu zu unterbinden; im 13. Jahrhundert kam es wiederholt zu dem Verbot, sich mit Aristoteles zu beschäftigen. Als sich in den sechziger und siebziger Jahren Professoren und Studenten in Paris über die Behinderung der Forschung und Lehre beschwerten und religionskritische Äußerungen fielen, verbot der Pariser Bischof 1270 und wieder 1277 auf päpstliche Weisung hin das Studium des Aristotelismus. Doch ließ sich die einmal erweckte Wißbegierde nicht abwürgen. Der Aneignungsprozeß antiker und orientalischer Wissenschaft ging im späten Mittelalter weiter; und 1311/12 beschloß das Konzil von Vienne, daß Lehrstühle für Griechisch, Arabisch, Hebräisch und Chaldäisch (d. h. Aramäisch) auf Kosten der Kirche an den Universitäten Paris, Oxford, Bologna, Rom und Salamanca eingerichtet werden sollten.

Es waren einerseits die großen Werke der griechischen Philosophie, die so den Westen erreichten, namentlich Aristoteles, der für Jahrhunderte zu der wissenschaftlichen Autorität überhaupt werden sollte, dann eine Fülle naturwissenschaftlicher, mathematischer, medizinischen Texte, die überhaupt erst eine Entwicklung naturwissenschaftlicher Forschung in Gang brachten. Auch Astrologie und Alchemie zählten zu den aus dem Orient übernommenen Wissenschaften. Letztere suchte experimentell nach Methoden, die Grundstoffe zu verwandeln, namentlich in Gold, oder auch nach Elixieren, die das Leben verlängern sollten. Wiewohl dies nicht möglich ist, entstand doch die moderne Chemie aus solchen Versuchen, die v. a. mit Merkur (Quecksilber) und Schwefel angestellt wurden. Zu dieser Entwicklung hätte es ohne die Tätigkeit der Übersetzer nicht kommen können, – ein wichtiger Faktor in der Bildungsgeschichte des Mittelalters, der nicht unterbewertet werden sollte.

Ein antik-orientalische Vorstellungen mit christlichen Konzepten verbindendes Werk stellt die *Aura consurgens* eines unbekannten Alchemisten aus dem 14. Jahrhundert dar. Hier sind die dunkelhäutige Braut des *Hohen Liedes*, die mit der Sonne bekleidete Frau der *Geheimen Offenbarung* und der alchemistische Hermaphrodit verschmolzen, der das Symbol des Merkurs in seinem Schoß zeigt.
Miniatur um 1420, Zürich, Zentralbibl. Cod. Rhenoviensis 172, f. 29v

So stand Bildung im ganzen Mittelalter in einer heute nicht mehr anzutreffenden Spannung, die durch den Primat des Religiösen in jener Epoche entstand: Einerseits wurde sie geschätzt, da zum Verständnis der Heiligen Schrift hilfreich, und da sie für komplexere Tätigkeiten wie die des Priesters oder Klerikers unerläßlich blieb. Andererseits stieß sie immer wieder auf Ablehnung, da sie auf heidnischen Traditionen beruhte und den Menschen leicht von seiner eigentlichen Bestimmung abzulenken vermochte, nämlich über die religiösen Wahrheiten nachzudenken und sich moralisch auf die andere Welt vorzubereiten. Daß die ‚Neugierde' siegte, wenn auch nur langsam, implizierte einen korrespondierenden Rückgang der Religiosität, der in der Moderne damit enden sollte, daß die christliche Religion praktisch keine Rolle im Alltag mehr spielt, da sie mit dem wissenschaftlichen Weltbild nicht mehr zusammenpaßt. Die Grundsteine für diese Sicht der Dinge wurden von den Gelehrten des Mittelalters gelegt, die Konsequenzen konnten sie nicht ahnen.

Weiterführende Literatur

Keck, Rudolf u. a. ed., Literaten – Kleriker – Gelehrte, Köln 1995.

Le Goff, Jacques, Die Intellektuellen im Mittelalter, Stuttgart 1986.

Maierù, Alfonso, University training in medieval Europe, Leiden 1994.

Paul, Eugen, Geschichte der christlichen Erziehung I, Antike und Mittelalter, Freiburg i. Br. 1993.

Schoelen, Eugen, Erziehung und Unterricht im Mittelalter: ausgewählte pädagogische Quellentexte, Paderborn ^{2}1965.

Rüegg, Walter ed., Geschichte der Universität in Europa I, München 1993.

Specht, Franz Anton, Geschichte des Unterrichtswesens in Deutschland von den ältesten Zeiten bis zur Mitte des dreizehnten Jahrhunderts, Stuttgart 1885 = Schaan 1982.

Wagner, David, The seven liberal arts in the middle ages, Bloomington (IN) 1983.

1 Gertz, M. ed., Historisk læsebog i middelalders-latin, Kopenhagen [2]1931, 209.
2 Schmale, F.-J. ed., Bischof Otto von Freising und Rahewin, Die Taten Friedrichs, Darmstadt 1965, 27, 32.
3 Early English Text Society OS 115, 1900, 276 f.
4 Sudmann, Stefan, Das Basler Konzil, Frankfurt a. M. 2005, 262 ff.
5 Kretzenbacher, Leopold, Voraussetzungen und Erscheinungsformen von Bild- und Wortzeugnissen zum mystischen Thema der „Geistlichen Mühle“: Bayerisches Jahrbuch für Volkskunde 1980/81, 55-75.
6 Dinzelbacher, Peter, Mensch und Tier in der Geschichte Europas, Stuttgart 2000, 221.
7 Rüegg, W. ed., Geschichte der Universität in Europa I, München 1993, 289 f., 368 f.
8 Hauréau, M., Mémoire sur les récits d'apparitions dans les sermons du moyen âge : Mémoires de l'Institut National de France, Académie des Inscriptions et Belles-Lettres 28, 1876, 239-262, 242.
9 Adelman von Lüttich: Clerval, A., Les écoles de Chartres au Moyen Age, Paris 1895, 59.
10 Michael Beheim (1416-1474), Gedicht auf die Universität Wien, ed. Maschek, Hermann, Deutsche Chroniken, Leipzig 1936, 268.
11 Theophrastus, Liber de nuptis, ed. Hann, R., Lawler, T., Jankyn's Book of Wikked Wyves, Athens 1997, 155.
12 Epistola 1, 18, ed. Pagani, Ileana, Epistolario di Abelardo ed Eloisa, Torino 2004, 148.
13 Lexikon des Mittelalters VII, 1585.
14 Müller, Joh., Quellenschriften und Geschichte des deutschsprachigen Unterrichtes bis zur Mitte des 16. Jh.s, Gotha 1882, 233 Anm. 132.
15 Ebd. 221, 199.
16 Riezler, S., Geschichte Baierns III, Gotha 1889, 848 ff.
17 Frugoni, C., Books, banks, buttons, and other inventions from the Middle Ages, New York (NY) 2003, 157 Anm. 77.
18 *Roberti Crikeladensis Defloratio Naturalis Historie Plinii Secundi*, ed. B. Näf, Bern 2002, 1.
19 Lomba Fuentes, J., Aportacíon musulmana a la renovacíon filosófica del siglo XII, in: Renovación Intelectual del Occidente Europeo (s. XII), Pamplona 1998, 135-167, 141.

Christuskopf, Glasmalerei, 11. Jh., Straßburg, Frauenhausmuseum

7. FORMEN DER FRÖMMIGKEIT

Religion

Alle Religionen, auch die monotheistischen mit ihrem Anspruch, stets bloß die geheiligten Traditionen ihrer Stifter zu verwirklichen, sind in ständiger Veränderung begriffen. Die Kirchengeschichtsschreibung zeichnet oft ein recht einseitiges Bild der christlichen Vergangenheit, da sie die Kontinuitäten im Glauben und Ritus so betont, daß man den Eindruck bekommt, über 2000 Jahre hinweg sei der Katholizismus im wesentlich dieselbe Religion geblieben. Dies trifft jedoch nur für einige Grundaspekte zu, z. B. für die (nur im *Johannesevangelium* formulierte, bei den anderen Evangelisten noch nicht vorhandene) Vorstellung, Jesus sei nicht nur ein Mensch, sondern die Fleisch gewordene Gottheit selbst gewesen. War und ist es auch ein – übrigens im Lauf der Überlieferung in zahllosen Einzelheiten immer wieder veränderter – Grundtext, die *Bibel*, die diese Religion stets als ihre Norm deklarierte und deklariert, so wandelte sich doch ihr Verständnis ununterbrochen. Die ganze Kirchengeschichte ließe sich leicht unter dem Aspekt darstellen, daß jede Epoche jene Passagen aus den Büchern der *Heiligen Schrift* bis zur Ausschließlichkeit betont, die der zeittypischen Allgemeinmentalität am ehesten entsprechen bzw. den religiösen Führern ihrer Zeit am besten zur Durchsetzung ihrer Ziele dienen. Wenn man etwa die Texte der Kirchenschriftsteller nach ihren *Bibel*-Zitaten analysiert, so sieht man, daß die des frühen Mittelalters viel mehr das *Alte Testament* heranzogen, die des hohen und späten Mittelalters dagegen mehr das *Neue*. Früher an zentraler Stelle stehende Texte wie z. B. die Untergangsvisionen der *Apokalypse* werden heute in den Großkirchen so gut wie ausgeblendet – usw.

So konnte im Verlauf der Geschichte, auch innerhalb des Mittelalters, aus der jeweils aktuellen Situation heraus durchaus etwas verbindliches Glaubensgut werden, was einst Aberglaube hieß, oder sogar Unrecht werden, was einst Recht war, und umgekehrt. Dies sei an einem Beispiel aus dem Bereich des Glaubens an übernatürliche Kräfte gezeigt: Seit etwa 900 findet sich in Sammlungen kirchlichen Rechts eine

Vorschrift, der *Canon Episcopi*, der folgendes besagt: „Manche verbrecherische Frauen, von den Täuschungen und Einbildungen der Dämonen verführt, glauben und geben an, sie würden in den Nachtstunden mit der Heidengöttin Diana und einer Unmenge von Frauen auf bestimmten Tieren reiten und weite Strecken in der Stille der tiefen Nacht zurücklegen, und sie würden ihren Befehlen wie denen ihrer Herrin gehorchen und in bestimmten Nächten zu ihrem Dienst befohlen werden. Daß diese doch mit ihrem Fehlglauben allein zu Grunde gegangen wären und nicht noch viele mit sich in den Untergang des Unglaubens hinabgezogen hätten! Denn eine unzählige Menge glaubt, von dieser falschen Meinung getäuscht, dies sei wahr, und weicht in diesem Glauben vom rechten Pfad ab und kehrt zum Irrglauben der Heiden zurück, weil sie meinen, es gäbe außer der einen Gottheit etwas anderes Göttliches. Daher sollen die Priester in den ihnen anvertrauten Kirchen dem Volk in aller Eindringlichkeit predigen, daß sie wissen, dies alles ist falsch! … Wer ist denn so dumm und töricht zu meinen, daß das alles, was nur im Geiste geschieht, sich auch im Körper ereigne?" Ein Jahr Fastenbuße wird als Sühne für diesen Irrglauben vorgeschrieben.[1]

Die Realität des nächtlichen Luftritts der Frauen, die man später als Hexen bezeichnete, sowie die ihrer Versammlungen wird in diesem frühmittelalterlichen Dokument also ausdrücklich verworfen und die ganze Vorstellung als bloße Einbildung erklärt, die von bösen Geistern suggeriert werde. An diese Einbildung zu glauben, wird unter Strafe gestellt. Da man sehr bald dachte, der *Canon Episcopi* sei bereits auf dem bedeutenden Kirchenkonzil von Ankyra im Jahre 314 erlassen worden, erlangte er große Autorität und wurde in zahlreiche Rechtssammlungen übernommen.

Seit dem 13. Jahrhundert verkehrte sich aber diese ‚aufgeklärte' Position der frühmittelalterlichen Geistlichkeit ins Gegenteil. Da sich die katholische Kirche damals vor der Gefahr sah, von Häresien, namentlich den Katharern, ihrer Monopolstellung beraubt zu werden, begann sie jede Glaubensabweichung wesentlich härter zu verfolgen, wozu die päpstliche Inquisition gegründet wurde. Gleichzeitig schrieb man dem Teufel wesentlich mehr Macht zu, betonte die dualistische Seite der christlichen Religion, begann zu glauben, daß der Böse es vermöge, mit solchen Flugkräften Hexen wirklich auszustatten, und anzunehmen, daß diese sich in Form einer Sekte während des Sabbats gegen die Gläubigen verschworen. Daher wurde nun die Gültigkeit des *Canon Episcopi* bestritten. Im späten Mittelalter galt es vielmehr als Religionsverbrechen, nicht an die Realität der nächtlichen Zusammenkünfte der Hexen zu glauben. Damit war den Christen des späten Mittelalters von ihren geistlichen Oberen genau das Gegenteil von dem zu glauben auferlegt, was ihre Vorfahren im Frühmittelalter als wahr anzusehen hatten.

Daß der jeweils ‚falsche' Glaube auch tatsächlich bestraft wurde, könnte an zahlreichen Beispielen gezeigt werden, es genüge aber, nur den Fall des Guillaume Adeline zu schildern[2]. Dieser Benediktiner, Prediger und Magister der Theologie, Professor in Poitiers und Caen, wurde 1453 vom zuständigen Bischof und der Inquisition gemeinsam zu lebenslanger Einkerkerung wegen zahlreicher Verfehlungen verurteilt, vornehmlich aber, weil er auf Betreiben des Teufels genau das gelehrt hatte, was im *Canon Episcopi* steht: Daß die Hexensekte nur eine Illusion sei. Vielmehr warf man ihm vor, er gehöre selbst zu dieser Sekte und habe an ihren Treffen teilgenommen. Wahrscheinlich unter der Anwendung der Folter gab Adeline alles zu, schwor ab, und starb nach vier Jahren im Kerker. Für die Verfolger war das Geständnis dieses Theologen ein Beweis, daß sich die Zeiten so zum Schlechteren geändert haben mußten, daß nun in der Wirklichkeit passierte, was früher nur phantasiert worden war.

Wenn man weiterhin den *Canon Episcopi* in Anwendung bringen wollte, dann mußte man schon ein sehr hohes Mitglied der Hierarchie sein: Nikolaus Cusanus, der berühmte Humanist und Philosoph, traf nur vier Jahre nach Adelines Verurteilung in seiner Diözese Brixen auf Frauen, die behaupteten, zur Gemeinschaft der Diana, der ‚guten Herrin', zu gehören. Cusanus, der einer der ganz wenigen Denker der Zeit war, die religiöse Toleranz für möglich hielten, begann keinen Hexenprozeß, sondern erklärte sie zu Geistesgestörten. Als Bischof und Kardinal konnte er sich diese Nachsicht leisten.

Aber solche Abweichungen blieben vereinzelt, die Meinung von der Wirklichkeit der Hexensekte und ihrer Sabbate setzte sich durch. Sie wurde im wichtigsten kirchenrechtlichen Handbuch zu ihrer Verfolgung festgeschrieben, dem päpstlich sanktionierten *Hexenhammer* von 1487, und blieb damit bis ins 18. Jahrhundert offizielles Glaubensgut der katholischen wie der reformierten Kirchen. Heute dagegen sind die christliche Theologen wiederum davon überzeugt, daß die Lehre des *Canon* richtig sei, und die des *Hexenhammers* unrichtig… So viel einleitend zur Veränderlichkeit der Religion.

Eines der konstanten Elemente des mittelalterlichen Christentums war dagegen sein Absolutheitsanspruch. Seine Vorstellungen und Praktiken als Möglichkeiten anzubieten, neben denen man auch andere wählen konnte, war für jede antike Religion das Übliche gewesen. Das heidnische Rom hatte zwar von seinen Bürgern die Respektierung des Kaiserkultes als politisches Bekenntnis verlangt, ihnen aber sonst so gut wie vollständige Religionsfreiheit gelassen. Die eigenen Vorstellungen gesetzlich zu verordnen, war bereits sehr früh ein Charakteristikum des Christentums[3]. Einerseits erfolgte die Bekehrung des Kontinents ja keineswegs, wie schon die spätantiken und frühmittelalterlichen Quellen stets aus der Feder der Sieger und dann die konfessionelle Kirchengeschichtsschreibung glauben machen wollen, als fast durchgehend freiwillige, selbstbestimmte Religionsänderung. Wer andererseits bereits in diese Religion hineingeboren wurde, dem trat sie ganz dominierend als Gebots- und Verbotsreligion entgegen (was aber die Entwicklung nicht dirigierter Komponenten gelebter Frömmigkeit bis hin zur Mystik bei einzelnen keineswegs ausschloß).

Nur für die erwachsenen Christen der ersten Jahrhunderte im mediterranen Raum ist es zutreffend, daß sie sich normalerweise freiwillig der neuen Religion anschlossen. Ab dem 4. Jahrhundert trifft dies für einen recht großen Teil der Gläubigen nicht mehr zu. Hat doch Kaiser Theodosius I. dem Imperium die katholische Religion in den achtziger und neunziger Jahren dieses Jahrhunderts als Staatsreligion verordnet und andere Formen des Christen- oder Heidentums mit Deportation bzw. Todesstrafe geahndet. Wenn schon nicht Romanen und Keltoromanen, so empfingen doch Germanen, Slaven und Finnen die christliche Religion immer wieder als verordnete: Woher die vielen Märtyrer unter den Missionaren, ein Bonifatius, Brun von Querfurt, Heinrich von Finnland usw., wenn die „Heiden" nur darauf warteten, den überlegenen Monotheismus anzunehmen? „Eine recht häufig praktizierte Form war die Gewaltmission… der militärischen Unterwerfung folgte die Zwangstaufe."[4] Faktisch wurde eines der germanischen Reiche nach dem anderen durch eine Entscheidung der politischen Führungsschicht (Königtum und Adel) zum arianischen oder katholischen

Christentum bekehrt, das damit nichts anderes als verordnete Religion sein konnte. Die Masse der Bevölkerung verließ ihren alten Glauben nicht aus persönlicher Überzeugung, sondern entweder aufgrund des sozialen Drucks durch die Herrschenden oder schlichtweg aufgrund der erlassenen Gesetze. Das bekannteste Beispiel ist das der karolingischen Sachsenmission, die nur erfolgreich war, da Karl d. Gr. den Verbleib bei dem alten Stammesglauben mit dem Tode bestrafte. Noch nach den norwegischen und isländischen Gesetzen des Hochmittelalters wurde die Verweigerung der Taufe streng bestraft. Das um 1250 aufgezeichnete norwegische *Gulathingslög* bestimmt c. 21: Wer ein ungetauftes Kind länger als ein Jahr im Hause hat, ist des Landes zu verweisen, und ähnliche Beispiele gibt es noch zahlreich. Mit solchen Sanktionen war es nicht so schwierig, ein Land wenigstens äußerlich in einer Generation der neuen Religion zuzuführen. Die allgemeine Einführung der Todesstrafe für Ketzer durch das Statut Papst Gregors IX. von 1231 war ein Markstein der praktischen Verwirklichung eines religiös vereinheitlichten Europas – und konnte doch nicht verhindern, daß sich die Zahl der Abweichler mehrte, die ihre Seligkeit nach ihrer eigenen Entscheidung erlangen wollten, nicht nach den amtskirchlichen Vorgaben. Der Erfolg der Reformation im 16. Jahrhundert zeigt das Scheitern der römischen Politik, eine – offiziell – einheitliche Religion in Europa zu erzwingen.

Die Christianisierung der Slaven in der 2. Hälfte des 12. Jahrhunderts:

„*Graf Adolf II. von Holstein befahl dem Slavenvolk, ihre Toten zur Bestattung auf den Kirchhof zu bringen und an den Feiertagen zur Kirche zu kommen, um das Wort Gottes zu hören. Der Priester Gottes Bruno versorgte sie gemäß dem ihm übertragenen Auftrag reichlich mit dem Wort Gottes, wobei er in slavischer Sprache geschriebene Predigten verwendete, die er dem Volk trefflich vortrug. Und die Slaven wurden daran gehindert, weiterhin bei Bäumen, Quellen und Steinen zu schwören, sondern* [ab jetzt] *brachten sie die wegen Verbrechen Verfolgten dem* [christlichen] *Priester, damit er sie mit dem* [glühenden] *Eisen oder den Pflugscharen prüfe* [Gottesurteile; vgl. oben S. 215 f.].“

„In jener Zeit versammelte der Dänenkönig Waldemar ein großes Heer und viele Schiffe, um ins Land der Rugianer [die Insel Rügen] *zu ziehen und es sich zu unterwerfen… mit mächtiger Hand nahm er das Land der Rugianer ein… Er ließ jene uralte Statue des* [slavischen Gottes] *Swantewit herbeiführen, die vom ganzen Slavenvolk verehrt wurde, und befahl, einen Strick um ihren Hals zu schlingen und sie vor den Augen der Slaven mitten durch das Heer zu schleifen und, in Stücke zerschnitten, ins Feuer zu werfen. Auch das Heiligtum zerstörte er mit seinem ganzen Kult und riß den reichen Schatz an sich. Er befahl ihnen, ihren Irrglauben, in dem sie geboren waren, zu lassen, und die Verehrung des wahren Gottes anzunehmen. Auch gab er das Nötige für Kirchenbauten…* [Ihr Fürst Jaromir] *bekehrte das rohe und mit tierischer Wildheit wütende Volk teils durch eifrige Predigt, teils durch Drohungen von der ihm eingeborenen Wildheit zum Wandel gemäß der neuen Religion.“*

(Pfarrer Helmold von Bosau († um 1178),
Chronica Slavorum c. 84 und c. 108)

Mit der Betonung dieser Tatsachen wird nicht übersehen, daß auch im Früh- und Hochmittelalter Menschen freiwillig das Christentum annahmen, wohl aber ausdrücklich der vorherrschenden Darstellung widersprochen, daß allein dies das allgemein Übliche gewesen wäre und der Zwang nur eine seltene Ausnahmeerscheinung, die bloß auf das Konto des einen oder anderen übereifrigen weltlichen Herren gegangen sei. Auch die Selbstverständlichkeit, daß die Menschen in jener Epoche in dieser Religion verblieben – womit das Mittelalter eben zum ‚Zeitalter des Glaubens‘ wurde – hängt keineswegs nur mit frommer Überzeugung zusammen, sondern vielleicht mehr mit dem Mangel an anderen Möglichkeiten (deren es in der Spätantike noch viele gegeben hatte) und den tödlichen Konsequenzen, die ein ‚Kirchenaustritt‘ oder ein ‚Glaubenswechsel‘ mit sich brachte.

Zwangstaufe besiegter Heiden bei den schwedischen Kreuzzügen gegen Finnland (1160), niellierte Metallritzung um 1420, Detail einer Messinggrabplatte des Grabmonuments für den hl. Henrik von Uppsala, Nousis kyrka bei Turku (Finnland)

Seit der Konversion gab es ja, abgesehen von den wenigen Randzonen, wo die Christenheit auf den Islam stieß, und den Orten mit einer jüdischen Gemeinde, eben keine Alternative zur katholischen Religion mehr – eine dem Altertum gegenüber völlig diverse Situation. Es gab keine Möglichkeit, aus der Kirche, in die man hineingeboren war, auszutreten. Auf den Glaubensabfalls, die Apostasie, ja schon auf den Rat dazu, stand die (von den weltlichen Gewalten zu vollziehende) Todesstrafe. Darum blieb die Rezeption des Christentums in vielen Fällen zunächst eine bloß äußerliche. Zu einer wirklichen Verinnerlichung der christlichen Normen sollte es in der breiten Bevölkerung erst seit der Epoche der Investiturkontroversen, also dem späten 11. Jahrhundert, kommen. Diese Internalisierung wurde dann von der Hierarchie mit neuen Mitteln gefördert, im 13. Jahrhundert besonders von der Volkspredigt der Bettelorden, seit dem 16. Jahrhundert von der der Jesuiten.

Die wirklich entscheidenden Impulse für die Verdichtung eines christlichen religiösen Lebens dürfte erst das IV. Lateran-Konzil von 1215 gegeben haben: es schrieb (nach monastischem Vorbild) für alle Katholiken eine jährlich wenigstens einmalige Beichte und Kommunion beim Ortspfarrer vor, wichtige Elemente der Verinnerlichung der kirchlichen Normen, denn dadurch war es den Priestern möglich, den Stand des religiösen Wissens und Handelns vor allem der Laien, aber auch der Amtsbrüder, zu kontrollieren. So war es nicht nur die Faszination seiner Lehren und Riten, die das Christentum im Mittelalter zu einer Komponente des Lebens machte, die alle Formen und Äußerungen des Lebens durchdrang.

Dies ist als vielleicht wichtigster Unterschied zur Gegenwart festzuhalten: Religiosität, christliche oder außerchristliche, war in jener Epoche für die allermeisten Menschen nicht wie heute ein Sektor des Lebens neben anderen, sondern die alles durchformende Grundlage der geistigen Existenz. Für uns heute rein profane Handlungen, wie z. B. eine Gesetzesverlautbarung, die Formulierung eines Dokuments über einen Grundstücksverkauf, der Amtsantritt eines Beamten, eine Gerichtsverhandlung usf. wurden regelmäßig mit einer Anrufung der Gottheit begonnen und als Manifestationen auch der Beziehungen der Menschen zur Überwelt verstanden. Es gibt keinen Lebensbereich, aus dem nicht geradezu beliebig viele Illustrationen für diese Weltsicht beigebracht werden könnten. Nicht nur der Tagesablauf war von Gebeten und Segenssprüchen begleitet, der Jahreskreislauf durch den kirchlichen Festkalender gegliedert, Körper und Gebäude mit religiösen Symbolen bzw. Amuletten geschützt, es gab überhaupt keine Gebiete, die nicht irgendwie religiös konnotiert gewesen wären. Nur ein Beispiel: Welche Namen gab man damals etwa den Handelsschiffen? Ein Verzeichnis der 1375 in Malmö vor Anker gegangenen Seefahrzeuge erlaubt uns einen Einblick: Da heißt eines nach der heiligen Stadt ‚Jerusalem', vier tragen den Namen des heiligen Christophorus, daneben gibt es ‚Georg', ‚Katharina', ‚Maria', sechs Mal findet sich ‚Gottes Rat', drei Mal ‚Marienknecht', zwei Mal ‚Kreuzburg', daneben ‚Gottesknecht', ‚Heiliger Geist' u. a. m. Weltliche Namen wie z. B. ‚Schwan' bilden eine verschwindende Minderheit[5]. Die heutige Schiffstaufe ist die Erinnerung an ein mittelalterliches Zeremoniell, eine kirchliche Weihe, die bei größeren Schiffen sogar vom Bischof durchgeführt wurde. So waren damals auch für uns ganz weltliche Gegebenheiten Ausdruck des religiösen Kosmos.

Der Patron der Reisenden, der heilige Christophorus mit dem Jesuskind.
Wandgemälde, A. 16. Jh., Pfarrwerfen (Salzburg)

Unglaube

„Der ist ein Narr, der nicht der Schrift
will glauben, die das Heil betrifft,
und meinet, daß er leben söll,
als ob kein Gott wer, noch kein Höll,
verachtend all Predigt und Lehr,
als ob er nicht säh' noch hör…"

So reimte 1494 der Straßburger Rechtsprofessor Sebastian Brant in seiner ungemein erfolgreichen Moralsatire, dem *Narrenschiff* (c. 11). Kannte denn das mit Recht als ‚Zeitalter des Glaubens' titulierte Mittelalter überhaupt Unglauben und Atheismus? Zweifellos in sehr viel geringerem Maß als die Antike oder die Neuzeit, aber doch mehr, als auch Fachleute anzunehmen geneigt sind. Allerdings tritt der Unglaube in dieser Epoche nur punktuell auf, bei einzelnen Individuen, nicht als philosophische, nicht einmal als ketzerische Strömung[6].

Unglaube findet sich sowohl bei diesem oder jenem Intellektuellen, d. h. zumeist Geistlichen, findet sich aber auch bei Laien, worunter besonders Angehörige des Adels und die Berufsgruppe der Mediziner auffallen. Nicht ganz selten deuteten auch Dichter ihre Zweifel an. Doch gab es ebenso einen schlichtweg auf gesundem Menschenverstand basierenden Agnostizismus im ‚Volk'.

Für die Intellektuellen sei ein Beispiel aus dem 1. Drittel des 14. Jahrhunderts zitiert. Damals berichtete der Bischof Alvaro Pelayo von Silves in Portugal, er habe mehrere Debatten mit einem inzwischen eingekerkerten Ex-Bettelmönch namens Thomas von Schottland gehabt. Dieser „ruchlose Häretiker" habe nicht nur die Geschichte von den drei Betrügern – Moses, Jesus, Mohammed – verbreitet und die Jungfräulichkeit der Gottesmutter geleugnet, sondern auch behauptet, „die Seelen lösen sich nach dem Tode in Nichts auf". Für seine Zeit, das frühe 15. Jahrhundert, bestätigt Giovanni da Serravalle in seinem Kommentar zu dieser Stelle: „Heute folgen dem viele nach, die mit dem Leib auch die Seele sterben lassen."

Was die einfachen Leute betrifft, so ist es schon glaublich, daß sich etwa unter den Raub- und Söldnertrupps der Rotten und Brabanzonen des 12. und 13. Jahrhunderts welche befanden, die „aus ganzem Herzen sagten: Es gibt keinen Gott." Aufgeführt haben sie sich jedenfalls dementsprechend, und kirchliche Konzilien betrachteten sie als Häretiker. Giordano da Rivalta klagte in der 1. Hälfte des 14. Jahrhunderts: „Wer glaubt heute an die unsichtbaren Güter, die Güter des Paradieses, wer kümmert sich darum? Die Leute kümmern sich nicht darum." Manche weltliche Gesetze erwähnen christliche Ungläubige (obwohl dieses Verbrechen eigentlich eine Sache der kirchlichen Gerichtsbarkeit war): So erklärte etwa König Alfons X. von Kastilien-León (reg. 1252-1284) in seinem monumentalen Gesetzeswerk, den *Siete Partidas*, die schlimmste Häresie sei es, die Unsterblichkeit der Seele und die Vergeltung im Jenseits zu leugnen: „Die solches glauben, sind schlimmer als Tiere!" Für sie ist in den *Siete Partidas* der Feuertod vorgesehen. Diese Ketzerei muß in der Tat einigermaßen verbreitet gewesen sein, hätte sonst Dante Alighieri eine ganze Abteilung im 6. Höllenkreis der *Divina Commedia* für jene reserviert, „die die Seele mit dem Leib sterben lassen"? Er bezeichnet alle Verworfenen dieser Überzeugung als Epikuräer und nennt namentlich den Ghibellinenführer Farinata.

Es ist höchst wahrscheinlich, daß gerade der Zwang zu glauben, der in der alteuropäischen Gesellschaft durch die Amtskirche ausgeübt wurde, noch verbunden mit der Vorschreibung eines Gottesbildes, das in vieler Hinsicht den einfachsten Gerechtigkeitsgefühlen (wie die Vorherbestimmung – Prädestination – zu den ewigen Höllenstrafen nach Augustinus) und Denkgesetzen (wie die Dreifaltigkeitslehre) widerspricht, auch an sich religiöse Menschen in ungläubige Positionen brachte – aus Verzweiflung an diesem Gott der Dogmatik. Öfter ging es dabei nicht einmal um die Grundprobleme der Existenz Gottes oder der Unsterblichkeit der Seele, sondern um Zweifel an der überirdischen Gerechtigkeit, an der jungfräulichen Geburt Jesu, an der Wirkkraft der Heiligen und ähnliche Einzelfragen. Lassen wir einen der intellektuellen Dichter zu Worte kommen: Gottfried von Straßburg. In einer berühmten Stelle seines Tristan-Romans (um 1210) muß die Heldin, Isolde, sich wegen der Anklage auf Ehebruch dem Gottesurteil des glühenden Eisens unterziehen. Sie besteht es, da sie zwar durch einen Trick formal die Wahrheit sagen kann, aber faktisch die Unwahrheit spricht. Der

Dichter kommentiert den Passus mit den Worten: „hier wurde wohl offenbar und der ganzen Welt deutlich, daß der höchst tugendhafte Christus sich wie ein Ärmel mit dem Wind bewegt." (vs. 15737 ff.) Die Stelle ist vielfach gedeutet worden, mit der damaligen Kirchenlehre und -praxis stand sie jedenfalls nicht in Übereinstimmung, die noch von der Wahrheitsfindung durch Gottesurteile ausging.

Ein bedrückendes Beispiel liefert auch die Aussage des 1247 verurteilten Pierre Garcias von Bourgeut-Nau de Toulouse vor der Inquisition. „Es sagte auch der genannte Petrus, daß, wenn er jenen Gott vor sich hätte, der aus tausend von ihm geschaffenen Menschen nur einen errettet und alle anderen verdammt, so würde er ihn mit Klauen und Zähnen zerreißen und zerfetzen, und diesen perfiden Gott für falsch halten und ihm ins Gesicht spucken..." Es war ja bis ins 19. Jahrhundert hinein offizielle katholische Lehre, daß alle Nichtchristen von Anbeginn an von Gott für die ewigen Höllenstrafen vorherbestimmt sind, und desgleichen auch der allergrößte Teil der Christen ob ihrer Sünden[7]. Fast alle Gläubige kamen anscheinend irgendwie mit diesem Prädestinationsdogma zurecht, manchen freilich gelang es doch nicht. Ihrer nahm sich dann die mit der Ketzerverfolgung betraute Kirchenbehörde an.

So reichte auch im Mittelalter das Spektrum des Unglaubens von schlichtem, grundsätzlichem Desinteresse an religiösen Fragen bis hin zur Erkenntnis der Unlösbarkeit der Widersprüche zwischen Welterfahrung und als Offenbarung gelehrter Religion.

Medien der Offenbarung

Mündliche Belehrung

In einer Gesellschaft, deren Kommunikation weitgehend oral erfolgte, wurde die Einprägung der Glaubensinhalte und Normen der christlichen Religion natürlich ganz vorzugsweise durch Nachahmung und Lehrgespräche vermittelt. Handelte es sich um eine entsprechend charismatischer Persönlichkeit, so konnte ihr Beispiel bis zur Entstehung eines neuen Ordens wirksam sein, wie die Geschichte der Minderbrüder lehrt, die sich das Leben des Franziskus von Assisi zum Vorbild nahmen.

Die mündliche Unterweisung erfolgte zuerst im Rahmen der Erziehung im Elternhaus, wo das Kind bald und ganz selbstverständlich daran gewöhnt wurde, die üblichen Riten mitzumachen und die Gebete nachzusprechen. Zur Instruktion der Erwachsenen bediente sich die Geistlichkeit vornehmlich der Kanzelrede. Die Predigt bei Gelegenheit des Gottesdienstes war das Hauptinstrument der Vermittlung der Vorstellungen und Normen der ‚verordneten Religion' von der Amtskirche zum ‚Volk'. Sie war i. d. R. der einzige Teil der Messe, dem auch die Laien zu folgen vermochten, da nur hier die Volkssprache verwendete wurde, und vielleicht noch in einem der sich bisweilen an die Predigt anschließenden geistlichen Lied.

Die Kanzel des Baseler Münsters, Sandstein, 1486

Die institutionalisierte Predigt wandte sich an alle Stände, sei es, daß der Pfarrer oder Bischof an den Sonn- und Feiertagen zu dem in der Kirche versammelte Volk sprach, sei es daß der Abt seine Mönche auf diese Weise belehrte oder der Seelsorger eines Frauenkloster die Nonnen, der Professor seine Kollegen und die Studenten an der Universität usw. Zahlreich waren neben den Sonn- und Feiertagen die Anlässe für Kanzelreden: Sie betrafen einen Lebenslauf, z. B. bei Herrscherweihen oder Bestattungen, oder wurden zu besonderen Anlässen gehalten, etwa wenn ein Konzil begann oder endete, ein Kreuzzug in Gang gesetzt werden sollte, die Inquisition ihr Tribunal aufschlug, Ablässe zum Kauf angeboten wurden, eine Seuche abgewandt werden sollte usf.

Das Predigeramt war streng an die Priesterweihe geknüpft, und einer der hauptsächlichen Punkte von religiösen Abweichlern lag seit dem 12. Jahrhundert in der Forderung, evangeliengemäß auch die Laienverkündigung zuzulassen. Die Waldenser wurden ob dieser Frage zur Sekte, die sich von der Großkirche trennte und von ihr blutig verfolgt wurde. Es gab aber auch von der kirchlichen Obrigkeit legalisierte Wanderprediger, schon in der Zeit der Reformbewegung des Hochmittelalters und dann v. a. innerhalb der Predigttätigkeit der Bettelorden. Diese hatten ja – im Gegensatz zu den beschaulichen Orden wie Benediktiner, Kartäuser oder Zisterzienser – die Volkspredigt ausdrücklich auf ihr Banner geschrieben. Manche ihrer Redner wurden zu richtiggehenden Berühmtheiten wie in Deutschland im 13. Jahrhundert Berthold von Regensburg, in Italien im 14. Jahrhundert Bernhardin von Siena und im 15. Savonarola, in Spanien um 1400 Vinzenz Ferrer u. v. a. Wenn man zeitgenössischen Nachrichten glauben darf, drängten sich die Menschen zu Tausenden auf den Plätzen vor den Kirchen, um eine dieser Berühmtheiten zu hören, die jedenfalls Abwechslung in ein sonst eintöniges Alltagsleben brachten. Dabei fanden die Franziskaner mit ihrer lebhaften, volkstümlichen Art mehr Anklang bei den breiten Massen, die Dominikaner eher bei den gebildeten Schichten. Wie die unkonventionellen und stark auf Körpersprache beruhenden Ansprachen der Minoriten wirkten, mag eine Passage aus der Lebensbeschreibung ihres Ordensgründers Franz von Assisi zeigen: „Mochte der ‚Evangelist' Franziskus den Ungebildeten auch auf materielle und einfache Weise predigen, zumal er wußte, daß es hier mehr auf die Tugendkraft als auf die Worte ankam, brachte er doch unter geistig-geistlich Aufnahmefähigeren eine lebendige und tiefsinnige Beredsamkeit hervor. Mit wenigen Worten deutete er an, was unsagbar war, und riß alle Zuhörer mit seinen dazwischengestreuten leidenschaftlichen Gesten und Kopfbewegungen zum Himmlischen. Er verwendete nicht die Methoden gelehrter Unterscheidungen, denn er stützte sich nicht auf Predigten, die er nicht selbst erdacht hatte… Es sagte einst ein Arzt, ein gebildeter und eloquenter Mann: «Während ich die Predigt anderer wörtlich behalten kann, vermag ich nicht zu fassen, was der heilige Franziskus von sich gibt. Wenn ich davon etwas im Gedächtnis behalte, so scheint es mir nicht dasselbe zu sein, was zuvor von seinen Lippen träufelte.»“[8]

Die seit dem Hochmittelalter verstärkte Predigttätigkeit führte nicht nur zur Aufzeichnung vieler Kanzelreden in Latein und den Volkssprachen, die dann sowohl von späteren Predigern als Vorlagen verwendet wie auch als erbauliche Privat- oder Gemeinschaftslektüre benutzt werden konnten. Es erschienen auch Handbücher über das effektvolle Predigten, wie z. B. das des französischen Dominikaners Umberto di Romans († 1277). Dort heißt es über das, was ein Kanzelredner kennen muß: Erstens die Bibel, die die Grundlage jeder Predigt sein muß, zweitens die Geschöpfe, denn diese sind wie ein Buch, in dem man die Taten Gottes lesen kann, drittens die Geschichte, da sie viel Erbauliches enthält, viertens das Kirchenrecht, denn das müssen die Leute kennen, fünftens die Symbolik der Kirche, sechstens die Seelen seiner Zuhörer…[9]

Beichte

Eine besondere Gesprächssituation, die zur Glaubensunterweisung diente, war die Beichte. Im frühen Mittelalter war es allerdings für Laien üblich, nur einmal im Leben ihre Sünden öffentlich oder geheim zu bekennen; so schoben die meisten Gläubigen ihre Beichte bis in ihr Alter auf oder unterzogen sich ihr nur in besonders gefährlichen Situationen (etwa vor einer Schlacht). Die Sünden wurde man v. a. durch Bußleistungen los, die priesterliche Absolution war noch nicht das zentrale Moment. Auch für Theologen des 12. Jahrhunderts spielte die Beichte noch keine größere Rolle, wurde auch nicht zu den Sakramenten gezählt.

Entscheidend war erst die Innovation, die der berühmte Kanon „omnis utriusque" des IV. Lateran-Konzils 1215 brachte, der die bis heute gültige Verordnung enthält, nach der jeder Katholik ein Mal pro Jahr die Beichte abzulegen hat. Hierin ist jedenfalls ein Instrument der verstärkten Kontrolle aller Gläubigen durch die Amtskirche im Zuge ihrer Verrechtlichung und Ketzerabwehr zu sehen. Die Pflichtbeichte war ein ganz wesentliches Element der Einflußnahme der Priesterschaft sowohl auf die Laien als auch auf die eigenen Standesgenossen. Man erkannte bald, damit schon im Kindesalter beginnen zu müssen; die Angaben über den Beginn der Beichtpflicht schwanken zwischen fünf und vierzehn Jahren. Richtig „in die Tiefe" christianisiert wurde Europa wohl erst durch die konsequente Durchsetzung dieser Gewissenskontrolle und die predigenden Bettelorden, also seit dem frühen 13. Jahrhundert. Der Versuch, sich dieser Kontrolle und Beeinflussung zu entziehen, endete auf dem Scheiterhaufen, da als Ketzer galt, wer die Beichte verweigerte.

Anweisung an den Beichtvater aus dem gereimten Handbuch des John Myrk für englische Priester (1. H. 15. Jh.):

„*Deinem eigenen Pfarrkind gegenüber verhalte dich genau so, wie ich es dich lehre: Befiehl ihm, auf sein Knie niederzuknien, mag er arm oder reich sein, dann ziehe deine Kapuze über die Augen und höre seine Beichte in milder Gesinnung. Aber wenn eine Frau zu dir kommt, schau, daß du ihr Gesicht nicht anblickst, sondern befiehl ihr, bei dir niederzuknien und wende dein Antlitz ein wenig von ihr ab. Sitze still wie ein Stein und hüte dich wohl davor auszuspuken…*" (vs. 767 ff.)

Fragen an die Beichtenden aus demselben Handbuch:

„*«Kannst Du dein Paternoster und dein Ave Maria und dein Glaubensbekenntnis? Sag es mir nun!» Wenn er sagt, er weiß es nicht, so muß er seine Buße empfangen: Gib ihm eine solche Buße auf, daß sie ihn wirklich veranlaßt, das zu lernen! Doch wenn er das* [nur] *in seiner Muttersprache* [nicht aber in Latein] *kann, wäre es falsch, ihm eine Buße aufzugeben... «Glaubst du an den Vater und den Sohn und den Heiligen Geist und die drei Personen in der Dreifaltigkeit, wozu du verpflichtet bist, wie du wohl weist? Und an Gott – antworte mir! – und daß Gottes Sohn Mensch wurde in der Jungfrau Maria, wie das Buch* [die Bibel] *sagt, und daß er aus dieser Jungfrau geboren wurde? Glaubst du das, das sage mir zuerst!»*" (vs. 805 ff.)

Absolutionsformel aus demselben Handbuch:

„*Dann sage der Priester: «Ich löse dich aufgrund der Autorität Gottes, des allmächtigen Vaters, und der heiligen Apostel Petrus und Paulus und des mir diesbezüglich übertragenen Amtes von diesen Sünden, die du mir bekannt hast, und von den anderen, deren du dich nicht erinnerst. Im Namen des Vaters und des Sohnes und des Heiligen Geistes, Amen. Die Demut und Passion unseres Herren Jesus Christus und die Verdienste der heiligen Mutter Kirche und alle dir zuteilgewordenen Ablässe und alles Gutes, das du getan hast und tun wirst bis an dein Lebensende, mögen dir zur Vergebung dieser und deiner sämtlichen anderen Sünden gereichen. Amen.»*" (vs. 1689 ff.)

Die als Voraussetzung der Beichte unabdingbare Gewissenserforschung führte zur „culpabilisation", zu einem dauernden Schuldgefühl bei den Gläubigen. Zumal die besonders Frommen unter ihnen diese Institution schon bald ganz internalisiert hatten: Mitglieder von Bruderschaften verpflichteten sich freiwillig, mehrmals jährlich zu beichten. Namentlich Heilige neigten zu häufigen Schuldbekenntnissen und völliger Unterordnung unter den Beichtvater; hierfür Beispiele von Mystikerinnen aus dem 13. und 14. Jahrhundert: Von Margareta von Ypern heißt es bezüglich ihres Beichtigers: „Bei seinen Worten saß sie gespannt, und ihre Seele verleibte sich seine Reden ein, wie der Leib die Speise, von der er lebt." Birgitta von Schweden legte zweimal täglich die Beichte ab, Hermine von Reims täglich; die preußische Dorothea von Montau gelobte ihrem Beichtiger Folgendes: „Ich übergebe euch heute meine Seele und lasse jedweden Eigenwillen. Denn ich will keinen Willen haben, sondern werde so handeln, wie ihr befehlt, und mich nicht aus euerer Botmäßigkeit begeben." Soziologen sprechen hier treffend von „Selbstdomestikation", sogar von einer „Infantilisierung der Laien vor dem Priester". Diese erscheint als wesentliche Komponente für die Entstehung der typisch europäischen Befindlichkeit. Unsere Neigung zu Selbstreflexion und -zweifel, unsere Daseinsängste, auch unser Pflichtbewußtsein können zum Teil als profanisierte Konsequenzen der „culpabilisation" verstanden werden. Positiv gesehen, förderte die verlangte Gewissenserforschung die typisch europäische Tendenz zur Individualisierung[10].

Die vorbildliche Beichte eines Heiligen in zeitgenössischer Schilderung:

Erzbischof Engelbert von Köln (reg. 1216-1225) „*begann* [dem Bischof von Minden] *alle seine Sünden von Kindheit an mit einem solchen Strom von Tränen zu bekennen, daß sie heftig träufelnd seine ganze Brust benäßten und die Flecken von seinem Herzen, wie wir hoffen, abwuschen. Als ihm der Herr von Minden sagte: «Ich fürchte, es ist in euerem Gewissen noch etwas verborgen, was mir nicht gesagt wurde», antwortete jener Selige: «Der Herr weiß, daß ich nichts absichtlich verschwiegen habe.» Danach dachte er, der Bekenner Gottes, aber doch genauer über seine Sünden nach und führe in aller Frühe seinen Beichtiger an denselben Ort und bekannte im Geist der Demut und in zerknirschter Gesinnung, was ihm ins Gedächtnis gekommen war, wieder mit so vielen Tränen, daß sich der Bischof von Minden nicht genug über eine solche Tränengabe in so einer Persönlichkeit wundern konnte...*"

(Caesarius von Heisterbach († um 1240), *Vita Engilberti* 2, 4)

Das gesprochene Wort war zwar der hauptsächliche Träger der Vermittlung der christlichen Religion, aber die Gebildeten ließen sich ebenso durch geschriebene Texte belehren und schufen solche, zum Vorlesen oder Lesen gedachte, für Ihresgleichen und für die Illitteraten.

In der Praxis frommer Lektüre stand vor der Reformation keineswegs die *Bibel* an erster Stelle. Wiewohl die Mentalität des Mittelalters von biblischen Vorgaben durchdrungen war, erfolgte diese Durchdringung für die allermeisten Gläubigen nicht aufgrund einer direkten Kenntnis der *Heiligen Schrift*, sondern durch indirekte Vermittlung, v. a. durch die Predigt, durch die religiöse Kunst und die geistlichen Schauspiele. Denn einerseits waren wenigstens neunzig Prozent aller Europäer des Lesens nicht kundig, andererseits war auch für die meisten Schriftkundigen das umfangreiche Buch viel zu teuer, als daß die Anschaffung einer Kopie bezahlbar gewesen wäre. Schließlich war Pergament kostbar, und auch nach der Durchsetzung der Papierhandschriften im 13. Jahrhundert die Abschreibearbeit langdauernd. Erst die Erfindung des Buchdrucks sollte diese Situation ändern.

Dazu war die Einstellung der Kirche sehr ambivalent, was Übersetzungen des heiligen Textes betraf. In der Regel verhinderte sie solche durch regional gültige Verbote, da der Text viel zu schwierig für Laien ohne theologische Ausbildung sei. Die Geistlichkeit des hohen und späten Mittelalters fürchtete, dem Volk könnten die krassen Unterschiede zwischen den Geboten Jesu und ihrer Lebensführung bewußt werden (worüber auch so viele höchst orthodoxe Persönlichkeiten, ein Bernhard von Clairvaux, eine Hildegard von Bingen…, heftig klagten). Wo dies geschah, wie z. B. um 1170 im Falle des Lyoner Kaufmanns Waldes, der sich die *Evangelien* in seine französische Muttersprache übertragen ließ, führte es oft zu einer Verachtung des Klerus und ihrer Monopolansprüche sowie zur Entstehung von Häresien.

Es versteht sich, daß die Erzählungen der *Bibel* zunächst ganz wörtlich genommen wurden, was verschiedene darüber hinausgehende Auslegungen, z. B. moralische, nicht ausschloß. Aber die Weltentstehung wurde auch im naturwissenschaftlichen Sinn eben gemäß der *Genesis* vorgestellt, die vorchristliche Geschichte der Menschheit findet man in allen Weltchroniken nach dem *Alten Testament* beschrieben usf.

Biblische Szenen werden durch die kirchliche Kunst vermittelt: Kain und Abel bringen dem auf dem Leviathan thronenden Jahwe ihre Gaben dar. Apsisplastik, Schöngrabern (Niederösterreich), Pfarrkirche, um 1220

„*Wer immer der ist, der dies Buch* [die Bibel] *abschreiben will, der soll beim Fluch des Jüngsten Gerichts und bei der Höllenpein mit allem Fleiß sich davor hüten, daß er nicht mehr und nicht weniger Worte und Buchstaben und sonst etwas anderes schreibe als genau so, wie es in diesem Buch vor ihm geschrieben ist, so daß er also nichts auslasse und nichts zusetze, noch etwas verkehre oder verändere, in keiner Weise etwas verfälsche, besonders weil manche Bedeutungen und Lehren so schwer und unverständlich sind und so hart begriffen werden, daß jene, die sich weise und gelehrt und verständig dünken, es kaum verstehen und fassen können. Und darum sei dies allen Schreibern beim ewigen Fluch auf ihre Ehre und Seele gebunden und gesetzt…*“[11]

(Aus einer spätmittelalterlichen Handschrift der Benediktinerinnenabtei St. Walburg in Eichstätt/Bayern)

So wurde die *Bibel* selbst i. d. R. nur sehr auszugsweise rezipiert, wobei die auch in der Liturgie stets verwendeten *Psalmen* besonders beliebt waren und deshalb oft separat abgeschrieben und in die Volkssprachen übertragen wurden. Grundlage blieb stets die lateinische *Vulgata*, da der hebräische bzw. griechische Originaltext vor der Epoche des Humanismus so gut wie keinem Gebildeten sprachlich zugänglich war.

Neben den anerkannten Büchern der *Bibel*, dem Kanon, kursierten aber ebenso zahlreiche Texte, die angeblich auch von biblischen Verfassern stammten, bei denen es sich jedoch um Fälschungen handelte. So gab es z. B. Testamente des Urvaters Adam und des Patriarchen Abraham, ein Evangelium des hl. Thomas, eine zweite Apokalypse des hl. Johannes usf. Diese nicht offiziell anerkannten Apokryphen bildeten v. a. die Grundlage für Legenden und bildliche Darstellungen; viele Einzelheiten der Ikonographie besonders aus der Lebensgeschichte von Jesus und Maria erklären sich durch sie, z. B. die Szene der Aufnahme Mariens in den Himmel.

Für den Unterricht der Gläubigen wurde ein im Laufe des Mittelalters stets zunehmendes pastorales Schrifttum in Prosa und Vers geschaffen, das in der jeweiligen Volkssprache die Glaubensinhalte und die Verhaltensvorschriften zum Lesen oder häufiger Vorlesen bereit stellte.

Manche der entsprechenden Handschriften und später Drucke war noch mit eingängigen Bildern erzählender oder allegorischer Art versehen.

Der Welsche Gast des Thomasin von Zerklaere (um 1216) war eines der vielen deutschsprachigen Lehrbücher, die religiös-moralische Normen in Versen verbreiteten. Hier wird ganz handgreiflich das Dogma von der Allmacht Gottes illustriert, indem auch sein Gegenspieler, der Teufel, nur dann dem Menschen Schaden zufügen kann, wenn ihm Gott – seine Hand kommt aus dem Himmel – dies gestattet.
Heidelberg, Cod. Pal. Germ. 389, f. 75v, 2. H. 13. Jh.

Wie in einer ganz vorwiegend auf mündlicher Kommunikation basierenden Gesellschaft zu erwarten, spielte die Verbreitung der religiösen Konzepte durch Bilder eine wesentlich größere Rolle, als dies für uns heute nachzuvollziehen ist. Schon sehr früh hatten sich die Christen von dem biblischen Bilderverbot verabschiedet, und v. a. seit der Epoche der Investitur-Konflikte – kunsthistorisch gesprochen, seit der Romanik – gab es außen an den Kirchen und innen im heiligen Raum eine Fülle von Belehrung für alle Besucher. Man muß sich vorstellen, wie viel Aufmerksamkeit die Bauplastik an den Eingängen, auf den Türflügeln und an den Apsiden in einer sonst kaum mit Kunstwerken gesegneten Kultur erregt haben muß, zumal diese Werke fast alle farbig gefaßt waren. Noch faszinierender wirkte der Innenraum in seinem ehrfurchterregenden Halb-Dunkel, wirkten die goldenen Gefäße und Paramente, die oft alle Wände bedeckenden Malerein, die leuchtenden Glasfenster… Weihrauchduft und, bei den Gottesdiensten, Musik intensivierten den Eindruck zu einem Erlebnis, dem nichts sonst in der alltäglichen Welt vergleichbar war.

Religiöse Kunst für das eigene Heim scheint in der Oberschicht stets verbreitet gewesen zu sein etwa in der Form von Hausaltären und illuminierten Handschriften, erst im ausgehenden Mittelalter fand sie jedoch weitere Verbreitung u. a. durch Pilgerzeichen, Malereien (und dann Druckgraphik auf Papier), Tonstatuetten u. ä.

Ein großer Teil der Kunstwerke war narrativ: Sie erzählten die Begebnisse mit den alt- und neutestamentlichen Figuren, Szenen aus Heiligenleben, Momente der Kirchengeschichte usf. Andere Bilder könnten man als plakativ bezeichnen: Einzeldarstellung von Heiligen mit ihren Attributen, Symbole und Allegorien, letztere oft nur den Gelehrten verständlich und darum eher in Mönchs- als in Pfarrkirchen zu finden.

Die Kirchenkunst erzählte freilich nicht nur von der Heilsgeschichte, sie ermöglichte auch durch Projektion eine Identifikation mit den guten Figuren und eine Übertragung negativer Affekte auf die bösen, z. B. auf die so oft dargestellen Folterknechte bei der Dornenkrönung oder den Heiligenmartyrien. Ambivalent zeigten solche Figuren aber auch ihre Bosheit durch abstoßende Häßlichkeit und wurden somit zum Haßobjekt – paradigmatisch war hier die Figur des Judas Ischariot[12].

In dieser Kalvarienbergszene ist Judas an der Spitze der Häscher wie sehr oft in der Gotik durch seine Häßlichkeit von allen anderen abgegrenzt. Wie immer im Mittelalter erfolgte eine Anpassung der Heilsgeschichte an die örtlichen und zeitlichen Gegebenheiten (Kleidung der Häscher, Zaunform).
Steinrelief, 1506, Schwäbisch Hall, St. Michael (Farbfassung neu)

Selbstverständlich konnte die kirchliche Malerei und Plastik auch auf aktuelle Situationen eingehen, was uns zeigt, wie sich im Mittelalter religiöse und (für uns) politische Intentionen mischten. So waren in Pisa auf dem großen Weltgerichtsfresko des Campo Santo Monumentale Kaiser Ludwig der Bayer und der von ihm unterstützte Papst Nikolaus V. in der Hölle dargestellt. Die Stadt hatte nämlich 1330 den Schwenk von einer kaisertreuen zu einer papstfreundlichen Regierung erlebt und wollte so ihre neue Einstellung allen Besuchern und der eigenen Bevölkerung demonstrieren[13].

Die Werke der religiösen Kunst wurden damals allerdings vorrangig nicht als solche betrachtet, sondern als Kult- und Andachtsobjekte. Für die Masse der Gläubigen waren Bild und Vorbild untrennbar ineinander verschmolzen, auch wenn die geistliche Obrigkeit stets betonte, die Bilder seien nur Hilfen für die Illitteraten und dürften keineswegs angebetet werden. Aber daß sie, nicht anders als die antiken Götterstatuen, verlebendigt wurden, das bezeugen unzählige Überlieferungen.

Kruzifixe und Statuen erlebten Betrachter oft und oft als belebt, sie bewegten sich, umarmten den Betenden (wie u. a. vom hl. Bernhard von Clairvaux erzählt), bestraften Frevler durch Schläge, begannen zu schwitzen oder zu bluten. Ein Beispiel aus dem 14. Jahrhundert möge genügen: Als eine Tertiarin des Humiliatenordens, Aldobrandesca von Siena (1243-1309), vor einem Kruzifixus die Passion meditiert, ergreift sie das Verlangen, das Blut Christi zu kosten, das sie da gemalt aus seiner Seite rinnen sieht. Tatsächlich beginnt der Gekreuzigte wirklich zu bluten, sie kostet und empfindet unsagbare Süße. Zur Erinnerung an diese Gnadenerfahrung läßt sie eine Pietà malen, die Maria dabei zeigt, wie sie die Seitenwunde ihres Sohnes küßt. Mystikerinnen wie Gertrud von Helfta oder Margareta Ebnerin nahmen geschnitzte Kruzifixe sogar ins Bett mit und liebkosten sie, wobei sich bald entsprechende Visionen und Träume einstellten[14].

Kruzifix mit stark betonter Seitenwunde und schwenkbaren Armen (damit es bei der Oster-Liturgie ins Grab gelegt werden konnte). 1333, Florenz, Opera del Duomo

Für den religiösen Menschen einfacheren Gemüts waren und sind die Darstellungen der Götter und Dämonen identisch mit diesen selbst. Deshalb war man auch überzeugt, durch die entsprechende Behandlung einer Darstellung direkt auf Gott oder den Heiligen einwirken zu können, etwa sich mit einem an ihre Statue gesteckten Ring Maria verloben zu können oder durch die Geißelung seiner Statue auf den ‚eigentlich' im Himmel befindlichen Heiligen Druck ausüben zu können. Gebildete Geistliche, wie der Novizenmeister Caesarius von Heisterbach, erzählten mit deutlicher Kritik von entsprechenden Vorkommnissen. So gab es in der ersten Hälfte des 13. Jahrhunderts in einem Zisterzienserkloster einen Bruder, „der so beschränkt war, daß der Abt zögerte, ihn zu den heiligen Weihen zuzulassen. Einmal, als mehrere der Brüder zur Priesterweihe gesandt wurden, wurde er durch drei Tage aufs heftigste versucht, wollte nichts mehr essen und zürnte Gott. Als die anderen speisten, ging er aus dem Refectorium und betrat allein die Kirche, nahm das Bild des Gekreuzigten vom Altar und schlug es mit einer Gerte. Der liebe Gott schonte aber seine Dummheit und Raserei und tötete den ihn [!] Prügelnden nicht, sondern suchte ihn nur mit körperlicher Erblindung heim…"[15]

Aber durch die von der Kirche vorgeschriebenen Riten, wie etwa Verbeugungen oder Gebeten vor bestimmten heiligen Bildern, durch die ein Ablaß zu erwerben war, wurde eine solche Einstellung von oben auch wider besseres Wissen gefördert.

Als Vermittler der Heilsgeschichte kamen im Spätmittelalter noch die zu zahlreichen Gelegenheiten aufgeführten Umzüge und Schaustellung dazu, die katholische Glaubenssätze, Heiligenlegenden und fromme Allegorien in einer allen zugänglichen Form verlebendigten. Die frommen Theaterstücke dauerten nicht selten mehrere Tage, besonders wenn zu Ostern so umfangreiche Stoffe wie die Passion Jesu vorzuführen waren. *Le Mystère de la Passion d'Arras* (vor 1438) oder *Le Mystère de la Passion* von Arnoul Gréban z. B. (seit 1458 mehrfach aufgeführt) beanspruchten nicht weniger als vier Tage und sparten nicht an Sadismen wie z. B. den absichtlich stumpfen Kreuzesnägeln, um den Schmerz der Durchbohrung zu vermehren. Aber auch Leben, Taten und Martyrien der Heiligen waren beliebt, ebenso allegorische Stücke, ‚Moralitäten' genannt, wie der englische und niederländische *Jedermann* oder die französische *Lebensreise der Seele* u. v. a. Diese Schauspiele wurden von den Bürgern einer Stadt ausgerichtet, d. h. von den Zünften organisiert, die Zahl der Laiendarsteller war beträchtlich, und sie zogen viel Volk aus der Umgegend an. Da es noch keine Theaterbauten gab, spielte man auf dem Marktplatz, oder einzelne Szenen waren auf Karren aufgebaut, die man durch die Straßen zog.

Ein berühmtes Beispiel für eine solche öffentliche Aufführung ist die Darstellung der Hölle, die 1304 in Florenz auf dem Arno zu sehen war, „das schwimmende Inferno, das auf Booten mit zahlreichen Teufeln und entstellten Menschen installiert wurde. Zu Puppen aufgestopfte Hemden und mit Luft gefüllte Ochsenblasen stellten die gemarterten Sünder dar, die man den schrecklichsten Qualen aussetzte, und die sich gemäß ihrer Schuld den sieben Strafen zu unterziehen hatten. Ein jeder Strafort soll mit einem ‚Sermon' überschrieben gewesen sein, welcher die Gruppe der dort malträtierten Sünder eindeutig auswies. Dieses volkstümliche Spektakel endete mit dem Einsturz des Ponte alla Carraia, der von Zuschauern überlastet war. So erfuhr das Publikum am eigenen Leibe, was es kurz zuvor noch aus der Distanz bestaunt hatte, wie [der Florentiner Geschichtsschreiber] Villani trokken bemerkt."[16]

Prozessionen

„Erzbischöfe, Bischöfe und Äbte sowie die anderen gebildeten Kleriker waren zur Prozession gekommen, und sie sangen sehr laut und trugen Kreuze und Weihrauchfässer, Fahnen aus reichen und teueren Stoffen und die Reliquiare mit den heiligen Leibern. In ihren Kirchen ertönten die Glocken, sie versprengten Weihwasser auf den Straßen der Stadt: So segneten sie die ganze Stadt, die heiligen Männer, die Freunde Gottes.“

(Aus Renaut de Beaujeu, *Le bel inconnu*, um 1200; vs. 3471 ff.)

Prozession mit Marienstatue, Kruzifix, Monstranz und Kerzen in Straßburg. Holzschnitt aus der gleichzeitigen *Burgundischen Hystorie* des Hans Tüsch, Straßburg 1477

Bittgänge, mit denen der Raum geheiligt wurde, fanden entweder zu bestimmten Terminen wie den Festen des Kirchenjahres statt, oder wurde bei besonderen Gelegenheiten angeordnet. Klerus und Volk manifestierten dabei in freilich wohlgeordneter Reihenfolge die städtische oder ländliche Gemeinde (wenngleich Laien nicht selten erst durch entsprechende Strafbestimmungen zur Teilnahme gezwungen werden konnten). Da man die Eucharistie, Reliquien und Heiligenfiguren mit sich führte, wurden die so durchzogenen Stadtviertel oder die Äcker auf dem Land mit dem Heiligen in Berührung gebracht. Wenn z. B. seit der klimatischen Verschlechterung des 14. Jahrhunderts Schädlinge wie Mäuse oder Insekten kultiviertes Land heimsuchten, ordnete die Geistlichkeit regelmäßig Prozessionen an, in denen Gott um deren Vertilgung angefleht wurde – ein kollektiver Buß- und Bittritus. Auch die Geißler, die um 1260 und wieder in der Mitte des 14. Jahrhunderts Gott zu versöhnen suchten, zogen meist in geordneter Prozession einher. Das beschreibt eine vielzitierte Passage in der *Limburger Chronik* des Tilmann von Wolffhagen (E. 14. Jh.): Die Flagellanten „gingen

Flagellanten einer Pisaner Bruderschaft des hl. Rainer, die Büßer haben ihre Kleidung am Rücken aufgeschnitten. Tafelgemälde, 2. H. 14. Jh., Pisa, Museo civico

paarweise um den Kirchhof in Art einer Prozession, wie man üblicherweise die Kirche umzieht, und sangen. Und ein jeder schlug sich selbst mit seiner Geißel, und sie ließen die Geißeln zu beiden Seiten über den Achseln sausen, daß ihnen das Blut über die Knöcheln rann. Und sie trugen Kreuze, Kerzen und Fahnen voran…"[17]

Die Wirkungen des Bittganges zu Christi Himmelfahrt nach einer englischen Predigt des 15. Jahrhunderts:

„Bei diesen Prozessionen bittet der Klerus der Heiligen Kirche in seinen Gebeten um die Hilfe aller Heiligen, und das sollen auch alle anderen Leute tun, die der Prozession folgen, aus vielen verschiedenen Gründen: Erstens daß Gott im Kampf gegen unsere leiblichen und geistigen Feinde uns Widerstand gewährt. Denn zu dieser Zeit des Jahres sind die Teufel und sonstigen bösen Geister besonders eifrig dabei, die Menschen zu Sünde und Bosheit zu verleiten. Auch betet die Heilige Kirche, daß Christus die jungen Früchte beschütze, die den Menschen zur Hilfe der Erde entwachsen, und so sollten alle Christen für dasselbe beten… Auch werden in diesen Prozessionen Banner und Kreuze getragen und Glocken geläutet, damit die Geister, die in der Luft so dicht wie Motten in der Sonne umherfliegen, von uns hinweg fliehen, wenn sie die Banner und Kreuze erhoben sehen und die Glocken läuten hören. Denn so wie ein König in seinem Heer Banner, Trompeten und Hörner hat, um seine Feinde zu erschrecken, ebenso hat der allmächtige Gott, der König aller Könige ist, Glocken mit seinen Hörnern und Trompeten und ein Kreuz, das als Banner aufgerichtet wird… Daher sollt ihr in diesen drei Tagen zur Kirche kommen, wie ich euch gesagt habe, daß ihr andächtig in euerer Prozession gehen könnt mit der Bitte an alle Heiligen, sie mögen für euch Christus anflehen, er möge Gnade und Mitleid für euch haben…"[18]

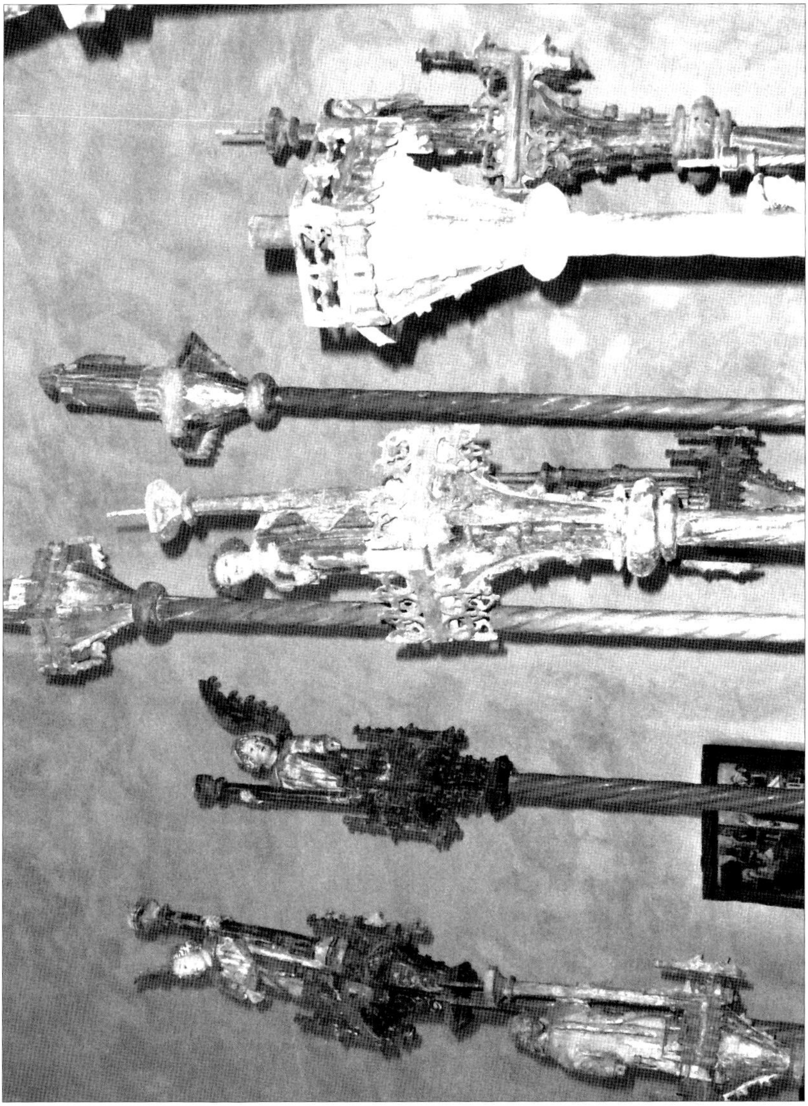

Prozessionsstangen mit Engelsfiguren, auf denen die Kerzen mitgetragen wurden, um 1500, Stockholm, Historisk Museum

Was heute an religiöser Lyrik aus dem Mittelalter erhalten ist, war, nicht anders als die profanen Gedichte, zum Gesangsvortrag gedacht. Der Ort dafür war natürlich, speziell bei der lateinischen Dichtung, ganz primär die Kirche, der Anlaß der Gottesdienst. Aber auch sonst begleitete man religiöse Zeremonien wie Prozessionen oder Wallfahrten oder Bruderschaftstreffen mit geistlichen Liedern, ebenso wurden diese gesungen, wenn man in den Krieg zog. Sicherlich war dies ein wichtiges Mittel, die Frömmigkeit zu emotionalisieren. Die Begeisterung, mit der ein Franz von Assisi geistliche Loblieder (Lauden) sang oder den Spielmann Gottes mimte, die ekstatischen Klänge, die ein Heinrich Seuse in seinen Visionen vernahm, mögen individuelle Züge sein, aber die Kirchenmusik berührte alle Zuhörer. Schließlich war man überzeugt, die Engelschöre würden bei jeder Meßfeier auf Erden im Himmel mitsingen.

Ein deutscher Dichter des letzten Drittels des 13. Jahrhunderts, der Meißner, hat den frommen Gesang enthusiastisch gepriesen:

„Daz sanc daz hoeste si in himele unde of erden,
des zie ich an die engele, die mit sange lobent got in himele dort.
Mit worten mac von brote gotes lichnam werden.
des ist sanc unde wort daz hoeste, sit daz ie unde i was gotes wort.
Sanc leret tugende phlégen, vlien válschen rat.
sanc vreuwet, sanc ringet vil der swere.
Sánc ist gotelich, sanc der ist lovebere.“[19]

(Daß [geistlicher] Gesang das Höchste im Himmel und auf Erden sei, das ersehe ich an den Engeln, die mit Gesang dort im Himmel Gott loben. Durch Worte kann aus Brot der Leib Gottes werden. Daher ist Gesang und Wort das Höchste, seitdem je Gottes Wort erging. Gesang lehrt, die Tugenden zu üben und falschen Rat zu fliehen. Gesang erfreut und mildert viel Schweres. Gesang ist göttlich, Gesang, der ist zu loben.)

Vorstellungswelt

Personen

Dreifaltiger Gott

Im ‚Zeitalter des Glaubens' stand Gott doch unfraglich im Zentrum des Denkens und Fühlens der Christen? Ja und nein. Ja, da seine Existenz und Macht quasi stets als Urgrund allen materiellen und geistigen Lebens mitgedacht und -empfunden wurde und ihn Reflektieren und Schreiben der Gelehrten umkreisten. Nein, da diese unkörperliche und unvorstellbare Macht viel zu weit weg vom begreifbaren Horizont der Sterblichen weste. Zwar wurde er in unzähligen Gebeten, liturgischen Formel und frommen Büchern angerufen, aber viel leichter vorstellbar war es, daß menschliche Wesen wie Jesus, Maria und die Heiligen aus der Transzendenz in die irdischen Geschicke eingriffen. Gerade die Unfaßbarkeit des rein geistigen Numen war für die Theologen ein gern zitierter Grund, um das Dogma der Fleischwerdung des Sohnes zu begründen. Denn nur ein Mensch konnte für die Sünde des ersten Menschen, die Erbsünde, Genugtuung leisten und die Weltordnung wieder herstellen, so Anselm von Canterbury. Denn als Menschen können wir, so Bernhard von Clairvaux, nur uns Ähnliches lieben. Deshalb mußte Gott Mensch werden.

Die Gottheit selbst blieb verborgen und fern, das Dogma von ihrer Zusammensetzung aus drei Personen, das in der christlichen Antike zur Erklärung einiger einander widersprechender *Bibel*-Stellen konstruiert worden war, ohnehin den meisten Gelehrten und allen einfachen Leuten unverständlich. Die bildende Kunst freilich fand es nicht zu schwierig, die Trinität erfaßbar zu machen, indem sie sowohl den Vater als auch den Sohn als Menschen gestaltete, den Heiligen Geist ebenso oder, häufiger, als Tier, nämlich als Taube. Diese Konkretheit ist bezeichnend für die Epoche; ein abstraktes Symbol wie das Dreieck kam für die Trinität erst nach dem Mittelalter in Gebrauch.

Die Dreifaltigkeit in der Gestalt dreier gleicher Männer,
Sinopie (Rötel-Vorzeichnung für ein Wandgemälde),
15. Jh., Ardagger Stift (Niederösterreich)

Gott der Vater hatte also kaum eine wichtige konkrete Stellung in der gewöhnlichen Religiosität; er blieb, wie in vielen anderen Religionen, der ferne Schöpfer- und Hochgott, der für die Belange der alltäglichen Lebenspraxis seine Macht seinem Sohn und den Heiligen abgetreten hatte. Nur zu besonderen Krisenzeiten, auch dies analog zu anderen Religionen, wurde er in seiner ganzen alttestamentlichen Furchtbarkeit wieder mächtig, da man sich vorstellte, derartige Katastrophen wie der Schwarze Tod könnten nur von ihm verursacht worden sein. Davon zeugen die Pestbilder, auf denen er selbst seine Geschöpfe mit Schwert und Lanze vernichtet – oder richtiger, zu vernichten trachtet, denn sein Sohn, Maria und die Pestheiligen verhindern dies. Theologisch absurd, wenn man von einer Wesens- und Willensgleichheit des Vaters mit dem Sohn ausgeht, aber in zahlreichen Kirchen gerade so zu sehen[20]. Der Heilige Geist trat in der Frömmigkeitspraxis noch weiter zurück, mochten auch Geschichtstheologen wie Joachim von Fiore († 1202) von einer von ihm regierten künftigen Epoche träumen oder bestimmte Sekten glauben, er wohne bereits in jedem ihrer Mitglieder.

In der Frömmigkeit aller Schichten war der Menschgewordene die wesentliche männliche Bezugsperson. Von ihm hatte man ja eine Lebensgeschichte, Wunder, Lehren, sogar Reliquien (wie die bei seiner Beschneidung abgetrennte Vorhaut oder Blutstropfen…). Freilich verschoben sich die jeweils dominierenden Aspekte seiner Persönlichkeit je nach der Zeitsituation. So betrachtete man im frühen Mittelalter den Sohn vor allem als den Lehrenden und den Weltherrscher, im späten als den Schmerzensmann und das Christuskind in der Wiege. Daneben war er auch in symbolischer Tiergestalt präsent, als Lamm Gottes, als Pelikan, der sich die Brust aufreißt, um die Jungen, d. h. die Menschen, mit sein Blut zu speisen, als Löwe aus dem Stamm Juda, der die Kirche beschützt, als Greif, der mit seinem aus Adler und Löwen zusammengesetzten Leib die gott-menschliche Doppelnatur Christi repräsentiert.

Der romanische Christus als vom Kreuze Herrschender trägt nicht die Dornenkrone, sonder das Königsdiadem, ganz im Unterschied zu dem leidenden Gekreuzigten der Gotik (S. 387).
Vortragekreuz, 12. Jh., Köttmannsdorf (Kärnten)

Wie das Frühmittelalter den Erlöser sah, illustriert vielleicht am besten die altsächsische *Heliand*-Dichtung, die ein unbekannter Klostergeistlicher des 9. Jahrhunderts verfaßte, um seinen Landsleuten das *Evangelium* so darzubieten, wie sie es in ihrer dem Heroisch-Kriegerischen verhafteten Mentalität verstehen konnten. Christus wird hier, obwohl am Kreuze sterbend, keineswegs als gequälter Mensch geschildert, sondern als über allem stehender Herrscher. Er ist „waldand Crist", der waltenden Christus, „allaro cuningo craftigost, thuo hie an themo crucie stuod", aller Könige kräftigster, der hier an dem Kreuze stand (nicht hing!); er stirbt als „landes ward" (Landbeherrscher) und „cuning obar all thes werodes" (König über all diese Welt) (vs. 5629, 5634, 5658, 5681 f.). In der zeitgenössischen Kunst, so im Stuttgarter Psalter (um 820), tritt er auch als in die Eisenrüstung gewandeter Kämpfer auf. Herrscher, Krieger, Lehrer, das ist das bis ins hohe Mittelalter dominierende Bild, das die Quellen von Jesus Christus zeichneten.

Die hochmittelalterliche Betrachtung des gemarterten Menschen Jesu dagegen war untrennbar mit den Gefühlen des Mitleids und der Liebe verbunden. Als mit dem ausgehenden 11. Jahrhundert die Betonung der menschlichen Natur Christi einsetzte, implizierte dies die Beschäftigung mit seinem irdischen Lebens- und Leidensweg. Die im frühen Mittelalter fast unbekannte Passionsfrömmigkeit wurde seit dem 12. Jahrhundert zur dominierenden Form des Christusbildes und sollte bis in den Barock im Zentrum der katholischen Religion bleiben. Zunächst war diese Devotion in den Klöstern entwickelt worden. In einem wohl von einem Augustinermönch 1168 geschriebenen Trostbrief liest man etwa: „Blicke auf das Bild des gekreuzigten Christus und erwäge sorgfältig, wie wenig Du Deinem Herrn für alles zurückgibst, was er für Dich getan! Betrachte die durchbohrte Hand und den durchbohrten Fuß und die Seitenwunde und schaue genau, wie mitleidig er seine Hände ausgespannt hat, um die zu umarmen, die ihn lieben. Diesbezüglich hat jemand ganz vortrefflich gesagt: «Eilt zur Umarmung, dieweilen er am Kreuzesholze hängt! Zu gegenseitigen Umarmungen bietet er sich den Liebenden dar mit ausgestreckten Armen.»"[21]

Nach der Passion wurden alle Stationen des Lebens Jesu in Einzelheiten ausgemalt, wobei viele apokryphe Texte die Neugier befriedigten. Aber alle Stationen seines irdischen Daseins galten als von

Leid durchsetzt und auf sein schmerzenreiches Sterben vorausweisend. Sie boten aber auch die Möglichkeit, Liebesemotionen auf ihn zu konzentrieren, sei es auf das Kind in der Krippe, sei es auf den schönen Jüngling, wie er so vielen Mystikerinnen erschien, um sich mit ihnen nach der Melodie des *Hohen Liedes* zu vereinigen.

Schon in den lateinischen, monastischen Texten des 12. Jahrhunderts, dann in den volkssprachlichen des späteren Mittelalters, wird eine oft sehr emotionelle Christusbeziehung formuliert, die Jesus zum Liebesobjekt macht und in der späteren Frauenmystik in der Unio mystica, der erotischen Vereinigung mit ihm, kulminiert. So spricht etwa der Abt Egbert von Schönau Jesus in der 2. Hälfte des 12. Jahrhunderts an: „Ersehnter meines Herzens, wie lange muß ich noch deine Abwesenheit erdulden? Wie lange muß ich noch darauf warten, Dein Antlitz zu schauen? Wie lange muß ich seufzen und wird mein Auge Dir nachweinen? Lieblicher Herr, wo wohnst Du? … Der Duft Deiner Lieblichkeit gelangte von weit her zu mir und gilt mir mehr als Balsamgeruch… Keusches Begehren erzeugt er in mir, das süß in mir brennt, kaum noch zu ertragen…“[22]

Es ist nicht schwierig nachzuvollziehen, daß solche Meditationen dann zu entsprechenden Visionen führten. Als Beispiel sei nur die flämische Begine Hadewijch zitiert (13. Jh.): „Eines Pfingsttages wurde mir im Morgengrauen [eine Vision] gezeigt, und mein Herz und meine Adern und alle meine Glieder zitterten und bebten vor Begierde, und mir war so zu Mute, wie schon oft, so rasend und so schrecklich, daß mir alle die Glieder, die ich hatte, einzeln zu brechen schienen, und alle meine Adern bewegten sich, eine jede voller Schmerz. Ich begehrte, meinen Geliebten vollkommen zu besitzen und zu erkennen und seine Menschennatur im Genuß mit meiner ganz und gar zu schmecken und die meine darin zu lassen…“ Eine Erscheinung des Erlösers, als Kind zuerst, dann als Mann, antwortet auf ihre leidenschaftliche Sehnsucht, die sich in der mystischen Vereinigung erfüllt: „Danach kam er selbst zu mir und nahm mich ganz in seine Arme und zwang mich an sich, und alle Glieder, die ich hatte, fühlten die seinen in all ihren Wonnen nach meines Herzens Begehren, nach meiner Menschennatur. Da ward ich von außen zur Gänze zufriedengestellt… Danach blieb ich in einem Aufgehen in meinem Geliebten, so daß ich ganz in ihm verschmolz und mir von meinem Selbst nichts blieb.“[23] Das ist nicht nur allegorische Brautmystik in Sprache der des *Hohenliedes*, diese Frau hatte ein wirkliches, erotisches Liebesleben, wiewohl sie im Zölibat lebte. Die durchaus wollüstig u. a. als Kuß und Umarmung erfahrene Unio ist fast regelmäßig von einem seelischen und körperliche Süßeempfinden begleitet. Manche mystisch begabte Frauen wie Ida von Löwen, Agnes Blannbekin oder Birgitta von Schweden fühlten sich dann besonders zu Weihnachten tatsächlich mit dem Jesuskind befruchtet und zeigten entsprechende körperliche Veränderungen (Scheinschwangerschaften).

Aus einem italienischen Marienlied des 15. Jahrhunderts, einer zu Weihnachten gesungenen Lauda:

„*Guardate contemplando il bambino,*
vedetelo fasciato,
con le sue braccia strette in pannolino,
dalla madre abbracciato.
O quanto è delicato
il dolce bacio santo
di lei che l'ama tanto,
che tale amore in donna non fu mai.“[24]

(Betrachtet, schaut das Kind, seht es in seinen Windeln, die Arme in den Tüchern ausgestreckt, umarmt von seiner Mutter. Oh wie liebevoll er ist, ihr süßer, heiliger Kuß, die ihn so liebt, daß es eine solche Liebe noch nie bei einer Frau gab.)

Nach dem Liebespartner wird Jesus dann die große Identifikationsfigur für alle Leidenden – der man zugleich Liebe in Form der Empathie entgegenbringen kann. Die Lieder und Meditationstexte über das Leiden Christi, die umfangreichen Passionszyklen der figuralen Kunst, das ikonographische Thema des Schmerzensmannes, die Passionspredigten, die Visionen, in denen die Seherin die Leidensgeschichte im Detail miterlebt u. v. a. bezeugen die Faszination des späteren Mittelalters mit dem Schmerz an sich. Man kann sagen, daß der Leidende die zentrale Figur der Christusdevotion des 14. und 15. Jahrhunderts darstellte. Bezeichnenderweise gibt es das Phänomen der

Stigmatisation erst seit dem 13. Jahrhundert, wobei Franz von Assisi zwar nicht der älteste, aber der vorbildhafteste Träger der Wundmale Jesu werden sollte.

„*Betrachtet also mit den Augen des Geistes, wie die einen das Kreuz aufrichten, die anderen die Leiter, jene die Nägel, andere die Hämmer und weitere notwendige Werkzeuge vorbereiten! Jetzt ist er entkleidet, er steht ganz nackt vor dieser großen Menge. Zum dritten Mal erneuern sich die Schmerzen der Wunden, die man ihm beigebracht hat, der Kleider wegen, die an seinem Fleisch festklebten; das Blut rinnt in Strömen. Seine Mutter und seine anderen Verwandten werden von tödlicher Trauer ergriffen, da sie ihn so verletzt sehen. Oh, in welcher Bitternis ist nun Mariens Seele! Ich glaube nicht, daß sie ihm auch nur ein Wort hätte sagen können. Und schon reißt man ihr den Sohn mit Gewalt aus den Händen, führt in zu Füßen des Kreuzes…*“[25]

(Aus Pseudo-Bonaventura, *Meditationes vitae Christi* (um 1300 ?), eines der am weitesten verbreiteten und in alle Volkssprachen übersetzten Andachtsbücher des Spätmittelalters)

Christus als Schmerzensmann fordert zur Meditation seiner Wunde auf. Steinplastik um 1485, Wiener Neustadt, Dom

Wie die Betrachtung solcher Kunstwerke und die Meditation mit solchen Texten in die alltägliche Frömmigkeit übergeführt wurde, erfahren wir beispielhaft aus der Autobiographie des Kaplans Friedrich Sunder (ca. 1253-1328): „Wenn er vor ein Kreuz ging, so betrachtete er fünf Dinge: Das erste, daß unser Herr mit ausgebreiteten Armen am Kreuz hängt, das zweite, daß er nackt und bloß stand, das dritte, daß er allein hing, das vierte, daß er verwundet stand, das fünfte, daß er mit geneigtem Haupt stand…" Einmal „stand er eine Weile vor dem Kreuz und dachte: Oh weh, lieber Herr, wie du jämmerlich mit ausgebreiteten Armen dastehst… Sogleich befiel ihn heftig ein großer Jammer und ein Mitleid und die Vergegenwärtigung des Jammers und der Schmerzen, die unsere liebe Frau mit ihrem Kind litt. Und so ging er zur Messe und verblieb einen Teil der Messe in diesem Jammer und diesem Mitleiden…"[26]

Maria

Wiewohl der Mutter Jesu im *Neuen Testament* nur geringe Bedeutung zukommt, läßt sich in der ganzen Geschichte des vorreformatorischen Christentums ein kontinuierliches Ansteigen ihrer Verehrung feststellen, bis sie am Ende der Epoche als ‚Himmelskönigin' und ‚Miterlöserin' geradezu ranggleich mit ihrem Sohn geworden ist. Offenbar fehlte in dieser von einem rein männlichen Gott dominierten Religion die weibliche Komponente, die in allen heidnischen Glaubensformen durch eine Vielzahl von Göttinnen präsent war. Maria fungierte für beide Geschlechter als Mutter-Imago und konnte, wahrscheinlich vornehmlich für Frauen, Identifikationsfigur sein, durch die man zu einer intensiveren Religiosität gelangte.

So zeigt in der lateinischen Sequenz *Planctus ante nescia* (*Vormals waren mir Klagen unbekannt*) des 12. Jahrhunderts die Muttergottes vorbildlich, wie weit das Mitleid mit ihrem Sohn gehen sollte: „Schont, bitte, meinen Sohn, kreuzigt die Mutter oder heftet uns beide zugleich ans Kreuzesholz! Allein stirbt er bitter… Wenn ich doch so litte, daß ich aus Leid zugrunde ginge, denn es ist schmerzlicher, ohne

Tod zu sterben, als schnell zugrunde zu gehen.“ (*Carmina Burana* 14*). Solche emphatischen Marienklagen, die zu einer gestischen Untermalung, dann zur Dramatisierung einluden, stehen mit am Ursprung des geistlichen Schauspiel des Mittelalters.

Maria mit Kind.
Holzplastik, E. 15. Jh.,
Weißenkirchen
(Niederösterreich)

Von den Theologen und in der Liturgie mit den gewagtesten Symbolismen versehen, wurde Maria als Gegenfigur zu der Ur-Sünderin Eva aufgebaut, wobei man sich v. a. darauf berief, daß das „Ave“ des *Marianischen Grußes*, umgekehrt gelesen, Eva ergibt. Besonders ihre Empfängnis ohne Erbsünde und die angeblich immerwährende Jungfräulichkeit gab Anlaß zu vielfältigen Phantasien. Ihre Verfasser lehnten zwar vordergründig alles Sexuelle ab, waren aber oft eben davon geprägt, wofür etwa die Gesichte und Predigten des bretonischen Dominikaners Alain de la Roche († 1475), mit dem sich die Madonna in einer Vision verlobt hatte, ein Beispiel bieten.

Im Gegensatz zu vielen auf bestimmte Krankheiten oder Unglücksfälle spezialisierten Nothelfern durfte man von Maria in allen möglichen Situationen Beistand erwarten und namentlich Schutz in der Todesstunde. Damit glich sie auch hierin mehr einer Gottheit als einer Heiligen. Wie auch die Erlösungstat mehr und mehr von ihrem Sohn auf sie verschoben wurde. So sang man in einem Hymnus des 14. Jahrhunderts, Maria (nicht Jesus) habe die Menschheit vom ewigen Tod errettet:

„Intuamur enixam virgunculam,
Iesu Christi matrem atque filiam,
Quae nos sua prece salvavit a nece,
scabies dissolvens daemonis a faece."[27]

Fülle der Mariensymbolik: Die ‚mystische Einhornjagd', die Jungfrau als Pforte, Brunnen, Turm… Holzplastik vom Marienaltar des Lübecker Doms, 1505

(Blicken wir auf die eifrige Jungfrau, die Mutter und Tochter Jesu Christi, die uns durch ihre Bitte vom Tode erlöste und uns vom Schmutz des unreinen Dämons befreite.)

Ein für die Marienverehrung besonders typisches Phänomen war das ihrer Betrachtung als ‚Lokalheilige': Obschon man theoretisch wußte, und Gelehrte das nur so sahen, daß es bloß eine einzige Mutter Gottes im Himmel gab, schrieb man doch jeweils der in Einsiedeln oder in Walsingham und an so vielen anderen Orten verehrten Jungfrau besondere Kräfte zu, die sie an ihren anderen Kultstätten nicht besäße. Man pilgerte also z. B. dezidiert zur dieser oder jener Marienkirche, auch wenn es näher gelegene, aber weniger ‚gnadenreiche' gab. Erasmus von Rotterdam bringt dazu folgendes Zwiegespräch: Ein Reisender aus Flandern berichtet von seinem Gelübde, zur Maria von Walsingham nach England zu pilgern für „die Gesundheit meiner Familie, die Mehrung meines Vermögens, ein langes und glückliches Leben in dieser Welt und ewige Glückseligkeit in der nächsten. – Aber könnte nicht unsere Jungfrau Maria hier das Gleiche für Dich getan haben? Sie hat doch in Antwerpen eine viel großartigere Kirche als jene über dem Meer! – Ich will zwar nicht leugnen, daß sie das kann, aber eine Sache wird an einem Ort gewährt, eine andere anderswo…" (*Colloquia* 37). Als im Krieg zwischen Zürich und den Schwyzern 1443/44 die Madonna im Kloster Wurmsbach zu schwitzen begann, brannten die Schwyzer es nieder, denn nur die Madonna in ihrem Kloster Einsiedeln hatte wahre Wunder zu vollbringen[28].

Auch einzelne Stände wollten ihre eigene Maria als Schutzheilige besitzen. Die Hamburger Seeleute etwa wandten sich an ein wundertätiges Marienbild, das in der Stadtmauer neben einem Tor eingelassen war. Es befand sich in unmittelbarer Nähe zum Schiffslandeplatz und wurde von allen am 22. Februar mit reichen Opfergaben aufgesucht, wenn die Seefahrt nach der Winterpause wieder begann. 1371 errichtete man in der Nähe eine Halle für die Andächtigen und verbrachte das Bild dorthin[29].

Heilige

Welche Menschen bevorzugt zu Heiligen erklärt wurden, war in den einzelnen Perioden des Katholizismus keineswegs einheitlich. Adelsheilige z. B., speziell heilige Könige, waren typisch für das frühe Mittelalter, nicht aber für das späte und die Neuzeit, heilige Mystikerinnen dagegen kennen wir erst ab dem späten Mittelalter. Konzentrierte sich die christliche Antike auf den Blutzeugen oder Bekenner der so heftig verfolgten Religion, so wurde für das Mittelalter neben dem Missionar, dem Kirchenfürst und der Mystikerin der monastische Asket „engelgleichen Lebens" eine der prägenden Leitfiguren. Durchgehende Traditionen bestanden eher im Ausschluß, wie die Seltenheit heiliggesprochener Laien zeigt, weiter das krasse Mißverhältnis zwischen Männern und Frauen (vier bis fünf männlichen Heiligen entspricht etwa eine heilige Frau) und das weitgehende Fehlen kanonisierter Frauen aus dem Ehestand.

Warum betrachteten die Menschen jener Epoche jemanden als Heiligen, also als einen Christen, dessen Fürsprache bei Gott Wunder auf Erden und Rettung im Jenseits bewirken konnte? Daß so nur verehrt werden durfte, wen der Papst kanonisiert hatte, war ein Dogma, das erst seit dem 12. Jahrhundert galt; zuvor bildete sich ein Kult spontan vonseiten der Gläubigen oder wurde vom örtlichen Bischof installiert. Dafür gab es vor allem zwei Gründe: Einmal ein besonders mit den Idealen der Religion konformes Leben. Das liest sich meist in etwa so, wie es z. B. der anonyme Verfasser der Passion des hl. Ariald von Mailand um 1200 formulierte: „Auch verbrachte er die Nächte bis Mitternacht immer ohne Schlaf, teils im Gebet, teils beim Lesen [frommer Bücher], teils bei gegen die Laster gerichteten Überlegungen. Nie aß er ohne arme Geistliche [d. h. er verpflegte sie], nie verweilte er allein außerhalb der Klausur seiner Kirche. Wiewohl er die profane und geistliche Literatur gut kannte, vertraute er doch stets so wenig auf sein Wissen, als ob er keinen Buchstaben gelernt hätte. Wenn sich aber die Gelegenheit zu einer Diskussion ergab, wandte er sich um Hilfe stets an Gott und die Heiligen. Oft besucht er die Reliquien der Heiligen und rezitierte so viele heilige Namen in den Litaneien, daß das allen wie ein Wunder erschien. Stets ging er barfuß einher"[30] – usw.

Weit wichtiger jedoch war es, daß diese Person im Leben oder nach dem Tode vermittels ihrer Knochen bzw. einer sonstigen Reliquie Wunder wirkte (s. u.). Man verehrte ja auch zahllose Heilige, von deren Lebensgeschichte man nichts wußte, an deren Grab sich aber Wunder ereignet hatten. Daß nämlich der oft zitierte Vorbildcharakter der Lebensführung nicht das generelle Kriterium für Heiligkeit war, wird sofort evident, wenn wir an die als Märtyrer verehrten Kinder denken, sei es an die von Herodes getöteten Zweijährigen, die ‚Unschuldigen Kindlein', sei es an spätere, angeblich durch jüdische Ritualmorde umgekommene wie das zweieinhalbjährige hl. „Simele" (Simon) von Trient oder das dreijährige sel. Anderle (Andreas) von Rinn. Eine so ungewöhnliche Todesart war eine gute Voraussetzung, den altkirchlichen Märtyrern gleichgesetzt zu werden, auch ein Thomas Becket oder ein Engelbert von Köln verdanken nur ihrer Ermordung die Aufnahme unter die Heiligen.

Der hl. Wendelin (in der geistlichen Tracht) nimmt von einem Hilfesuchenden eine große Votivkerze entgegen. Relief (mit jüngerer Farbfassung), 1359/60, an seinem Grabmal in St. Wendel (Saarland)

Die Heiligen spielten im alltäglichen Frömmigkeitsleben eine weit größere Rolle als Gott Vater oder sogar sein Sohn. Die Verehrung der himmlischen Helfer begann schon bei der Geburt, wo man seit dem Hochmittelalter immer mehr dazu überging, statt des in einer Familie traditionellen germanischen oder romanischen Namens das Neugeborene auf den eines Heiligen taufen, damit es dieser unter seinen besonderen Schutz nähme. Dies konnte der oder die Tagesheilige sein, wie beispielsweise in dem Fall jener isländischen Frau, bei der sich die Geburt ihres Kindes bis zum Laurentiustag des Jahres 1267 verzögerte. Als das Kind endlich da war, schien es ohne Leben zu sein. „Da gelobte Herr Thorarin [der Priester], das Kind solle Laurentius heißen, und sollte der hl. Laurentius dem Knaben das Leben schenken, dann würde er jeden Laurentius-Tag fasten, wenn er alt und gesund genug dafür sein würde. Und kaum war dieses Gelübde von Herrn Thorarin abgegeben und zugesagt, sah man sogleich Lebenszeichen an dem Jungen."[31] Er sollte das hohe Alter von 64 Jahren erreichen und sich stets an dieses Versprechen halten.

Nicht selten bediente man sich aber auch mantischer Verfahren, um aus der unzählbaren Schar der Heiligen den idealen Patron herauszufinden. Die Mutter König Jakobs I. von Aragon z. B. (so berichtet er selbst, ohne das für einen Abglauben zu halten) ließ 1208 zwölf gleich große Kerzen mit den Namen der zwölf Apostel beschriften und anzünden. Da die Kerze des hl. Jakobus am längsten brannte, bekam ihr kleiner Sohn ihn zum Namenspatron[32].

Aber es mußte nicht eine Geburt sein, die zu einer besonderen Verehrung eines Heiligen führte: Als Heinrich V. von England 1415 eine entscheidende Schlacht gegen die zahlenmäßig überlegenen Franzosen in Agincourt am Tag der Translation des hl. Johannes von Beverley gewann, machte er eben diesen Tag zu einem nationalen Feiertag, huldigte dem Heiligen als Patron seiner Dynastie und unternahm einige Jahre später eine Wallfahrt zu seinem Schrein[33]. Es war ganz üblich, daß die Sieger den Tagesheiligen ihres Erfolgs z. B. zum Stadtpatron machten oder umgekehrt versuchten, Schlachtentermine auf den Tag eines bestimmten Heiligen zu legen.

Viele Heilige wurden nur lokal verehrt und waren bisweilen sogar in Rom unbekannt, wogegen die Heiligen aus der *Bibel* und einige andere wie Georg von Kappadokien, Nikolaus von Myra oder Martin von Tours in ganz Europa als Helfer angerufen wurden. Bei Krankheits- und Unglücksfällen wandte man sich für gewöhnlich zuerst an den lokal nächsten Heiligen, d. h. an jenen, dessen Reliquien in der nächstgelegenen Kirche verehrt wurden. Doch traten namentlich im späteren Mittelalter für alle Tätigkeiten, auch für verfemte, spezialisierte Heilige zu den allgemein verehrten, also etwa Apollonia bei Zahnweh, Blasius bei Halserkrankungen, Rochus gegen die Pest usf. Eine unübersehbar große Literaturgattung, die Heiligenviten, verbreiteten den Ruhm der Wundertäter in Latein und in den Landessprachen; an vielen Kultorten wurden eigene Verzeichnisse ihrer Mirakel angelegt, die wiederum der Propaganda ihrer Verehrung dienten und damit der gewinnbringenden Erhöhung der Anzahl von Pilgern zu ihrem Schrein.

Die Legende der hl. Kümmernis, der ein Bart wuchs, worauf sie von ihrem Vater gekreuzigt wurde; hier wirft sie einem armen Spielmann ihren wertvollen Schuh zu.
Wandmalerei, 15. Jh., Meran, Barbarakapelle

Jede Stadt hatte ihre Patrone, von denen entsprechende Geschichten erzählten. So soll etwa der hl. Quirin die Bürger von Neuß bei der Belagerung ihrer Stadt durch die Burgunder 1474 dadurch geschützt haben, daß er von den metallenen Abzeichen, die sie ihm zu Ehren trugen, alle feindlichen Geschosse wirkungslos abprallen ließ[34]. Ebenso gab es ständische Patrone, etwa Georg, den Ritterheiligen, beziehungsweise Schutzherren und -frauen für bestimmte Berufe: Medardus für Winzer, Knut für Kaufleute, Magdalena für Prostituierte – usf. Das himmlische Heer war fast unzählbar, gehörten doch auch sehr große Gruppen zu ihm wie etwa die 11.000 Jungfrauen der hl. Ursula, die bei Köln den Märtyrertod gefunden haben sollen, was vielen glaublich erschien, da man in den ausgedehnten antiken Friedhöfe dort wiederholt auf Gebeine und Grabplatten stieß, womit auch die gewünschten Reliquien vorlagen.

Der Florentiner Politiker und Dichter Franco Sacchetti († 1400) über die Heiligenverehrung seiner Zeit:

„*Und so ist es heute in der Welt, daß die Herren und anderen Leute so unstet auf neue Dinge aus sind, daß sie, könnten sie es, die Herrschaft im Himmel verändern würden, wie sie ja oft die auf Erden verändern. Wir haben die kanonisierten Heiligen, und suchen doch nach solchen, von denen wir gar nicht wissen, ob sie heilig sind. Wir haben unseren Herrn Jesus Christus, seine Mutter, die Apostel und die anderen Großen des Paradieses, und laufen einem heiligen Barduccio nach* [ein damals noch nicht kanonisierter Laie, † 1331]. *Einerseits sagen wir, daß die Leiche eines Exkommunizierten ganz bleibt und nicht verrottet, andererseits sagen wir, daß eine Leiche, die nicht zerfällt, heilig ist. Und dieser Götzendienst geht so weit, daß man die wahren Heiligen oftmals für solche vernachlässigt, weil es von diesen Gemälde gibt. Und man macht für sie mehr Lichter und stellt mehr Wachsbilder* [als Votivgaben] *vor ihnen auf als vor unserem Herrn. Und damit verläßt man oft die alte Bahn für eine neue. Und oft sind die Religiosen der Grund dafür, denn sie sagen oft, ein in ihrer Kirche bestatteter Leichnam habe Wunder gewirkt, und sie lassen ihn malen, nicht um Wasser für ihre Mühle zu bekommen, sondern Wachs und Geld – und der Glaube bleibt im Abseits.*“

(*Trecentonovelle* 157, 15 f.)

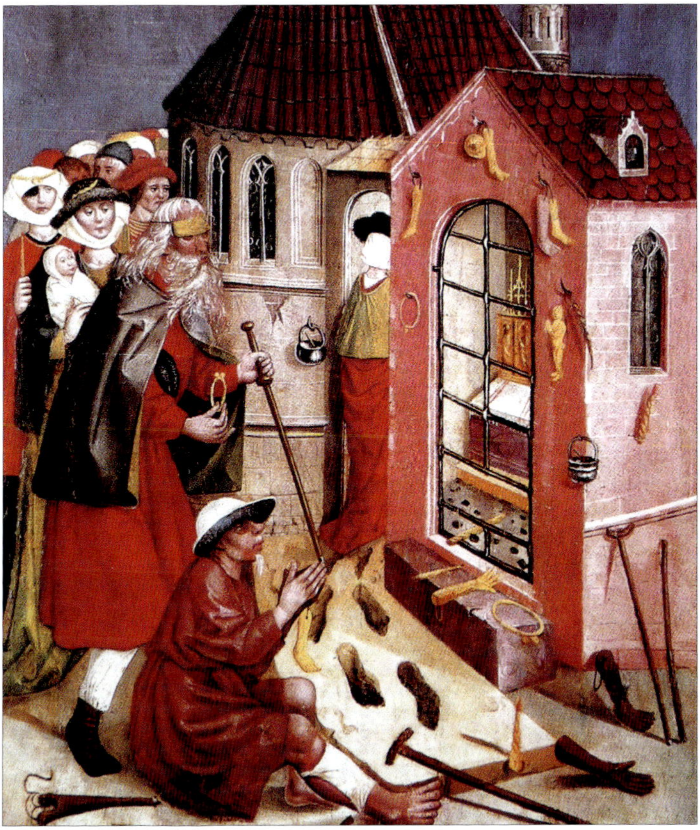

Pilger deponieren ihre Krücken oder Wachsmodelle der
kranken Glieder vor der Kapelle des hl. Wolfgang.
Tafelmalerei um 1500, Pipping (Südostbayern), St. Wolfgang

Der Treffpunkt zwischen Diesseits und Jenseits, das waren die Reliquien der Heiligen, ihre Überreste, sei es der ganze unverweste Leib, seien es Teile ihrer Knochen (der häufigste Reliquientyp), seien es Kontaktreliquien, also Dinge, die sie einst berührt hatten (Kleidung, Bücher, Schriftstücke…). Nach mittelalterlichem wie gegenwärtigem Kirchenrecht muß in jedem katholischen Altar ein Reliquienpartikel eingelassen sein, sonst wäre er nicht funktionsfähig. Obwohl man wußte, daß der Heilige im Himmel weilte, glaubte man ihn und seine Wirksamkeit doch auch wieder an seine Überreste gebunden – die Grundlage der Wallfahrten.

Ein Problem waren die zahlreichen Reliquienfälschungen. Oft entstanden erbitterte Konkurrenzen zwischen Kirchen, die Teile desselben Heiligen besaßen oder überhaupt exklusiv den ganzen Leib eines Wundertäters für sich beanspruchten. Um die Wende vom 14. zum 15. Jahrhundert kam es beispielsweise in Paris zwischen den Klerikern der Kathedrale Notre Dame und den Mönchen der Abtei Saint Denis zu einem Konflikt um den Schutzheiligen der Stadt, Dionysius: Während erstere nur die abgeschlagene Schädelplatte des Märtyrers vorzuweisen hatten, zeigten letztere den ganzen Schädel, geschmückt mit einer goldenen Mitra. 1410 wurde deshalb sogar ein Gerichtsverfahren vor dem Parlament eröffnet[35]. Schon Abt Guibert von Nogent im 12. Jahrhundert hatte an solchen Doppelungen mit einer Kritik des Reliquienwesens angesetzt, ohne sie freilich zu Ende zu denken, was erst die Reformatoren taten.

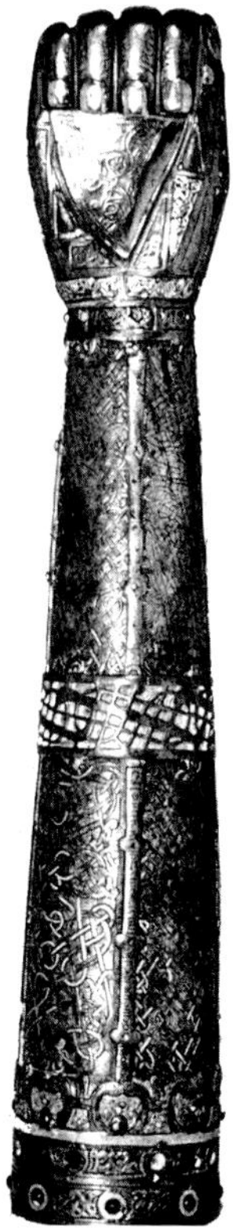

Armreliquiar
des hl. Lachtin,
um 1120,
Dublin,
National Museum

„*In diesem Jahr* [1313 ?] *wurde das Kreuz auf dem Glockenturm von St. Paul* [in London] *herabgenommen und repariert, und in diesem alten Kreuz wurden gewisse Reliquien gefunden, nämlich… ein Teil vom Kreuzesholz unseres Herrn Jesus Christus in Kreuzesform, ein Stein vom Grab unseres Herrn, ein anderer Stein von der Stelle, wo Gott stand, als er in den Himmel auffuhr, ein weiterer Stein vom Kalvarienberg, wo das Kreuz unseres Herrn aufgerichtet wurde… Einige Gebeine der elftausend Jungfrauen* [aus der Begleitung der hl. Ursula] *und andere Reliquien, deren Namen unbekannt waren. Diese Reliquien zeigte Meister Robert von Clothale dem Volk während seiner Sonntagspredigt vor dem Fest des hl. Botolph, und danach wurden die Reliquien wieder in das Kreuz gelegt, und viele andere neue ebenfalls…*“

(Aus einer Londoner Chronik des 15. Jh.s)[36]

Eine vergleichsweise wesentliche geringere Rolle als ihre übernatürliche Hilfe spielten die Biographien der Heiligen als Vorbilder für die eigene Lebensgestaltung. Wie es eine ‚Imitatio Christi‘ und eine ‚Imitatio Mariae‘ gab, so auch eine ‚Imitatio sanctorum‘. Doch blieb diese i. d. R. den Virtuosen der Religion in den Klöstern sowie der Geistlichkeit vorbehalten, und auch da galten sie als letztlich unerreichbare Ideale. So sagte z. B. der Theologieprofessor Petrus von Poitiers in einer 1168 in Durham gehaltenen lateinischen Predigt über den hl. Johannes den Täufer, dessen Fasten in der Wüste man rühmte: „Wenn wir ihn also schon nicht in seiner Weltverachtung und seinem Einsiedlertum nachahmen können, wollen wir ihn wenigstens von Weitem nachahmen, indem wir uns im Speise- und Weingenuß mäßigen. Begnügen wir uns damit, und spenden wir den Rest den Armen! Wenn wir ihn schon nicht in seiner Jungfräulichkeit nachahmen können, ahmen wir ihn wenigstens dadurch nach, indem wir uns durch die Buße von jeder Befleckung des Fleisches und des Geistes reinigen… Wenn wir ihn schon nicht in der Härte seiner Lebensführung nachahmen können, dann indem wir diese irdischen Güter zur Kasteiung des Fleisches verwenden und die Eleganz der Kleidung sowie die überflüssigen Lüste des Fleisches beschränken. Wenn es uns schon nicht von oben gegeben wurde, jede Sünde zu meiden, wie er sie vollkommen vermied, so wollen wir wenigsten durch die Busse zum Besseren wandeln, was wir aus Stolz, Schwäche oder Ignoranz verloren haben!"[37] Das unerreichbare Ideal gibt so die Folie, vor der das Erreichbare als notwendiges Minimum präsentiert wird.

Wunder

In der Tat war das Wunder „des Glaubens liebstes Kind", also ein unmittelbares und unvorhersehbares Eingreifen der überweltlichen Mächte in die natürlichen irdischen Geschicke. Theologisch gesehen, konnte nur Gott solches vollbringen, in der Frömmigkeitspraxis schrieb man Wunder den Heiligen direkt zu. Eine urkundlich festgehaltene Episode aus dem Jahre 1103 kann das illustrieren: Graf Hugo von Troyes war von einem Mann seines Gefolges schwer verwundet worden „und entkam nur halb tot. Wenn eine so bedeutende Person verletzt wird, dann sammelt sich üblicherweise eine Schar von Ärzten um ihn zu seiner Behandlung, aber in diesem Fall waren sie unfähig, die tiefen Wunden zu heilen. So wurde der Graf in die Abtei von Avenay gebracht, damit seine offenen Wunden *durch die Fürsprache der Heiligen* der Abtei geheilt werden sollten. Der gute Graf Hugo blieb drei Monate lang hier, während derer er heftig litt. Da er erkannte, daß seine Genesung weniger seinen Ärzten zuzuschreiben war, als *der Fürsprache der Heiligen* und Gottes Gnade, zeigte er, daß er dies zu schätzen wußte und schenkte der Abtei zweieinhalb Mansen Landes" und dazu noch zwei hörige Frauen mit ihren Kindern[38].

Wohl der weitaus größte Teil aller je verzeichneten Wunder von Heiligen betrifft die Heiligung von einer Krankheit. Dazu kommen Errettung aus Todesgefahr, Schutz vor Verwundung, Hilfe gegen feindliche Angriffe usw. Andere Wunder-Typen waren die Beherrschung der Natur, z. B. häufig das mit trockener Kleidung durchs Wasser schreiten, das Erzwingen der Hilfe von Tieren u. ä. Als Wunder wurden aber, immer häufiger seit dem 12. Jahrhundert, auch innere Gnadengaben wie Visionen und Erscheinungen, Erleuchtungen und mystische Verzückungen verstanden.

Wunderbare Erscheinung des heiligen Thomas Becket vor dem schlafenden König Ludwig VII. von Frankreich, um 1200, Canterbury Cathedral

Was man primär vom Heiligen erwartete, war das Wunder. Wie grenzenlos diese Wunschvorstellung war, zeigt z. B. folgende, seit dem 13. Jahrhundert in vielen Predigten verbreitete Geschichte:

„Da war einmal ein Vogel, den man sprechen gelehrt hatte. Einst flog er aufs Feld hinaus, und ein Hühnerhabicht verfolgte ihn und wollte ihn töten. Und als er ihn kommen sah, begann er zu rufen, wie man es ihm zu Hause beigebracht hatte, und schrie: «Heiliger Thomas, hilf mir!» Und sogleich fiel dieser Hühnerhabicht tot herab, und der Vogel entkam unverletzt. Da sieht man also, wie wirksam es ist, den heiligen Thomas, den Märtyrer von Canterbury, in jeder Bedrängnis anzurufen!“[39]

Während die meisten Wunder eher positive Konsequenzen hatten, liest man aber auch nicht selten von sog. Strafwundern: Hier rächt sich der Heilige für Unehrerbietigkeit oder Unglauben. Die Untersuchungskommission, die 1232/35 Zeugen über die von der Landgräfin Elisabeth von Thüringen vollbrachten Wunder verhörte – sie war 1231 verstorben –, notierte z. B., was einem Mann namens Friedrich Flasche aus Wiesbaden geschehen war: Als er sich im dortigen Bad spöttisch einem Armen gegenüber äußerte, der behauptete, durch die Heilige sein Augenlicht wiedererhalten zu haben, rief dieser Elisabeth um Rache an. Der Frevler sank dadurch sogleich unter Wasser, konnte nur noch das Kreuzeszeichen machen, und ward leblos herausgezogen. Nur die Gelübde seiner Freunde an Elisabeth bewirkten, daß sie ihm vergab und er doch wieder erwachte[40]. Anderen Missetäter kamen freilich nicht so leicht davon. Als Birgitta von Schweden († 1373) von ihrem Seelenführer über einen angesehenen Ordensgeistlichen informiert wurde, der sich weigerte, an ihre Offenbarungen zu glauben, begann sie zu beten. Bald erschien ihr Christus, der die Überheblichkeit dieses Mannes mit Kot verglich und ihr versprach: „Deshalb will ich ihm mit meiner Hand einen Backenstreich reichen… Der nämliche Ordensmann ward hiernächst durch Trübsal gedemütigt und starb gichtbrüchig." Krankheit und Tod dieses Priesters sind also unmittelbare und mirakulöse Folgen des Gebetes, das von der beleidigten Heiligen gesprochenen worden war[41].

Natürlich bilden die Strafwunder der *Heiligen Schrift* den Hintergrund für solches Tun der Charismatiker, wie auch für ihre positiven Mirakel. Hatte nicht der Prophet Elischa, als er verspottet wurde, zweiundvierzig junge Leute von Bären zerreissen lassen (2 Kön 2, 23 ff.), und hatte nicht Jesus einen Feigenbaum verflucht, der ihm keine Nahrung spendete, so daß die Pflanze auf der Stelle verdorrte (Mt 21, 18 f.)?

Aber bisweilen genügte für ein Wunder auch die Bitte eines einfachen Gläubigen oder es griff Gott von sich aus selbst ein. So war z. B. die Legende von den bestraften Tänzern weit verbreitet und erscholl von mancher Kanzel: Es geht dabei immer um ein Tanzvergnügen, das gegen die Warnung eines Priesters bzw. an einem von der Kirche verbotenen Termin ausgeführt wird, und zu dessen Bestrafung die Sünder in Steine verwandelt werden oder immer weitertanzen müssen. In England deutete man die prähistorische Kultstätte von Stonehenge als durch ein derartiges Wunder versteinerte Tänzer.

Unten die Heiligen- und oben die Engelschöre.
Glasmalerei um 1320, Köln, Dom, Johanneskapelle

Obwohl schon längst vor den Menschen erschaffen und in der *Bibel* vielfach präsent, erreichten die Engel nie eine Verehrung, die der Intensität der den heiligen Menschen gewidmeten gleichgekommen wäre. Doch hoffte man besonders in der Sterbestunde, ihre Hilfe zu erlangen, da der Mythos vom Kampf des Erzengels Michael gegen Satan sie zu den idealen Schutzherren gegen die auf die Seele lauernden Dämonen machte.

Während sich die Theologen vielen Spekulationen über die Natur und die Aufgaben dieser Boten Gottes hingaben, blieben ihre Namen doch meist unbekannt. Nur einige biblische Gestalten wie Raphael oder Gabriel erschienen als Individuen, sonst dachte man eher an das Kollektiv der himmlischen Heerscharen, die in neun Chöre gegliedert vorgestellt wurden.

Einer auf jüdische Traditionen zurückgehenden Vorstellung nach sollte jeder Mensch bei der Geburt einen guten und einen bösen Geist erhalten, die sein Leben beeinflussen konnten. Daraus entwickelte sich der Glaube an den Schutzengel, der jedoch im Mittelalter weniger bedeutend blieb, als etwa der an die kriegerischen Engel, die z. B. die Kreuzfahrer immer wieder in bedrohlichen Situationen als Kämpfer an ihrer Seite erblickt haben sollen.

„*Angele sancte dei, qui me regis, hec loquor ad te*
Percipe mente pia tibi que loquor, angele sancte!
Sanctus es et purus et confirmatus in evum,
Ut te nulla queat pessumdare ius tenebrarum
[…]
Immacolate puer, fidam michi porrige dextram,
Pergimus ad patriam pariter, bone ductor, et ecce
Hec, qua me ducis, arta est via plena laboris,
Quomodo conveniat in ea nos pergere nosti.
En ego sum tenebre, tu lux, tu prospice caute
Omne, quod impedit, omne, quod artat iter gradientis.
[…]

Sum caro, care puer, non me fugias neque spernas,
Sed mihi conpaciens, o frater amabilis, esto!"[42]

(Schutzengelgebet des Benediktinerabtes
Egbert von Schönau (1132-1184)

(Heiliger Engel Gottes, der Du mich leitest, dies spreche ich zu Dir, vernimm geneigten Sinnes, was ich Dir sage, heiliger Engel! Heilig bist Du und rein und gefestigt in Ewigkeit, so daß Dich der Finsternis Walten nicht zu verderben vermag… Unbefleckter Jüngling, reiche mir Deine treue Rechte, wandeln wir gemeinsam den Weg in die [himmlische] Heimat, guter Führer! Und siehe, dort wo Du mich führst, ist der Weg eng und voller Mühe, Du aber weißt, wie wir ihn beschreiten müssen. Denn ich bin die Finsternis, Du aber bist das Licht. Du achte genau auf alles, was den Weg des Schreitenden behindert, alles, was ihn hemmt… Ich bin Fleisch, lieber Jüngling, verlasse mich nicht, verachte mich nicht, sondern habe Mitleid mit mir, oh mein lieber Bruder!)

„Hier sind die Dämonen".
Federzeichnung in der Krumauer Bibel (Böhmen oder Schlesien, um 1360), Wien, Österreichische Nationalbibliothek, Cod. 370, f. 124r

Von dem abstrakten und blassen Bild kommend, daß heute die Theologie vom ‚Bösen' als Phänomen entwirft, kann man sich keine Vorstellung mehr von der Konkretheit machen, die die Teufel – immer ganz als Personen, nicht als ‚das Böse' verstanden! – im Mittelalter durchgehend hatten. Die *Bibel*, etwa die Begegnung Jesu mit dem Versucher in der Wüste oder seine Bannung der bösen Geister in Schweine, war Garant für die Existenz Satans und unzähliger Dämonenscharen. Während die über sie umlaufenden Geschichten im Frühmittelalter vor allem in den Klöstern erzählt wurden, verbreitete sich seit dem Hochmittelalter durch die verstärkte Volkskatechese eine immer intensivere Dämonenfurcht auch unter den Laien. Das Auftreten der Katharer, eine Sekte, in der der Widergott, der Teufel, fast so mächtig wie Gott und als Schöpfer der Materie gedacht wurde, veranlaßte auch die katholischen Theologen, sich mehr und mehr mit ihm auseinanderzusetzen, ihm mehr und mehr Macht zuzuschreiben. Die im Frühmittelalter wenig bekannten Geschichten von Menschen, die um irdischer Güter willen einen Pakt mit dem Bösen eingegangen seien, begannen allgemein geglaubt zu werden, womit eine zentrale Komponente des spätmittelalterlichen Hexenbildes geschaffen war. Zu üblen Zwecken einen Bund mit dem Teufel einzugehen und mit ihm geschlechtlich zu verkehren, war ein von Scholastikern wie dem normgebenden Kirchenlehrer Thomas von Aquin ausgearbeitetes Konzept, das von ihnen schließlich mit den volksläufigen Vorstellungen von Magie verbunden wurde. Somit war, wer zauberte, ein Ketzer – und damit der Todesstrafe verfallen. Die im 15. Jahrhundert in großem Maßstab einsetzende Hexenjagd basierte ideologisch auf solchen Voraussetzungen.

„*Wenn aus dem Geschlechtsverkehr mit Dämonen bisweilen Kinder geboren werden, kommt das nicht von einem von diesen ausgeschiedenen Samen oder von den Körpern, die sie annehmen, sondern vom dazu aufgenommenen Samen eines Mannes: Denn derselbe Dämon, der für den Mann ein Succubus* [Darunterliegender] *ist, wird bei der Frau zum Incubus* [Daraufliegenden]. *So nehmen sie auch die Samen anderer Sachen auf, um irgendetwas zu erzeugen, wie Augustinus im dritten Buch über die Trinität sagt. Daher ist das so geborene Kind nicht der Sohn des Dämons, sondern jenes Mannes, von dem der Samen genommen wurde.*“

(Thomas von Aquin, *Summa theologiae* I, 51 a. 6 [268])

Ein bärtiger Dämon wird von der personifizierten Kirche (oder einer Tugend?) festgehalten und muß eine Säule der Klosterkirche tragen. Steinplastik, 3. Dr. 12. Jh., Millstatt (Kärnten), ehem. Kloster

Fast alle Menschen der Epoche waren nur zu geneigt, jedes mögliche Unheil, aber auch alltägliches Mißgeschick, dem Wirken der Dämonen zuzuschreiben, die von Gott die Erlaubnis bekommen hätten, die Menschen zu versuchen. Täglich wiederholte sich im kleinen der uranfängliche Kampf zwischen den guten und bösen Mächten:

Als 1205 Essex von einem katastrophalen Gewittersturm heimgesucht wurde, der einigen Menschen und Tieren das Leben kostete, „fand man am nächsten Tag an vielen Stellen mysteriöse Fußspuren, mit nichts zu vergleichen, was man bisher gesehen hatte. Die Leute erklärten, daß dies die Spuren der Teufel waren, die vor dem mächtigen Angriff der Engel geflüchtet waren, wohin sie nur konnten."[43] Die Zeichen der Verwüstung, die ein Naturereignis hinterlassen hatte, wurden also sogleich als Beweis für die Vorstellungen der zeitgenössischen Mythologie verstanden.

Besonders gern, glaubte man, nähmen die bösen Geister die Gestalt von Tieren an. Bevorzugt waren hier Wesen, die mit einer negativen Aura behaftet schienen wie Schlangen, Kröten, Katzen, auch Drachen und Mischwesen. Gerade letztere, bei denen menschliche und tierische Körperteile kombiniert werden, erzeugen ja aus psychischen Gründen stets ein unangenehmes Gefühl[44].

Wie leicht auch studierte Geistliche wie z. B. Dominikus von Caleruega († 1221), der Gründer des Predigerordens, jede Irritation als vom Teufel herkommend interpretierten, exemplifiziert folgender Augenzeugenbericht, der ein bezeichnendes Licht nicht nur auf diesen spanischen Heiligen wirft: Bei einer Predigt im römischen Kloster der Ordensschwestern warnte Dominikus vor dem mancherlei Gestalt annehmenden Teufel. „Der verehrungswürdige Vater hatte kaum das Wort gesagt, als der Feind des Menschengeschlechts in Gestalt eines Sperlings vor Ort erschien, durch die Luft flog und sich Schwestern auf den Kopf setzte…, um die Predigt zu verhindern." Der Geistliche ließ das Tier einfangen und „nahm ihn fest in die eine Hand und begann mit der anderen, ihm die Federn auszureißen, wobei er sagte: «Du Schuft, du Schurke!» Als er ihm alle seine Federn unter dem großen Gelächter der Brüder und Schwestern und den schrecklichen Schreien des Sperlings ausgerissen hatte, warf er ihn hinaus und sagte: «Jetzt fliege, wenn du kannst, Feind des Menschengeschlechts! Du kannst schreien und uns stören, nicht aber etwas antun!» … Der Sperling, der in dieser Nacht hereingeflogen war, verschwand, und niemand sah, wohin er sich wandte."[45] Das stets präsente Vorbild für die Annahme, böse Geister würden sich unter Tieren verbergen, war die Bannung der Dämonen in Schweine durch Jesus, was ebenfalls zum Tod dieser Tiere führte (Mt 8, 28 ff.).

Wiewohl die Teufel unablässig auf Erden tätig waren, Menschen von Gott abspenstig zu machen, war ihr eigentlicher Wohnsitz doch die Hölle, wohin sie Gott beim Sturz der rebellischen Engel gebannt hatte. Zahllose Visionsberichte und bildliche Darstellungen beschäftigten sich mit ihrer Tätigkeit in der Unterwelt: dem Vollzug der von Gott für die Sünder angeordneten ewigen Strafen. Gleichzeitig war man sich aber sicher, daß auch sie fürchterliche Qualen erlitten, wie etwa ihr Herr, Luzifer, der nach der Vision des Tundal auf einem Feuerrost angefesselt lag oder nach der Komödie Dantes im Erdmittelpunkt in Eis eingefroren war. Alle sadistischen Phantasien, die man sich nur ausdenken kann, wurden stellvertretend in die Teufel als Agierende projiziert, und das mit dem besten Gewissen, ging es doch nur um die Ausführung von Gottes Willen.

Mehrköpfiger Vogeldämon, Kapitellplastik um 1130, Autun (Burgund)

Im Mittelalter glaubte man an eine Fülle von oft nur lokal bekannten Wesen, die weder Menschen, noch Engel, noch eigentlich Teufel waren. Wir nennen sie heute Zwischenwesen; die damaligen Gelehrten schlugen sie zu den Dämonen, das Volk dachte sie sich als eigene ‚Rassen' von Lebewesen.

Die die Wälder bewohnenden wilden Leute sind uns schon begegnet (oben S. 285 f.). Die Riesen lebten vor allem in unzugänglichen Gebirgslandschaften; sie treten in vielen Sagen in der Funktion auf, die sonst der Teufel innehat, und umgekehrt; in manchen mittelalterlichen Texten wie z. B. im mittelhochdeutschen Epos *Dukus Horant* (E. 13. Jh.) werden sie ausdrücklich teuflische Wesen genannt. Für die höfische Kultur waren sie v. a. Gegenwesen, an denen sich die Stärke eines Helden erproben konnte, weswegen sie in so vielen Ritterepen vorkommen.

Die vornehmlich weiblichen Elfen scheinen seit dem 12. Jahrhundert vor allem aus der keltischen Tradition durch die volkssprachlichen Romane zunächst in den Ländern französischer und englischer Zunge ein Thema der höfischen Dichtung geworden zu sein und sind vielleicht erst später, nach der Verbreitung dieser Stoffe durch Volksbücher, in den Glauben der einfachen Leute anderswo übernommen worden. Ähnliche Gestalten mag es aber autochthon auch hier schon gegeben haben, die mit den Elfen der Dichtung verschmolzen wurden. Im Angelsächsischen bezeichnete Elf, wiewohl es eigentlich „glänzend weiß" bedeutet, jedenfalls oft kein liebliches, sondern ein gefährliches Zwischenwesen, das die Mensch z. B. mit dem „ylfa gesceot = elf shot", dem Hexenschuß, quälte.

Ein zwiespältiges Wesen war jene Gestalt, die man im Norden des deutschen Sprachraums Holda, im Süden Percht nannte, ein vor allem in den Winternächten auftretendes Numen, das auf eine keltische Göttin zurückgehen dürfte und bald belohnend, bald strafend v. a. die Hausarbeit der Frauen kontrollierte. Auch im romanischen Sprachraum glaubte man an eine ähnliche Gestalt mit teilweise segenbringenden, teilweise hexenartigen Eigenschaften, die man der antiken Diana verglich. Zahllos war die Schar von rein örtlichen Quell- und Berggeistern, Hauskobolden und Waldschratten… und die Meere bevölkerten Sirenen und ähnliche Geschöpfe.

Die aus vorchristlicher Zeit überkommenen Zwischenwesen Skandinaviens nannte man weiterhin ‚Trolle'; sie wurden nach der Christianisierung teilweise mit den bösen Geistern mediterraner Provenienz verschmolzen. Hier begegnet der hl. König Olav ihnen, eine in Skandinavien häufig dargestellte Szene. Wandgemälde des Albertus Pictor, um 1475, Dingtuna (Schweden)

Für die Geistlichkeit war das Hauptproblem mit diesen Formen des Aberglaubens, sie in ihr Weltbild zu integrieren, was nur durch eine als ‚Interpretatio Christiana' bekannte Umdeutung zu machen war. All diese Figuren des Volksglaubens aus heidnischen Zeiten wurden zu verschiedenen Formen von Dämonen erklärt. So heißt es in einem spätmittelalterlichen Lehrtext, in dem ein Teufel selbst einem Priester Auskunft gibt: „Und was ist es, was Holda genannt wird, was den Menschen in der Nacht in einer großartig wirkenden Gestalt erscheint? Es sind Dämonen, die so erscheinen, um die Menschen zu betrügen."[46]

Solche Figuren treten uns nicht selten an abgelegenen Stellen der romanischen und gotischen Sakralbauten entgegen, seien sie gebannt durch das Gewicht einer Säule, eingemauert in die Kirchenwand, oder dienen sie einem Heiligen als Konsole, auf die er siegreich seinen Fuß setzt... Aber auch alte Bauern- und Stadthäuser kennen solche Figuren, die meist als schützender Hausgeist interpretiert werden.

Geister, Arme Seelen, Gespenster, Wiedergänger

Die Gespenstergeschichten in der Volksüberlieferung und der schönen Literatur des 19. Jahrhunderts waren ein schwacher Nachhall eines im Mittelalter ganz unbestrittenen Glaubens, nämlich daran, daß die Seelen der Toten den Lebenden erscheinen könnten. Diese Überzeugung findet sich wohl in allen ursprünglichen Kulturen und selbstverständlich auch bei den Germanen sowie, etwas zurückhaltender, bei den Römern. Von der parapsychologischen Forschung Jung'scher Prägung sind auch in neuerer Zeit so viele Berichte gesammelt worden, daß man in der Tat von der Möglichkeit solcher Phänomene im Augenblick des Todes eines Menschen ausgehen muß. Während aber heute so wie bereits in den altnordischen Sagas solchen Totenerscheinungen keine spezifisch religiöse Konnotation anhaftet, konnten sie im Rahmen eines christlichen Weltbildes nur so interpretiert werden, daß es sich um sog. Arme Seelen handelte, also Seelen, die Gott zu irgend einer Belehrung der Lebenden für kurze Zeit aus dem Fegefeuer auf die Erde schickte.

Ein gutes Beispiel dafür bietet Arnt Buschmanns *Mirakel*: Buschmann war ein Großbauer in der Gegend von Duisburg, der 1437/38 eine Reihe von Erscheinungen eines verstorbenen Verwandten erlebte. Dieser, zunächst in Hundegestalt auftretend, bat ihn um Erlösung von den Fegefeuerstrafen, die er als Gespenst auf Erden von einem Teufel zu erdulden hatte. Der Seher war von dem, was er über die Furchtbarkeit der Purgatoriumsqualen erfuhr, so erschüttert, daß er schreiben lernte, um seine Mitmenschen davor zu warnen, nach Rom zog, um seine Aufzeichnungen dem Papst zu überreichen, und später selbst Geistlicher wurde. Seit Martini 1437, also in der dunklen Zeit des Jahres, eine Woche nach Allerseelen, wurde Arnt Buschmann immer wieder von einem Hund verfolgt, der sich, im Namen Christi beschworen, in „einen großen alten Mann verwandelte und mit heiserer Stimme sprach: «Ich bin der Geist eines Christenmenschen wie du und war deines Vaters Großvater.»" Seit dieser ersten Offenbarung tauchte Heinrich Buschmann immer wieder vor seinem Nachkommen auf, dunkelgrau gewandet, der Erde gleich, hastig sprechend, deutlich von Schmerzen gequält. Unheimlich wurde es seitdem auf dem Buschmannhof: Der Geist rüttelte an den Wänden, daß sie einstürzen zu wollen schienen und die Leute aus dem Bett sprangen. Wie stets in solchen Fällen helfen dann für die Seele des Toten gespendete Messen, eine Wallfahrt, Almosen usf.[47]

Aber man glaubte auch, die Toten würden als Kollektiv im nächtlichen Sturm durch die Lüfte ziehen, eine germanische, vielleicht auch keltische Vorstellung. An Stelle Odins waren andere, ähnlich außerchristliche Figuren wie der Wilde Jäger, Hellekin, Frau Gode u. a. m. in die Rolle ihre Anführers getreten[48].

Bei den v. a. im germanischen Glauben häufigen Wiedergänger handelte es sich um unruhige Tote, die – so wurde erzählt – tatsächlich leiblich ihr Grab verließen, meist um unter ihren Bekannten und Verwandten Unruhe zu stiften. Wie solche Vorstellungen zustande gekommen sein mögen, läßt vielleicht folgende Episode erahnen. Im Sommer 1450 kamen die Einwohner von Bönsdörp in Norddeutschland zu ihrem Pfarrer – sie hatten im Moor einen Toten gefunden und wollten wissen, ob sie ihn wieder bestatten sollten. Offensichtlich handelte es sich um eine jener im Norden des Kontinents häufigen eisenzeitlichen Moorleichen, die der Torf freigegeben hatte. Der Priester belehrte sie aber darüber, daß das die Sache der Elfen wäre, die ihn ins Moor gelockt hätten und ihn bald wieder in die Tiefe ziehen würden. Da das Moor an jener Stelle von Elfen bewohnt sei, gehöre der Tote sicher dem Teufel an.[49]

Räume des Glaubens

Das Jenseits

Himmel und Hölle sind auf dieser mit 1349 datierten italienischen Miniatur durch eine Brücke verbunden; nur die Frommen können sie überschreiten, werden neu bekleidet und von Maria empfangen; die Sünder müssen darunter in der Unterwelt leiden.
Kremsmünster, Stiftsbibliothek Cim 4, f. 83r

„Sende dein Herz in die andere Welt, in den Himmel, in die Hölle und in das Fegefeuer. Und da wirst du sehen, was gut und was böse ist. In der Hölle wirst du mehr Sorge sehen, als der Mensch sich vorstellen kann. Im Fegefeuer mehr Qual, als der Mensch ertragen kann. Im Paradies mehr Freude, als der Mensch ersehnen kann."[50]

(Aus dem mittelenglischen Traktat *The Toure off All Toures*)

Das Christentum als Jenseitsreligion stellte die Gläubigen vor die Alternative: Aufstieg zum Himmel oder Abstieg in die Hölle. Dies verdeutlicht eine Miniatur in der sich an Laien wendenden Lehrdichtung des Thomasin von Zerklaere, *Der Welsche Gast* aus dem frühen 13. Jahrhundert: Von der sich in der Mitte befindlichen irdischen Welt geht eine Leiter in die Höhe, deren Stufen Tugenden wie „milt" (Großzügigkeit) oder „warheit" bilden. Die nach unten führende Leiter hat schräge Sprossen, von denen man immer tiefer rutscht. Hier finden sich z. B. „neit" oder „zorn". Die Teufel sind mit langen Haken darum bemüht, den Himmelsaufstieg zu verhindern.

Freilich erwartete man nach dem Tode eine sehr konkrete, keine allegorische Seelenreise. Nach allgemeiner Überzeugung würde die Seele aus dem Mund des Toten ausfahren und sogleich von Engeln oder Teufeln empfangen werden. Verschiedene Proben entschieden in einem unmittelbaren Gericht darüber, an welchem Ort die Seele bis zum Jüngsten Gericht aufbewahrt werden würde. So die Seelenwaage, bei der die guten Taten die schlechten überwiegen mußten, um Fegefeuer oder Hölle zu vermeiden. Oder die Jenseitsbrücke, die über den Höllenfluß führt, und die sich für Sünder zu einem schmalen Faden zusammenzog, wogegen sie für Gerechte breit wurde.

Der Himmel blieb vor dem Jüngsten Tag nach verbreiteter Vorstellung den besonderen Freunden Gottes vorbehalten, den Heiligen. Die damit konkurrierende alttestamentliche Konzeption der Ruhe in Abrahams Schoß blieb weitgehend auf Darstellungen der Kunst beschränkt, mehr Chiffre für das himmlische Leben als konkrete Erwartung. Nach der *Geheimen Offenbarung* schauten Visionäre und beschrieben Dichter den Himmel als Gottesstadt, in der jedes Sehnen gestillt, jedes Ungemach getilgt war.

Die in Kindergestalt dargestellte Seele eines sündigen Bischofs wird von einem Dämon aus seinem Mund gerissen, um in die Unterwelt gebracht zu werden. Wandfresko um 1330, Pisa, Campo Santo Monumentale

Ein niederdeutsches Lied von der Himmelstadt aus dem späten Mittelalter:

„Ik wet ein stat, da wer ik gerne,
dar steit hen al meines herten beger.
In der leven erbaren stat,
dar is noch led noch ungemack.
De straten, de dar dore gan,
De schinen van eddelem golde klar.
De muren, de dar ummegan,
De schinen van eddelem golde klar.
De twölf porten, de darinne sin,
de schinen van eddelen perlen fin.
De tinne und de törne hoch,
de schinen van sülver unde van golde jo.
Pipen, trumppen, veddelen, orgelen spel,
dor hört me manniger leide seidenspel.
Johannes fört de königinne vor,
de engelken dragen de kronen vor.
De reynen küschen jungfrouwen folgen darna,
mit lilien und mit rosen ümmegedan.
Dar geit lef bi leves hand,
de sin dar alle wolbekant.
Dar geit lef bi leve her,
Gescheden werden se nümmermer.
Da werden al de ingeföret,
de de na godes bode hört.“[51]

(Ich weiß eine Stadt, da wär' ich gern, nach ihr steht all meines Herzens Begehr. In der lieben, ehrbaren Stadt, da gibt es nicht Leid und Ungemach. Die Straßen, die dort durchgehen, die scheinen von edlem Golde klar, die Mauern, die dort herumgehen, die scheinen von edlen Steinen klar, die zwölf Tore, die darin sind, die scheinen von edlen Perlen fein. Die Zinnen und die Türme hoch, die scheinen von Silber und Golde, ja! Pfeifen, Trompeten, Fiedeln, Orgelspiel, dort hört man mancherlei Saitenspiel. Johannes führt die Königin nach vorn, die Engelein tragen die Kronen vor. Die reinen, keuschen Jungfrauen folgen danach, mit Lilien und mit Rosen umkränzt. Da geht Lieb an Liebes Hand, die sind da alle wohlbekannt. Da geht Lieb zu Liebe her, geschieden werden sie nimmermehr. Dorthin werden alle die eingeführt, die, die auf Gottes Gebot gehört.)

In seiner ewigen Heiterkeit war das Paradies ganz dem Himmel verwandt, jedoch kein wirklich jenseitiger Ort, da auf dieser Erde gelegen. Nachdem Gottes Engel die ersten Menschen mit dem Flammenschwert aus dem Garten Eden, der irgendwo im Orient gedacht wurde, vertrieben hatten, bestimmt er dieses liebliche Gefilde als Verbleibsort für die zwar nicht heiligen, aber guten Seelen, wo sie bis zum Endgericht in Freuden leben dürfen. Sehr gelegentlich schaute auch einer der Heiligen oder der Visionäre dieses Reich, so im frühen Mittelalter der irische Abt Brandan, im Spätmittelalter die niederländische Mystikerin Lidewy von Schiedam.

Doch die Angst vor der Hölle beschäftigte die Gläubigen wesentlich intensiver als die Hoffnung auf den Himmel oder das Paradies. Prediger und Visionäre beschrieben die Straforte zumeist viel ausführlicher als die paradiesischen Gefilde, und auch in den Darstellungen der bildenden Kunst findet man die Unterwelt deutlich berührender gestaltet als die anderen Jenseitsreiche. Es ist auch gläubigen Christen heute nicht mehr nachvollziehbar, ein wie starker eschatologischer Druck über den Katholiken des Mittelalters schwebte und welch ein ‚Kulturhebel' die Höllenfurcht gewesen ist. Unzählige Klöster, Kir chen, sakrale Kunstwerke, Bücher usf. wurden aus Furcht vor ihr gestiftet, unzählige Geistliche lebten von den Messen, die aus Furcht um das eigene Seelenheil und das der Nächsten bestellt wurden, unzählige

Arme erhielten aus diesem Grund ihre Almosen… Denn die meisten Menschen, die im Mittelalter freiwillig und nach eigener Entscheidung in einem Kloster waren, waren es ausdrücklich, um den ewigen Qualen zu entgehen. Unzählige biographische und autobiographische Texte bezeugen dies. Hier ein Beispiel: Eines Tages, es muß um 1093 im Bereich der Stadt Tournai gewesen sein, erkrankte der Ritter Radulf schwer und wurde sich dessen bewußt, daß er kaum der Hölle würde entkommen können; kurz nach der Genesung hatte er ein Gespräch mit dem Bruder seiner Frau Maisendis, einem Mönch. Dieser nun schlug als einzige Rettung vor, Radulf solle ins Kloster gehen und dazu seine Frau einfach verlassen. Aber das widerstrebte diesem. Doch Maisendis war ohnehin der gleichen Meinung: „So wie ihr für euere Seele fürchtet, so auch ich für die meine, und an dem Tag, an dem ihr die Welt verläßt, will ich sie genauso verlassen…“ Darauf sagte der Ritter: „Und was machen wir mit unseren drei Söhnen?“ „Wir werden sie nicht in der Hand des Teufels zurücklassen, sondern sie lieber mit uns Gott darbringen – wir sind ja reich und werden gern mit ihnen aufgenommen werden, wo auch immer wir wollen.“[52] Damit änderte sich der Lebensweg von fünf Menschen radikal – aus Höllenangst.

Nicht selten waren es visionäre Erlebnisse, vor allem in der Krisis einer Erkrankung, die Gläubigen einen unauslöschlichen Eindruck von der Unterwelt verschafften und sie zu entsprechenden Reaktionen bewogen. Es sei nur das Beispiel des im Mittelalter berühmtesten Visionärs erwähnt, des irischen Ritters Tundal. Seine auf 1148 datierten Schauungen wurden in alle Vulgärsprachen (einschließlich Altnordisch und Altrussisch) übersetzt und auch früh gedruckt, noch Luther zitierte sie, und die Jesuiten ließen sie auf der Bühne aufführen. Diese Vision beschreibt den Jenseitsweg seiner Seele in einer Fülle von bizarr-sadistischen Motiven, wie sie für die Textsorte der Jenseitsvisionen durchaus typisch sind: Tundal muß unter der Führung seines Schutzengels zunächst die Strafregionen der Unterwelt – sie schwankt zwischen Hölle und Fegefeuer – durchwandern, z. B. die handbreite Nagelbrücke überschreiten, unter der turmhohe, feuerspeiende Ungeheuer auf ihre Opfer lauern, an der geflügelten Bestie vorbeikommen, die die Seelen von Mönchen und Nonnen in einen Eissee hinein verdaut, wo sie mit Schlangen schwanger werden, die sie von innen zerfetzen, muß dem auf einen Rost gefesselten Höllenfürsten Luzifer ge-

genübertreten, der die Sünder in seinem Feuerhauch ein- und ausatmet und mit seinen Tausenden Armen zerquetscht…[53]

Die Hölle ist in verschiedene Regionen gegliedert, in denen unterschiedliche Sünden unterschiedlich bestraft werden, z. B. der Unglaube der Juden und der Stolz der Ritter in glühenden Kesseln. Rechts unten der Herr dieses Reiches, Luzifer, mit seinem Liebling, dem Antichristen, auf dem Schoß.
Miniatur aus dem *Hortus deliciarum* der Äbtissin Herrad von Landsberg, um 1180 (Nachzeichnung, Original zerstört)

Die Hölle war nach allgemeiner Überzeugung der Epoche unvergleichlich dichter mit Seelen gefüllt, als der Himmel. Es stand unverrückbar fest, was ein Dichter des frühen 13. Jahrhunderts, der Deutsche Freidank in seiner *Bescheidenheit* (10, 26 f.) so formulierte: „swer mit got will bestân / der muoz kristen glouben hân" (Wer auch immer bei Gott bleiben will, der muß den christlichen Glauben besitzen). Daß auch Juden und Heiden ‚Kinder Gottes' sind, also Gottes Geschöpfe, bestreitet er genauso wenig wie andere Zeitgenossen. Aber seit Augustinus zweifelte kaum jemand daran, daß dieser Gott in seiner unbegreiflichen Weisheit den allergrößten Teil aller Menschen schon vor ihrer Geburt für die Hölle vorherbestimmt hatte. Denn aufgrund der Erbsünde wurde die Menschheit zu einer, wie dieser Kirchenvater lehrte, „massa damnationis" oder „massa damnata", einer der Hölle verfallenen Menge, aus der die göttliche Barmherzigkeit nur ganz wenige begnadigt. Die anderen sind „prädestiniert", d. h. vorherbestimmt „zum immerwährenden Tod", „zum immerwährenden Untergang", „ins ewige Feuer". Auch der einflußreichste Theologe der katholischen Kirche, Thomas von Aquin, lehrte in seiner *Summa Theologiae*: „Sehr wenige sind es, die gerettet werden… die Meisten verfehlen das Heil…" Das wurde durch die Predigt auch den Laien eingeprägt: Berthold von Regensburg im 13. Jahrhundert z. B. illustrierte diese Gewißheit mit der Vision eines Heiligen, der in einer bestimmten Zeit viele Hundertausende in die Hölle fahren sah, aber nur drei in den Himmel, wobei die Zahl der zur Hölle Fahrenden immer größer wird, je mehr sich die Welt ihrem Ende nähert. Johannes Herolt, ein Prediger des 15. Jahrhunderts, erzählte, wie die Seelen so ununterbrochen in die Unterwelt fallen wie Schnee vom Himmel, und daß auf 30.000 Tote nur zwei kommen, die die Seligkeit erlangen, und nur drei, die im Fegefeuer büßen dürfen, während sämtliche 29.995 anderen in alle Ewigkeit verdammt sind[54]. Erst vor dem Hintergrund solcher Erwartungen wird das Gewicht der eschatologischen Ängste in jener Epoche verständlich.

Die Bestrafung der Giftmischer in der Hölle:

„Die Giftmischer und jene Frauen, die ihre entweder schon geborene Leibesfrucht aussetzten oder töteten oder die empfangene durch ihre verschiedenen Schandtaten abtrieben, wurden, wie ich sah, auf viele Weisen im Gemetzel der Marterhaken zerschnitten und zerfleischt. Sie wurden auch gezwungen, verschiedene Metalle wie vom Feuer geschmolzenes Erz und Blei zu trinken, vermischt mit manchem sehr stinkendem Unrat. Dieser grauenvoll Trank, der ihr Inneres verbrannte, durchdrang alles mit bejammernswerter Zerstörung und wurde den Ärmsten, wenn sie ihn durch die entsprechenden Körperöffnungen ausgeschieden hatten, wiederum zum Trinken eingeflößt. Furchtbare Ungeheuer umwanden sie mit muskulöser Ungestalt, schlugen ihre Klauen ganz tief in ihre Nacken und Hüften, und hingen solchen Frauen vom Busen herab, wobei sie mit den Zähnen ihres Schlangenmauls an ihren Brüsten saugten und sie zerbissen."[55]

(Kapitel 38 der Vision des Edmund von Eynsham [1189])

Der ‚dritte Ort' zwischen Himmel und Hölle, das Fegefeuer, wirkt wie eine listige Erfindung. Denn einerseits konnte man alle sadistischen Phantasien, mit denen man die Hölle erfüllte, auch in diesen Ort projizieren, andererseits war aber der schrecklichste Schrecken genommen, indem das menschlichem Denken nicht vorstellbare ‚Unendlich' nicht mehr galt. Denn aus dem Fegefeuer würden die Toten je nach Schwere und Anzahl der Sünden früher oder später wieder befreit, um in den paradiesischen Regionen das Ende der Welt abzuwarten. Und anders als in der Hölle, durfte man hier auf Hilfe von den Lebenden hoffen, deren Gebete, Almosen und Opfer die Zeit der Bestrafung verkürzen konnten.

Selbstverständlich war es nicht Listigkeit, die die Vorstellung eines zwischen Himmel und Hölle liegenden Jenseitsortes befristeter Qualen entstehen ließ. Es war vielmehr der ungeheuere Druck, den das Dogma der Ewigkeit der infernalischen Folterungen verursachte, ein Druck, der viele Christen an einen Zwischenzustand glauben ließ, der freilich in der *Bibel* nirgendwo erwähnt wird. Mußte aber ein gerechter Gott nicht eine solche Vergeltung für jene Menschen vorgesehen haben, die zwar nicht so gläubig oder tapfer wie die Märtyrer gewesen waren, daß sie sogleich hätten in den Himmel aufsteigen können, aber auch nicht so verworfen, daß sie unendliche Pein verdient hätten?

Die Entwicklung dieser Vorstellung vollzog sich zunächst abseits der Theologie, die ja nur Himmel oder Hölle kannte und davon ausging, der weitaus größte Teil aller Menschen sei von Gott von Anfang an zu letzterer vorherbestimmt. Aber die Praxis des Gebets für die Verstorbenen, mit der die Christen schon früh die heidnischen Totenopfer ersetzten, zeigt, daß man schon in der Alten Kirche auf eine Reinigung in der anderen Welt hoffte. Die Angstszenen, in denen Gläubige in ihren Träumen und Visionen die Strafen der Sünder schauten, wurden oft durch die Interpretation gemildert, es könne sich hier nur um einen zwar grauenhaften, aber vorübergehenden Zustand handeln. Als im hohen Mittelalter die ausführlichsten ekstatischen Schilderungen der Fegefeuerstrafen aufgezeichnet wurden, die die Seher selbst wie auch die allermeisten übrigen Gläubigen bis in die Neuzeit hinein als faktische Beschreibungen dieses Teils der anderen Welt verstanden, fand sich auch die offizielle Theologie veranlaßt, sich mit dem ‚dritten Ort' zu beschäftigen. Vordem war dies keine Thema für die Gelehrten gewesen; erst im 12. Jahrhundert prägten sie das Wort ‚purgatorium' (Reinigungsort, Fegefeuer). Die kirchenamtliche Dogmatisierung blieb weit hinter der Glaubenspraxis zurück und erfolgte erst 1274. Im Spätmittelalter war der Fegefeuerglaube dann zu einem den damaligen Katholizismus zutiefst prägenden Element geworden, der durch den Verkauf von Ablässen (s. oben S. 433 f.) auch bedeutende wirtschaftliche Konsequenzen hatte und letztlich die Reformation auslösen sollte.

Der berühmte Passauer Prediger Paul Wann († 1489) faßte zusammen:

„Wenn alle Peinen, die man sich auf Erden ausdenken kann, alle Folterungen, alle Krankheiten und Schmerzen mit der geringsten Fegfeuerstrafe verglichen werden, dann sind sie ein Trost. Jeder lebende Mensch würde, wenn er das Fegfeuer aus Erfahrung kennen könnte, lieber bis zum Jüngsten Tage sämtliche Leiden ohne Linderung erdulden, die alle Menschen von Adam an bis jetzt und jeder einzelne gelitten hat, als nur einen Tag in der Hölle oder im Fegfeuer auch nur die geringste Strafe abzubüßen, die es dort gibt.“[56]

Wenn man auch meinte, sich daß manche Seelen an bestimmten Orten auf Erden von ihren Verfehlungen zu reinigen hätten oder von Dämonen getrieben im ‚Wilden Heer‘ die Lüfte auf feurigen Pferden durchzögen, so waren dies nur verchristlichte Varianten älterer Glaubensvorstellungen von Totenerscheinungen, wie sie sich in allen Kulturen (und auch in unserer Gegenwart) finden. Wesentlich häufiger dachte man sich im hohen und späten Mittelalter das Fegefeuer als einen konkreten Raum unter der Erde, unmittelbar der Hölle benachbart. Es zirkulierte eine nicht auszuschöpfende Vielfalt von Beschreibungen dieses Ortes.

Im Vergleich zur Häufigkeit der Höllenbilder, die in keiner Kirche fehlten, da seit der Romanik überall eine Darstellung des Endgerichts zu finden war, wurde das Fegefeuer nur selten verbildlicht. In privaten Gebetbüchern (den Stundenbüchern) und auf Bildern, die zu Altären gehörten, auf denen Messen für die Armen Seelen zelebriert wurden, findet es sich am häufigsten. Die Predella eines Flügelretabels aus einer oberösterreichischen Kirche (um 1470, Linz, Schloßmuseum) zeigt einen Teil des in den Jenseitsvisionen so oft beschriebenen Szenariums: den siedenden Kessel, die Feuergrube, aber auch den Bereich der schon aufgestiegenen Seelen. Deutlich ist auf dem Gemälde zu sehen, wie die Gepeinigten von den Engeln mit Brot und Wein gestärkt bzw. an der Rosenkranzschnur in die Höhe gezogen werden: sinnfällige Repräsentation der Hilfe (Almosen für die Armen, Rosenkranzgebete), die die Lebenden den Verstorbenen gewährt haben.

Eine Stelle aus der ekstatischen Purgatoriumswanderung der hl. Francesca von Rom (1384-1440) möge illustrieren, das dieselbe Vorstellung auch sonst herrschte: Sie sah einen Ort beim Fegefeuer, wo ein großes, sprudelndes, wunderschönes, hehres und köstliches Gewässer war, … und die Seelen, die ihre Zeit der Reinigung hinter sich gebracht hatten, kamen zu jenem Ort. Dorthin waren auch gewisse Engel abgeordnet, die die Seelen nahmen und sie in das genannte Gewässer tauchten, ähnlich wie bei der Taufe. In diesem Wasser hatten sie eine große Erholung, Tröstung und Freude ohne Bestrafung. Dieses Wasser reinigt und säubert, und alle geretteten Seelen kommen da hinein, mit Ausnahme derer Christi und Mariens. An diesem Ort gab es eine bestimmte Aufschrift, nämlich: Mundativo… (Reinigungsort). Engel bringen die Almosen herbei, die von den Lebenden für die Toten gespendet wurden, und setzen die genügend gereinigten Seelen an einen lieblichen Ort.[57]

Trotz der inhaltlichen Gleichheit ist das gemalte Werk keineswegs eine Illustration zu Francescas Vision. Es herrscht bloß hier wie dort jenes ‚spiegelnde' Denken vor, das für die mittelalterliche Mentalität nicht untypisch war: Gleiches ist mit Gleichem zu vergelten. Das findet sich etwa in bestimmten Jenseitserzählungen, z. B. wenn dort auf dem Weg zum Paradies eben *dieselbe* Brücke überschritten werden muß, die man im Leben errichtet hat, oder ebenso bei den „spiegelnden Strafen" der mittelalterlichen Justiz (z. B. das Abschlagen der Schwurfinger bei Meineid u. ä.).

Natürlich hat man die Körperstrafen des irdischen Rechts auch in die andere Welt übertragen. So konnte man ein Fresko des Fegefeuers aus dem 14. Jahrhundert im Dom von Aarhus sehen, das abgesehen von den üblichen Flammen auch verschiedene Instrumente zur Hinrichtung vorführt: Galgen, Wippgalgen und Rad. Das konnte der Betrachter sowohl als Hinweise darauf interpretieren, welche Qualen in der anderen Welt auch den noch erwarteten, der für seine Schuld schon durch die von der weltlichen Obrigkeit verhängte Todesstrafe gesühnt hatte, als auch als Darstellung von Torturen, die, genauso wie der in der Mitte dargestellte ‚Schwefeltrunk', an den Armen Seelen vollzogen werden würden.

Vor dem Hintergrund derartig angstbesetzter Jenseitserwartungen ist es mehr als verständlich, daß die Gläubigen alles unternahmen, um sich selbst vor diesen Peinen zu schützen und ihre toten Verwandten möglichst rasch aus dieser Folterkammer der göttlichen Gerechtigkeit wegzubringen. Hier hatte die römische Kirche eine glänzende Verdienstmöglichkeit gefunden und sie auch so maßlos ausgenützt, daß sie Widerstand erregen mußte. Denn sie bot Sündenvergebung gegen entsprechende Spenden an – den Ablaß. Man begründete ihn damit, daß die Kirche einen großen Gnadenschatz besitze, von dem sie Anteile an die Sünder ausgeben könne, und daß Gott in Übereinstimmung mit der Binde- und Lösegewalt des Priesters urteilen werde, wenn er nach dem Tode eines Sünders das über diesen zu verhängende Strafausmaß festsetzte. Die Reformation entzündete sich zunächst vorrangig an der Frage, ob man die himmlische Verzeihung wirklich nur durch Geld erkaufen könne. Das war zwar kein Dogma, doch hat es ein katholischer Theologe wie der Dominikaner Tetzel, an den sich Luthers Kritik richtete, tatsächlich in seinen Ablaßpredigten behauptet, und so wurde es auch von anderen kirchlich autorisierten Ablaßhändlern dem Volk verkauft: „Sobald das Geld im Kasten klingt, die Seele aus dem Fegfeuer springt."[58]

–>

Diesen Automatismus zwischen gutem Werk und Befreiung aus dem Purgatorium stellt eindrucksvoll eine englische Handschrift dar: Aus dem durch einen Flammenpfuhl verkörperten „purgatory" werden die durch Almosen und Messen befreiten Seelen in einem Holzbottich zu Gott und den Geretteten, die sie im ummauerten „heuen" erwarten, in die Höhe befördert. Das Seil, das den Bottich transportiert, läuft auf der einen Seite zur Himmelspforte und auf der anderen zu Priestern und Almosenspender weiter, die also quasi auf diese Weise die Sünder aus den Flammen ziehen. Diese Handschrift stammt nicht aus Laienbesitz, sondern aus einer englischen Kartause, war somit von und für ‚Spezialisten' der Religion geschrieben und illuminiert worden. Sie hatten also keine subtilere Vorstellung von der Wirkung der Spenden und Messen als das einfache Volk.

Federzeichnung aus Ms. Add. 37049, f. 24^{v}, British Library, London

Selbstverständlich waren die Totenmessen, die, wer es sich leisten konnte, in ungeheuerer Quantität bei der Geistlichkeit bestellte, nicht umsonst, sondern mußten wie fast jede andere priesterliche Handlung (Beichte, Krankensalbung, Eheschließung...) teuer bezahlt werden. Der Reichtum der mittelalterlichen Kirche beruhte ja zum größten Teil darauf, daß die Gläubigen Land und Geld schenkten, Klöster stifteten, Messen lesen ließen, um sich damit diese Leistungen zu erkaufen, von denen sie überzeugt waren, sie würden Gott zur Verzeihung ihrer Sünden motivieren. Der Einkauf von Gottesdiensten und Fürbittgebeten in diesem Leben bei der Priesterschaft und den Religiosen eröffnete sozusagen bei Gott ein Konto im Jenseits, mit dem die Bußen für die unzähligen Sünden bezahlt wurden, die man andauernd beging. Was alles solche Sünden waren, definierte eben wieder jener Klerus, an den man sich zur Versöhnung mit Gott wenden mußte. Wer nicht an dergleichen glaubte, wurde unweigerlich als Ketzer verfolgt. Das Fegefeuer und der Ablaß standen also im Hintergrund eines ökonomischen Kreislaufes, in den gigantische Summen investiert wurden. Es sei nur ein Beispiel zitiert: Der bekannt geizig Kaiser Friedrich III. stiftete für sein eigenes Seelenheil – d. h. um nach dem Tode seine Buße im Fegefeuer zu verkürzen – nicht weniger als 30.000 Seelenmessen[59].

Trotzdem war der Glaube an den Reinigungsort nach dem Tode auch in dieser Hinsicht keinesfalls eine listige Erfindung, wenn auch der Papst, unzählige Priester und Ablaßkrämer sowie einige weltliche Herren, die einen Teil der Gelder für sich abzweigen konnten, davon mehr als gut lebten. Denn auch die allermeisten Geistlichen zweifelten nicht daran, daß sie selbst eben jenes Grauen würden durchleiden müssen, von dem sie den Laien predigten. Daher spendeten sie selbst fleißig einen Teil der eingenommenen Gelder für ihre eigene Jenseitsvorsorge. Trotzdem war der allgemeine Eindruck der, daß die Toten die Lebenden wegen der hohen Ausgaben quasi „auffressen“ würden, weswegen die radikale Forderung der Reformatoren, diese Form des Totenkults völlig zu eliminieren, auf breite Zustimmung stieß. Freilich wird es für viele nicht leicht gewesen sein, den Generationen lang mit so viel Zeit und Geld gepflogenen Usus der Vorsorge für das eigene Schicksal in der anderen Welt und der Hilfe für die verstorbenen Verwandten und Freunde von einem Tag auf den nächsten aufzugeben.

Folgendes berichtet der Nürnberger Heinrich Deichsler über „die allergrößte Gnade“, nämlich den Ablaßverkauf vom Michaelstag 1489: „Man richtete das Kreuz im neuen Spital vor dem Heilig-Geist-Altar auf, darauf war das Papstwappen eingeschmolzen wie bei einem Siegel, und auf den Fahnen waren Gerten und Geißeln und oben eine Dornenkrone…“ Jeden Tag wurde gepredigt. „Ebenso gab man die Pergamentbriefe mit anhangendem roten Siegel in einer Holzbüchse um 70 Pfennige das Stück. So hat man in Nürnberg zu Martini aus den Briefen 1700 Gulden erlöst und sind in den Truhen über 4000 Gulden gelegen. Ebenso zu Bamberg 800 Gulden für die Briefe… Und so büßten in der Gnade 316 Männer und 214 Frauen, zusammen 540 Personen. Die büßten also folgendermaßen: Einige Männer gingen bloß bis auf die Gürtel, manche trugen ein bloßes Schwert, einige wie Kolben geformte Fackeln, einige Büchsen, andere Spieße, manche Hellebarden, je nachdem, womit einer einen Mord begangen hatte… Ebenso hatten [die Ablaßprediger] auch die Gewalt, alle Gelübde, die ein Mensch abgelegt hatte, zu verändern und aufzuheben und auch alle Gnaden jener Beichtbriefe, die vorher in anderen Gnadenzeiten ausgegeben worden waren, so daß kein Priester mehr einem Menschen die Absolution zu spenden brauchte. Wer der Gnade teilhaftig werden wollte, der muß beichten und nach dem Rat des Beichtvaters Geld erlegen.“[60]

Nicht erst Luther, sondern bereits einige katholische Theologen machten Einwände gegen diese Praktiken, indem sie auf ihr Verständnis durch das Volk verwiesen; freilich ohne Erfolg, da die Kirchenoberen viel zu interessiert am finanziellen Gewinn blieben. So schrieb Thomas Gascoigne (1403-1458), ein Oxforder Gelehrter: „Heute sagen die Sünder: «Mich interessiert das nicht, wie viele oder welche Untaten ich vor Gott begehe, denn ich kann einfach und schnell den vollständigen Erlaß jeder Schuld und Strafe durch eine Lossprechung und einen Ablaß bekommen, den mir der Papst gewährt. Seine schriftliche Bestätigung habe ich für vier oder sechs Pfennige gekauft oder als Preis bei einer Partie Tennis gewonnen.»“[61]

In der Praxis verwendeten viele Geistliche die Möglichkeit der Sündenvergebung in persönlichem Interesse, so als ob es sich um ein ihnen privat gehöriges Gnadenmittel handelte. Zum Beispiel: Als es im Jahre 1104 nach der Schlacht von Harran zu einer Massenflucht unter den Kreuzfahrern kam, flehte der mit ihnen ziehende Erzbischof Bernhard die Ritter an, den Schweif seines Maultiers abzuschneiden, da er in der schlammigen Erde stecken blieb und das Tier behinderte. Dafür bot er eine völlige Sündenabsolution an, aber die meisten der Flüchtenden nahmen sich gar nicht die Zeit, ihm zuzuhören. Als er schon heiser geworden war, fand er endlich einen Schwertträger, der sich dazu bereit erklärte – aber erst nach Empfang der versprochenen Sündenvergebung[62].

Sakrale Zeiten

Während es in der Antike die Vorstellung einer zyklisch wiederkehrenden Zeit gab, war das Zeitverständnis in der christlichen Kultur ein streng lineares. Von der Schöpfung bis zur Geburt Jesu reichte die Epoche ‚unter dem Gesetz', von Jesus bis zum Weltende die ‚unter der Gnade'. Davor und danach gab es nur die Ewigkeit. Geschichte wurde nicht profan verstanden, sondern war immer Heilsgeschichte, Geschichte der Verwirklichung des Reiches Gottes oder des Reiches des Teufels in dieser Welt. Mit Adam und Eva war auch die Sünde in die Welt gekommen und das zeitlose Dasein im Paradies zu Ende gegangen; erst Christus hatte die Menschen erlöst und die bisher in der Vorhölle eingesperrten Gerechten befreit. Dies war die christliche Achsenzeit, vor ihr lag die Epoche des Alten Bundes, nun, in der Ära des Neuen Bundes konnte es nur mehr eine kurze Zeit dauern, bis die biblischen Voraussagen vom Endgericht eintreffen würden.

Der Sündenfall Adams und Evas, provoziert von Luzifer als Schlange mit Frauenantlitz.
Glasmalerei 2. H. 14. Jh., Wels (Oberösterreich), Stadtpfarrkirche

Die Ikonographie des ‚Lebenden oder handelnden Kreuzes', eine bildgewordene Geschichtstheologie, verdeutlichte dies, etwa in der detailreichen Version, die Thomas Artula von Villach mit dem Wandgemälde in der Pfarrkirche Thörl (Kärnten) 1470/75 schuf. Das Kreuz öffnet – mit eigenen Armen – den Himmel mit einem Schlüssel (oben), zerstört die Hölle mit einem Hammer, krönt die Ecclesia, die katholische Kirche, mit einer Krone (links) und tötet die Synagoge, das Judentum, mit einem Schwert (rechts)[63].

Die Endzeit, die Erwartung der Apokalypse und das Weltgericht beschäftigten sicher mehr die Gelehrten als das Volk, das freilich in Krisensituationen oft genug an das Nahen des Antichrist, des Tausendjährigen Reiches, den Endzeitkaisers erinnert wurde. Und eine Darstellung des Jüngste Tages fehlte als Relief, als Wand- oder Glasmalerei seit dem Hochmittelalter in keiner Kirche. Freilich, kein rechtgläubiger Geistlicher wagte einen genauen Termin für das Hereinbrechen des Untergangs anzugeben. Aber nicht wenige verkündeten ihn als bald zu erwartendes Ereignis, wie z. B. der gelehrte Dominikaner Heinrich Institoris. Er schrieb in der seinem *Hexenhammer* (1486) vorausgeschickten Apologie, daß die Welt vor dem Zusammenbruch stehe und nur noch kurze Zeit existieren werde, wie Johannes in der *Geheimen Offenbarung* vorausgesagt. Das Auftreten der zahlreichen Hexen, die er für eine neue Sekte hielt, ließ ihn auf das Hereinbrechen der Endzeit schließen.

Diese dauernde Latenz des Untergangs machte es ja immer wieder möglich, die apokalyptische Zukunft aus religiösen oder politischen Gründen mit der eigenen Gegenwart verfließen zu lassen. Es ist kaum zu entscheiden, inwieweit die zahlreichen Verteufelungen des jeweiligen Gegners bloß Propaganda waren oder tatsächlich geglaubt wurden. Besonders die Oberhäupter der Christenheit machten von solchen Identifikationen Gebrauch, wenn sie verfeindet waren, aber auch Häretiker und Andersgläubige wie namentlich die Türken wurden als Antichristen bezeichnet.

Mit folgenden apokalyptischen Worten erklärte Papst Gregor IX. am 1. Juli 1239 in der Enzyklika *Ascendit* seinen politischen Gegner, Kaiser Friedrich II., zum Antichrist:

„*Es steigt aus dem Meer die Bestie voller Namen der Lästerung, die, mit der Tatze des Löwen und mit dem Löwenmaul wütend, an den übrigen Gliedern von Pardels Gestalt, ihren Mund zu Lästerungen des göttlichen Namens öffnet und nicht aufhört, auf Gottes Zelt und die Heiligen, die im Himmel wohnen, die gleichen Speere zu schleudern. Offen stellt sie ihre Maschinen auf, sucht mit dem Falz ketzerischer Verstocktheit die Bundestafel des Heilands zu vernichten. Erblicket Haupt, Mitte und Ende dieser Bestie Friedrich, des sogenannten Kaisers.*“[64]

Die typische gotische Darstellung des Weltgerichts zeigt Christus mit den Richtschwertern im Munde, vergebens von Maria und Johannes d. T. um Barmherzigkeit angefleht, hinter ihm zeigen Engel seine Leidenswerkzeuge, zu seiner Rechten die Geretteten, zu seiner Linken die vom Teufel angeketteten Verworfenen. Wandmalerei auf einem Pfeiler der Pfarrkirche von Murau (Steiermark), 2. V. 14. Jh.

Bei gewissen vom Katholizismus abgespaltenen Sekten tauchte auch die Vorstellung auf, selbst aktiv die Endzeit herbeiführen zu müssen. Relativ ausführliche Nachrichten haben wir über eine radikale Splittergruppe der böhmischen Hussiten, die Adamiten. Sie gründeten 1420 auf einer Insel in der Luschnitz und in der Umgebung Gemeinden, die das Paradies wiederherzustellen versuchten. Damit war jenes Tausendjährige Reich des Friedens gemeint, das nach dem 20. Kapitel der *Apokalypse* des hl. Johannes vor dem Losbrechen des Satans und dem Endgericht herrschen würde. Dazu gehörte Güterkommunismus, Freiheit von Herrschaft und völlige soziale Gleichheit (kein Unterschied nach Herkunft oder Geschlecht, Auflösung bestehender Ehen), was ausgedrückt wurde durch die Nacktheit der Männern und Frauen. Die umliegenden hussitischen bzw. katholischen Dörfer, in deren Priestern sie Verkörperungen Satans erkannten, überfielen sie, um alle Ärgernis aus dem Königreich Gottes auszutreiben. Das Ende dieser chiliastischen Sekte kam in der Tat rascher, als sie es wohl erwartet hatten: Der hussitische Heerführer Jan Žižka, der schon das Kreuzzugsheer Kaiser Sigismunds geschlagen hatte, vernichtete mit Feuer und Schwert die Adamiten am 21. Oktober 1421.

Ihr Kult sah nach zeitgenössischen Berichten folgendermaßen aus: „Alle Männer und Weiber entkleideten sich und tanzten um ein Feuer; hatte ein Mann einen Lendenschurz um, rissen ihn die Weiber ab, indem sie sagten: Verlasse dein Gefängnis, gib mir deinen Geist und empfange den meinen, worauf jeder mit jeder und jede mit jedem sündigte. Vorher verletzten oder verbrannten sie sich in sodomitischer Gier. Eine derartige Tat nannten sie göttliche Liebe und göttlichen Willen. Zum Schluß badeten sie im Fluß. So mordeten sie nachts und trieben tags Unzucht.“[65] Nicht nur homo- und heterosexuelle Promiskuität prägten das Leben der endzeitlichen Sekte, sondern auch Pädophilie, indem alle Mädchen von ihr beitretenden Familien, auch die allerjüngsten, defloriert wurden.

Jahreslauf

Von zwei Rhythmen war für die Menschen des Mittelalters der Ablauf eines Jahres überlagert: Einmal von den in heidnische Zeiten zurückreichenden Feiern, die v. a. in Zusammenhang mit der Sicherung von Fruchtbarkeit standen, und zum anderen von den Festen, die die Kirche zur Erinnerung an die Heilsereignisse der *Bibel* und die Verehrung der Heiligen vorschrieb. Die schon im frühen Mittelalter allgemein angenommene Akzentuierung des Jahres lag in der Oster-, Pfingst- und Weihnachtszeit, also auf den Hochfesten zum Gedenken an den Religionsstifter. Dazu kam eine v. a. im späten Mittelalter deutlich zunehmende Zahl von Feiertagen, die ebenfalls ihm oder seiner Mutter Maria geweiht waren. Lang dauernde Messen und Prozession waren die hauptsächlichen Komponenten der für alle Christen verpflichtenden Feiern; in den spätmittelalterlichen Städten konnte man auch die religiösen Schauspiele sehen. Gleichzeitig war körperliche Arbeit verboten, und zu manchen Zeiten, namentlich den Fastenwochen, war der Geschlechtsverkehr tabuisiert.

Aus einem mittelenglischen Lied („carol") des frühen 15. Jahrhunderts über die Feste der Weihnachtszeit:

„*Make we mirth*
For Christes birth,
And sing we Yole till Candlemess.

The first day of Yole have we in mind
How God was man born of our kind,
For he the bondes wold unbind
Of all our sinnes and wickedness.

The second day we sing of Stephen,
That stoned was and steyed up even
To God that he saw stond in Heven,
And crowned was for his prowess.
[…]
The twelfth day offered to him kinges three
Gold, myrrh and cence, the giftes free:
For God and man and King was he,
Thus worshipped they his worthiness.
[…]
On the fourtieth day cam Mary mild
Unto the temple with her child
To shew her clen that never was filed,
And therwith endeth Christmes."[66]

(Freuen wir uns ob der Geburt Christi und singen wir [von den Festen]: Von Weihnacht bis Maria Lichtmeß.
Am ersten Weihnachtstag denken wir daran, wie Gott als Mensch unserer Art geboren wurde, denn er wollte die Bande aller unserer Sünden und Bosheit lösen. Am zweiten Tag singen wir vom hl. Stephan, der gesteinigt wurde und direkt zu Gott aufstieg, den er im Himmel stehen sah. Für seine Tapferkeit wurde er gekrönt. … Am zwölften Tag opferten ihm drei Könige Gold, Myrrhe und Weihrauch, diese reichen Gaben: Denn er war Gott und Mensch und König; so huldigten sie seiner Ehre. … Am vierzigsten Tag kam die liebe Maria mit ihrem Kind in den Tempel, um zu zeigen, daß Ihre Reinheit nie versehrt wurde. Und damit endet der Weihnachtsfestkreis.)

Die alten heiligen Zeiten, die in den agrarischen Kulturen der Germanen, Kelten und auch noch Römer gefeiert worden waren, beging man zwar weiterhin vielfach mit Riten, die mit dem Christentum nichts zu tun hatten und von der Kirche auch verurteilt wurden, aber sie wurden durch auf denselben Termin verlagerte Feste der christlichen Einheitsreligion verdrängt. Die Geburt Christi z. B. wurde am 25. Dezember gefeiert, im alten Rom der Tag des Gottes Saturn, in der Spätantike der des Sonnengottes. Manches Unchristliche freilich, als harmlos erachtet, blieb daneben bestehen wie etwa das Maibrauchtum: Mag es sich nun um die Relikte eines römischen Naturfestes, der Floralia, oder des irischen Beltane-Festes handeln, beide Termine waren mit dem Abschneiden von Zweigen oder Bäumen verbunden (s. oben S. 150 f.), die dann an der Behausung angebracht wurden. Eine der frühesten Beschreibungen hat für das Mittelalter Jean Renart in dem Roman *Guillaume de Dole* (1. Dr. 13. Jh.) verfaßt (vs. 4151 ff.): Wenn die Kalenden des Mais anbrechen, dann erfaßt ein Festtaumel ihre Bewohner; nächtens ziehen sie in die Wälder, um Zweige abzuschlagen und unter Liedern heim zu bringen, um die Gebäude außen und innen zu schmücken. Oft wurde ein Maigraf und eine Maigräfin gekürt, die ursprünglich das paradigmatisch fruchtbare Paar darstellten. Dieser für eine agrarische Gesellschaft typische Brauch stellt vielleicht eine der Wurzeln für die Entstehung des erotischen Liedguts der provenzalischen Trobadors dar[67]. Zahllose andere Bräuche existierten auf lokaler und regionaler Ebene, z. B. das nur im germanischen Bereich bezeugte Schleudern von brennenden Holzscheiben als Sommersonnensymbol (wodurch 1090 das Kloster Lorsch abbrannte). Von kirchlicher Seite wurde solchen Manifestationen der Volkskultur die ganze Palette von Desinteresse bis zu Verfolgung entgegengebracht, wobei letztere gegen Ausgang des Mittelalters hin zunahm.

Unter den Wochentagen war natürlich der Sonntag geheiligt, wer da arbeitete, wurde mit den strengsten Höllenstrafen bedroht; der Kirchenbesuch war verpflichtend, wenn man nicht als Ketzer gelten wollte. Auch der Tageslauf, vom Erwachen bis zum Einschlafen, wurde mit Gebeten und Segenssprüchen unter den Schutz der übermenschlichen Mächte gestellt. Der sog. Feiertagschristus, ein im späten Mittelalter an manchen Kirchenwänden aufgemaltes Warnbild, diente zur Belehrung, welche Arbeiten an Sonn- und Feiertagen verboten waren, indem die Handlung selbst dargestellt wurde (z. B. der Landbau) oder die dazu verwendeten Werkzeuge (z. B. die Sense). Letztere wurden mit der gegen Jesus gekehrten Spitze dargestellt, als ob er damit körperlich verwundet würde (z. B. Wandgemälde in Saak, Kärnten, um 1500)[68].

Religiöses Seelenleben

Die Gottesbeziehung des ‚mittelalterlichen Menschen' war wesentlich stärker, d. h. auch im alltäglichen Leben präsenter, als dies i. d. R. auch bei Gläubigen der Gegenwart der Fall ist. Bitt- und Dankgebete wurden wohl fast täglich von fast allen Menschen gesprochen. Gott wurde als in den Gang der Welt eingreifend erfahren, und das nicht nur durch zahllose Wunder, wie etwa folgendes Beispiel zeigt: Im Jahre 1155 befand sich Friedrich Barbarossa auf seinem Italienzug in einer sehr bedrängten Lage – er war mit seinem Heer in einen Hinterhalt der Veroneser gefallen, die ihn in einer engen Schlucht blockierten und von den Bergen Steine herabwarfen. „Es würde keinen Glauben finden, wollte man darstellen, wie betroffen der Kaiser in seinem Herzen war, als er sowohl durch den Fluß als auch die Berge überall eingeschlossen war. Er ging in das Zelt mit den Reliquien, zog seine Schuhe aus und betete vor dem lebensspendenden Kreuzesholz des Herrn. Bald empfing er eine göttliche Eingebung und fand Rat: Er ließ jene Veroneser rufen, die bei ihm waren und sagte zu ihnen: «Zeigt mir den geheimen Pfad, der auf die Bergeshöhe führt, sonst werde ich befehlen, euch die Augen auszureißen.» Jene aber verrieten ihm aus Furcht die verborgenen Aufstiegsmöglichkeiten auf den Berg…"[69] Es war also auch für einen aus sich heraus so starken Herrscher wie Barbarossa selbstverständlich, sich in einer Krise nicht auf die eigene Klugheit zu verlassen, sondern auf die Inspiration Gottes. Wenn man nicht mehr weiter wußte, betete man. Die dabei aus dem Unbewußten aufsteigenden Gedanken wurden als Gottes Eingebung interpretiert. Die Brutalität des gefundenen Mittels läßt den Verfasser dieser Nachricht, einen frommen Priester, keineswegs daran zweifeln, daß die Idee vom Himmel kam – was als typisch für den Unterschied zwischen gegenwärtigem und mittelalterlichem Verständnis von Christentum gelten kann.

Träume und Halluzinationen galten den meisten Gläubigen nicht als innerseelische Vorgänge, sondern als Botschaften von außen, seien sie von Gott gesandt, seien sie vom Teufel eingegeben. Sie sollten den Menschen vor allem über die unsichtbare Welt belehren, die Räume des Jenseits, aber auch über Gottes Willen; sie konnten jedoch auch zur Prüfung dienen, indem die bösen Geister mit ihnen zu täuschen versuchten. Ein Beispiel für eine durch Symbolik belehrende Vision findet sich etwa in der Lebensbeschreibung des 1191 verstorbenen heiligen Eberhard von Kumbd: „Einst kam die Hand des Herrn über ihn, und er schaute: Und siehe, es erschien vor ihm ein großer und wunderbarer Baum; sein Stamm war breit und schön, Zweige, Laub und Blätter voller Eiszapfen, wie sie bei beißendem Frost an den Dachrinnen zu entstehen pflegen. Der Aufstieg auf den Baum war schwierig, doch auf seinem Wipfel befand sich eine Blume solcher Schönheit und Helligkeit, daß der ganze Baum von ihr leuchtete. Darunter lag eine häßliche und erschreckende Bestie, die mit offenem Maul auf ihr Fressen wartete. Und es erschienen ihm alle Personen, die an diesem Ort [dem von Eberhard gegründeten Kloster] von da an bis in Ewigkeit dem Herrn dienen sollten. Jene von ihnen, die damals im Körper lebten, waren in Menschengestalt zu sehen; die aber erst geboren werden sollten, kamen in formloser Gestalt als schwankende Masse. Und alle beeilten sich, den Baum zu besteigen. Ein Engel des Herrn aber, der eine Geißel in der Hand hielt, zwang Eberhard, zuerst selbst hinaufzusteigen. Und wiewohl der Aufstieg glitschig und schwierig erschien, empfand man ihn doch als sicherer und einfacher, war einmal der Fuß daraufgesetzt. Manche der Aufsteigenden stürzten aber in das Maul der darunter liegenden Bestie, die von ihnen einige ganz verschlang; andere bemühten sich aber, aus dem blutigen Maul zu entkommen und den Baum von neuem zu besteigen. – Und es wurde ihm gegeben, die Vision zu verstehen, Verständnis ist nämlich bei der Vision nötig. Der Baum ist der Orden [der Zisterzienser] und die Härte der Disziplin; der Stamm Christus, Grundlage eines guten Werkes. Die Blume bezeichnet die selige Maria, unter deren Beispiel und Schutz erglänzt, was immer es auch an Keuschheit und Gnade in jenem Kloster gibt. Die Interpretation des Übrigen ist keineswegs zweifelhaft.“ (*Vita Eberardi de Commeda* c. 8).

Es handelt sich um ein Beispiel des im Mittelalter häufig dargestellten Lebensbaums, auf dem man zu den höheren Sphären aufsteigt. Verchristlicht wird er mit Jesus identifiziert, und das darunter lauernde Untier mit dem alten Drachen, dem Teufel. Ähnliche Bedeutung hat der Aufstieg auf der Leiter, wie er z. B. in einem etwas älteren Erbauungsbuch für Nonnen, dem *Speculum virginum* des Peregrinus, auch als

Miniatur zu sehen war: Die Jungfrauen steigen da auf der Himmelsleiter zu Christus hinan, wobei sie weder vom unten lauernden Drachen, noch vom schwertbewehrten Teufel zurückgehalten werden können[70].

Eine besonders intensive Form der Frömmigkeit, deren Zentrum in der erlebten Gottesbegegnung schon im Erdenleben liegt, wird von der Mystik verkörpert. Sie war dem westlichen Frühmittelalter unbekannt; erst seit dem späten 11. Jahrhundert finden sich Quellen, die eine der drei Hauptformen der katholischen Mystik beschreiben: Die Liebesmystik, bei der Jesus als erotischer Partner vorgestellt wird, mit dem sich die Seele vereinigt; die Passionsmystik, die um das Nacherleben der Schmerzen Jesu auf seinem Leidensweg kreist; und die Wesensmystik, die als eine bildlose Verschmelzung der Gottheit mit der Seele beschrieben wird. Vor allem die erstgenannten Formen manifestieren sich auch körperlich durch Ekstasen, Trancezustände, Stigmatisation, wobei die Seele Visionen und Erscheinungen schaut, himmlische Stimmen oder Musik vernimmt. Intensive Askeseleistungen (Fasten, Wachen, Selbstgeißelung) waren i. d. R. eine unabdingbare Vorbedingung für solche Erlebnisse. Der Dominikanermystiker Heinrich Seuse († 1366) hat sich in der von ihm besorgten Ausgabe seiner deutschen Werke bildlich selbst in einer an den Gekreuzigten erinnernden Position dargestellt – Imitatio Christi –, wobei er von verschiedenen Dämonen angefallen und von seinen Mitmenschen wie einst Jesus mit Essig und Galle gelabt wird. In der Mitte links das Nagelkreuz und die Geißeln, die er für seine asketischen Selbstquälereien benutzte[71].

Im 12. Jahrhundert formulierten vor allem Männer aus dem Mönchsstand mystische Erfahrung, Meditation und Lehre, ein Bernhard von Clairvaux, ein Aelred von Rievaulx, ein Egbert von Schönau… Auch das Spätmittelalter kennt manche Mystiker vor allem aus den Bettelorden wie z. B. Franz von Assisi, Heinrich Seuse oder Venturino von Bergamo. Doch sind seit dem 13. Jahrhundert mystisch begabte Frauen häufiger, Mechthild von Magdeburg, Birgitta von Schweden, Katharina von Siena… Diese Gläubigen und ihre Verehrer waren davon überzeugt, in unmittelbarem Kontakt zu Gott zu stehen. Das machte sie potentiell von der Vermittlung durch die Amtskirche unabhängig, weswegen sie u. a. durch ihre Beichtväter streng kontrolliert wurden. Manche MystikerInnen wie etwa Margarete Porete endeten als Ketzer auf dem Scheiterhaufen, viele mußten genaue Prüfungen über sich ergehen lassen, einige gelangten nach dem Tode durch päpstliche Heiligsprechung zur Ehre der Altäre. Berühmte Charismatikerinnen des 14. und 15. Jahrhunderts wie Johanna von Orléans oder Domenica da Paradiso, aber auch sonstige Frauen wie die Schwester Kaiser Maximilians I., denunzierten Geschlechtsgenossinnen, die auch als Begnadete gelten wollten, als Betrügerinnen[72].

Pieronne, eine bretonische Mystikerin, die mit Johanna von Orléans in Kontakt stand, „*behauptete und beschwor, daß ihr Gott oft in menschlicher Gestalt erscheine und zu ihr wie ein Freund zum anderen spräche. Und das letzte Mal, als sie ihn sah, war er mit einer langen, weißen Robe bekleidet und hatte ein rotes Übergewand darunter (was wie Gotteslästerung wirkt). Sie wollte das nie zurücknehmen, das zu behaupten, nämlich daß sie Gott so bekleidet sähe. Deshalb wurde sie am vorher genannten Tag dazu verurteilt, verbrannt zu werden, und das wurde sie auch, wobei sie starb, ohne von ihrer Aussage abzuweichen…*“

(*Journal d'un bourgeois de Paris* zum Jahre 1430 [c. 548])

Viele von MystikerInnen verfaßte autobiographische oder meditative Texte wurde auch von nicht charismatisch begabten Gläubigen gelesen und abgeschrieben, wurden ein Teil der allgemeinen Frömmigkeitsliteratur. Die bildende Kunst nahm einzelne Visionen als Grundlage für bestimmte ikonographische Themen; so gestaltete man im 15. Jahrhundert allgemein die Geburt Christi nach einer Schilderung der Birgitta von Schweden. Aber auch ganz generell gingen Motive aus den mystischen Erfahrungen in die Gestaltung jener Szenen ein, die den Gläubigen der göttlichen Person gegenüber schildern.

Ehrfurcht und Furcht

Worte des Herrn wider die Sünder nach Sebastian Brant:

„Wenn ihr nicht haltet mein Gebot,
will ich euch geben Plag und Tod,
Krieg, Hunger, Pestilenz, und Dürre,
Reif, Kälte, Hagel, Gewitterfeuer…
Und mehren das von Tag zu Tag
Und nicht erhören eure Klag!
Bäten auch Moses mich und Samuel,
So bin ich doch so feind der Seel,
die nicht von Sünden läßt.
Sie muß Schmerz tragen, bin ich Gott!"

(*Narrenschiff* c. 88)

Kann man die durchschnittliche Religiosität ‚des mittelalterlichen Menschen' hinsichtlich der Beziehung zur Gottheit pauschal charakterisieren? Nein, denn in den verschiedenen Epochen dieser doch eintausend Jahre dominierten auch unterschiedliche Komponenten. Wie bereits das frühe Christentum von der Hoffnung geprägt war, schon die Zugehörigkeit zu dieser Religion würde ein Weiterleben im Himmel garantieren, also Zuversicht und Vertrauen als wesentliche Elemente die religiöse Einstellung prägten, wirkte sich die ‚Germanisierung des Christentums' während des frühen Mittelalters in dem Sinne ähnlich aus, daß man erwartete, beim Endgericht von Christus und den Heiligen Schutz und Fürsprache zu erhalten, wenn man Gott im Leben wie ein treuer Lehnsmann gedient hatte. Der steigende Einfluß von monastischen Konzepten in der Folgezeit – die Reform des 11. Jahrhunderts hat man geradezu als Tendenz zur Umwandlung der christlichen Religion allgemein gemäß den asketischen Idealen der Mönche verstanden – brachte aber auch die in diesen elitären Kreisen besonders betonten Bibelstellen von den wenigen Auserwählten viel stärker in den Vordergrund. Asketische Weltverachtung galt als Bedingung für die Rettung der Seele vor den Fallstricken der Dämonen und damit vor der ewigen

Hölle. Und über diese zirkulierten gerade in den monastischen Kreisen aufgrund der Rezeption spätantiker apokrypher Texte die grauenhaftesten Beschreibungen (s. oben S. 429 ff.). Mit Verzögerung wurden solche Vorstellungen auch den Laien zugänglich, so daß seit dem hohen Mittelalter eine Zunahme der angstbetonten Seiten des Christentum zu verzeichnen ist. Hölle, Fegefeuer und Teufel nahmen immer mehr Platz in der frommen Imagination ein. Und mit den Krisen des 14. Jahrhunderts war auch die Zeit gekommen, das Bild des rächenden Gottvaters aus dem *Alten Testament* zu reaktivieren, der die Menschen selbst mit seinen Geschossen tötet. Gleichzeitig wuchs auch der Glaube an die Macht des Teufels in Ungemessene, und die Furcht vor ihm und seinen Verbündeten, den Ketzern und Hexen. So war aus den zuversichtlichen Anfängen eine angstdominierte Religion geworden[73]. Daß daneben, namentlich in der Sphäre der hoch- und spätmittelalterlichen Mystik, auch Freude, Liebe und Mitleid die Gottesbeziehung prägen konnten, ist nicht zu bezweifeln. Nur blieb die Botschaft der MystikerInnen viel elitärer, um nicht zu sagen esoterischer, als die der so oft eine Drohbotschaft verkündenden Volkspredigt und Kirchenkunst.

Durchaus kontinuierlicher treffen wir dagegen auf eine andere Grundstruktur wohl fast aller Religionen, die des ‚Do ut des' (‚Ich gebe, damit auch du gibst'): Wenn der Mensch in diesem Leben eine Leistung für die Gottheit erbrachte, durfte er damit rechnen, sie werde sich entweder noch vor seinem Tode oder danach entsprechend revanchieren. Daraus erklärt sich die gigantische Anzahl von Schenkungen an kirchliche Organisationen, v. a. die Klöster, die es einem nicht ganz kleinen Teil der Bevölkerung erlaubten, vollständig unproduktiv (im materiellen Sinn) zu leben. Ein Gleiches gilt für die v. a. im späten Mittelalter in astronomische Zahlen steigenden Messen, die man zum eigenen Seelenheil oder für das der Verwandten lesen lies. Und ebendarum bezahlte man Teilnehmer an Seelenmessen oder stiftete ein Spital, dessen Insassen zum Gebet für den Wohltäter verpflichtet waren – usf. Denn was man z. B. einem Kloster überließ, galt als dem heiligen Klosterpatron direkt geschenkt, der damit in der Verpflichtung zu ‚Rat und Hilfe' stand, nicht anders als ein irdischer Feudalherr seinen Vasallen gegenüber. Und Gott würde sich nach dem Tod beim edlen Spender von Messen bedanken, die ja dem Preis Gottes dienten. Die Kirche, wenn man sie unter ökonomischen

Gesichtspunkten betrachtet, war ein Anstalt zum Verkauf von Plätzen im Himmel. Dieses Angebot nahmen die Reichen und Mächtigen in der geschilderten Weise an, und den Armen blieb immer noch der Weg intensiver Kasteiungen. Auch jene elitären Strömungen im Reformmönchtum, die ein derartig materialistisches Do-ut-des-Verhältnis ablehnten, folgten doch demselben Denkmuster, indem sie für die immateriellen Gaben ihrer Gebete und Askesepraktiken entsprechende Kompensationen im Jenseits erwarteten. Man kann also im mittelalterlichen Durchschnittschristentum deutlich das Gewicht von Rechtsvorstellungen sehen, die das Verhältnis der Gottheit zu den Menschen viel mehr strukturierten als etwa die freiwillige Gnade oder Liebe Gottes, die in der kleinen Schar der MystikerInnen so oft evoziert wurde.

Testamentarischer Einkauf von Messbesuchern durch einen Kanoniker von Coimbra (Januar 1200):

„*Ich, Pedro Salvado, Kanoniker und Kaplan des Erzbistums Coimbra, habe Dir, Gunsalvo Diaz, dem Dekan, und Deinen Nachfolgern und Euch, meinen Mitkanonikern desselben Erzbistums, den gegenwärtigen und zukünftigen, diese Urkunde ausstellen lassen: …* [Ihr bekommt] *von jenem Erbgut, das sich in Campo Mondeci beim See von Alfur befindet… 2 Goldstücke… und von jenem Erbgut, das sich in Campo Mondeci auf einem Hügel bei der Alverca befindet… 2 Goldstücke…* [usw.] *unter der Voraussetzung, daß dies nur zur Gabe an jene dient, die an den entsprechenden Gedächtnissamstagen zur Feier der Marienhoren kommen. Und zwar folgendermaßen: Alle Feldfrüchte, die von den beschriebenen Erbgütern kommen, sollen verkauft und zu Geld gemacht werden. Die Münzen aber sollen in drei Teile geteilt werden, von denen einer denjenigen zu geben ist, die zu den Vespern der genannten Feier kommen, während die, die zu den Matutinen kommen, die mit neun Lektionen gefeiert werden müssen, den zweiten Teil haben sollen. Die aber zur Hauptmesse kommen, sollen den dritten Teil empfangen… dazu habe ich nämlich diese Erbgüter gekauft… Ich weiß wohl, daß, was immer Gott fromm gegeben wird, bei ihm stets erstrahlen und nie verblassen wird.*“[74]

Unterschied sich die Frömmigkeit von Männern und Frauen, von Alten und Jungen? Einige Hinweise darauf gibt es in der Tat. Frauen waren (wie auch heute) im Katholizismus nicht alle Formen religiösen Lebens erlaubt. Der Ausschluß aus dem Priesteramt ermöglichte ihnen nur die laikale Lebensweise oder die als Nonnen oder, seit dem 12. Jahrhundert, die der Beginen (s. unten S. 523 ff.). Eine spezifisch priesterlich-eucharistische Frömmigkeit, wie sie etwa im frühen 14. Jahrhundert der süddeutsche Kaplan Friedrich Sunder beschreib, war ihnen verwehrt. Trotzdem, und ebenso in Kontinuität zur Gegenwart, kann man sagen, daß Frauen mehr zu devotionellem Verhalten als Männer neigten. Prediger wie Johannes Brinkerinck († 1419) z. B. lobten dieses Geschlecht als kirchlicher, gebetfreudiger und mildtätiger als die Männer, ja sogar, gegen ein verbreitetes misogynes Stereotyp, als keuscher. Von den Kirchenstühlen in der Baseler Petri-Kirche waren 1518 etwa drei Mal so viele für Frauen wie für Männer vorgesehen[75].

Dabei ist freilich zu bedenken, daß die Frauen von der Priesterschaft auch häufiger katechisiert wurden als die Männer, da sie für die Erziehung der Kinder sorgten und da sie bei jeder Geburt in Todesgefahr schwebten, was auf Kirchensynoden zur Vorschrift führte, daß vor der Niederkunft noch eine zusätzliche Beichte abzulegen war. Die zahlen- und bedeutungsmäßig größere Präsenz des weiblichen Geschlechts in der Erlebnismystik läßt sich vielleicht so deuten, daß sowohl der intensivere Glaubensunterricht als auch die Verweigerung von Positionen in der Amtskirche diese Form einer zu Gott unmittelbareren Religiosität förderten.

Natürlich bezeugen auch die zahlreichen mit Schwangerschaft und Geburt verbundenen Riten christlicher und weniger christlicher Art eine genußspezifische Religiosität. Schließlich ist es zwar primär, doch nicht nur dem frauenfeindlichem Denken der Überlieferung zuzuschreiben, daß hinsichtlich der Zahl der als Hexen verfolgten Personen etwa drei Mal so viele Frauen wie Männer genannt werden. Sie neigten offenbar tatsächlich eher dazu, magische Riten auszuführen, sei es aus größerer Naturverbundenheit aufgrund ihrer Mutterschaft, sei es, da ihnen die gelehrte Theologie i. d. R. nicht zugänglich war.

Die Frage liegt nahe, inwieweit es auch eine altersspezifische Religiosität gab. Verweisen etwa Rügen wegen religiöser Laxheit der

Jugend auf in jenem Lebensabschnitt wirklich häufigeren Unglauben? In der ersten Hälfte des 13. Jahrhunderts sagte der engagierte Jakob von Vitry in einer seiner Predigten über die Jugendlichen: „Manche sind derartig ungebildet und dumm, daß sie kaum einmal im Jahr, wenn sie kommunizieren müssen, in die Kirche kommen, und nicht wissen, wie man betet!“[76] Doch zeichnen die hagiographischen und normativen Quellen ein anderes Bild: In ersteren werden die späteren Heiligen oft als schon in früher Kindheit nur an religiösen Dingen interessiert dargestellt, als Kinder, die die gewöhnlichen Spiele meiden und sich lieber kleine Altäre bauen oder mit Blättern liturgische Bücher basteln. Nach den kirchlichen Vorschriften hatte die Katechisierung mit den Geboten der Christentums schon früh in der Familie zu beginnen und wurde durch den Kirchenbesuch und die etwa ab dem 12. Jahr verbindliche Beicht- und Kommunionpflicht verstärkt. Wie tief Kinder schon im beginnenden 13. Jahrhundert von den religiösen Idealen der Erwachsenen ergriffen werden konnten, zeigen die immer noch rätselhaften Kinderkreuzzüge. Auch wenn Jugendliche und Erwachsene mit den meist gegen den Willen der Eltern sich zu ‚Kreuzzügen‘ vereinigenden Kindern mitzogen, waren es doch v. a. spontane Bewegungen von Unmündigen, die dann auch entsprechend katastrophal endeten.

Heilige Dinge

Sowohl im Volksglauben als auch in der Hochreligion galten zahllose natürliche Objekte als Träger von besonderen übernatürlichen Kräften. Das beginnt bei Erde und Steinen: Der berühmte Campo Santo (Friedhof) in Pisa wurde mit auf Schiffen herbeigeführter Erde aus dem Heiligen Land ausgefüllt, um die Toten in diesem im Vergleich zum heimischen „heiligeren" Boden bestatten zu können. Naturformationen, die sich durch besondere Prägungen auszeichneten, galten – teilweise sicher schon seit frühgeschichtlichen Zeiten – als heilig wie wohl die berühmten Externsteine in Niedersachsen, die durch entsprechende christliche Darstellungen dann auch in den Dienst der neuen Religion gestellt wurden. Das Wasser bestimmter Brunnen und Quellen wurde (wie schon in der Antike) durch das Wirken der in ihnen wohnenden Numina als heilkräftig betrachtet, das Versenken von Opfergaben in ihnen wird nicht nur in schriftlichen Quellen berichtet, sondern läßt sich auch archäologisch nachweisen. Im Christentum ist geweihtes Wasser im Gottesdienst unabdingbar, auch ihm wurden die größten Segenskräfte zugeschrieben, namentlich bei der Dämonenabwehr. Feuer und Licht spielten ihre Rolle im Volksbrauch wie in der Liturgie, meist an bestimmten Feiertagen (Johannesfeuer, Osterkerze). Auch Pflanzen und Tiere waren in diesen Kosmos der Kräfte und Bedeutungen eingebunden. Vorchristliche Baumkulte sind vielfach bezeugt, wurden von den Bekehrern bekämpft und in den kirchenrechtlichen Sammlungen oft und oft verboten, da sie sich lange Zeit halten konnten. Noch Johanna von Orléans wurde vorgeworfen, als Mädchen mit ihren Altersgenossinnen um einen Feenbaum in der Nähe ihres Heimatdorfes getanzt zu haben.

„Es ist keinem Christenmenschen erlaubt, daß er sein Heil von einem Stein nimmt, oder von einem Baum nimmt (ausgenommen, es sei das Zeichen des Kreuzesbaumes), noch von einer anderen Stelle (ausgenommen es sei das heilige Haus Gottes). Wer aber anders handelt, der begeht unzweifelhaft Heidenwerk.“[77]

(Aus einer Predigt des englischen Abtes Aelfric [um 1000])

In der kirchlichen Literatur und im kirchlichen Bildschmuck findet sich eine Fülle von Pflanzen, die wenigstens zum Teil eindeutig eine religiöse Symbolbedeutung besitzen. Sicher übernahm die Romanik das mit vegetabiler Bauplastik geschmückte Kapitell aus der römischen Kunst, aber wenn z. B. der eingerollte Farn darauf zahlenmäßig ganz besonders oft vorkommt, so war dies gewiß durch seine Bedeutung als Zeichen der Demut veranlaßt. Die gotischen Mariendarstellungen zeigen die Madonna immer wieder in Verbindung mit verschiedenen Blumen, die in der Regel als Verweis auf eine der Tugenden der Jungfrau zu lesen sind.

Die Lilie in der Bildmitte dieser Verkündigung ist nicht nur Dekoration, sondern symbolisiert traditionell die Keuschheit der Jungfrau. Tympanonskulptur um 1360, Maria Straßengel (Steiermark)

Vor der Einführung des Christentums hatten Tiere vor allem im Kultus als Opfer eine Rolle gespielt, auch bei der Weissagung aus ihren Eingeweiden oder aus dem Flug der Vögel. An die letztgenannte Orakelmethode glaubten auch viele mittelalterliche Katholiken, weswegen sie immer wieder kritisch von orthodoxen Autoren erwähnt wird. Sogar einige deutsche Kreuzfahrer des Ersten Kreuzzugs ließen sich 1099 von einer Gans führen, der sie solche Qualitäten zuschrieben, wie Albert von Aachen berichtet (*Historia* 1, 31). Von Tieropfern hört man dagegen nur mehr selten; z. B. gaben 1464 die Geistlichen von Sassa in Süditalien einem Esel eine Hostie ins Maul und begruben ihn lebendig, um dadurch nach einer Dürreperiode Regen herbeizurufen, was auch gelang[78].

Bemerkenswerter Weise wurden auch der der Heilige Geist und der Gott-Mensch oft in Tiergestalt wiedergegeben, nicht nur in der der biblischen Taube und des Lammes. Am häufigsten findet man Christus freilich durch dieses symbolisiert, denn er ist nicht nur der guter Hirte, sondern auch das Opfertier, das hinwegnimmt die Sünden der Welt. Aber auch der Adler ist ein Symboltier des Gottessohnes, desgleichen der Phönix. Besonders sinnfällig machte seine Erlösungstat die „Identifikation" mit dem Pelikan. Der weit verbreitete spätantike *Physiologus* erzählt nämlich, daß der Pelikan seine Jungen, drei Tage nachdem er sie wegen ihrer Bosheit getötet hat, durch das Blut aus seiner Brust wieder zum Leben erweckt. Der Vogel wurde deshalb auf Gott, seine Jungen auf die Menschen als Gottes undankbare Geschöpfe (Jes 1, 2) und die Wiederbelebung auf die Erlösung durch Christi Kreuzestod hin ausgelegt. Diese Symbolik gestalteten Theologen, Dichter und Künstler oft und oft sowohl in Texten als auch in Bildern. So heißt es etwa in einem um 1460 aufgezeichneten Gebet, dem eine entsprechende Illumination beigegeben war:

> „The pellicane his bloode bothe blede,
> Therewith his birdis to fede.
> It figureth that god with his blode
> Us fed hanging on the rode…"[79]

(Der Pelikan ließ sein Blut bluten, um damit seine Küken zu füttern. Das bedeutet, daß Gott uns mit seinem Blute fütterte, als er am Kreuzesholz hing…)

Die gelehrten Entwerfer solcher Allegorien sind zweifellos davon ausgegangen, hier nur Parallelen aus dem Tierreich vorzuführen, wie sie der *Physiologus* und die auf ihm basierenden Bestiarien (Tierbücher) schilderten. Aber in der frommen Phantasie konnte sich das schon vermischen, so wenn Beginen des 13. Jahrhunderts wie in Flandern Hadewijch oder in Österreich Agnes Blannbekin in ihren Visionen Jesus in der Gestalt eines bisweilen eigenartig veränderten Lammes (etwa mit Menschenhaut) gegenüberstehen.

Ein Beispiel von verschiedenen typologischen Allegorien ist auf der Epitaph-Tafel für Dr. Friedrich Schön († 1464) in St. Lorenz zu Nürnberg zusammengefaßt: Jesus wird mit der alttestamentlichen Erscheinung Gottes im brennenden Dornbusch in Beziehung gesetzt, weiter mit dem Pelikan, der seine Jungen mit seinem Blut ernährt (oben), dem Phönix, der nach seinem Feuertod zu neuem Leben erwacht (rechts), dem Löwen, der seine Jungen durch seinen Atem belebt (unten), und dem Einhorn, das nur von einer Jungfrau (Maria) gefangen werden kann (links). In den Medaillons sind noch die Symboltiere der Evangelisten dargestellt[80].

Besonders häufig sahen sich die Gläubigen jedoch innen und außen am Kirchenbau mit Tieren konfrontiert, die eine Erscheinungsform der Dämonen darstellten. So trifft man in unzähligen Heiligenleben und anderen Texten auf sie, am bekanntesten der Vita des Wüstenvaters Antonius. Diese Wesen waren fast allgegenwärtig – eine Mahnung, stets vor den Anfechtungen des Bösen auf der Hut zu sein. Schlangen, Kröten, Löwen, Füchse, aber auch phantastische Geschöpfe wie Basilisken und Drachen waren jene Tiergestalten, die die bösen Geister offenbar bevorzugten.

Kampf zwischen dem Löwen (Christus) und dem Drachen (Teufel).
Steinrelief, M. 13. Jh., Trient, S. Apollinaris

In der Romanik bewohnen diese Ungeheuer vor allem die Tor- und Fensterlaibungen oder -bänke der Kirchen, auch die Konsolfriese unter den Dächern, also Zonen des Übergangs vom Außen zum Innen, Zonen besonderer Gefährdung. Im Inneren verweist ihre Position an der Basis unter einer Säule oder als Träger eines liturgischen Geräts auf die Überwindung der dämonischen Mächte durch die göttlichen. In der Gotik finden wir sie außen auch noch als Wasserspeier und Turmfiguren, innen u. a. als Träger von Heiligenstatuen oder als Warnfiguren an den Chorgestühlen.

Kröten versuchen die Predigtkanzel zu erobern, werden aber von einem (ganz oben stehenden) Hund vertrieben: Symbol des Bösen, das vom Prediger verjagt wird.
Steinrelief um 1500, Wien, Stephansdom

„Der Drache ist größer als alle anderen Schlangen und als alle anderen Tiere auf der Welt... Es heißt, er wird oft veranlaßt, aus den Höhlen an die Luft zu kommen, und die Luft wird von ihm erschüttert. Er hat einen Kamm, ein kleines Maul und enge Nasenlöcher, wodurch er atmet. Seine Zunge streckt er heraus. Seine Stärke liegt nicht in den Zähnen, aber im Schwanz... Er braucht kein Gift um zu töten, denn er bringt alles um, was er umwindet... Dieser Drache entspricht der schönsten Schlange, dem Teufel, der oft seine Höhle verläßt, um an die Luft zu kommen. Seinetwegen erglüht die Luft, denn der Teufel fährt aus der Unterwelt und verwandelt sich in einen Engel des Lichts. Dummköpfe täuscht er mit Hoffnung auf Ruhm und irdische Freuden. Der Drache hat einen Kamm, denn der Teufel ist der König des Stolzes...“[81]

(Aus einem englischen Bestiarium des 13. Jahrhunderts)

Menschengefertigte Objekte

Heiligkeit kam aber nicht nur natürlichen Dingen oder Wesen zu, sondern auch einer Reihe von menschengeschaffenen. Zu solchen Objekten werden im Katholizismus die Hostie beim Sakrament der Eucharistie und die Sakramentalien gezählt, im Parallelglauben entsprechen ihnen die künstlichen Zaubermittel. Beidemale werden diese Dinge als mit übernatürlichen Kräften begabt vorgestellt, was in der offiziellen Religion natürlich mit komplizierten theologischen Konstruktionen überbaut ist. Auch beschränken sich die Sakramente nicht auf eine Wirkung in der irdischen Welt, sondern wirken hinein in das Jenseits und beziehen aus ihm ihre Kraft, wogegen die Zaubermittel nur die Gegebenheiten der Welt verändern können und ihre magische Kraft in sich selbst tragen.

Die Eucharistie

Das wichtigste menschengefertigte Objekt im Christentum war „das Sakrament" schlechthin, die Hostie, die nach katholischem Dogma vom Priester bei der Messe durch das Aussprechen einer bestimmten Formel in den Leib Christi verwandelt wird. Dabei ändern sich zwar Aussehen oder Geschmack des unter bestimmten Regeln gebackenen Brotes nicht, doch nicht zu glauben, daß man ganz konkret den Leib Christi verzehre, kam (und kommt) einer Leugnung der katholischen Religion gleich und wurde im Mittelalter mit dem Tode bestraft. Seit dem hohen Mittelalter läßt sich eine stete Auseinandersetzung zwischen den Ketzern – Katharer, Tanchelmiten, Freie Geister, Lollarden – und der katholischen Geistlichkeit verfolgen: Während erstere leugneten, daß ein Priester Brot in Gott verwandeln könne, predigten jene mehr und mehr von Wundern, die eine Hostie vollbracht habe, und von Visionen, in denen sich die Hostie in ein Kind verwandelt habe, installierten ein eigenes Fest zu ihrer Verehrung – Fronleichnam – und bauten an einer komplizierten eucharistischen Theologie. Aber was die durchschnittlichen Gläubigen viel mehr interessierte, waren etwa die zahlreichen Hostien, die seit dem 12. Jahrhundert an verschiedenen Orten als Reliquien verehrt wurden, da sie zu bluten begonnen hatten, um zu zeigen, daß sie wirklich mit dem Leib und Blut des Heilands identisch seien. Am berühmtesten wurden die drei Bluthostien von Wilsnack in Brandenburg, Zentrum eine großen Wallfahrt seit dem ausgehenden 14. Jahrhundert.

Eucharistiespende, Holzskulptur vom Flügelaltar der Pfarrkirche in Waldburg (Oberösterreich), um 1520

Ein spätmittelalterliches englisches Gebet, zu sprechen bei der Erhebung der Hostie im Gottesdienst:

„*I the honoure with al my miht*
In fourme of Bred as i the se,
Lord, that in that ladi briht,
In Marie Mon bi-come for me.

Thi fflesch, thi blod is swete of siht,
Thi Sacrament honoured to be,
Of Bred and Wyn with word I-diht;
Almihti lord, I leeue in the.“[82]

(Ich ehre Dich mit aller meiner Kraft in der Gestalt des Brotes, wie ich Dich sehe, Herr, der in jener hehren Dame, in Maria, für mich Mensch geworden ist.
Dein Fleisch, Dein Blut ist lieblich anzuschauen, Dein Sakrament ist zu ehren, aus Brot und Wein durchs Wort gemacht; allmächtiger Herr, ich glaube an Dich.)

Zwar lehnten die Theologen allgemein magische Praktiken mit der Eucharistie ab, da dies natürlich einen Gotteszwang impliziert, den Versuch des Menschen, über Gott zu verfügen. Trotzdem wurde sie auch von berühmten und völlig rechtgläubigen Geistlichen eingesetzt, um ein Wunder zu bewirken. Bernhard von Clairvaux z. B. ließ einen Schwerkranken vor den Altar führen und legte das Gefäß mit der Hostie auf seinen Kopf, wobei er den die Leiden verursachenden bösen Geistern befahlt, abzulassen. Der Gequälte gesundete dadurch vollkommen[83].

Die Fülle von Berichten über die Verwendung der konsekrierten Hostien als Talisman gegen Feuer und Dürre, als Gift und Abtreibungsmittel läßt keinen Zweifel daran, daß man sie im Volk eben als magisches Objekt betrachtete. Die kirchliche Hierarchie glaubte dasselbe, sonst hätte sie nicht entsprechende Vorschriften dagegen erlassen und entsprechende Urteile über diejenigen verhängt, die Hostien so gebrauchten[84]. Und wie hätte nicht ein solcher Eindruck entstehen sollen, wo doch die Priester durch die offiziellen kirchlichen Prozessionen mit dem ‚Sanctissimum' durch die Felder Wachstum und Schutz versprachen?

Sakramentalien

Nicht im fachtheologischen Verständnis, aber in der Praxis der Priester und Gläubigen kam den zahlreichen Sakramentalien kaum weniger Bedeutung zur Erlangung des Heils zu, als den Sakramenten. Das Öl zur Krankensalbung, das Wachs der Osterkerzen, das Weihwasser – alle priesterlich geweihten Dinge galten als mit übernatürlicher Kraft versehen und fähig, damit eine Art weißer Magie auszuführen.

Aus der von den Anhängern Wicliffs 1388 dem englischen Parlament vorgelegten Kritik an den Sakramentalien:

„*Die Exorzismen und Segnungen, die über dem Wein gemacht werden, über Brot, Wasser, Öl, Salz, Wachs und Weihrauch, dem Altarstein und den Kirchenmauern, sind eher wahre Zauberpraktiken von Heiden, als solche der heiligen Theologie. Der Beweis dafür ist, daß durch solche Exorzismen geschaffene Dinge geehrt werden, als ob sie von höherer Kraft wären, als sie der eigenen Natur nach sind. Man sieht ja auch keine Veränderung an einem exorzierten Geschöpf, außer durch Irrglauben. Dies ist die Hauptsache der Teufelskunst.*"[85]

Kultgegenstände und Sakralkunst

Auch die in der Kirche verwendeten Gerätschaften wurden bei Ingebrauchnahme geweiht. Die Herstellung all der kostbaren Stoffe, die zahllosen Arbeitsstunden und die investierte künstlerische Erfindungskraft, die das Mittelalter der Gestaltung religiöser Objekte widmete, galten den Zeitgenossen als Form des Gottesdienstes. Freilich können wir darin den Anteil demonstrativer Prahlerei vor den Mitmenschen nicht verkennen. Das erhellt z. B. aus einem Brief vom 13. November 1395, den ein wohlhabender italienischer Herr einer ebensolchen Dame schrieb: „Ich wundere mich über etwas, das ist, daß Sie wie die anderen Damen Ihres Ranges zwar zahlreiche Roben und Schmuck für sich selbst besitzen, Sie sich jedoch nicht die Mühe gemacht haben, ein wenig Ihr kleines Marien-Gebetbuch zu schmücken. Es entgeht Ihnen doch nicht, wie armselig sein Einband ist. Sie wissen gut, daß die Leute schon ihre profanen Bücher nur ungern in abgenutzten Einbänden sehen – was daher sollten wir also nicht alles für ein religiöses, der Mutter Gottes geweihtes Buch tun? Schicken Sie mir es, und ich kümmere mich darum, es für Sie zu tun; daß es wenigstens vor Weihnachten einen würdigen Einband bekommt!“[86] Es ist also einerseits eine fromme Tat, ein der Jungfrau gewidmetes Buch auch rein materiell schön auszustatten, andererseits auch eine Sache der Repräsentation vor den Standesgenossen, sich mit einem künstlerisch gestalteten Band sehen zu lassen.

Auch heute als profan eingestufte Objekte wie Herrschaftszeichen, also Krone, Szepter, Reichsapfel, Waffen und Rechtszeichen hatten durchaus religiöse Konnotationen. Die Insignien trugen oft Kreuze oder Dreisprosse (ein altes Heilszeichen), in die Knäufe mancher Schwerter waren Reliquienpartikel eingelassen, in ihre Klingen Kreuze und Heiligenanrufungen eingeätzt. Aber auch viele Gebrauchsgegenstände weisen heilige Zeichen auf, z. B. Wiegen Sechssterne und Wirbel (Sonnensymbole), ebenso Profanbauten z. B. die gekreuzten Pferdeköpfe am Giebel (ein Symbol helfender, vorchristlicher Gottheiten oder Heroen).

Religiöse Kunst hatte und hat ja stets eine belehrende oder mystagogische Funktion. Aber sie konnte genauso als Unheil abwehrend fungieren, wie so viele Kleinplastiken am Kirchenbau. Köpfe, Masken, Tiere, Pflanzen, Symbole u. Ä. m. waren keineswegs nur Schmuck, sondern dienten als Verkörperung der guten oder bösen Mächte[87].

Heiligung des irdischen Raumes

Wie schon erwähnt (S. 117 f.), galten überall vor der Einführung des Christentums und auch danach bestimmt Plätze in der Landschaft als heilig, Quellen, Haine, Berge… Nach dem Religionswechsel wurden sie bei Kultkontinuität regelmäßig einem Heiligen oder Maria ‚unterstellt'; manche dieser Orte wurde aber erst dadurch numinos, daß sie eine Station im Leben eines Heiligen gebildet hatten. Wo man die Wildnis rodete – eine hauptsächliche Komponente des Alltagslebens im Hochmittelalter – verwandelte man die in der Phantasie von Dämonen (ursprünglich Waldgeister usw.) besiedelten Räume durch entsprechende Zeremonien wie das feierliche Aufstellen und die Weihe eines Kreuzes in Zonen, die dem Christentum unterworfen waren.

Man bemühte sich aber auch, die kultivierte Landschaft in eine Sakrallandschaft zu verwandeln, indem sie speziell im späten Mittelalter und nördlich der Alpen durch zahllose sog. ‚Kleindenkmäler' wie Kreuze, Marterln, Wegkapellen u. ä. geheiligt wurde. Solche Andachtsorte scheinen besonders in den deutschsprachigen Ländern verbreitet gewesen zu sein; so betont ein Deutschland 1517 besuchender italienischer Berichterstatter, daß an allen Straßen, bei Dörfern und Städten große und eindrucksvolle Kreuzigungsdarstellungen zu finden seien, die auf das Gemüt so erschreckend wie erbaulich wirkten[88].

Abgesehen von diesen natürlichen Plätzen bildeten aber die menschengeschaffene Sakralorte die Zentren der christlichen Religion. Damit sind alle Kultbauten gemeint, Kirchen und Kapellen, Friedhöfe und Klöster. Schon die Gründung eines solchen Kultbaus war in der Vorstellung der Zeit oft nur die Ausführung eines unmittelbaren Befehls Gottes. Von zahlreichen Kirchen und noch mehr Klöstern heißt es nämlich, sie seien aufgrund von Visionen oder Träumen gestiftet worden, in denen die Weisung zum Bau erteilt worden sei. Auch das Aussehen eines Gotteshauses konnte nach einer entsprechenden Weisung des Himmels gestaltet werden: Ein Beispiel ist die Westfassade der Kathedrale von Bath: Der Bischof Oliver King († 1503) träumte von der Heiligen Dreifaltigkeit und von den Engeln, die über die alttestamentliche Jakobsleiter zu ihr aufstiegen und erhielt den Befehl, die Kirche zu erneuern. „Zu dieser Zeit war er so von diesem Traum entzückt, daß er sogleich mit dem Kirchenbau begann. An dessen Westseite ließ er eine Darstellung dieser Vision der Dreifaltigkeit, der Engel und der Leiter skulptieren, und an der Nordseite die Olive und Krone..."[89] (eine Verbildlichung seines Namens). Da eine solche Darstellung völlig von der üblichen Ikonographie für Kathedralfassaden abweicht, ist der Bericht zweifellos authentisch.

Für den Typus der einfachen ländlichen Kirche steht hier die von Kvinnherad in Rosendal (südwestliches Norwegen), die im Übergangsstil von der Romanik zur Gotik um 1250 erbaut wurde. Trotz der Spitzbogen ist der Baucharakter noch der der massiven, wenig belichteten Romanik.

Die städtische Kathedrale der Gotik verkörpert z. B. St. Bavo, Gent, hier die Westturmfassade, erbaut 1462 ff. als letzter Abschnitt der im frühen 14. Jh. begonnenen Kirche.

Klöster, Kapellen, Privatoratorien, Heilige Gräber, Kalvarienberge, auch die Kirchhöfe mit ihren Karnern (Beinhäusern), Totenleuchten und Kreuzen – all das waren sichtbare und betretbare Fanale der Religion, von deren Inhalten sie durch Außenfresken und Bauplastiken verkündeten.

Auch im Inneren waren diese an sich geheiligten künstlichen Räume in Zonen unterschiedlicher Sakralität eingeteilt. Dort wo sich die Reliquien und die Eucharistie befanden, war die höchstmögliche Stufe des Numinosen konzentriert, also normalerweise im Chor bzw. in der Apsis der Kirche. Dort befand sich auch das Chorgestühl der Geistlichen und Mönche. Für die Laien war das Hauptschiff vorgesehen, eine Zone minderer Sakralität und vom Chor durch Schranken oder den Lettner klar getrennt. Männern und Frauen waren unterschiedliche Bereiche zugeordnet. Eine solche letztlich die von der Kirche gewünschte soziale Werthierarchie wiedergebende Disposition wird z. B. an der in der Diözese Exeter im 15. Jahrhundert verwendeten Ordnung für die Weihe von Einsiedern deutlich: Handelte es sich um einen Priester, erfolgte sie mitten im Chor, bei einem Laien am Choreingang und für eine Frau im Westen des Schiffes, also der dem Hochaltar am weitesten entfernten Zone[90].

Heiligung der Zeit

Da das Christentum eine jeden Aspekt der menschlichen Existenz durchdringende Lebensform war, bemühte es sich auch, den gesamten Lebenslauf nach seinen Vorgaben zu rhythmisieren. Dies einmal durch die entsprechende Ausgestaltung der Übergangsriten, die den Wechseln von einer existentiellen Situation zur nächsten markierten, also Geburt, Reife, Verehelichung, Tod.

Eine Heilige wird getauft, wobei die beiden im Mittelalter gebräuchlichen Riten, das Eintauchen des Körpers und das Begießen, kombiniert sind.
Fresko, 14. Jh., Kreuzgang des Augustinerchorherrnstiftes Neustift bei Brixen

Die Taufe war das wichtigste Sakrament, da es eine notwendige Vorbedingung für die eventuelle Gewährung des Eintritts in den Himmel darstellte. In ihrem Zentrum steht jener Ritus, bei dem das nach kirchlicher Vorstellung vom Teufel besessene Kind von diesem befreit wurde. Ihre wesentliche Zeremonie bestand deshalb in einem Exorzismus und, bei älteren Täuflingen, in dessen feierlicher Abschwörung des Satans. Das geweihte Taufwasser sollte den neuen Christen reinigen, der gleichzeitig den Namen eines angesehenen Vorfahren oder eines Heiligen erhielt; seine weiße Kleidung auf die der Geretteten im Himmel gemäß der *Apokalypse* verweisen. Sinnigerweise waren die Taufbecken i. d. R. im Westen der Kirche aufgestellt, also nahe dem Eingang in den Sakralbau, der spirituell die Gemeinschaft der Gläubigen repräsentierte, oder man wertete die Zeremonie durch einen eigenen, separaten Bau auf, das Baptisterium, i. d. R. ein Zentralbau.

Die nur vom Bischof zu vollziehende Firmung war, wie der Name besagt, nur eine Stärkung, und auch im Mittelalter von geringerer Bedeutung. Die anderen Übergangsriten wie Hochzeit und Priesterweihe wurde nur an einem Teil der Gläubigen vollzogen. Bei der Eheschließung läßt sich besonders genau verfolgen, wie ein ursprünglich rein profanes Rechtsgeschäft zwischen zwei Familien – denn das war sie im wesentlichen – mehr und mehr christianisiert wurde. Die im Frühmittelalter in der Praxis nicht obligatorische Teilnahme eines Priesters wurde nach und nach verpflichtend, die Zeremonie, die noch im Hochmittelalter oftmals vor der Kirche stattfand, wurde in diese verlegt. Ein ganz neues Element war die theologische Entwicklung des Hochmittelalters, nach der nicht nur der Wille der Eltern oder das Beilager die Ehe konstituierten, sondern die Zustimmung von Mann und Frau. Allerdings blieb diese sog. Konsensehe in jener Epoche weitestgehend eine Bestimmung auf dem Pergament, denn die Eltern konnten die Kinder kraft deren Gehorsamsverpflichtung und ihres Strafrechts fast immer zu einer ‚freiwilligen' Zustimmung motivieren.

Wir können hier nicht die zahlreichen, lokal unterschiedlichen Riten und Bräuche vorführen, die die genannten Sakramente umgaben, sondern uns ausführlicher nur mit der letzten, gravierendsten und im Frömmigkeitsleben besonders wichtigen Situation des Lebens beschäftigen, dem Sterben.

Sterben und Tod

Man kann nicht sagen, daß die ganze Epoche über die Einstellung zu Tod und Sterben gleich geblieben wäre. Im frühen Mittelalter nimmt das Thema vergleichsweise wenig Raum ein, erst im 12. Jahrhundert entwickelt sich eine eigenständige Meditation des Todes mit entsprechenden Gebeten und Gedichten, während im Spätmittelalter Texte und Bilder über den Tod so zahlreich werden, daß man geradezu von der ‚neuen Religion des Todes' gesprochen hat.

Doch lassen sich einige Charakteristika angeben, die in dieser Beziehung das ganze Mittelalter von der Gegenwart scheiden. Einmal war es das Übliche, daß man nicht vereinsamt, sondern in Gemeinschaft die letzte Stunde erwartete. Sei es umgeben von der Familie, in Gesellschaft des Beichtvaters oder, im Kloster, der des gesamten Konvents. Der Sterbende empfing eine starke Hilfe von den Gebeten der Versammelten und konnte sich sicher sein, daß sie für die frommen – und standesgemäßen – Zeremonien zu seiner Bestattung sorgen würden. Rituale, wie das Sprechen bestimmter Gebete oder das Halten einer brennenden Kerze, die das ewige Licht versinnbildlichte, hatten sicher beruhigenden Wert.

Doch fühlte man sich auch verpflichtet, den Umstehenden gerade im Sterben ein Vorbild zu sein. Nicht nur die Heiligen starben einen erbaulichen Tod, ihre Freunde mit letzten Worten – frommen Lehren – versorgend. Analoges erwartete man sogar als Teil der Sühne von den finstersten Bösewichtern. Die Hinrichtung eines Verbrechers in Nürnberg (1504) z. B. gestaltete sich als gottgefälliges Martyrium: „Nachdem man dem geständigen Mörder alle zehn Finger abgehauen, ihn mit glühenden Zangen traktiert und durch die Stadt geschleift habe, sei er schließlich gepfählt worden. Er habe dem Henker dabei genaue Anweisungen gegeben, wie mit ihm verfahren werden solle, damit seine ‚marter' möglichst lang dauere, während ein Bettelmönch neben ihm gestanden sei und ihm laut ‚viele schöne Dinge' vorgelesen habe. So sei der Mörder unter den Tränen und Fürbitten aller Zuschauer gestorben. Sein Kopf habe sich dabei auf die rechte Seite geneigt", was man als Zeichen nahm, daß ihm Gott vergeben habe[91]. Das Verhalten des Delinquenten erklärt sich aus seinem Wunsch, die noch viel furchtbareren Jenseitsstrafen durch die vergleichsweise harmloseren irdischen Qualen vorwegzunehmen, Gott durch sein Leiden zu versöhnen und dem Volk zu zeigen, daß er trotz allem ein gläubiger Christ war.

Anders als in der Gegenwart war man auch überzeugt, die Überwelt sei in dieser Stunde besonders präsent. Einerseits die Engel, die die Seele aus dem Munde des Toten in Empfang nehmen würden, dann die Heiligen, die man im Leben besonders verehrt hatte. Andererseits warteten aber auch Dämonen darauf, eine sündige Seele in ihre Klauen zu bekommen und in die Hölle zu schleppen. Zahllose Legenden und Bilder vom Sterben des reichen Mannes und des armen Lazarus führten dies vor Augen.

So lassen sich Angst und Vertrauen an Tausenden Quellen aufzeigen. Für jede dieser beiden Einstellungen, die bei manchen Menschen auch kurz aufeinander folgten, nur ein Beispiel: Viele Heilige sind in der glücklichen Erwartung gestorben, endlich ihren Gott von Angesicht zu Angesicht zu sehen. Klara von Assisi etwa hat das am Vortag ihres Todes im Jahre 1253 so formuliert, ihre eigene Seele ansprechend: „Geh in Sicherheit dahin, denn du hast ein gutes Weggeleite. Geh, denn der dich geschaffen hat, wird dich auch selig machen, und dich immer bewahren und hat dich, wie eine Mutter ihr Kind, mit zärtlicher Liebe geliebt. Du, Herr, sei gebenedeit, der du mich geschaffen hast.“[92]

Dagegen formulierte der berühmteste deutsche Dichter des späten Mittelalters, der Südtiroler Oswald von Wolkenstein († 1445), seine Ängste vor der letzten Stunde in einem der Klagelieder aus seiner Gefangenschaft, aus der lebend zu entkommen er zweifeln mußte.

> „Mein herz das swindt
> in meinem leib und bricht von grossen sorgen,
> wenn ich bedenk den bittern tod,
> den dag, die nacht, den morgen –
> ach we der engestlichen not! –
> und waiss nicht, wo mein arme sel hin fert.“ (Lied nr. 1)

Wenn man eine große Zahl von verschiedenen Quellen überschaut, muß man freilich sagen, daß seit dem hohen Mittelalter die vertrauensvollen Stimmen weniger und die angstbesetzten häufiger wurden. Ganz besonders verstärkt wurde diese Strömung durch die Pestkatastrophen des 14. Jahrhunderts, deren Ursache für die Zeitgenossen letztlich unerklärlich blieb.

Ganz wichtig war dem mittelalterlichen Menschen – wie auch dem der Antike – der Begräbnisort; jetzt freilich, da der Körper sich hier am Jüngsten Tag wiederum herstellen sollte. Wo man die letzte Ruhe fand, das hing primär von den finanziellen Möglichkeiten und dem sozialen Rang des Verstorbenen bzw. seiner Familie ab: Für die höhere Geistlichkeit und den Adel war die größte Nähe zum heiligen Patron der Kirche vorgesehen, der in seinen Reliquien im Altar gegenwärtig geglaubt wurde, also die Bestattung innerhalb des Kirchengebäudes, oft in eigenen Kapellen. Durchschnittliche Gemeindemitglieder wurden in Gräbern auf dem um die Kirche gelegenen Friedhof zur Ruhe gebettet, sozial nicht akzeptierte, wie ungetaufte Kinder, bestenfalls unter der Traufe oder an der Friedhofsmauer. Massengräber nahmen die Toten bei Epidemien, Katastrophen und nach manchen Schlachten auf. Häretikern wurde die geweihte Erde verweigert, ihr Körper wurde verbrannt und die Asche verstreut.

Während die meisten Menschen ohne Beigaben, nur in ein Leichentuch gehüllt, in die Erde gelegt wurden, verwendete man für die Reichen und Mächtigen geschmückte Särge, gab ihnen auch Standeszeichen mit: Dem Bischof einen Hirtenstab, dem König eine Krone, dem Adeligen sein Schwert. Im Hochadel verbreitet war der Usus, den Körper und das Herz in verschiedenen Kirchen beisetzen zu lassen, so daß die Seele des Toten des Schutzes mehrerer heiliger Kirchenpatrone teilhaftig wurde. So hat z. B. Kaiser Friedrich III. seinen Körper in der Wiener Stephanskirche, sein Herz dagegen in der Linzer Stadtpfarrkirche zur letzten Ruhe betten lassen.

Inschrift des Marmorgrabsteins Kaiser Friedrichs III. in der Linzer Stadtpfarrkirche:

„Die Eingeweide Kaiser Friedrichs liegen in dieser Urne und sein Herz, das dem Heiligen Reich vorstand. Einundfünfzig Jahre regierte er die römische Welt, wobei er in dieser Zeit stets den Frieden liebte. Er lebte achtundsiebzig Jahre und ein Monat und schied aus der Menschenwelt im Jahre des Heils 1493.“[93]

Inschriften auf den Grabsteinen, die nur der Oberschicht zukamen, hatten zwei Funktionen: Einerseits wurden in ihnen die Vorbeigehenden um Gebete angesprochen, durch die der Tote schneller aus dem Fegefeuer erlöst werden sollte; andererseits sollte durch sie die „memoria“, die Erinnerung unter den Lebenden an die Ruhmestaten des Verewigten erhalten werden – ein durchaus profanes Motiv, daß in der Renaissance noch ausführlicher gestaltet werden würde. Die große Mehrheit der Toten lag freilich in ungekennzeichneten Gräbern, und ihre Gebeine wurden nach einigen Jahren in den Beinhäusern (Karnern) gestapelt, um den Platz im Kirchhof für neue Bestattungen zu nutzen.

Ein Beispiel, das Symbolik und Pomp eines adeligen Begräbnisses im Spätmittelalter veranschaulichen kann, bieten etwa die Trauerzeremonien für den ermordeten Grafen Ulrich II. im Dezember 1456 in dem von seiner Familie gestifteten Minoritenkloster in Cilli (damals zur Südsteiermark gehörig). Die Tumba war mit schwarzen Tüchern „köstlich umhangen und bedeckt“, zahlreiche Kerzen wehrten der Finsternis und den bösen Geistern. Zwölf Arme umstanden, schwarzgekleidet und betend, das Grab, vor dem ein eigener Altar für das Requiem aufgerichtet war. Sie erinnerten einerseits an die zwölf Apostel, die der Legende nach beim Tod Mariens anwesend gewesen waren, andererseits demonstrierten sie ein letztes karitatives Werk des Adeligen. Die Fahnen und Schilde der Herrschaften des Verstorbenen wurden von Rittern und Knappen nach vorne getragen und „geopfert“; zwölf schwarze Rösser in die Kirche zum Altar geritten und ebenso „geopfert“, d. h. zu Gunsten des Klosters verkauft. Davor schritt ein Geharnischter und streckte sich am Boden aus, womit er den Tod des Herrschers nachspielte. Laut verkündete ein Ausrufer zu drei Malen: „Heute Grafen von Cilli und nimmermehr!" und zerbrach eine schwarze Fahne, die ‚Klagefahne'. Die Vernichtung dieser Insignie symbolisierte, daß der Verstorbene sein hohes Amt abgelegt hatte und wieder zu einem gewöhnlichen Menschen geworden war. „Da erhob sich in dem Kloster von Cilli von Frauen und Männern ein so trauriges Klagen und Weinen, das niemand beschreiben könnte." Wahrscheinlich wurde auch, wie sonst in jener Epoche bei solchen Gelegenheiten üblich, eine panegyrische Leichenpredigt vorgetragen.[94] Welcher Anteil an solchen Riten gehörte der persönlichen und kollektiven Trauerbewältigung, welcher der Standesdemonstration, welcher der Sicherung des letzten Ganges in die andere Welt?

Der Friedhof

Im Gegensatz zur Antike und zum 19. und 20. Jahrhundert wurden die Friedhöfe des Mittelalters nicht am Stadtrand, sondern in nächster Nähe zu den Wohnungen der Lebenden angelegt, nämlich um die Kirche herum. Stets umgab eine Mauer diesen durch eigene Rechte besonders geschützten Ort. Ein berühmtes Beispiel spätmittelalterlicher Funeralkultur stellt der Campo Santo Monumentale in Pisa dar. Hier, ganz nahe der Kathedrale mit ihrem schiefen Turm und der Taufkapelle gegenüber, war ab 1278 ein sakrales Areal aufgebaut worden, das nur den Reichen und Mächtigen der Stadt als Begräbnisstätte offen stand: Dem kommunalen Adel und der höheren Geistlichkeit. Eine nach außen geschlossene Vierflügelanlage mit einer Kapelle an der östlichen Schmalseite, nach innen mit Arkadengängen geschmückt, umgab den heiligen Ort mit seinen Sarkophagen. Die Erde, in die die Toten gebettet wurden, war von Erzbischof Ubald aus Jerusalem mitgebracht worden – heilige Erde aus dem Heiligen Land, eine riesige Reliquie, die die bösen Geister von den Grabstätten fernhalten sollte. Man nannte sie direkt „la terra santa". In der ersten Hälfte des 14. Jahrhunderts waren die Innenwände freskiert worden, und zwar mit Themen, die mit großer Detailfreude zur Meditation über die letzten Dinge anregen sollten: das Jüngste Gericht, der Triumph des Todes, das Einsiedlerleben – letzteres als Aufforderung, die Welt zu verlassen, um sich auf das Ende vorzubereiten. Diese ikonographischen Formulierungen sollten in der italienischen Malerei des späten Mittelalters weite Verbreitung finden, bis Bozen in Südtirol und Palermo auf Sizilien. Da Pisa zur Entstehungszeit unter einem Erzbischof aus dem Dominikanerorden stand und Parallelen zu Predigten aus diesem Umkreis erkennbar sind, wird das Programm von Dominikanertheologen entworfen worden sein[95].

Pisa ist sicherlich das Beispiel größter Vollendung mittelalterlicher Friedhofsarchitektur, aber ähnlich, wenn auch einfacher, stellten sich die meisten städtischen Kirchhöfe dar. Turmartige Totenleuchten, an deren Spitze eine im hohlem Inneren hochgezogene brennende Kerze Licht über die Gräber warf, hatten sich im 12. Jahrhundert in Frankreich entwickelt und lebten in den Totenleuchten deutscher und

Totentanz, Wandfresko,
1474, Sv. Marija od Škriljinah

anderer Friedhöfe fort. Totentänze wurden im späten Mittelalter an Friedhofsmauern angebracht, ebenso teilweise umfangreiche, mit lebensgroßen Figuren ausgestattete Kreuzigungsgruppen in Stein. Doch waren diese Plätze keineswegs nur Schauplätze frommer Meditationen und Leichenprozessionen. Die Verbindung von Lebenden und Toten zeigte sich daran, daß hier auch gefeiert wurde, daß man, zum Ärger der Geistlichkeit, sogar tanzte und Spiele durchführte. Durch den zahlreichen Besuch wurden auch Händler angelockt, und sogar Prostituierte waren nicht ganz selten zu sehen.

Es kann kein Zweifel daran bestehen, daß die Toten in verschiedener Weise die Lebenden viel intensiv beschäftigten als in späteren Epochen. Auf die Verpflichtung, ihnen durch Messen, Almosen und Gebete zu helfen, wurde schon hingewiesen, und ein Gleiches erwartete man von den eigenen Verwandten oder Gildenbrüdern. Obschon man oft Angst vor den Toten empfand, erhoffte man von ihnen doch auch Beistand, nämlich Gebete, wenn sie in den Himmel aufgenommen waren. Umgekehrt brauchten sie dringend die Hilfe der Lebenden, wenn sie sich im Fegefeuer befanden. Der Kultus der ‚Armen Seelen' spielte im Spätmittelalter eine ungeheuere Rolle für die allgemeine Frömmigkeit und führte schließlich indirekt zur Reformation. Denn eine der hauptsächlichen Einkunftsquellen der Kirche waren die Ablässe, mit denen man sich selbst und verstorbenen Verwandten die Zeit im Fegefeuer verkürzen konnte. Gläubige aus allen Schichten erwarben gegen Geld, Gebete und gute Werke Ablaßurkunden, die angaben, um wieviel Zeit die Sündenstrafe im Purgatorium verkürzt wurde. Dazu bauten die Gelehrten eine komplizierte Theologie vom unendlichen Kirchenschatz auf, aus dem die Päpste Vergebung erwirken könnten. Die zu leistenden Zahlungen wurden als Ablöse für eigentlich zur Sündenvergebung vorgeschriebene Bussen wie Fasten etc. interpretiert (vgl. S. 441). Ein anderes Mittel zur Hilfe waren natürlich ebenso zu bezahlende Messen, wofür die Oberschicht in den Kirchen und Kirchhöfen eigene Altäre bzw. Kapellen einrichten ließ oder solche als separate Bauten errichtete. Dort wurde an bestimmten Tagen aufgrund eines Stiftungsvertrags der Gottesdienst für den so bedachten Verblichenen gefeiert. So gab es also einen intensiven Totenkult, der sich nicht auf die Begräbnisfeierlichkeiten beschränkte.

Testamentarische Stiftung von Seelenmessen in der Kathedrale von Coimbra (um 1100 ?):

„*Ich, Pedro Galindes, stifte meine gesamten Habe, was immer das nach meinem Tode umfaßt, aus Angst vor dem Tag meines Todes und im Vollbesitz meiner Sinne zur Errettung meiner Seele und Vergebung meiner Sünden. Ich schenke die Hälfte meines Gesamtbesitzes, sowohl des beweglichen als auch des unbeweglichen, dem der heiligen Maria* [geweihten] *Erzbistum von Coimbra, dem Bischof und dem Klerus, damit Gott sich aufgrund ihrer Fürbitte meiner Seele erbarme. Und von der anderen Hälfte sollen sie wie üblich Messen für meine Seele und die Armen lesen. Und was übrig bleibt, soll unter die Kleriker verteilt werden, die die Messen für meine Seele singen werden… Sollte jemand diese Urkunde mißachten, … sei er von Gott verflucht und mit dem Verräter Judas verdammt…*“[96]

Wie vermochten die Toten Angst einzujagen? Es war die ganz reale Furcht davor, daß sie als Wiedergänger Lebenden Schaden bringen könnten oder sie mit sich in die andere Welt zögen – der Totentanz war ursprünglich kein Tanz mit dem Tod, sondern mit den Toten. Diese zweifellos vorchristliche Vorstellung schwand nie: Tote, von denen man besonders Schlimmes erwartete, wurden daher besonders behandelt: Nicht erst gegen Vampire der Neuzeit wandte sich der Brauch der Pfählung, sondern schon gegen potentielle Wiedergänger des Mittelalters; er geht bis in die vorgeschichtliche Epoche zurück. Noch um 1360 wurde im westlichen Schweden ein Mann getötet, wohl ermordet, von dem man eine solche Gefahr erwartete: Man durchbohrte seine im Moor versenkte Leiche auf der Höhe des Herzens mit einem Eichenpfahl, während ein Birkenstecken durch seinen Rücken getrieben wurde.[97]

Je intensiver die Beschäftigung mit dem Sterben seit dem hohen Mittelalter wurde, desto stärker auch der Wunsch, sich auf diesen Moment gut vorzubereiten. Das „memento mori“ (Gedenke des Sterbens!) war ursprünglich ein ganz vorrangig auf die klösterliche Gesellschaft beschränktes Meditationsthema, das jedoch durch volkssprachliche Texte auch mehr und mehr den Laien nahegebracht wurde. Die ‚Ars moriendi', die Sterbekunst, Anleitung zum guten Sterben, bildete im 15. Jahrhundert eine verbreitete Literaturgattung, die auch schon früh gedruckt und teilweise mit Holzschnitten versehen wurde. Im Alter, wenn Tod und Gericht drohten, wurden viele fromm, die ein recht weltliches Leben geführt hatten. So z. B. Petrus Kardinal Schaumburg, Bischof von Augsburg (1424-1469): Trotz Erkrankung feierte er die Messe, las ein Buch über die ‚Ars moriendi' und viel in der *Bibel*, spendete an die Armen, meditierte über die Passion Christi und vermachte seinen Besitz nicht Verwandten oder Freunden, sondern seinem Bistum[98].

Der personifizierte Tod

„Der Mensch ist Fäulnis, und sein Sohn ein Wurm! Wie faulig der Vater, wie eklig die Mutter, wie scheußlich die Schwester! Denn der Mensch wird empfangen in vom Feuer der Lust verrottetem Blut, und am Ende stehen die Würmer wie Klagende bei seinem Leib. Lebend bringt er Läuse und Bandwürmer hervor, tot wird er Würmer und Fliegen zeugen. Lebend produziert er Kot und Erbrochenes, tot Aas und Gestank. Lebend macht er einen Menschen fett, tot wird er viele Würmer fett machen. Was ist denn widerlicher im Geruch als eine menschliche Leiche? Was schauderlicher als ein toter Mensch?"[99]

(Aus dem klassischen Werk der Weltverachtung, geschrieben von einem Kardinal, der bald Papst werden sollte, Innozenz III. (reg. 1198-1216): *De miseria conditionis humanae* 3, 4 [Vom Übel der menschlichen Verfaßtheit])

Im Zuge dieser wachsenden Faszination, die Tod, Sterben und Vergänglichkeit – das Makabere ist eine Erfindung des Hochmittelalters, und wird im Spätmittelalters charakteristischer Teil der religiösen

Kultur – auf die Menschen ausübten, verwendete man immer häufiger eine ursprünglich gelehrte Personifikation, die des Todes. Sie sollte dann vom 15. Jahrhundert bis in die Gegenwart Bild für das unfaßbare Ende unseres Lebens bleiben.

Themen wie der Schnitter Tod, der Tod mit Pfeil und Bogen, der Schach spielende Tod u. v. m. wurden beliebt. In Italien entwikkelte sich eine besonders durch Petrarca verbreitete Ikonographie des Triumphes des Todes, die seine alle gleich machende und unbarmherzige Natur betonte. In einer deutschen Predigt um 1345 heißt es: „Ein Meister vergleicht diese Welt einem Schachspiel: da sind Könige und Königinnen, Ritter und Knappen und Bauern aufgestellt. Damit spielt man. Wenn man sich müde gespielt hat, dann wirft man die einen wie die anderen in einen Beutel. Ebenso tut der Tod, der wirft alles in die Erde: Wer der Reiche sei oder der Arme oder der Papst oder der König, das versucht einmal, an den Gebeinen zu erkennen! Der Knecht liegt hoch über dem Herrn – so liegen sie im Beinhaus!“[100]

Zitieren wir noch aus den Versen zum Triumph des Todes, der an die Außenwand der Kirche der Bußbruderschaft von Clusone bei Bergamo gemalt wurde:

„Gionto (io sono) per nome chamata morte
ferischo a chi tocharà la sorte
no è homo chosi forte
che da mi non pò schampare“.

„Gionto la morte piena de equaleza
sole voy: ve volio e non vostra richeza
e digna sonto de portar corona
perchè signozrezi ognia persona“.

(Ich bin gekommen, genannt Tod. Wen das Los bestimmt, den treffe ich. Keinen Menschen gibt es, der so stark wäre, daß er mir entkommen könnte.
Es kommt der Tod, der alles gleich macht: Nur euch will ich, nicht euern Reichtum. Würdig die Krone zu tragen bin ich und also jedermann zu beherrschen.)

Triumpf des Todes, Außenfresko, 1485, Clusone, Chiesa dei disciplini

Lateinische und volkssprachliche Texte konfrontieren den Menschen mit der unheimlichen Gestalt des personifizierten Todes – eine Erfindung jener Epoche (denn in der Antike war sehr selten von der ‚Mors' als Numen die Rede). So heißt es etwa in einer Totenklage im um 1150 entstandenen altfranzösischen Theben-Roman: „Ha, Tod, wie mächtig bist du! Es gibt nichts Lebendes auf der Welt, das du nicht in deiner Gewalt hättest, und sobald es dir gefällt, raubst du ihm das Leben." (C, vs. 6089 ff.). Es war wohl die neue Zuwendung zur irdischen Welt, wie sie sich auch in der höfischen Minne oder der Laienkultur manifestierte, die auch zu einer verstärkten Präsenz der Gedanken an das Scheiden aus dieser Welt führte. Weniger der (nicht in Zweifel gestellte) Übergang in eine andere Welt stand nunmehr im Zentrum, sondern das Leid, diese irdische Liebe und Lust verlassen zu müssen.

Heiliges Handeln

Im religiösen Raum können wir zunächst vom göttlichen Handeln sprechen, das sich in der Schöpfung äußert und im Wunder, das diese geschaffene Naturordnung immer wieder durchbricht. Hier geht es aber um das menschliche Handeln: Als heilsnotwenige Vermittler zwischen Gott und Mensch verstand sich die Kaste der Priester, ihre Handlungen geschahen vor allem in den Zeremonien der Liturgie und der Austeilung der Sakramente, die als Zeichen der Vermittlung einer göttlichen Gnade verstanden wurden. Abgesehen von einigen Sekten wie den Freien Geistern, die nur von einer unmittelbaren Beziehung des Einzelnen zu Gott wissen wollten, war die mittelalterliche Gesellschaft, Geistliche wie Laien, wohl zur Gänze davon überzeugt, die Vermittlung der Geweihten sei zur Gewinnung des ewigen Lebens von Gott als unverzichtbar eingesetzt und Christus der erste Priester gewesen.

Das zentrale priesterliche Handeln war natürlich die Abhaltung des Gottesdienstes. Neben der sonntäglichen Messe gab es, wie auch heute noch zum Teil, besondere Messen zu allen möglichen Gelegenheiten, z. B. bei Herrscherweihen, als Dankgottesdienst, gegen Seuchen, vor einer Schlacht, für die Toten im Fegefeuer usw. Die Liturgie war ausschließlich in lateinischer Sprache gehalten und somit für alle nichtgeistlichen Anwesenden bis auf die volkssprachliche Predigt unverständlich. Sie muß in ihrer Feierlichkeit mit ihren getragenen Gesängen, symbolischen Gesten, Weihrauchdüften usf. den faszinierenden Eindruck eines sakralen magischen Schauspiels gemacht haben. Doch bemühten sich einige Priester im spätem Mittelalter darum, die Laien durch entsprechende Erklärungen mehr in das Geschehen einzubinden, so z. B. um 1300 in York der anonyme Autor des *Lay Folks' Mass-book*. Daraus erlernte man u. a., wie man sich während der Messe zu verhalten hatte (Niederknien usw.) und welche volkssprachlichen Gebete man während ihrer einzelnen Teile sprechen sollte. Man lernte auch etwas von den sog. Meßfrüchten kennen, z. B. daß jeder Schritt beim Gottesdienst vom Schutzengel verzeichnet würde, daß man an diesem Tag nicht altern oder erblinden oder unversehen sterben könne und durch den Meßbesuch Gottes Verzeihung erlange. Der franziskanische Prediger und königliche Beichtvater Olivier Maillard († 1502) verknüpfte in seiner *Istoire de la Passion douloureuse* jede Bewegung und jedes Gebet des Priesters mit Ereignissen aus dem Leben Jesu, so daß der Gläubige den Zeremonien unter steter, heilsfördernder Meditation über das Leiden des Herrn folgen konnte.

„*Warte nicht, bis der Priester den Meßpfenning verlangt, sondern geh'* [zum Altar] *und bringe Dein Opfer dar, auch wenn das nicht verpflichtend ist. Aber es wird die Reichtümer in Deiner Truhe vermehren.*"

(Aus *The Lay Folk's Mass Book*)[101]

Neben den auch im heutigen Katholizismus üblichen priesterlichen Handlungen bei der Messe und den sonstigen Sakramenten, kam im Mittelalter noch einer Vielzahl sog. paraliturgischer Handlungen bedeutendes Gewicht zu. Segnungen, Exorzismen, Exkommunikationen (s. unten S. 506 f.) waren ungemein häufig. Hier sei nur der Exorzismus kurz angesprochen: Es handelte sich um eine Zeremonie, durch die man nach dem Vorbild Christi, der sich oft so betätigt hatte, Dämonen aus Menschen, Tieren und Dingen zu vertreiben versuchte. Dabei mußten bestimmte Gebete gesprochen werden, und es war ein Ritual einzuhalten, das u. a. mit Schlägen den bösen Geist aus dem Leib des Besessenen verjagen sollte.

Während der Gestus des eucharistischen Opfers nur dem Priester vorbehalten war, war die Niederlegung eines Messopfers in Form von Naturalien oder Geld von den Laien zu erbringen. Als besonders wichtig empfand man Riten der Reinigung, die Geistliche wie Laien zu vollziehen hatten, da eine Gebotsreligion, wie es der mittelalterliche Katholizismus war, zusammen mit der Gewissenserforschung vor der Beichte für ein stetes Schuldbewußtsein sorgte. Verschiedene Bußriten waren in Gebrauch, so z. B. am Gründonnerstag oder Karfreitag. Da war es wenigstens seit dem späten 12. Jahrhundert üblich, daß die Büßenden auf Knien in der Kirche zum Kreuz rutschten und Geld opferten, um dadurch Ablaß und Sündenvergebung zu erhalten[102].

Exorzismus: Die Besessene wird von einem Diakon gehalten, während der Bischof den Dämon zwingt, aus ihrem Mund auszufahren. Bronzenes Torrelief, 12. Jh., Verona, S. Zeno Maggiore

Obwohl die Askese noch auf anderen Konzeptionen basierte, wie der, man müsse durch Zerbrechen des Leibes die Seele aus der Materie befreien, war sie doch für die meisten Gläubigen vorwiegend ein Mittel der Buße. Sie bestand v. a. im Fasten, Wachen, Enthaltsamkeit; seit dem späten 11. Jahrhundert kam auch mehr und mehr die Selbstgeißelung dazu, zunächst bei den italienischen Eremiten, aber bald auch bei frommen Laien. Die dringende Empfehlung dieser Übung durch den Kardinal Petrus Damiani, einer Hauptpersönlichkeit der Kirchenreform, in seinem Traktat *De laude flagellorum* (Über das Lob der Geißelung) hatte großen Erfolg. Gelegentlich, so 1260 und um 1350 verband man die Auspeitschungen mit Buß- und Bittprozessionen; besonders in Italien führte dies zur Errichtung permanenter, bis in den Barock tätiger Geißelbruderschaften (‚battuti', ‚disciplinati'). Die dahinterstehende Leibfeindlichkeit hat neben anderen besonders Papst Innozenz III. mit großer Vorbildwirkung gelehrt (s. oben S. 489).

Heilige Reisen

Wie die Umgänge (Prozessionen) ein geheiligtes Wandern im kleinen darstellten, so im großen die Pilgerfahrten zu einem Heil versprechenden Wallfahrtsort. Neben den berühmten Fernwallfahrten nach Jerusalem, Rom und San Jago di Compostella existierten zahllose lokale Ziele. Wo möglich, reiste man in der wärmeren Jahreszeit in einer Gruppe, was sicherer und angenehmer war – die *Canterbury Tales* Geoffrey Chaucer's († 1400) beschreiben einen solchen Pilgerzug zu Pferd (was sich freilich nur wenige leisten konnten). Sein Zeitgenosse William Thorpe schrieb: „Mit ihrem lärmenden Gesang, dem Getön ihrer Pfeifen und dem Geklingel ihrer Canterbury-Glocken sowie dem Gebell der Hunde hinter ihnen machen sie mehr Lärm, als wenn der König mit all seinen Trompeten und Spielleuten daher käme…"[103] Manche hatten ein Gelübde abgelegt, nackt oder barfuß oder gefesselt zum Heiligen zu ziehen. Schwerkranke kamen auch, um gar nicht wieder heimzukehren, sondern um in der Nähe des Heiligen zu sterben und dann dort begraben zu werden.

Am Zielort angekommen, versuchte man, den Reliquien so nahe wie möglich zu kommen. Auf den Grabstein legte man sich nieder, entnahm dem Grab Erde (so in Marburg bei der hl. Elisabeth von Thüringen), brach auch Teile davon ab, die u. a. pulverisiert eingenommen wurden (so in Reute bei der sel. Elisabeth Achler). Waren die Reliquien in einem undurchsichtigen Schrein verschlossen, bemühte man sich besonders, an einem Feiertag zu kommen, wenn dieser feierlich gezeigt wurde oder die wundertätigen Überreste herausgenommen wurden. Bisweilen gestatteten die Hüter des Geld bringenden Heiligen noch mehr, so war es z. B. in Bayern möglich, Wein oder Wasser aus den Schädeln der Heiligen Vitalis, Otto und Sebastian zu trinken, womit das dem Knochen innewohnende Mana ganz konkret dem kranken Körper einverleibt wurde[104]. Erfolgte tatsächlich eine Heilung vor Ort, so ließ man die Krücken oder die Bahre zum Beweis zurück, während die Geistlichkeit das Wunder in ein Mirakelbuch eintrug, das zur Verbreitung des Kultes diente.

Freilich wäre es, so wie bei den meisten anderen mittelalterlichen Frömmigkeitsleistungen auch, ein Irrtum zu meinen, sie seien nur aus persönlicher Gottesfürchtigkeit zustande gekommen. Vielmehr gehörten Bußwallfahrten zu den beliebtesten Strafen, die sowohl von geistlichen wie auch von weltlichen Gerichten auferlegt wurden (s. oben S. 235).

Heiliger Krieg

Aus dem Schreiben Papst Innozenz III. an seinen Legaten in Südfrankreich, worin zum Krieg gegen die Albigenser aufgerufen wird (1204):

Der Heilige Vater beklagt, „*daß es kaum einen gibt, der wie* [einst] *Moses Gottes Sache mit dem Schwert unter dem Volke führt… oder Gottes Zorn dadurch beschwichtigt, daß er seines Nachbars Blut vergießt und Rache nimmt unter dem Volke…*“ Die, die gegen die Häretiker kämpfen, „*bekommen dieselben Ablässe zugesichert, wie wir sie jenen gewähren, die die Meere überqueren, um dem Heiligen Land zu Hilfe zu kommen.*“

(Innozenz III., *Epistolarium* VII, 76)

Nach einer besonders von dem Kirchenvater Augustinus geförderten Ansicht waren Kriege an sich unvermeidbar, da Folge der Erbsünde. Jeder Krieg galt als gerecht, der für die Sache der katholischen Kirche geführt wurde. Heilige Kriege waren alle militärischen Unternehmen gegen ‚Ungläubige‘ wie die Muslime oder heidnischen Slaven, ebenso gegen christliche Ketzer wie die Albigenser oder Hussiten. Auf einen solchen Zug zu gehen, war also eine heilige Handlung, und dafür wurde von den berühmtesten Predigern geworben. Ohne die Lobschrift auf den Militärorden der Tempelritter, die Bernhard von Clairvaux in diesem Sinne verfaßte, wäre diese Gemeinschaft mönchisch lebender Krieger kaum zu einer Bedeutung gelangt, ohne seine Predigten zum Zweiten Kreuzzug dieser kaum überhaupt zustande gekommen. Einen heiligen Kampf zu kämpfen brachte Ablaß; das war schon beim Ersten Kreuzzug das entscheidende Werbemittel gewesen und wirkte noch bei den Zügen gegen die Reste der heidnischen Preußen, die der Deutsche Orden jeden Frühling für Europas Adel veranstaltete. Kreuzzüge wurden aber genauso gegen Christen gepredigt, wenn es der Kirchenführung tunlich erschein; nur mußte man diese zuerst zu Ketzern erklären, und sei es mit völlig aus der Luft gegriffenen Beschuldigungen. Dies tat im 13. Jahrhundert der Bischof von Bremen nicht weniger, als er eine Gruppe widerständiger Bauern liquidieren wollte, die Stedinger, als jene Päpste, die mit Kaiser Friedrich II. um die politische Vorherrschaft in Italien stritten. Geheiligt wurden die Kriege auch dadurch, daß Geistliche die Ritter begleiteten. Trotz entgegenstehender kirchenrechtlicher Bestimmungen stürzten sich manche auch selbst gerüstet in die Schlachten wie z. B. Bischof Odo von Bayeux 1066 in Hastings bei der Eroberung Englands. Da die Normannen ja unter der päpstlichen Fahne und mit dem päpstlichem Segen die Angelsachsen bekämpften, war er zweifellos davon überzeugt, in einem heiligen Krieg mitzustreiten.

Magie

In allen voraufklärerischen Gesellschaften, die noch keine eigentliche Naturwissenschaften betreiben, spielt Magie ein sehr große Rolle, im Mittelalter sowohl in der offiziellen Form der kirchlichen Magie mittels der Sakramente und Sakramentalien als auch der inoffiziellen der Zauberei. Gute, ‚weiße Magie' waren etwa die von Heiligen mit Erfolg durchgeführten Beschwörungen, ‚schwarze Magie' war Schadenzauber, wie er gelehrten Zaubermeistern und einfachen Dorfhexen vorgeworfen wurde. Etwas durch übernatürliche Kräfte zu bewirken, die man mit bestimmten Worten, Gesten und Dingen verbunden glaubte, erschien allen Schichten vom Papst bis zum Bettler gut möglich.

Zauberei war zwar auch in der römischen Antike und im Frühmittelalter verboten, ohne daß die weltlichen und geistlichen Obrigkeiten sich viel mit ihrer Verfolgung beschäftigt hätten. Das änderte sich in den letzten beiden Jahrhunderten des Mittelalters, als die immer besser organisierte Inquisition sich daran machte, die magischen Künste und ihre Adepten systematisch auszurotten. Theologische Grundlage dafür war, daß man davon ausging, nur in Verbindung mit einem Dämon könnten magische Praktiken vollzogen werden – womit ein gelehrtes Konzept der volksläufigen Magie übergestülpt wurde, die von der Wirksamkeit der Worte usw. an sich überzeugt war, meist ohne daß man die Hilfe eines außermenschlichen Wesens anrief. Der typische Teufelsbeschwörer oder Nigromant der Epoche ist ein Studierter, der sich oft sogar hebräischer Formeln bedient. Im 14. und 15. Jahrhundert kam es dann zu zahlreichen Magie-Prozessen, nach den später meist weiblichen Opfern heute Hexenprozesse genannt, und zu zahlreichen Hinrichtungen wegen dieses Verbrechens gegen die kirchlichen und profanen Gesetze.

Daß gezaubert wurde, steht völlig außer Frage, das bezeugen zahllose biographische und autobiographische Texte genauso wie erhaltene Zauberbücher. Auch die unter Zwang erfolgten Aussagen in den Prozessen enthalten zum Teil authentisches Material. Und zwar suchte man sowohl Heilzauber als auch Schadenzauber auszuüben. Für uns sind dies heute Versuche mit untauglichen Mitteln (wenn nicht Gift im Spiel war), aber wenn der Betroffene davon erfuhr, konnte er durch Autosuggestion durchaus die gewünschten Symptome zeigen. Magische Prozeduren vermochten also bei psychogenen Erkrankungen zu Heilungen zu führen – nicht umsonst sind so viele Wunder an Wallfahrtsorten Besserungen bei Lähmungen und Erblindung, beides oft psychisch generiert. Solche Riten konnten aber auch bei entsprechend disponierten (hypochondrischen) Gesunden psychogene körperliche Leiden bewirken.

Bei der schwarzen Magie ging es nicht nur um das Herbeirufen von Unwettern, um einen ganz besonders häufigen Vorwurf zu nennen. Wieso Frauen auf Männer auch gegen deren Willen erotische

Anziehungskraft auszuüben vermochten, konnten sich viele Menschen damals nur – wie auch in der Antike – durch Zauberkünste erklären. So liest man z. B. in den Kanonisationsakten der hl. Birgitta von Schweden von einem Priester, „der von einer Hexe derartig verzaubert worden war, daß er wie Feuer in dieser fleischlichen Versuchung brannte und an nichts zu denken vermochte, als an schmutzige fleischliche Vorstellungen, und auch nicht mehr in gewohnter Weise zu beten vermochte." Gott offenbarte der Heiligen dazu: „Wisse, daß diese Frau, eine Hexe, dreierlei an sich hat, nämlich Unglauben, denn sie verwendet Zaubersprüche, zweitens eine verhärtete Gesinnung und drittens Habgier. Daher wird sie vom Teufel beherrscht, der ihr vom Unrat seiner Bitternis zu trinken geben wird..."[105] Tatsächlich beging sie Selbstmord, wodurch der Priester sogleich vom Zauber befreit war und in ein Kloster eintrat. Sexuelles Begehren wird hier also nicht als biologisch verursachter Trieb erkannt, sondern auf Magie zurückgeführt.

Dieser Vorwurf des Liebeszaubers – wie auch das Gegenteil, die Anhexung von Impotenz – wurde nicht wenigen Frauen im Spätmittelalter zum Verhängnis. Das bekannteste historische Beispiel ist wohl Agnes Bernauer, eine Barbiertochter, in die sich der spätere Herzog Albrecht III. von Bayern-München verliebte und die er – da nicht ebenbürtig – heimlich heiratete. Sein Vater, Herzog Ernst, ließ die fünfundzwanzigjährige Bernauerin deshalb 1435 wegen Zauberei verurteilen und in der Donau ertränken. Albrecht führte zunächst einen bewaffneten Kampf gegen ihn, ging aber schon im nächsten Jahr eine standesgemäße Ehe ein.

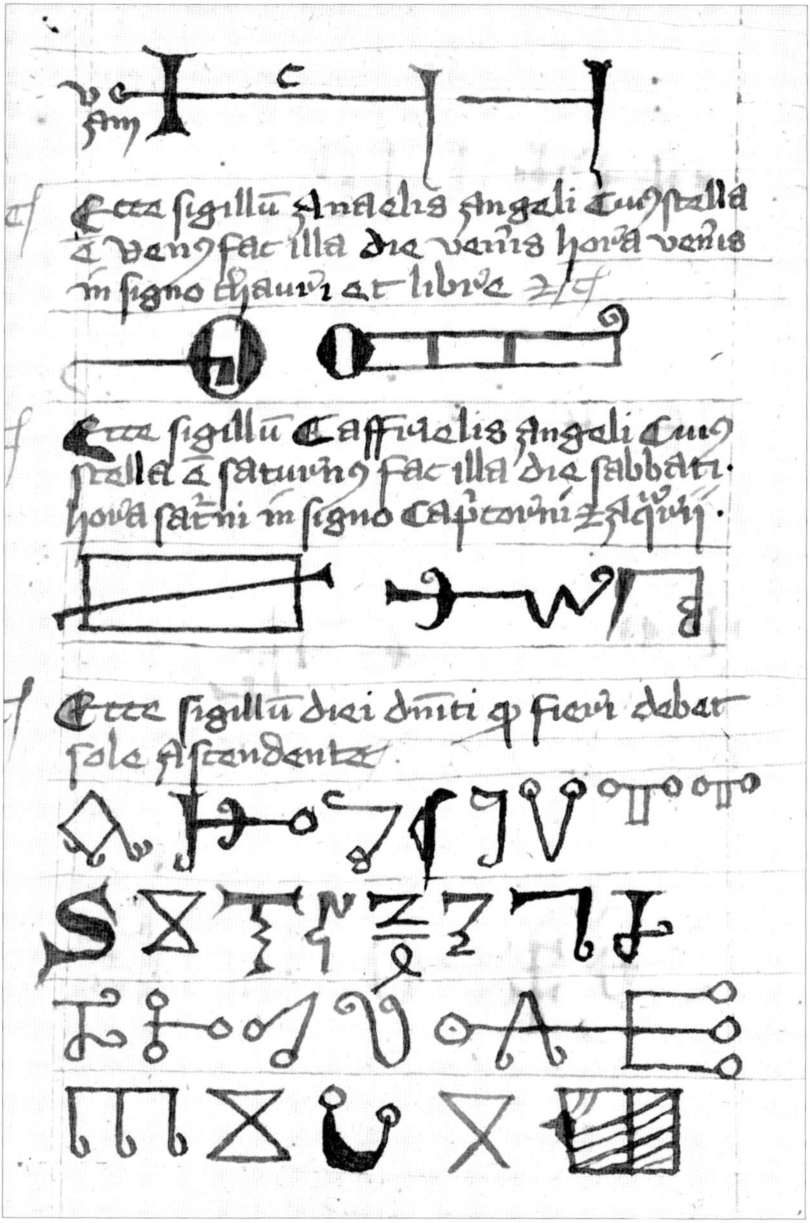

Seite eines lateinischen Schwarzkunstbuches, in dem die Zauberzeichen für Engel, Planeten und Wochentage abgebildet sind. München, Bayerische Staatsbibliothek, Clm 849, f. 72ᵛ, 15. Jh.

Heiliges Wort

Heilig ist im Christentum zunächst vor allem das Wort der Gottheit, das Wort, das mit seinem Willen identisch ist und die Welt erschuf, das Wort, als das der Sohn Gottes bezeichnet wird. Heilig ist sein Wort an den Menschen, wie es die Propheten des *Alten Testaments* verkündeten und die Seher des Mittelalters.

Auf der Seite des Menschen ist das Wort geheiligt als Gebet, aber auch das Zauberwort und der Fluch gehören in diese Sphäre. Als Buchreligion beruft sich das Christentum auf heilige Texte, die in den zum Kanon verbindlich zusammengestellten Büchern der *Bibel* in den heiligen Sprachen des Hebräischen, Griechischen und Lateinischen ihre Grundlage bilden. Sie waren geheiligt, da der Kreuzestitulus in ihnen ausgeführt worden war; da aber im Westen kaum jemand eine der beiden erstgenannten verstand, wurde das Lateinische zu *der* Sakralsprache der Catholica, obschon kein biblischer Originaltext in ihr verfaßt ist. In heiligem Sprechen und Singen vollzog sich die Liturgie des Gottesdienstes exklusiv in Latein. Auch das Gebet war zunächst nur in dieser Sprache zu formulieren, doch bald mußten der Laien wegen auch Gebete in den jeweiligen Volkssprachen als vor Gott ebenso wertvoll anerkannt werden. Darum gibt es selbst in den frühesten religiösen Schauspielen wie in Frankreich dem *Sponsus* oder in Österreich dem *Klosterneuburger Osterspiel* einige volkssprachliche Gebete, die alle verstehen und mitsingen sollten, wiewohl diese Frühwerke des geistlichen Theaters sonst ganz in lateinischer Sprache verfaßt waren, so daß die nichtgeistlichen Zuseher sich da bloß an die Gesten halten konnten.

Wie die mittelalterliche Lyrik überhaupt gesungen wurde, so war auch das christliche Gebet oftmals ein dem Psalmodieren entsprechender Gesang, ein Aspekt des heiligen Wortes, der uns weitgehend verschlossen bleibt, da die meisten Texte ohne die dazugehörigen Noten überliefert sind. Auch das Gebet erlebte trotz vieler konstanter Elemente wie des eben genannten manchen Wandel im Einklang mit der allgemeinen Mentalitätsgeschichte. Während stets von vielen die Zahl der Gott dargebrachten Gebete als das Wesentliche betrachtet wurde, lehrten die geistlichen Reformer v. a. seit dem 12. Jahrhundert, die Stärke der innerlichen Beteiligung, die Empathie, als entscheidend anzusehen. Eberhard von Kumbd († 1191) z. B. faßte dies in folgendes Bild: Jene Gebete, die ohne Herzlichkeit und Ergriffenheit gesprochen werden, bleiben wie erloschene Kohlen am Himmel hängen; die im Feuer des Geistes und mit Tränen vorgetragenen Bitten dagegen steigen empor zu Gott. Sie entzünden sogar auf ihrem Weg auch die erkalteten, wodurch beide von Gott gehört werden[106]. Trotzdem blieb es eine zutiefst verwurzelte Einstellung, daß Gott in erster Linie die Anzahl der mechanisch hergesagten Gebete wichtig war, wie im Spätmittelalter der extensive Gebrauch von Zählschnüren für Gebete, Paternoster- oder Rosenkranzschnur genannt, beweist.

Beter mit Rosenkranz, frühes 15. Jh., Grabplatte, Salzburg, Petersfriedhof

Das Gebet war freilich nicht nur Träger von religiösen Emotionen und Pflichten, vielmehr auch rituell eingesetztes ‚Druckmittel' den Himmlischen gegenüber. Von ihm erwartete man schließlich ganz konkrete Wirkung, namentlich wenn der Beter eine im Ruf der Heiligkeit stehende Person war. Zahllose Berichte von Gebetserhörungen füllen die Heiligenleben der Epoche; wie man sich das konkret vorstellte, illustriert etwa Gilos Vita des heiligen Abtes Hugo von Cluny (1, 9): Im Jahre 1072 war König Alfons VI. von León von seinem Bruder Sancho gefangen genommen worden. Zu seiner Freilassung, heißt es, entschloß sich dieser erst, als ihm der Apostel Petrus – der Patron Clunys – erschien und erklärte, er sei durch die Gebete des hl. Hugo und seiner Mönche für Alphons so gedrängt – wörtlich: geschlagen

(„pulsatus“) – worden, daß er intervenierte und Sancho bedrohte, falls er nicht gehorche. Alphons war schließlich ein besonderer Wohltäter dieses Klosters, dem es große Reichtümer verdankte.

Das Gebet kann in die Meditation übergehen, das systematische Bedenken von Heilstatsachen. Im älteren Mönchtum vor allem durch die Wiederholung von Bibelstellen gepflogen, wurde seit dem Hochmittelalter das Erdenleben Christi und Mariae das beliebteste Meditationsthema. Dazu erschienen auch teilweise ausführlich Texte, die zum Nachvollzug der Passion in der Vorstellung aufforderten. Am wichtigsten wurden die Meditationen eines als Pseudo-Bonaventura bekannten Franziskaners (um 1300 ?), der die neutestamtlichen Berichte mit vielen Episoden ausschmückte, die fromme Erbauung erwecken sollten. Auch Gebete, wie das *Vaterunser*, wurden mit zur Meditation anregenden Erklärungen versehen. Wenigstens seit dem 13. Jahrhundert war genauso die Meditation mit Hilfe von Bildern üblich, die man sich oft extra zu diesem Zweck malen ließ.

Der Segen stellt zwar primär ein priesterliches Heilswort dar, insofern er mit sonstigen liturgischen Handlungen verbunden war, z. B. bei der Weihe der Waffen eines Ritters. Doch konnte auch der Laie für sich oder andere Segen sprechen, eine Form des Bittgebets: Reisesegen wären ein Beispiel. Eine besonders wichtige Form des heiligen Wortes, an dessen Wirksamkeit fest geglaubt wurde, war der Eid, sowohl aus germanischen wie antiken Wurzeln stammend. Es handelt sich um eine Aussage, für deren Richtigkeit und Gültigkeit Gott als Zeuge angerufen wird, wobei man überzeugt war, dieser würde jeden falschen Eid in dieser oder in der nächsten Welt bestrafen. Schwüre waren fester Bestandteil des öffentlichen Lebens, sie mußten von der Bevölkerung ihrem Herrscher geleistet werden, von Amtsträgern, auch Königen, zu Beginn ihrer Tätigkeit, sie stellten einen hauptsächlichen ‚Beweis‘ in Gerichtsverfahren dar. Meineid wurde auch von den weltlichen Obrigkeiten bestraft, oft durch Abschlagen der Schwurfinger, aber die wirklich furchtbare Sanktion sollte Gott vollstrecken: Der Hildegard von Bingen offenbarte er in einer Vision, wie er solche Sünder in schwarzem Feuer und eiskaltem Wasser quält, beides von Drachen wild bewegt. Die Seelen der Meineidigen werden abwechselnd in diese Feuersglut und dann ins Eiswasser gestürzt (*Liber Vitae Meritorum* 2, 81).

Eidverpflichtung, erlassen auf dem IV. Laterankonzil 1215, Kanon 3:

„Die weltlichen Gewalten, welches Amtes auch immer, seien angehalten und überzeugt und nötigenfalls durch Kirchenstrafen dazu gezwungen, einen öffentlichen Eid zur Verteidigung des Glaubens abzulegen, wenn sie als Gläubige gelten und anerkannt werden wollen: Nämlich, daß sie sich guten Glaubens unter Einsatz aller ihrer Kräfte bemühen werden, aus den ihrer Herrschaft unterworfenen Ländern alle Ketzer auszurotten, die von der Kirche angegeben werden. Damit ist künftighin jedermann, wenn er zu irgend einer Machtstellung gelangt, sei sie geistlich oder weltlich, verpflichtet, diese Vorschrift mit seinem Eid zu bekräftigen.“

Ist der Eid eine potentielle Selbstverfluchung, so gilt der Fluch dem gehaßten Mitmenschen. Man könnte ihn als Gebet um Rache definieren, wie schon in den Rachepsalmen der *Bibel* ausgiebig vorformuliert. An die Macht des Fluches wurde genauso geglaubt wie an die des Gebets, und auch der Fluch war ein offizielles, liturgisches Kampfinstrument der Mönche. Der wirksamste und am häufigsten angewandte Fluch, über den die Geistlichkeit verfügte, war die Exkommunikation. Sie wurde in einer feierlichen Zeremonie in der Kirche verkündet, wobei brennende Kerzen umgedreht und ihre Flammen am Boden ausgelöscht wurden, was das Auslöschen des Lebenslichts, also die Übergabe des Bestraften – sollte er nicht um Versöhnung bitten – an die höllischen Mächte symbolisierte. „Wurde jemand gerechterweise exkommuniziert, ist er so dem Satan übergeben, daß er sich seiner bemächtigen kann, wenn er will, und ihn, wie immer auch er will, behandeln kann.“ So eine Theologe des 12. Jahrhunderts[107].

Für jedes beliebige Vergehen hielten die kirchlichen Oberen den Bann bereit, primär, jedoch keineswegs nur, für Religionsfrevel. So wurden z. B. um 1200 die Bürger von St. Omer vom Konvent von St. Bertin exkommuniziert, weil es zu einem Besitzstreit zwischen diesem und ihnen um einige Bäche und Sümpfe gekommen war; 1332 exkommunizierten einander der Bischof und das Domkapitel von Konstanz gegenseitig, da sie sich über die Abhaltung einer Prozession nicht einigen konnten usw.[108] Schon während der Investiturkontroversen kam es zu einer Inflation dieser wichtigsten geistlichen Strafe, wurden doch auch Tote und später sogar Tiere exkommunizierte, was im Laufe des späteren Mittelalters freilich die Furcht vor ihr minderte.

Auf Erden bedeutete die Exkommunikation den Ausschluß von den heilbringenden priesterlichen Zeremonien wie z. B. der Kommunion und der Krankensalbung, Verlust der Amtsgewalt, auch das Verbot aller Gläubigen, mit dem Gebannten zusammen zu sein. Letzteres konnte für einen Herrscher das Ende seines Regiments bedeuten, da sich seine Vasallen dann einen anderen Herrn suchten, wie es Kaiser Heinrich IV. erging, als ihn Papst Gregor VII. bannte. Die weltlichen Herren trugen ihrerseits durch entsprechende Gesetze dazu bei, Gebannte noch auf Erden zu verfolgen, um ihre Besitzungen einziehen zu können. Wesentlicher waren aber noch die Konsequenzen in der anderen Welt, denn der Exkommunizierte war rettungslos der Hölle verfallen, falls er unversöhnt starb, da es ohne die Sakramente, von denen er ausgeschlossen war, kein Heil gab.

Der Chronist Bernold von Konstanz über die Wirkungen der päpstlichen Exkommunikation (1094):

„*In Baiern grassierte eine so große Sterblichkeit, daß innerhalb von 12 Wochen 8500 davon Hinweggeraffte zu zählen waren… In den Teilen Deutschlands geschahen viele Zeichen: Denn sowohl erhängten sich Menschen selbst, als auch Wölfe viele auffraßen. Und es bestand kein Zweifel, daß dies durch die Rache Gottes geschah, deshalb, weil sie das Gesetz Gottes mißachtet und es nicht gescheut hatten, von der Exkommunikation befleckt zu werden. Auch Blitze vom Himmel erschreckten die Menschen sehr. Denn im Kloster Ottobeuren wurden das größere Kreuz und das Chorgestühl der Mönche vom Blitz verzehrt, da sie nicht nach der Regel lebten. Ebenso traf der Blitz in der Hauptkirche von Basel den Balken, der das Kruzifix stütze, da dort nämlich viele mit Exkommunizierten zusammengekommen waren.*“[109]

Heilige Worte wurden auch bei der Beschwörung der außermenschlichen Mächte zitiert, sei es, daß sie hergerufen, festgehalten (gebannt) oder vertrieben werden (so im Exorzismus). Doch auch an Tote, an Krankheiten, an Tiere wurden christliche und unchristliche Beschwörungsformeln gerichtet. So kamen solche mächtigen Worte in der kirchlichen Liturgie vor, in der gelehrten Dämonenbeschwörung der Nigromanten, in der volkstümlichen Magie…

Wettersegen aus einem liturgischen Handbuch der Diözese Lausanne, gedruckt 1500:

„*Ich beschwöre euch, Engel der Finsternis und alle Dämonenbeschwörer und Satansdiener, denen es möglich ist, die Wasser zu vereinen, daß sich die Unwetter legen sollen, damit sie in diesem Gebiet keinen Schaden anrichten noch in jenen, die wir zuvor genannt haben* [nämlich den zu dieser Kirche gehörigen]. *Sondern dreht um und verzieht euch in abgelegenes Gebirge und einsame Orte, wo kein Mensch wohnt oder pflügt oder sät und keine menschliche Behausung liegt oder liegen kann, und beeilt euch, dorthin zu kommen. Ich beschwöre euch bei den neun Engelschören, bei dem Erzengel Michael, der eueren Vater Satan besiegte und in die Feuerstadt stürzte und mit Feuerketten fesselte. Ich beschwöre euch… bei jenem heiligen Kreuz, an dem der Herr Jesus Christus aufgehängt war, und bei allen Heiligen, die ihm seit Anbeginn der Welt wohlgefällig waren und von ihm gekrönt wurden, daß ihr keine Steine schleudert oder fallen laßt, auch keine Unwetter oder Blitzschlag… Christus siegt, Christus herrscht, Christus befiehlt, Christus möge unser Territorium von jedem Übel, Blitz, Sturm und teuflischer Verfolgung verteidigen und uns zum ewigen Leben führen. Amen.*“[110]

Auch die verschiedenen Weissagetechniken, meist aus der Antike geerbt, waren in der Regel mit Beschwörungen verbunden. Um nur ein Beispiel zu nehmen, die Kristallomantie, also die Kunst, mit der Kristallkugel zu prophezeien (aber auch andere reflektierende Gegenständen, Spiegel, Wasser, Schwertklinge eigneten sich dazu). Das ging so vor sich, daß man ein Medium – üblicherweise ein unschuldiges

Kind – in den Kristall sehen ließ, wobei Kerzen leuchteten und Weihrauch verbrannt wurde. Dazu sprach man Zauberformeln und raunte dem Kind geheime Wort ins Ohr. Das Kind sollte dann schildern, was es erblickte. Es galt, den Wahrsagegeist zu beschwören, den man sich hinter der Spiegelfläche dachte. Namentlich im sagenhaften Orient gab es ähnlich funktionierende Wunderspiegel, wie man etwa im *Jüngeren Titurel*, einem deutschen Roman des 13. Jahrhunderts, lesen konnte. Es braucht nicht betont zu werden, daß diese und ähnliche Praktiken unter das kirchliche Magie-Verbot fielen und schlimmstenfalls mit Thomas von Aquin als Teufelspakt interpretiert wurden[111].

Heiligkeit des Menschen

Über die Heiligen als Schar der Himmelsbewohner haben wir schon gesprochen (oben S. 406 ff.), hier soll es deshalb nicht um die toten Charismatiker gehen, sondern nur um die lebenden. Denn vergleichsweise viele Menschen jener Epoche schrieben sich selbst schon bei Lebzeiten Heiligkeit zu oder wurden von ihrer Umgebung als Heilige angesehen. Dies traf vor allem für die Charismatiker zu, also Christen, die durch besondere, nur als Gottesgaben zu erklärende Fähigkeiten ausgezeichnet schienen. In erster Linie waren es Menschen, die man heute als ‚Heiler' ansprechen würde, die Kranken durch Besprechen oder Berühren Linderung verschaffen konnten. Zu ihnen zählen viele bekannte Heilige wie Bernhard von Clairvaux, Nikolaus von Tolentino, Franz von Paula etc. Aber auch Visionen, Ekstasen, Trancezustände galten als Zeichen der Heiligkeit, wenn soziale Position oder Lebensweise dazu führten, solche Phänomene als von Gott, und nicht vom Teufel, eingegeben zu beurteilen. Im 15. Jahrhundert waren solche lebende Heilige z. B. der Schweizer Großbauer Nikolaus von Flüe, der jahrelang ohne Nahrungsaufnahme in einer Schlucht als Einsiedler hauste, oder Columba von Rieti, der man in Perugia ein eigenes Kloster baute und die Verschonung von der Pest zuschrieb. Solche CharismatikerInnen waren gesuchte ‚lebende Talismane', von Städten und sogar Königen umworben, von Hilfesuchenden aus allen Schichten besucht.

Doch gab es noch eine andere Art der Heiligkeit, die nicht von der Persönlichkeit oder dem Handeln abhing, sondern von der sozialen Position. Die Sakralität des Königtums ist hier zu nennen (S. 188 f.) und die Amtsheiligkeit, die sich die Geistlichkeit aufgrund ihres berufsmäßigen Umgangs mit Gott zuschrieb und die besonders greifbar bei den Päpsten wird. Im 11. Jahrhundert schrieb Gregor VII., jeder Papst würde aufgrund der Verdienste des hl. Petrus unzweifelhaft heilig, und im 13. Jahrhundert definierte Innozenz III. seine Amtsstellung als zwi schen Gott und Mensch, jenem unter-, diesem aber übergeordnet. Schließlich bezeichneten die Theologen an der Kurie den Papst sogar als „Gott auf Erden" („deus in terris") und schrieben ihm Unfehlbarkeit und Sündenlosigkeit zu[112].

Nicht alle Katholiken konnten sich damals damit abfinden, zumal die irdischen Interessen der obersten Hirten so deutlich waren. Schon in den zwanziger Jahren des 13. Jahrhunderts schrieb der elsäßische Dichter Freidank in seinem Lehrgedicht *Bescheidenheit*:

„Ich höre in den Büchern lesen,
daß heilig sei des Papstes Wesen,
und was er tue auch und werbe,
er sei heilig, wenn er sterbe.
Kann nie ein Papst zur Hölle fahren,
so kann er, wie er will, gebaren.“[113]

Der genannte Freidank formulierte auch eine Romkritik, die nur zu klar zeigt, daß dieselben Probleme, die einen wesentlichen Grund für die Reformation bilden sollten, schon ins hohe Mittelalter zurückgingen:

„Die Flüsse aller Schätze gehen
nach Rom und bleiben dorten stehn;
und nimmer füllet es sich doch:
Das ist ein gar unselig Loch.
Dahin auch alle Sünden strömen,
die sie dort von den Leuten nehmen;
wo sie die aufbewahren,
das hat nur Gott erfahren.
Wer röm'sche Sitte recht sah an,
sein Glauben wird nicht besser dran.“[114]

So wundert es auch nicht, daß nicht alle Christen geneigt waren, für den Papst zu beten. Das war nicht etwa eine freiwillige Leistung, sondern Pflicht; als die Katholiken 1204 Konstantinopel eroberten, war es eine ihrer Maßnahmen zur Disziplinierung des orthodoxen Klerus, ihn bei Todesstrafe zur Aufnahme des Papstgebetes in die öffentliche Liturgie zu zwingen[115].

Die Amtsheiligkeit der Bischöfe trat nur auf lokaler Ebene hervor; seit dem 11. Jahrhundert waren sie dem Bischof von Rom deutlich untergeordnet. Trotzdem haftete ihnen theoretisch noch die Heiligkeit an, die ihnen in der frühen Kirche zugesprochen worden war: Gott selbst, hatte Cyprian geschrieben, macht die Bischöfe, und sie handeln als Christi Stellvertreter[116]. Da viele von ihnen als Territorialherren, Reichsfürsten, Kanzler heftig in die weltlichen Geschäfte verwoben waren, ließ in manchen Fällen erst ihr ‚Märtyrertod' ihre zuvor unvermutete Heiligkeit erkennen (Thomas Becket, Engelbert von Köln). Man findet unter den Bischöfen die gesamte Bandbreite vom frommen Asketen bis zum weltlichen Fürsten. Ein Beispiel für einen hohen Geistlichen von untadeliger Frömmigkeit kann man in Johannes Hinderbach (1418-1486), Bischof von Trient, sehen: Weder erfahren wir von ihm, wie von seinem Konstanzer Amtsgenossen Manegold († 1385), daß er sich damit vergnügte, Gefangenen persönlich die Augen auszustechen, noch, wie wir etwa von seinem Kölner Amtsgenossen Konrad von Hochstaden († 1261) (und vielen anderen Bischöfen) wissen, liebte er es, eigenhändig im blutigen Kampfgetümmel mitzumischen, noch hat er „pfaffenkinder" hinterlassen, wie wir z. B. über seinen Lütticher Amtsgenossen Heinrich III. (reg. 1247-1273) lesen (nicht weniger als fünfundsechzig). Vielmehr geht aus Hinderbachs Randbemerkungen, die er in die von ihm verwendeten Büchern einschrieb, eindeutig hervor, daß er es ernst meinte mit der Religion. Wie anders sollte man an sich selbst als Leser gerichtete Bemerkungen bei Texten verstehen, die Beispiele von vorbildlicher Frömmigkeit behandelten, wie z. B. „Darauf habe acht, Bischof und Priester!", „habe auch du darauf acht, der du herrscht und den anderen vorstehst, und handle ähnlich!" Auch dieser Bischof war von derselben haptischen und visuellen Reliquienfrömmigkeit beseelt wie die sonstigen Gläubigen, aber seinem Amt gemäß dazu noch besonders von der Wirksamkeit der priesterlichen Eucharistiefeier überzeugt. Weiters hat er sich in fünf Gebetsbrüderschaften einschreiben lassen – was keineswegs kostenlos war –, und offensichtlich viel Zeit mit dem Lesen von marianischen Gebetstexten verbracht, alles Mittel der Selbstheiligung[117].

Der hl. Hermagoras zwischen zwei Aposteln trägt die typische
Pontifikalkleidung der zeitgenössischen Geistlichkeit
auf einem Fresko des 12. Jh., Aquileia, Basilika

Obwohl auch die einfachen Pfarrer durch ihren Umgang mit der Eucharistie und den anderen Sakramenten eine gewissen Amtsheiligkeit beanspruchten, waren sie zu nah am Kirchenvolk, als daß dieses ihnen stets den erwarteten Respekt gezollt hätte. Schließlich kamen sie im früheren Mittelalter oft aus unfreiem Stand und waren teilweise schlecht gehaltene Diener weltlicher Herren. Die Gregorianische Reform und der Investiturstreit führten u. a. zu einer schärferen Trennung der profanen und der sakralen Sphäre und zu einem erhöhten Machtanspruch des Priestertums. Aber allein die Tatsache, daß auch die Reform in der Praxis den Konkubinat, in dem so viele Pfarrer lebten, nicht hatte verhindern können, machte sie ‚menschlich', wozu noch kam, daß in armen Gemeinden die Geistlichen auch einen ‚Zweitberuf' ausüben mußten, etwa sogar als Schankwirte oder Bauern. Priester aus guten Familien ließen ohnehin oft ihre Stelle durch schlechtbezahlte Vikare verwalten. Auch gab es genug Geistliche, die kaum das für die Liturgie notwendige Latein konnten und unerbauliche Predigten hielten. Es ist eine aussagekräftige Tatsache, daß sich unter den zahllosen Heiligen des Mittelalters fast keine Pfarrer befinden (und wenn, dann sind es gleichzeitig Ordensangehörige).

„*Da die Kunst der Künste die Seelenführung ist, schreiben wir streng vor, daß die Bischöfe selbst oder durch andere geeignete Männer die zu Priester zu Weihenden bezüglich der Gottesdienste und Kirchensakramente sorgfältig instruieren und ausbilden, damit sie sie richtig versehen können. Sollten sie sich aber künftig herausnehmen, Faule und Ungebildete zu ordinieren, was ja leicht festzustellen ist, haben wir beschlossen, sowohl die Weihenden als auch die Geweihten schwerer Bestrafung zu unterwerfen. Besonders beim Priesterstand ist es nämlich förderlicher, wenige gute als viele schlechte Diener zu haben, denn wenn ein Blinder einen Blinden führt, werden beide in die Grube stürzen.*"

(27. Konstitution des IV. Laterankonzils 1215)

Andere Weihegrade wie Exorzisten oder Diakone spielten schon im Mittelalter nur eine geringe Rolle, soweit sie nicht ohnehin nur eine Stufe in der pastoralen Laufbahn darstellten.

Mönche und Nonnen

"Denket nicht, ich sei gekommen, Frieden auf die Erde zu bringen; ich bin nicht gekommen, Frieden zu bringen, sondern das Schwert. Denn ich bin gekommen, einen Menschen zu entzweien mit seinem Vater und die Tochter mit ihrer Mutter…“, lautet ein heute mit Bedacht kaum zitiertes Wort Jesu. Und darauf folgt die bekannte Stelle: „Wer Vater und Mutter mehr liebt als mich, ist meiner nicht wert, und wer Sohn oder Tochter mehr liebt als mich, ist meiner nicht wert. Wer nicht sein Kreuz nimmt und mir nachfolgt, ist meiner nicht wert.“ (Mt 10, 34 ff.). Gläubige haben das im Mittelalter und danach immer wieder völlig wörtlich genommen, sogar bis zur Selbstkreuzigung[118]; vornehmlich aber als Legitimierung dafür, zum Zwecke der Selbstheiligung durch einen harten Bruch der Familie zu entkommen und ein frommes Leben in einer Gemeinschaft von ‚Heiligen‘ (wie sich Konvente gern ansprechen ließen) zu führen.

Viele Vorstellungen, die man heute über das mittelalterliche Ordensleben hegt, sind ob ihrer Einseitigkeit irrig; v. a. sind Rückschlüsse aus dem gegenwärtigen Klosterleben falsch, da es nur mehr sehr entfernte Nachklänge aus dieser Zeit bewahrt hat, am ehesten beim gemeinsamen Gebet. Weder war das mittelalterliche Kloster bloß ein irdisches Paradies – so wurde es von vielen Ordensschriftstellern genannt – noch bloß ein Kerker, in den der Adel seine verkrüppelten und schwachsinnigen Kinder abschob oder Eltern ihre ungehorsamen Töchter (wie mehrfach sogar von mittelalterlichen Äbten beklagt). Wir haben sowohl Zeugnisse von begeisterten Mönchen und Nonnen, die im Gemeinschaftsleben und bei strenger Zucht ihre Erfüllung fanden, da sie ihre Höllenfurcht durch Askese dämpfen konnten, wie solche für sadistische Quälereien durch Ordensobere und Selbstmord aus Verzweiflung, in diese Lebensform gezwungen worden zu sein. Dazwischen findet sich die gesamte Bandbreite aller nur denkbaren Abstufungen.

Die Gründer der wichtigsten Bettelorden, Franz von Assisi (l.) und Dominikus von Caleruega (r.) treffen einander, der Minorit in ärmlicher, gegürteter Kutte, der Predigerbruder im teueren schwarz-weißen Habit.
Fresko von Benozzo Gozzoli, 1452, Montefalco, San Francesco

Nur zwei Beispiele, für jeden dieser Pole eines, seien zitiert: Da schreibt 1456 der Augustinerchorherr Ulrich von Weilheim an den Prior des Klosters Melk: „Geliebtester Vater! Schon viele Jahre lang habt ihr von mir keinen Brief mehr erhalten. Aber glaubt nicht, daß ich wegen irgendeines Unwillens oder Missvergnügens nicht schrieb… oder schließlich, weil mich mein Eintritt ins Kloster reut! Keineswegs! Ich bekenne vor Gott, wäre ich noch nicht Ordensmann, sofort würde ich es werden, und ich sage euch ewig Dank, daß ihr mich in den Klosterberuf eingeführt und dazu angewiesen habt…“[119] Ein glücklicher Mönch! Wie anders haben sich dagegen die Benediktiner in Formbach am Inn fühlen müssen. Es berichtet über seinen Vorgänger Leonhard, unter dem er selbst Mönch geworden war, Abt Angelus Rumpler aus dem letzten Viertel des 15. Jahrhunderts: „Er freute sich, wenn er einen Schuldigen hatte, so daß er manchmal dazu lächelte. Viele Foltern wandte er wider die Vernunft an: Fesseln aller Art waren bei ihm häufig. Er hatte auch eine eigene Tortur… Der Schuldige war da so gefesselt, daß er weder sitzen noch stehen konnte… Ich lüge, wenn er nicht einige wegen einer geringen Schuld bis in den zweiten Tag fasten ließ; die Schlüssel trug er bei sich.“[120]

Auszug aus den disziplinarischen Bestimmungen der ältesten Konstitutionen des Dominikanerordens (I, 23 a-k):

„Als schwere Vergehen gelten: Ungehorsam gegen einen Vorgesetzten, Gewaltanwendung und Todsünden. Der Übeltäter hat weinend um Verzeihung zu bitten und sich zu entkleiden, dann soll er so oft geschlagen werden, wie es dem Oberen gefällt. In den Versammlungen nimmt er den hintersten Platz ein, beim gemeinsamen Mahl sitzt er allein an einem ungedeckten Tisch und bekommt nur Brot und Wasser. Wenn die Brüder in die Kirche gehen oder aus ihr herauskommen, hat er sich vor ihnen niederzuwerfen. Die Ordensämter darf er nicht ausüben. Wenn es dem Prälaten gut erscheint, soll er nochmals zu Füßen jedes Bruders geschlagen werden, zuerst vom Prälaten selbst und dann von denen, die ihm zur Seite sitzen.“

Die 1283 begonnene Kirche des Nonnenklosters Unterlinden in Colmar, ohne Bauplastik, Türme oder gemalte Ornamentik, wie die meisten Gotteshäuser der Reformorden bis ins 14. Jahrhundert.

Es existierte das ganze Spektrum von wirklich frommen, mit allen Kräften nach der Verwirklichung der Ideale des Ordensstifters strebenden Konventen, wozu etwa die Zisterzienser in Clairvaux unter der Leitung Bernhards in der 1. Hälfte des 12. Jahrhunderts zählten, bis zu solchen, die ihren Mitgliedern nur ein bequemes und privilegiertes Leben boten, ohne daß religiöse Verpflichtungen besonders ernst genommen worden wären. Ein Beispiel hierfür aus vielen waren die Benediktinerinnen von Sainte-Benoîte in der Pikardie. Die adeligen Damen dort lebten von der Karolingerzeit bis ins 16. Jahrhundert umgeben von Dienerinnen und ausgestattet mit ihrem Privatvermögen; eine strenge Klausur wurde nicht eingehalten. Es gab sogar Klöster, die den Ruf von Freudenhäusern hatten, wo Frömmigkeit, Zucht und Ordnung durch Lebensgenuß ersetzt waren, bis eine innerkirchliche Reform – oder die Reformation – dem ein Ende machte.

Dabei muß aber eines bedacht werden: Sehr viele der Mitglieder einer Klostergemeinschaft hatten nicht aus eigenem Entschluß diese Lebensform gewählt. Das galt für die Mehrzahl der Benediktiner vor der Kirchenreform, denn es war ganz üblich, daß Eltern aus dem Adel eines oder mehrere Kinder schon mit ca. sieben Jahren als Oblaten einem Kloster übergaben. Dies verpflichtete den Novizen zu lebenslänglichem Verbleib, denn das Gelübde der Eltern war bis ins späte 12. Jahrhundert kirchenrechtlich bindend. Auch als die neuen Orden wie die Zisterzienser nur mehr Erwachsene aufnahmen, die sich selbst für das Mönchsleben entschieden hatten, wurden Mädchen nach wie vor, bis ins 19. Jahrhundert, gegen ihren Willen dazu gezwungen, auf immer Nonnen zu bleiben. Die Funktion für die Familie war klar: Sie waren die BeterInnen, die für die in der Welt verbliebenen Familienmitglieder stellvertretend die Frömmigkeitsleistungen zu erbringen hatten, ohne die man nicht in den Himmel kommen konnte.

Aus der zeitgenössischen Limburger Chronik des Tilman Elhen zum Jahre 1359:

„Zu diesen Zeiten da sang und pfiff man dieses Lied:
«Gott gebe ihm ein übles Jahr, der mich machte zu einer Nonne,
und mir den schwarzen Mantel gab, den weißen Rock darunter.
Bin ich schon eine Nonne geworden ohne meinen Willen,
so will ich einem jungen Knaben seinen Kummer stillen.
Und stillet er mir den meinen nicht, so soll er darob verderben!»“ [121]

Wir haben schon bemerkt, daß der entscheidende Grund für die Existenz des Mönchtums die Angst vor der Hölle war. Dies ließ nicht nur viele Gläubige dieses Leben wählen (wenn sie dazu finanziell imstande waren, denn der Eintritt mußte durch ein großzügiges Geschenk, etwa Landgüter, erkauft werden), sondern legitimierte diese wirtschaftlich unproduktive Institution überhaupt vor der Gesellschaft. Die Mönche kämpften nicht, sie arbeiteten nicht, aber sie beteten für ihre Wohltäter, und damit retteten sie sie vielleicht vor den Jenseitsstrafen. Der Reichtum der mittelalterlichen Klöster, der sich in erster Linie in ihren Bauten und ihrem Grundbesitz spiegelt, war gigantisch und stammte aus frommen Schenkungen um des Seelenheils willen. Das in allen Klosterregeln formulierte Armutsgebot galt ja höchstens für den einzelnen Mönch, nicht aber für die Gemeinschaft.

Einsiedler

Seit den Zeiten der frühkirchlichen Wüstenväter und bis ins 19. Jahrhundert gab es immer einzelne Gläubige, die meinten, ihrer religiösen Berufung am besten in der Einsamkeit nachkommen zu können; im Mittelalter und im Barock sogar besonders zahlreiche. Im Lauf der Zeiten wurde freilich aus dem ungeregelten und spontanen Rückzug aus der Welt eine kirchenrechtlich und liturgisch genau geregelte Institution. Der Ritus zur Einschließung eines Eremiten aus der Diözese Exeter (1. H. 15. Jh.) gibt einen Eindruck von solchen Zeremonien: Während der Postulant in der Kirche in Kreuzesform ausgestreckt auf dem Boden liegt, werden Psalmen und Litaneien gesungen; dann bekommt er in jede Hand eine brennende Kerze, sein altes Gewand wird gegen ein neues, gesegnetes vertauscht, es folgt eine Heilig-Geist-Messe. In Prozession geht es zur Einsiedelei, die der künftige Rekluse, mit Weihwasser besprengt, betritt, während die Antiphon *Mögen Dich Engel zum Paradies* begleiten ertönt. Die Totengebete werden gesprochen, damit er nicht etwa ohne sie sterbe und da er der Welt wie ein Toter abgeschieden ist. Die Tür wird von außen verschlossen, und der zuvor mit Staub bestreute Eremit beginnt sein neues Leben in der ihn stets umschließenden Zelle[122].

Vielerorts durfte man sich nur mit bischöflicher Genehmigung und unter entsprechenden Zeremonien in eine Klause einschließen lassen, wobei ein Gelübde abzulegen war, das bis zum Tode zu dieser Lebensweise verpflichtete. Zwar gab es keine offizielle Regel für Eremiten – es sei denn, es handelte sich um Ordensmitglieder –, aber eine Reihe von Geistlichen verfaßte solche für die unter ihrer Aufsicht stehenden Männer oder Frauen, ein berühmtes Beispiel des 12. Jahrhunderts ist der englische Zisterzienser Aelred von Rievaulx.

Das Leben dieser religiösen Virtuosen konzentrierte sich auf Gebet, Meditation und Bußübungen, aber es war i. d. R. so ganz einsam nicht. Stammte der Klausner aus begüterten Kreisen, so ließ er oder sie sich weiterhin von DienerInnen umsorgen, die auch den Kontakt zur Außenwelt hielten. Da Einsiedeleien oft an Kirchen angebaut waren, konnte er durch ein kleines Fenster am Gottesdienst teilhaben; ein anderes Fenster diente dazu, mit den Ratsuchenden zu sprechen, die sich oft bei diesen im Geruch der Heiligkeit stehenden Personen einfanden. Das Lebensnotwendige spendeten die Besucher, wurde aus eigenem Vermögen bezahlt oder kam aus einer Stiftung, mit der ein frommer Wohltäter eine Einsiedelei ausstattete, so daß sie auch nach dem Tode des augenblicklichen Insassen wieder besetzt werden konnte.

Semi-Religiosentum

Seit dem 12. Jahrhundert bildete sich neben den offiziellen geistlichen Orden auch eine Zwischenform zwischen streng geregeltem und freierem Frömmigkeitsleben heraus, das sog. Semi-Religiosentum. Es waren zunächst vor allem adelige und städtische Frauen, die die herkömmliche Rolle der Gattin und Mutter ablehnten und ein nur Christus geweihtes Leben in Armut und mit eigener Arbeit führen wollten. Nördlich der Alpen als Beginen, in Italien als Bußschwestern bekannt, lebten sie in kleinen Gemeinschaften zusammen, zogen auch vagierend durch die Lande. Ein deutscher Geistlicher zeichnete von ihnen um 1282 folgendes Bild: „Beginen gibt es da ohne Zahl, manche leben verkehrt, manche von sich aus gut. Unter ihnen gibt es manche, die sich für nichts Schändliches oder Schmutziges interessieren, sondern gern zur Kirche gehen, Messen hören, reinen Herzens zurückkommen, wenn die Messe vorbei ist. So leben sie ruhigen Sinnes wie in der Klausur, wobei sie aber mehr zu empfehlen sind, meine ich, als die, die mit dem Schlüssel eingesperrt werden [die klausurierten Nonnen] ... An jedem Tag geben sie Maria zu Ehren reinen Herzens willkommene Almosen. Sie fasten, wachen und spinnen Wollfäden und beweinen das Böse. So arbeiten sie Tag und Nacht, vermeiden die Laster und tun gute Werke.“ (Nikolaus von Bibra, *Occultus Erfordensis* vs. 1610 ff.)

In manchen Gegenden, wie Süddeutschland, waren diese Frauen auch im ländlichen Bereich häufig anzutreffen, obwohl die urbane Kultur ihr Ursprungsgebiet war und ihre Grundlage blieb. Wegen einiger Fälle von Häresie unter ihnen litten sie im 14. und 15. Jahrhundert wiederholt Verfolgungen, weswegen viele Beginenkonvente sich unter den Schutz eines anerkannten Ordens stellten und zu Klöstern wurden, womit freilich die anfänglich ersehnte Freiheit verloren war.

Eine Begine betet aus dem Gebetbuch für die Seele des Bestatteten;
sie sitzt zwischen zwei gepanzerten Füßen.
Skulptur auf einem Sarkophag der Landgrafen-Grablege,
E. 13. Jh., Marburg, St. Elisabeth

Bruderschaften

Während die Gemeinde im heutigen Sinn im Mittelalter kaum eine religiöse Rolle spielte, waren Bruderschaften von großer Bedeutung. Sie waren freiwillige Vereinigungen, die in erster Linie religiösen Zielen dienten, namentlich der Verehrung eines bestimmten Heiligen oder der Verfolgung eines bestimmten Ziels wie der Organisation von Geißlerprozessionen. Als Beispiel diene die Marienbruderschaft, die von dem dominikanischen Prediger Alanus de Rupe 1470 gegründet wurde: Sie bot nicht nur den ungewöhnlichen, mit einer eigenen Vision begründeten Vorteil, keine Mitgliedsbeiträge zahlen zu müssen, sondern auch einen Ablaß von 10.000 Jahren. Wer sich in sie einschrieb und die täglich zu leistenden 150 Rosenkränze betete, war noch dazu gegen Blitz und Donner, Räuber, Mörder und alle Angriffe des Teufels gefeit; auch wurde er aller spiritueller Verdienste der anderen Mitglieder teilhaftig[123]. Vielfach gehörten die Treffen der Mitglieder auch zum gesellschaftlichen Leben; auch fungierten die Bruderschaften quasi als Versicherungen, die sich um eine würdige Bestattung kümmerten.

Wiewohl offiziell religiöse Gründe als entscheidend für das Entstehen dieser Organisationen und dem Beitritt zu ihnen galten, hatten sie faktisch oft auch großes innenpolitisches Gewicht. Ein Beispiel aus Norditalien sind die 1261 gegründeten ‚Ritter unserer lieben Frau'. Ihre hauptsächliche Funktion war es, die unzähligen Feindseligkeiten unter den führenden Familien der Kommunen zu beschwichtigen und ein exklusiv aristokratisches Gegengewicht gegen die mehr im Volk beliebten Geißlerbruderschaften zu bilden. Daß die religiösen Aspekte dagegen in den Hintergrund traten, zeigt nicht nur das Fehlen der sonst üblichen frommen Stiftungen, sondern auch der Name, den man den Mitgliedern bald gab: Frati Gaudentes, also im Vergnügen lebende Brüder[124].

Sekten

In seinem Brief an den Zisterzienserabt Bernhard von Clairvaux klagte im Jahre 1143 Probst Everwin von Steinfeld über „die neuen Häretiker, die fast allenthalben in allen Kirchen aus dem Höllenschlund wie kochende Blasen aufsteigen, als ob sich ihr Fürst schon aufzulösen begänne und der Tag des Herrn bevorstünde…“[125]. Und 13 Jahre später offenbarte ein Engel der hl. Elisabeth von Schönau in einer ihrer Visionen: „Viele gibt es in der Kirche, die den Anschein von Christen haben und dennoch am Christenglauben zweifeln. Sie bewegen sich demonstrativ unter den Katholiken, gehen ins Haus des Gebetes, empfangen mit den Übrigen die zum Glauben gehörigen Sakramente und schenken ihnen trotzdem keinen Glauben… Viele Häresien gibt es in unseren Tagen, doch verborgen, und viele Häretiker, die im Verborgenen gegen den katholischen Glauben kämpfen…“ Und speziell zu den Katharern offenbarte ihr der Engel: „Wisse mit Sicherheit, daß sie Diener Satans sind, dessen verkehrte Werke sie ausführen! … Sie verstellen ihr Antlitz, als ob sie ein gerechtes und unschuldiges Leben führten, und dadurch ziehen sie viele an sich und verführen sie. Innerlich sind sie aber voll von höchst üblem Eiter.“ (*Buch der Wege zu Gott* 13).

Tatsächlich war es im 12. Jahrhundert ein neues Phänomen, daß sich religiöse Gemeinschaften bildeten, die andere Glaubenssätze befolgten als die von der katholischen Kirche gelehrten. Auch hierfür spielte die auf städtischem Boden besonders blühende Tendenz zur Individualisierung eine Rolle, gleichzeitig antiklerikale Reaktionen auf die Unzulänglichkeiten der Seelsorge und die Bestrebungen der Geistlichkeit, sich den Laien deutlicher überzuordnen. Die wichtigste hochmittelalterliche Sekte waren die Katharer, bei denen die Rezeption von dualistischen Traditionen aus dem Osten den Kristallisationspunkt bildete. Sie blühten in Südfrankreich, bis sie die Albigenserkreuzzüge und die extra zu diesem Zweck eingerichtete päpstliche Inquisition vernichteten oder in den Untergrund drängten, aber auch in Westdeutschland und Norditalien. Die späteren Sekten beriefen sich meist auf einen bestimmten Gründer, so die Waldenser auf den Kaufmann Waldes, die englischen Lollarden auf den Priester Wykliff, die böhmischen Hussiten auf den Priester Hus. In seiner Heimat wurde dieser als Märtyrer geehrt, wie eine Tafel eines Flügelaltars zeigt, die die Marter des heiligen Georg und die Verbrennung des Jan Hus untereinander stellt[126].

Diese Gruppen werden mit Recht als Vorläufer der Reformation betrachtet, waren für sie doch Rom- und Papstkritik sowie eine rationalere Theologie grundlegende Erscheinungen. Eine ununterbrochene Linie zieht sich zu Luther und den anderen Reformatoren.

Juden

Schließlich muß noch eine religiöse Gruppe erwähnt werden, die anders als die Ketzer keine wenn auch devianten Christen waren, sondern in der Tradition der Mutterreligion des Christentums lebten, die europäischen Juden. Wiewohl von ihrem Selbstgefühl her eine sehr deutlich abgegrenzte und auserwählte Minderheit, lebten sie doch mit den Christen zusammen, gab es vielfältige kulturelle und natürlich vor allem wirtschaftliche Kontakte (s. oben S. 96 ff.). Seit dem Ersten Kreuzzug (1096) jedoch, als es v. a. in den Rheinlanden zu den ersten Pogromen gegen diese ‚Mörder Christi' kam und zu den ersten kollektiven Selbstmorden verfolgter jüdischer Gemeinden, lebten sie unter der dauernden Gefahr neuer Gewaltausbrüche. Besonders heftig waren diese im 14. und 15. Jahrhundert, als man die Juden für die Pestkatastrophe und für angebliche Ritualmorde an Kindern verantwortlich machte, was zu vielen Verbrennungen und Vertreibungen führte. Hierfür sei als Beispiel das Vorgehen des frommen Bischofs von Trient, Johannes Hinderbach, genannt: Er hat mit persönlichem Engagement dafür gesorgt, seine Diözesanhauptstadt judenfrei zu machen. Als Anlaß dazu diente ihm 1475 die Ermordung eines kleinen Kindes namens Simon, dessen Leiche in einem Rinnsal bei einem in jüdischem Besitz stehenden Haus gefunden worden war. Obwohl die Juden selbst die Sache angezeigt hatten, eröffnete man ein Verfahren nicht etwa gegen einzelne, sondern gegen das Kollektiv der Gemeinde, da die Richter von vornherein annahmen, der Knabe sei das Opfer eines Ritualmordes, mit dem die Juden die Passion Christi verspotten wollten. Wiewohl in dieser Religion Menschenblut als verunreinigend gemieden wird, lautete der Vorwurf, sie hätten den Mord begangen, um mit Blut Zauberei zu treiben und durch das Kindesopfer das Kreuzesopfer Jesu zu blasphemieren, ja hätten sogar das Blut getrunken. Man sah in diesen imaginierten Verbrechen geradezu einen Gegenkult gegen das Christentum, was die gefangenen Juden bestätigten – nur unter der Folter war das freilich zu erreichen. Die Aussagen genügten zur Verbrennung von 14 Juden, alle anderen wurden aus dem Fürstbistum Trient vertrieben. Obschon ein anderer Bischof in seiner Funktion als päpstlicher Kommissar die Rechtmäßigkeit des Verfahrens bezweifelte, setzte es der Tridentiner in einem dreijährigen Prozeß an der Kurie durch, daß das Vorgehen seiner Richter anerkannt wurde. Was ihm freilich nicht gelang, war die offizielle Bestätigung der Heiligkeit des kleinen Simon als Märtyrer, die erst über 100 Jahre später erfolgen sollte[127].

Römer und Juden aus einer Kreuzigung.
Altartafel, Linz, Schloßmuseum, M. 15. Jh.

Oft kam nur wer sich taufen ließ, in solchen Situationen mit dem Leben davon. Es gab tatsächlich immer wieder erzwungene, aber auch freiwillige Übertritte zum Christentum: Im 12. Jahrhundert schilderte der spätere Prämonstratenser Hermann Judaeus selbst seine Bekehrung, und im beginnenden 16. Jahrhundert ließ sich der zum Prediger gewordene Renegat Johannes Pfefferkorn vom Kaiser die Ermächtigung geben, alle hebräischen Schriften zu vernichten. Wesentlich seltener blieben geheime Konversionen vom Christentum zum Judentum; eher noch gab es Übertritte zum Islam, wie der des mallorquinischen Franziskaners Anselm Turmeda (1387), der es bis zum Schwiegersohn und obersten Finanzbeamten des Sultans von Tunis brachte.

Während die Christen die Juden der rituellen Kindertötung und der Hostienschändung beschuldigten, verbreiteten die Juden bösartige Legenden über deren Religionsstifter. Beide hielten sich für auserwählt, und die anderen für zur Hölle verdammt. Alle mittelalterlichen Katholiken hielten den Kampf gegen Juden für verdienstvoll, denn gut judenfeindlich zu sein, gehörte wenigstens seit dem 12. Jahrhundert zum Frömmigkeits-Stereotyp dieser Religion, und zwar bis lange in die Neuzeit. Man könnte ein Buch zusammenstellen aus den entsprechenden Äußerungen von mittelalterlichen Geistlichen, die alle in der Catholica nach wie vor als Heilige zu verehren sind, ein Buch, dessen Verbreitung als eigene Meinung heute den Herausgeber vor Gericht bringen würde – denken wir nur in Frankreich an den hl. Petrus Venerabilis, in Spanien an den hl. Vinzenz Ferrer, in Deutschland an den hl. Johannes Capestrano u. v. a. Es genüge aber, eine Anweisung eines heiligen Königs, Ludwigs IX., König von Frankreich († 1270), an seine Ritter zu zitieren: „Auch sage ich euch, daß niemand, er sei denn ein sehr guter Kleriker, mit den Juden disputieren darf! Wenn aber ein Laie einen solchen übel vom christlichen Glauben sprechen hört, darf er den christlichen Glauben nicht verteidigen, es sei denn mit dem Schwert: Damit soll er ihm eine in den Bauch geben, so tief es nur eindringen kann!“[128]

Gewiß, aufs Ganze gesehen, lebten viele Generationen von Juden relativ ruhig und wirtschaftlich erfolgreich in den verschiedenen europäischen Reichen, da sie den Herrschenden als Händler und Finanziers nützlich waren. Aber latent waren sie stets gefährdet, denn trotz sehr gelegentlicher und schwacher Ansätze zu einer Diskussion zwischen den Religionen, so in den philosophischen Schriften eines Ramon Llull oder Nikolaus von Kues, erwies sich das mittelalterliche Christentum im Großen und Ganzen als völlig unfähig zu einer toleranten Haltung sowohl anderen Religionen als auch inneren Andersgläubigen gegenüber – eine solche sollte erst dann angedacht werden, als die gegenseitigen Vernichtungsfeldzüge der Konfessionen im Dreißigjährigen Krieg ein derartiges Ausmaß angenommen hatten, daß beide Seiten schließlich ein Nebeneinander akzeptieren mußten[129].

Angenendt, Arnold, Geschichte der Religiosität im Mittelalter, Darmstadt 1997 u. ö.
Bühler, Johannes, Klosterleben im Mittelalter, Jena 1929 = Frankfurt a. M. 1989.
Coulton, G. G., Five Centuries of Religion I-IV, Cambridge 1923/50.
Dinzelbacher, Peter, Angst im Mittelalter. Teufels-, Todes- und Gotteserfahrung, Paderborn 1996.
—, Christliche Mystik im Abendland. Ihre Geschichte von den Anfängen bis zum Ende des Mittelalters, Paderborn 1994.
—, Die letzten Dinge. Himmel, Hölle, Fegefeuer im Mittelalter, Freiburg i. Br. 1999.
—, Handbuch der Religionsgeschichte im deutschsprachigen Raum I-II, Paderborn 2000/09.
—, Heilige oder Hexen? Düsseldorf ^{5}2004.
—, Himmel, Hölle, Heilige. Visionen und Kunst im Mittelalter, Darmstadt 2002.
—, Körper und Frömmigkeit in der mittelalterlichen Mentalitätsgeschichte, Paderborn 2007.
—, Mentalität und Religiosität des Mittelalters, Klagenfurt 2003.
—, Von der Welt durch die Hölle zum Paradies. Das mittelalterliche Jenseits, Paderborn 2007.
Dinzelbacher, Peter/Bauer, Dieter (Hgg.), Volksreligion im hohen und späten Mittelalter, Paderborn 1990.
Gaignebet, Cl., Lajoux, J. D., Art profane et religion populaire au moyen âge, Paris 1985.
Hauck, A., Kirchengeschichte Deutschlands I-V, Berlin ^{6}1953 (Anfänge bis 14. Jh.).
Iogna-Prat, D., La Maison Dieu. Une histoire monumentale de l'Église au Moyen Age, Paris 2006.
Kaspersen, Sören ed., Images of Cult and Devotion, Copenhagen 2004.
Kroesen, Justin E. A., Steensma, Regnerus, The Interior Of The Medieval Village Church, Leuven 2004.
Lea, Henry Ch., Geschichte der Inquisition im Mittelalter, Reprint Nördlingen 1987.
—, Studies in Church History. The Rise of the Temporal Power – Bene-

fit of Clergy – Excommunication – The Early Church and Slavery, Philadelphia [2]1883 = Badenweiler 2009.

Leclercq, Jean et. al., La spiritualité du moyen âge, Paris 1961.

Lecouteux, Claude, Geschichte der Gespenster und Wiedergänger im Mittelalter, Köln 1987.

Schreiner, K. (Hg.), Laienfrömmigkeit im späten Mittelalter, München 1992.

Veit, L. A., Volksfrommes Brauchtum und Kirche im deutschen Mittelalter, Freiburg i. Br. 1936.

1 Russell, J., Witchcraft in the Middle Ages, Ithaca (NY) 1972, 75 ff., 291 ff.

2 Ostorero, M., Un prédicateur au cachot. Guillaume Adeline et la Sabbat: Médiévales 44, 2003, 73-96.

3 Das Folgende nach Dinzelbacher, Mentalität 36 ff.

4 Schneider, R.: Germanen II. In: Lexikon f. Theologie u. Kirche 4, 1995, 529.

5 Hildebrand, Hans, Sveriges Medeltid, Malmö 1983, IV, 871 f.

6 Alle Belege für die folgenden Angaben bei Dinzelbacher, Peter, Unglaube im ‚Zeitalter des Glaubens'. Atheismus und Skeptizismus im Mittelalter, Badenweiler 2009.

7 Belege bei Dinzelbacher, P., Die letzten Dinge. Himmel, Hölle, Fegefeuer im Mittelalter, Freiburg i. Br. 1999.

8 Thomas von Celano, Vita II[a], 2, 73.

9 Delcorno, C., La predicazione nell'età comunale, Firenze 1974, 76 f.

10 Dinzelbacher, Mentalität 429-488.

11 Rost, H., Die Bibel im Mittelalter, Augsburg 1939, 13.

12 Dinzelbacher, Peter, Judastraditionen, Wien 1977.

13 Wille, Friederike, Die Todesallegorie im Camposanto in Pisa, München 2002, 42 ff.

14 Dinzelbacher, Peter, Religiöses Erleben von bildender Kunst in autobiographischen und biographischen Zeugnissen des Hoch- und Spätmittelalters: Schreiner, Klaus (Hg.), Frömmigkeit im Mittelalter, München 2002, 299-330.

15 Die Wundergeschichten des Caesarius von Heisterbach, ed. Hilka, Alfons, Bonn 1937, 127 f.

16 Wille (wie Anm. 13) 66.

17 Zit. Bartels, Kerstin, Musik in deutschen Texten des Mittelalters, Frankfurt a. M. 1997, 187.

18 Owst, G., Preaching in Medieval England, New York (NY) 1965, 201 f.

19 Zit. Bartels (wie Anm. 17) 136.

20 Zahlreiche Abbildungen bei Dinzelbacher, Angst.

21 Alain de Lille (?), Lettres familières, ed. F. Hudry, Paris 2003, 110.
22 Die Visionen der hl. Elisabeth… ed. F. Roth, Brünn 1884, 278.
23 Visionen 7 f., übersetzt Dinzelbacher, Peter, Die Psychohistorie der Unio mystica: Ders., Körper 111-146.
24 Pice, N. ed., Una inedita lauda alla Vergine del XV s.: Studi Bitontini 62, 1996, 41-48, 47.
25 Dinzelbacher, Peter, Christus als Schmerzensmann: Milfull, I., Neumann, M. (Hgg.), Mythen Europas. Schlüsselfiguren der Imagination: Mittelalter, Regensburg 2004, 200-225, 211 f.
26 Ebd. 218.
27 Spitzmuller, H. ed., Poésie latine chrétienne du Moyen Age, s. l. 1971, 1498.
28 Dinzelbacher, Handbuch II, 122.
29 Wiechmann, R. u. a., Klaus Störtebeker, München 2003, 10 f.
30 Passio 43, ed. M. Navoni, Andrea da Strumi, Arialdo, Milano 1994, 202.
31 Laurentius saga biskups c. 2.
32 Jaime, Llibre dels fets c. 5.
33 Jones, Malcolm, The Secret Middle Ages, Stroud 2002, 24.
34 Konrad Stolle, Memoriale, ed. Thiele, R., Halle 1900, 327 f.
35 Delaborde, H., Le Procès du chef de s. Denis en 1410: Mémoires de la Société de l'histoire de Paris 11, 1884, 297-409.
36 Coulton, G. G., Social Life in Britain from the Conquest to the Reformation, Cambridge 1919, 319.
37 Alain de Lille, ed. F. Hudry (wie Anm. 21) 172.
38 Evergates, Th., Feudal Society in Medieval France, Philadelphia (PA) 1993, 124.
39 Coulton, G. G., Medieval Panorama, Cambridge 1938, 114.
40 Huyskens, A., Quellenstudien zur Geschichte der hl. Elisabeth, Marburg 1908, Nr. 49.
41 Dinzelbacher, Heilige 225.
42 Visionen der hl. Elisabeth, ed. Roth 334 ff.
43 Ralph von Coggeshall, Chronicon Anglicanum: Rolls Series 66, London 1875, 155 f.
44 Caviness, Madeline, No Laughing Matter – Imag(in)ing Chimeras and Freaks around 1300: Kalinowskiemu, L. ed., Magistro et amico amici discipulique, Krakow 2002, 87-100.
45 Coulton, Medieval Panorama (wie Anm. 39) 735 nach Gerhard von Frachet, Vitae patrum ordinis praedicatorum.
46 Moulinier, L., Unterhaltungen mit dem Teufel. Eine französische Hildegardvita des 15. Jh.s: Hildegard von Bingen in ihrem historischen Umfeld, hg. v. Haverkamp, A., Mainz 2000, 519-560, 554.
47 Dinzelbacher, Dinge (wie Anm. 7) 97 ff.
48 Ueltschi, Karin, La Mesnie Hellequin en conte et en rime, Paris 2008.
49 Glob, P., The Bog People, London 1971, 109.
50 Dinzelbacher, Dinge 5.

51 Classen, Albrecht ed., ‚Mein seel fang an zu singen', Leuven 2002, 55 f.
52 Dinzelbacher, Peter, Kirchenreform und Frauenleben im Hohen Mittelalter: Mitteilungen des Instituts für österreichische Geschichtsforschung 113, 2005, 20-40.
53 Dinzelbacher, Peter, Mittelalterliche Visionsliteratur, Darmstadt 1989, 86 ff.
54 Dinzelbacher, Dinge 131 ff.
55 Dinzelbacher, Mittelalterliche Visionsliteratur 122 f.
56 Dinzelbacher, Dinge 110.
57 Ebd. 116.
58 Grisar, Hartmut, Luther I, Freiburg i. Br. 1911, 276 ff.
59 Lipburger, M., De prodigiis et ostentis que mortem Friderici imperatoris precesserunt: Kolmer, L. ed., Der Tod des Mächtigen, Paderborn 1997, 125-135, 129.
60 Maschek, Hermann ed., Deutsche Chroniken, Leipzig 1936, 197 (gekürzt).
61 Coulton, Panorama (wie Anm. 39) 719.
62 Radulph von Caen, Gesta Tancredi c. 150.
63 Zauner, Friedrich, Das Hierarchienbild der Gotik. Thomas von Villachs Fresko in Thörl, Stuttgart 1980.
64 Übers. Dempf, A., Sacrum Imperium, München 1929, 324.
65 Werner, Ernst, Religion und Gesellschaft im Mittelalter, Spoleto 1995, 423 f. (gekürzt).
66 Davies, R. T. ed., Medieval English Lyrics, London 1963, 167 f.
67 Dinzelbacher, Peter, Der mystische Maibaum: Ders., Körper 309-318.
68 Dinzelbacher, Handbuch II, 282 f.
69 Helmold von Bosau, Chronica Slavorum c. 82.
70 Strube, Martha, Die Illustrationen des Speculum virginum, Düsseldorf 1937.
71 Frenken, Ralph, Kindheit und Mystik im Mittelalter, Frankfurt a. M. 2002, 191 ff.
72 Dinzelbacher, Heilige 274 ff.
73 Dinzelbacher, Angst.
74 Rodrigues M. u. a. edd., Livro Preto, Coimbra 1999, 789 f.
75 Dinzelbacher, Handbuch II, 211.
76 Dinzelbacher, Unglaube (wie Anm. 6).
77 Zit. Ohlgren, T., The Pagan Iconography of Christian Ideas: Mediaevistik 1, 1988, 145-173, 147.
78 Browe, Peter, Die Eucharistie als Zaubermittel: Archiv für Kulturgeschichte 20, 1930, 134-154, 139.
79 Dinzelbacher, Peter ed., Mensch und Tier in der Geschichte Europas, Stuttgart 2000, 224.
80 Abb. u. a.: http://www.uni-koeln.de/ew-fak/Bildtheologie/diathek/kj1.179.jpg.
81 Barber, R., Bestiary, Woodbridge 1993, 183.
82 Patterson, F. ed., The Middle English Penitential Lyric, New York (NY) 1911, 70.

83 PL 185, 255 B-C.
84 Browe, Zaubermittel (wie Anm. 78) 143.
85 Franz, A., Die kirchlichen Benediktionen im Mittelalter, Freiburg i. Br. 1909 u. ö., II, 621 Anm. 3.
86 Origo, Iris, Le marchand de Prato, Paris 1959, 267.
87 Dinzelbacher, Peter, Frenken, Ralph, Der steinerne Blick. Symbolköpfe der Romanik, Baden-Baden 2008.
88 Pastor, L., Die Reise des Kardinals Luigi d'Aragona…, Freiburg i. Br. 1921, 107.
89 Dinzelbacher, Himmel 108 f.
90 Darwin, F., The English Medieval Recluse, London s. a. [1944] 72 f.
91 Groebner, Valentin, Ungestalten, München 2003, 111.
92 Legenda 46: Escritos de S. Clara, ed. I. Omaechevarria, Madrid [2]1982, 180.
93 Pillwein, B., Beschreibung der Provinzial-Hauptstadt Linz, Linz 1824, 202.
94 Grabmayer, Johannes, Das Opfer war der Täter: Mitteilungen des Instituts für österreichische Geschichtsforschung 111, 2003, 286-316, 309 ff.
95 Wille (wie Anm. 13) pass.
96 Livro Preto (wie Anm. 74) 735.
97 Glob (wie Anm. 49) 110 f.
98 Rando, Daniela, Dai margini la memoria, Bologna 2003, 301 f.
99 Lotario di Segni, Il disprezzo del mondo, ed. R. D'Antiga, Torino 1994, 150.
100 Heinrich von Fritzlar zugeschrieben: Massmann, H. F., Geschichte des mittelalterlichen, vorzugsweise des deutschen Schachspieles, Quedlinburg 1839, 86.
101 Cutts, E., Parish Priests and their people in the middle ages in England, London 1898, 245 Anm.
102 Götze, A., Wortgeschichtliche Gedanken und Zeugnisse: Zeitschrift für Deutsche Wortforschung 12, 1910, 200-214, 210 f.
103 Zit. Jones, Malcolm, The Secret Middle Ages, Stroud 2002, 20.
104 Dinzelbacher, Handbuch II, 340.
105 Collijn, J. ed., Acta et processus canonizationis B. Birgittae, Uppsala 1924/31, 513.
106 Vita 14, ed. Weber, S., Das Leben des Eberhard von Kumbd, Heidelberg 2004, 70.
107 Vodola, E., Excommunication in the Middle Ages, Berkeley (CA) 1986, 46.
108 Hurter, Friedrich, Geschichte Papst Innozenz des Dritten III, Hamburg 1838, 115; Browe, P., Die Verehrung der Eucharistie im Mittelalter, Sinzig 1990, 117 f.
109 MGH SS rer Ger 14, 512.
110 Franz (wie Anm. 85) II, 102 f.
111 Tuczay, Christa, Die Kunst der Kristallomantie und ihre Darstellung in deutschen Texten des Mittelalters: Mediaevistik 15, 2002, 31-50
112 William von Ockham, Dialogus 1, 7, 70.
113 Freidank, Bescheidenheit 45 (148, 4 ff.), übers. Pannier, K., Leipzig 1878, 121.

114 Freidank, Bescheidenheit 45 (148, 4 ff.), übers. Pannier 120.
115 Coulton, G. G., The Death Penalty for Heresy from 1164 to 1921 A. D., Cambridge 1924, 23.
116 Epistulae 55, 8; 66, 1 ff.; 63, 14.
117 Dinzelbacher, Peter, Über die Seele des Bischofs Johannes Hinderbach von Trient: Mediaevistik 17, 2004, 57-64 (nach Daniela Rando).
118 Dinzelbacher, Peter, Diesseits der Metapher. Selbstkreuzigung und -stigmatisation als konkrete Kreuzesnachfolge: Ders., Körper 51-78.
119 Bühler, J., Klosterleben im Mittelalter, Frankfurt a. M. 1989, 345.
120 Ebd. 247 f.
121 Maschek, Chroniken 101.
122 Darwin (wie Anm. 90) 71 ff.
123 Dictionnaire de Spiritualité 13, 949.
124 Kleinhenz, C. ed., Medieval Italy, New York (NY) 2004, 380 f.
125 PL 182, 677 A.
126 Tafelmalerei, Museum Ústínad Labem (Tschechien), 1. H. 15. Jh.
127 Rando, Daniela, Johannes Hinderbach (1418-1486). Eine „Selbst"-Biographie, Berlin 2008.
128 Joinville, La vie de saint Louis 53, ed. Corbett, N., Québec 1977, 94.
129 Vgl. Dinzelbacher, Peter, Kritische Bemerkungen zur Geschichte der religiösen Toleranz und zur Tradition der Lessing'schen Ringparabel: Numen 55, 2008, 1-26.

Ruhender Apostel
Schnitzwerk von einem Hochaltarretabel, 1490/97,
Kefermarkt (Oberösterreich)

ANHANG

Literaturhinweise

Die hier genannten Titel sind alphabetisch gereiht, ihre Markierung (*) erfolgte danach, was der Verfasser seinem Leser in dem Falle raten würde, wenn dieser nur noch wenige weitere Arbeiten über das Mittelalter lesen möchte oder könnte.

A. Quellensammlung

Wissenschaftlich arbeiten kann man nur mit den originalsprachlichen Quellen. Aber es bleibt allemal besser, einen Text nur in Übersetzung zu lesen, als gar nicht.
Sich mit charakteristischen Werken zu beschäftigen, die in der interessierenden Epoche entstanden sind, ist gerade für Einsteiger oft nützlicher und meist anziehender, als sich gleich abstrahierenden wissenschaftlichen Studien zu widmen. Heute liegen sehr viele mittelalterliche Schriften in neusprachlichen Übertragungen vor, so gut wie alle bedeutenderen Werke der schönen Literatur, aber auch viel anderes. Im Folgenden seien nur einige Sammlungen mit übersetzten und kommentierten Quellen genannt.

Blume, E., Quellensätze zur Geschichte unseres Volkes I-III, Cöthen 1883/91 [sehr übersichtlich, jeweils darstellender und Quellen-Teil]

Boockmann, Hartmut, Das Mittelalter. Ein Lesebuch, München 1988*

Borst, Arno, Lebensformen im Mittelalter, Berlin ^{2}1997

Coulton, G. G., Life in the Middle Ages. Selected, Translated and Annotated, I-IV, Cambridge 1928 (u. ö.) [m. E. die empfehlenswerteste Textauswahl mit gelehrtem Kommentar]*

Dahmus, Joseph, A History of Medieval Civilization, New York (NY)

1964 [mit ausführlichen Einleitungen vor den Texten]
Guggenbühl, Gottfried u. a., Quellen zur Geschichte des Mittelalters, Zürich [4]1958
Moriarty, Catherine, The Voice of the Middle Ages in Personal Letters, New York (NY) 1989

B. Sekundärliteratur

Die Sekundärliteratur, die Summe der modernen Studien über das Mittelalter, ist derartig umfangreich, daß sie für niemanden mehr überschaubar ist. Viele Studierende und auch Fortgeschrittene meinen, die jeweils modernsten Arbeiten müßte eo ipso die besten sein. Das trifft nur in einigen Fällen zu. Viele grundlegende Untersuchungen wurden schon im 19. Jahrhundert publiziert und haben ihren Wert behalten, weswegen sie teilweise nachgedruckt wurden.
Da Hinweise auf spezielle Titel am Ende jedes Kapitels gegeben wurden, findet sich hier nur eine Auswahl einiger allgemeiner Werke über Kultur und Mentalität des Mittelalters, die ergänzende Informationen und Aspekte zum vorliegenden Buch bringen.

Bartlett, Robert, Die Welt des Mittelalters, Stuttgart 2001 [ausgezeichnete Abbildungen, Text fehlerhaft]
Bloch, Marc, Die Feudalgesellschaft, Berlin 1982 [exzellent]*
Borst, Otto, Alltagsleben im Mittelalter, Frankfurt a. M. 1983
Bühler, Johannes, Kulturgeschichte des Mittelalters, Stuttgart [5]1954 [eigenständige Darstellung eines ausgezeichneten Kenners v. a. des deutschen Mittelalters]
Cantarella, Glauco, Medioevo. Un filo di parole, Milano 2002 [Hauptthemen in 33 Kapiteln]
Dinzelbacher, Peter, Europa im Hochmittelalter, Darmstadt 2003 [vielseitige Kultur- und Mentalitätsgeschichte mit gleichmäßiger Auswertung von schriftlichen und bildlichen Quellen]*

—, ed., Europäische Mentalitätsgeschichte, Stuttgart [2]2008 [berücksichtigt Antike, Mittelalter und Neuzeit gleichmäßig, mit ausführlichen Literaturverzeichnissen]*
Foerster, Rolf, Das Leben in der Gotik, München 1969
Grupp, Georg, Kulturgeschichte des Mittelalters I-VI, Paderborn 1923/1932 [kompilatorisch; sehr detailreich]
Gurjewitsch, Aaron, Das Weltbild des mittelalterlichen Menschen, Dresden 1978 [beim Erscheinen 1972 bahnbrechende Darstellungen der Kategorien der mittelalterlichen Kultur wie Raum, Zeit, Arbeit u. a., endet im 13. Jahrhundert]
Heer, Friedrich, Mittelalter von 1100 bis 1350, Zürich 1964 (u. ö.) [breite Übersicht mit fulminanten Ausblicken in die gesamte europäische Geistesgeschichte]*
Huizinga, Jan, Herbst des Mittelalters: Studien über Lebens- und Geistesformen des 14. und 15. Jahrhunderts in Frankreich und in den Niederlanden, Stuttgart (zuletzt) 2006 [ein Klassiker der Mentalitätsgeschichte avant la lettre]
Le Goff, Jacques, Kultur des europäischen Mittelalters, Zürich 1970*
—, ed., Der Mensch des Mittelalters, Frankfurt a. M. 1989 (u. ö.)
Martin, Hervé, Mentalités Médiévales: XIe-XVe Siècle I-II, Paris 1996/2001
Power, Eileen, Medieval People, Shrewsbury 2008 [letzte Auflage dieses kurzen, anschaulichen Klassikers der Kultur- und Sozialgeschichte]
Schultz, Alois, Deutsches Leben im 14. und 15. Jahrhundert I-II, Wien 1892
Thiele, Heinz, Leben in der Gotik, München 1946

C. Nachschlagewerke

Neben den Informationen im Internet – deren Qualität man beurteilen können muß! – stehen zahlreiche verläßliche Enzyklopädien etc. zur Verfügung, einerseits fachspezifische (z. B. Lexikon für Theologie und Kirche I-XI; Lexikon der Kunst I-VII usw.), andererseits epochenspezifische:

Dictionary of the Middle Ages, I-XII, Supplements, 1982 ff.
Dictionnaire raisonné de l'Occident médiéval, 1999
Die deutsche Literatur des Mittelalters, Verfasserlexikon, ²1977/2008
Encyclopedia of the Middle Ages, I-II, 2000
Kulturhistorisk leksikon for nordisk middelalder fra vikingetid til reformationstid, I-XXII, supplement; register, 1956/1978
Lexikon des Mittelalters, I-IX, 1977 ff.
Sachwörterbuch der Mediävistik, 1992

D. Abkürzungen

MGH = Monumenta Germaniae historica inde ab a. C. 500 usque ad a. 1500, Hannover u. a. 1826 ff.
PL = Patrologiae cursus completus, series Latina, ed. J.-P. Migne, 221 Bde., Paris 1844 ff.

Abbildungsnachweis

Der weitaus größte Teil der Bilder sind bisher unveröffentlichte Abbildungen von Peter Dinzelbacher.
Für die anderen Abbildungen, die unten nicht aufgelistet sind, hat der Verlag versucht, das jeweilige Copyright zu erhalten. Sollten aus irgendwelchen Gründen Rechte durch den Abdruck der Abbildungen verletzt sein, so wird gebeten, sich direkt mit dem „Wissenschaftlichen Verlag Dr. Michael P. Bachmann“ (Ob dem Felsen 3, D-79410 Badenweiler; e-mail: info@bachmann-verlag.de) in Verbindung zu setzen.
Darüber hinaus bedanken wir uns sehr bei den unten genannten Bibliotheken für die Zurverfügungstellung der digitalen Reproduktionen der aufgeführten Handschriften bzw. Bilder und die Nutzungsgenehmigung:

Umschlag: Bruxelles, Bibliothèque Royale, MS. 9231, f. 281^{v}

S. 27: Wien, Albertina Museum, Inv. 24018^{r}

S. 45: Einsiedeln, Stiftsbibliothek, Cod 710, f. 17^{v}

S. 50: Wien, Österreichische Nationalbibliothek, Cod. 507, f. 1^{v}

S. 72: London, British Library, Ms. Add. 30024, f. 1^{v}

S. 130: Madrid, Biblioteca Nacional, Vitr. 14-2, f. 233^{v}

S. 131: Paris, Bibliothèque Nationale, néerl. 3, f. 21^{r}

S. 270: Dijon, Musée des Beaux-Arts, Inv. 3981

S. 358: Zürich, Zentralbibliothek, Cod. Rhenoviensis 172, f. 29^{v}

S. 501: München, Bayerische Staatsbibliothek, Clm 849, f. 72^{v}

Register

Namen und Werke

Sachen

Orte

Verlagsankündigungen

Josef Svatopluk Machar

Rom

Geschrieben 1906-1907

Neuauflage der Übersetzung von Emil Saudek (Prag 1908)

Mit Vorwort, Einleitung, Kommentar und Register von
Heidi Beutin *und* Wolfgang Beutin

515 Seiten, 6 Illustrationen, 1 Plan, gebunden
Badenweiler 2010

€ 39,50

ISBN 978-3-940523-05-1
(= Rara, rariora, rarissima, Bd. 1)

Josef Svatopluk Machar (1864-1942) war in der österreichischen Kaiserzeit einer der Inspiratoren der böhmisch-mährischen literarischen Erneuerungsbewegung, die 1895 mit dem Manifest der Tschechischen Moderne vor das Lesepublikum trat. Sein Prosabuch „Rom", das hier in der deutschen Fassung von Emil Saudek (1908) neu gedruckt vorliegt, wurde zur Zeit seiner Erstveröffentlichung als gewichtiger tschechischer Beitrag zur Weltliteratur eingeschätzt. Es ist die intensive, teils ironisch eingefärbte, farbenprächtige Schilderung der touristischen Route zweier Rombesucher, eines Böhmen, der in Wien seinen Wohnsitz hat, und einer jungen Russin, die sich augenscheinlich auf der Flucht befindet und in ihrem Begleiter den Verdacht erweckt, sie könne eine Attentäterin sein. Beider Dialoge erzeugen eine hohe Spannung, wozu außerordentlich auch die Vielfalt politischer Bezüge und Aktualitäten der Entstehungszeit des Werks beiträgt: beispielshalber die Frage des Verhältnisses des Königreichs Böhmen zum österreichischen Kaisertum (damals unter den Weltmächten eine führende, bis 1918). Die Reisenden studieren u. a. „das moderne Italien" (um 1900), das sich im „Risorgimento" (1815-1870) erfolgreich von der Vorherrschaft des Habsburgerstaates befreite – Vorbild für Böhmen? (In ihrem Kommentar heben Heidi und Wolfgang Beutin hervor: „Insofern spiegelt, was Italien ist, wider, was Böhmen werden soll.")

Die italienischen Freiheits- und Einheitsbestrebungen hatten im 19. Jahrhundert ihren ernstlichsten Feind in der weltlichen Herrschaft des Papstes – für Böhmen war um 1900 immer noch die Beziehung des Landes zur römischen Kirche prekär. Von hier aus kommt in Machars Schilderungen eine merkliche antiklerikale Komponente, die den Einfluß von Autoren wie Shelley, Heinrich Heine und Nietzsche bezeugt. Neben der Geschichte und Politik mehrerer Länder interessieren den Verfasser des Rombuchs die mehr als zwei Jahrtausende der europäischen Kunst- und Literaturgeschichte von der Antike bis zur Moderne, Städte wie Venedig und vor allem Rom und die Italiener, dazu das römische Umland und seine Natur.

Tiere als Freunde im Mittelalter

Eine Anthologie

Eingeleitet, ausgewählt, übersetzt und kommentiert von
GABRIELA KOMPATSCHER
zusammen mit ALBRECHT CLASSEN *und* PETER DINZELBACHER

301 Seiten, 13 s.-w. Abb., Broschur
Badenweiler 2010
ISBN 978-3-940523-08-2

29,50 €

Freundschaften mit Tieren sind kein modernes Phänomen. Dies beweist die vorliegende Sammlung von vielfach bisher unbekannten Texten sehr eindrucksvoll: Sowohl gelehrte, lateinisch schreibende Autoren als auch volkssprachliche Dichter aus dem ganzen europäischen Raum geben darin zu erkennen, wie sehr ihnen bzw. ihren Protagonisten das freundschaftliche Verhältnis mit Tieren am Herzen lag. Hundefreunde werden mit Begeisterung das Gedicht des Luxurius (6. Jh.) auf ein Schoßhündchen lesen und die Verse, in denen es heißt, dass das Tierchen weicheres Futter bekomme und auf weichem Lager schlafen dürfe, sehr gut nachvollziehen können. Texte auf verstorbene Hunde bringen die Trauer und die Liebe ihrer menschlichen Gefährten zum Ausdruck, wie das Gedicht des Abtes Theoderich aus dem 11. Jh. auf sein Hündchen Pitulus oder die Novelle aus dem 15. Jh. über den Priester, der seinen geliebten verstorbenen Hund auf geweihtem Boden begräbt. Daneben nehmen die Erzählungen über Heilige und ihre Begegnungen mit wilden Tieren einen breiten Raum ein: sie schützen verfolgte, retten gefangene, pflegen verletzte und füttern hungrige Tiere; Franziskus kauft sogar aus Mitleid Tiere frei. Erstaunlich ist auch der zärtliche Umgang der mittelalterlichen Tierfreunde mit ihren Schutzbefohlenen und die in den Texten geschilderten Emotionen: Mitgefühl mit Tieren in Bedrängnis, Stolz auf die langjährigen Gefährten, Liebe und Zuneigung zu ihnen und der Wunsch, Tiere in die Arme zu nehmen und zu streicheln. Umgekehrt werden auch Emotionen von Tieren beschrieben, welche durch die moderne Verhaltensforschung mittlerweile bestätigt wurden.

Diese nach wissenschaftlichen Maßstäben dokumentierte Untersuchung richtet sich einerseits an alle Tierfreunde, die an diesem reichen Fundus (in Original und deutscher Übersetzung) an Erzählungen über Tierliebe und Tierschutz im Mittelalter ihre Freude haben werden, gleichzeitig aber auch an alle, die ein wissenschaftliches Interesse an mittelalterlicher Mentalitätsgeschichte haben.

Peter Dinzelbacher

Warum weint der König?

Eine Kritik des mediävistischen Panritualismus

138 Seiten, 7 s.-w. Abb., Broschur
Badenweiler 2009

€ 25,90

ISBN 978-3-940523-06-8

In der modernen Mediävistik v. a. historischer und germanistischer Provenienz erfährt zur Zeit alles, was mit Ritualen zu tun hat oder haben könnte, besondere Aufmerksamkeit. Im Zuge dieser Fokusierung ist es allerdings dazu gekommen, daß rituelles Handeln unkritisch auch dort am Werk gesehen wird, wo es in den Quellen schlichtweg nicht nachweisbar ist, was man eine Tendenz zum ‚Panritualismus' nennen könnte.

Die beiden hier veröffentlichten Studien nehmen dagegen Stellung, daß zwei konkrete mittelalterliche Verhaltensweisen fast habituell als Rituale bezeichnet werden: Es geht einmal um die angeblich stets nur in Erfüllung politischer ‚Spielregeln' in theatralischen Inszenierungen weinenden Herrscher, dann um angeblich in der Heilkunde jener Zeit wichtige Riten, die schon allein durch Autosuggestion medizinische Wirkung zeitigen sollen. Neben der Analyse historischer und literarischer Texte in verschiedenen Sprachen und Gattungen werden auch anthropologische Argumente diskutiert.

Aus dem Inhalt:

I. Mittelalterliche Herrscher und Helden in Tränen: Herrscher in Tränen. Interpretationen und Beispiele • Althoffs ‚Spielregeln': Weinen – eine fingierte Spontanhandlung? • Gegenargument Quellenbefund • Gegenargument Anthropologie • Gegenargument Literatur • Kollektive in Tränen • Mittelalterliche Kritik an herrscherlichen Tränen • Christliches Weinen • Folgen für die Hypothese Althoffs.

II. Heilrituale im Mittelalter: Vorbemerkung • Mittelalterliche Krankheitstheorien • Heilrituale: Kirchliche Heilriten - Magische Heilriten - Medizinische Rituale • Wer vollzieht die Heilrituale?: Kranke selbst - HeilerInnen - Herrscher • Interpretationsmöglichkeiten der Wirksamkeit.

DANIELA E. MAIRHOFER

Liber lacteus

- *Eine unbeachtete Mirakel- und Exempelsammlung aus dem Zisterzienserkloster Stams*
(Innsbruck, ULB, Cod. 494)

Mit einer englischen Einführung von NIGEL F. PALMER

428 Seiten, 3 Abb., gebunden
Badenweiler 2009
ISBN 978-3-940523-04-4 € 54,50
(= CODICOLOGIA: UNTERSUCHUNGEN UND TEXTE, Bd. 1)

Gegen Ende des 13. Jhs. verfasste ein anonymer, aus dem deutsch-sprachigen Raum stammender Kompilator eine bunte Sammlung von nahezu 700 lateinischen Mirakeln und Exempla – den sog. *Liber lacteus*.

Diese Sammlung, die bis dato in nur zwei voneinander unabhängigen Handschriften überliefert ist (Innsbruck, ULB, Cod. 494; München, BSB, Clm 23420), findet in der Innsbrucker Hs., die ursprünglich aus dem Zisterzienserkloster Stams in Tirol stammt und im 19. Jahrhundert in den Besitz der Universitäts- und Landesbibliothek Innsbruck überging, seinen umfangreichsten und offensichtlich auch ältesten Vertreter. Das vorliegende Buch basiert auf der Textgrundlage dieser in der Literatur bislang völlig unbeachteten Textsammlung.

Im umfangreichen Einleitungsteil, in welchem der *Liber lacteus* im Detail beschrieben, seine Geschichte beleuchtet und seine Stellung innerhalb der zeitgenössischen Mirakel- und Exempelliteratur herausgearbeitet wird, ist ferner die Untersuchung jener ca. 20 „Schwesterhandschriften" eingebettet, die ebenfalls im deutschen Sprachraum unter dem Namen *Lacteus liquor* überliefert sind; die Verwandschaft mit dieser Gruppe wird am Ende des Einleitungsteiles mittels einer Tabelle verdeutlicht, die zwei Vertreter der *Lacteus liquor*-Handschriften dem *Liber lacteus* und der Münchener Handschrift (BSB, Clm 23420) vergleichend gegenüberstellt.

Im zweiten Teil des Buches, der als Nachschlagewerk zur Identifizierung von Mirakel- und Exempla-Texten ausgelegt ist, befindet sich zunächst eine detaillierte Aufschlüsselung des Inhalts. Diesem Teil des Buches, der sich aus der Angabe von Incipit/Explicit mit textkritischen Erläuterungen, von Quellen, Similien und Parallelüberlieferungen sowie aus Anmerkungen zur Überlieferung zusammensetzt, folgen drei umfangreiche Indices (Titel-, Initien- sowie Sach- und Ortsregister), die dem Benützer die Identifikation von nahezu 700 Texten nach verschiedenen Gesichtspunkten – Rubriken, Textanfänge, Sprache, Motivparallelen, Orte, historischen Personen und Hintergründe, Realien und dgl. –, ermöglichen.

Henry C. Lea

Studies in Church History

Reprint of the second, enlarged edition
with an Afterword by Peter Dinzelbacher

[Unveränderter Nachdruck der 2., erw. Auflage,
Henry C. Lea's Son & Co., Philadelphia 1883]

603, 13* Seiten, gebunden
Badenweiler 2009
ISBN 978-3-940523-03-7
(= Bachmann Reprints, Bd 1)

€ 56,80

The very rarity of this scholarly publication by the famous historian of the Inquisition would have been reason enough to pave the way for a reprint which certainly will not be chiefly to the advance of historians of historiography; instead, Lea's concise and thoroughly source-based expositions are of such a high quality that they still should be consulted by the present-day medievalists who have for too long ignored this excellent book mostly due to its absence in the libraries of historical institutes and seminars until now. The *Studies in Church History*, this collection of rather early presentations treating several central items of the history of the Church, has hitherto been neglected far and wide, given its quasi inaccessibility.

The *Rise of Temporal Power* is an outstanding and concise overview demonstrating how, from the late Roman Empire to the epoch of Innocence III, the institution and administration of the hierarchy transformed, not without setbacks, into the function of very terrestrial feudal lords, the popes finally claiming the right to wield not only the spiritual but also the secular sword. Lea's second study deals with the *Benefit of clergy*, a subject which was of utmost juridical importance during the Middle Ages because every person claiming to be a member of this group had not to answer before a secular court, but before an ecclesiastical one only, the procedures and punishments of which were much more propitious for an accused. This scholarly modus procedendi proves to be most effective in his long analysis on *Excommunication* throughout time. Lea shows the transmutation of this spiritual punishment into a weapon for the Church's secular power, more often working than not during the pre-Enlightenment periods. This is nearly equally true concerning the last chapter on *The Early Church and Slavery*.

Lea, wishing to be regarded as an impartial historian, often stated that his objective presentations of the facts would enable his readers to draw their own conclusions. His impartiality went so far that he even abstained form consulting the secondary literature published by Protestant writers because of their a priori negative view of everything connected with "popery". The evidence Lea collected will indeed continue to be indispensable for everyone dealing with the history of the medieval Church.

Peter Dinzelbacher

Unglaube im „Zeitalter des Glaubens"

- *Atheismus und Skeptizismus im Mittelalter*

XII-166 Seiten, 15 s.-w. Abb., gebunden
Badenweiler 2009
ISBN 978-3-940523-01-3 € 23,95

Jedem, der sich wissenschaftlich mit dem Mittelalter beschäftigt, ist es wohl bekannt, daß unser Bild von dieser Periode ganz wesentlich durch die Texte, Bauten und Artefakte geprägt ist, die aus dem religiösen Bereich stammen. Sie sind in dramatisch höherer Zahl überliefert als Manifestationen des profanen Lebens. Daher ist die weltliche Komponente in unserem Bild von der Epoche oft unterrepräsentiert, und erst recht sind es areligiöse Einstellungen.

Trotzdem sollte keine Darstellung jener Epoche darauf verzichten, auch dem von rein weltlichen und irreligiösen Gegen- und Nebenströmungen geprägten Denken und Verhalten Raum zu geben. Skeptizismus aufgrund des Kontaktes mit antiken Texten, Glaubenszweifel ob der dogmatischen Widersprüche oder Minnesang, der die Geliebte an Stelle Gottes und der Heiligen setzt (um nur einige Erscheinungen zu nennen), bildeten kein Syndrom, sondern einzelne, bisher in der Mittelalterforschung noch kaum richtig als Vorläufer späteren Emanzipation bewußt gemachte Elemente.

So beschreibt dieses Buch Aspekte des Atheismus zunächst im vorchristlichen skandinavischen Mittelalter, um dann eine Soziologie des Unglaubens zu bieten: Unglaube bei Intellektuellen (i. d. R. Klerikern), Unglaube bei Laien, im Adel, unter Medizinern, bei Dichtern und Künstlern. Aber auch im „Volk" finden sich immer wieder Belege für religiös desinteressierte oder sogar dezidiert kritische Charaktere. Weitere Kapitel sind dem alltäglichen Unglauben gewidmet, der relativ oft bezeugten Kritik an Wundern und einzelnen Dogmen, den Ungläubigen in Höllenschilderungen, dem Ersatz der christlichen Gottheit durch Fatum und Fortuna, der Ikonographie der Infidelitas.

In der Geschichte der religiösen Einstellungen im nachantiken Abendland, die von blinder Gläubigkeit bis zu kritischem Atheismus führen sollte, ergibt sich durch die hier vorgelegten bislang oft unbeachteten Quellen aus dem Mittelalter ein differenzierteres Bild der europäischen Religionsgeschichte.

RELIGIO

Formen und Repräsentationen mittelalterlicher Frömmigkeit

Hrsg. von CHRISTOPH AUFFARTH, FELIX HEINZER, THOMAS LENTES, VOLKER LEPPIN *und* NIGEL F. PALMER

Religio: Unter diesem Begriff, der zuerst in den vorchristlichen Komödien des Plautus und den politischen Reden Catos d. Älteren belegt ist, wurde im Herbst 2008 eine neue Reihe ins Leben gerufen. „Religio" bezeichnete beim ersten Aufkommen die gewissenhafte Beachtung und Einhaltung von Kultvorschriften. Im Mittelalter wurde „religio" zunächst mit Glaubensgemeinschaft dahingehend gleichgesetzt, dass z. B. „religiosus" mit Mönch oder „status religionis" als Ordensstand zu übersetzen ist. Insbesondere seit dem Hochmittelalter, so v. a. seit Bonaventura und Thomas von Aquin, wird „religio" als Tugend aufgefasst, mit der die Menschen überhaupt die Möglichkeit haben, (dem einen!) Gott zu dienen und ihn zu verehren, d. h. also Gott das Geschuldete zu erstatten.

Der von den Herausgebern in den Blick genommene Begriff „religio" führt noch über diese Prägung hinaus: Die inhaltliche Konzeption von „religio" wird um den neuzeitlich geprägten Begriff der Religiosität, also um die verschiedenen Arten von Glaubenseinstellungen bzw. –haltungen und deren meist rituellen Ausdrucksweisen, erweitert. „Frömmigkeit", d. h. das religiöse Verhalten der Menschen, ihre Gesinnung sowie ihr Handeln mit Blick auf Gott, präzisiert und verdeutlicht zugleich dieses weitgefasste Verständnis von „religio".

Eine zeitliche Eingrenzung erfolgt dabei auf das Mittelalter, also die Epoche zwischen dem Untergang des weströmischen Kaisertums bzw. Ende des Völkerwanderung sowie dem Umbruch zur frühen Neuzeit. Dabei bleiben auch die Ränder und Übergangsphasen interessant und im Blick der

Reihenkonzeption. Geographisch beschränkt sich die Reihe auf den mittelalterlichen Kulturraum des Abendlandes, prägnanter gesagt auf das europäische Mittelalter.

Mittelalterliche Frömmigkeit repräsentierte sich in vielfältigen Formen. Darunter fallen alle verbalen und nonverbalen, schriftlichen oder oralen Ausdrucksformen, die in religiösen bzw. religiös geprägten Praktiken, Konzepten, Funktionen oder Texten verortet werden können. Kritische Editionen mit moderner Übersetzung und wissenschaftliche Kommentierungen mittelalterlicher Quellen sind z. B. nur ein möglicher Ansatzpunkt, um sich mit mittelalterlicher Frömmigkeit vor dem Hintergrund der Trias „Religion – Kirche – Literatur" zu beschäftigen.

Damit ist ein interdisziplinär relevantes Feld umschrieben. Entsprechend wollen die an der Reihe beteiligten Wissenschaftler Veröffentlichungen aus dem Bereich der mittellateinischen wie der volkssprachigen Philologien, der historischen Theologie sowie der Religions- und Geschichtswissenschaft anregen, fördern und ihnen ein Forum zur Publikation geben. Hierzu sind alle Verfasser und Herausgeber einschlägiger Veröffentlichungen wie Dissertationen, Habilitationen, Tagungs- und Sammelbänden oder Monographien eingeladen. Entsprechend der Philosophie des BACHMANN VERLAGES wollen die Herausgeber auch interdisziplinäre Untersuchungen zur genannten Thematik in die Reihe aufnehmen, die in deutscher, englischer, französischer oder italienischer Sprache verfasst sind.

Für weitere Informationen, Anregungen und Fragen wenden Sie sich bitte direkt an den Verlag:

Wissenschaftlicher Verlag Dr. Michael P. Bachmann

Ob dem Felsen 3 • D - 79410 Badenweiler
Telefon: +49 - (0) 76 32 - 82 33 05
Fax: +49 - (0) 76 32 - 82 33 06
E-mail: info@bachmann-verlag.de

Besuchen Sie auch unseren Internetauftritt unter:

http://www.bachmann-verlag.de

Bei etwaigem Interesse, in der Reihe zu veröffentlichen, stellen wir gerne den Kontakt zu den Herausgebern her!